汉冶萍公司档案汇编（四）

湖北省档案馆 编

荆楚文库编纂出版委员会

华中科技大学出版社

本册目录

4. 还款利率及期限

公司董事会致夏偕复、盛恩颐函

民国六年八月十三日(1917.8.13)

总、副经理均鉴:

前因日本正金银行各项借款利息太重,扩充矿山工程等项在在需款,当经公推董事盛泽承先生亲赴日本,与横滨正金银行磋商减轻借款息率,展缓还本年限,即以展缓还本期内之货价作为往来,透支日币三百二十万元,以充各项扩充工程之用,兹接该行函复,一一照允。惟其函内尚有希望公司巩固基础,以期将来发达三端,当于本月十日常会提出,公议:正金于展期还本,减轻利息,通融透支三事,一一照允,应即具函复谢,并声明通融之款,俟用时另再函知商办。至该行所请三端内,所减息金用以巩固基础,裁减冗员冗费两端,应由总、副经理查酌办理;其停发股息一端,应俟股东大会公议取决等语。除函复正金银行外,合将正金来函及减息表一纸照抄奉览,希即查照施行。顺颂

钧安

董事会启

附抄件

[附件一] 井上致李经方①函

尊启者:

接到本年六月五号尊函,所云各节随由贵公司董事兼副经理盛泽承先生惠临敝国,得以面谈一切,业已清晰矣。

贵公司所欠敝行各款一律再展限五年,可以照允。开采矿山、附设铁

---

① 李经方(1855—1934):字伯行,安徽合肥人,李鸿章之子。时任公司董事会副会长。

路费用日金二百万元通融一节,亦可商量。惟须请先将此项预算书寄下,并何日要用等事先行提议,随后将何日偿还及偿还方法,并其它紧要事情详细酌议。

又,盛泽承先生所要求日金一百二十万元活本通融一节,敝行因数甚巨,如一次需用,则预约极为困难,请贵公司将要用之数造一预算,先交敝行阅看,总可想法,以慰公司之希望。

又,贵公司要求减轻利率一节,敝行可以照允,附列一表,祈为察核。

一、各借款展限五年;二、因展期五年中,矿石、生铁项下余剩之款,以之抵押新通融借款日金二百万元;三、各借款减轻利率,皆顾贵公司与敝行向来甚亲密之交情,并盼望将来交情更加亲密。有此希望,所以三种极困难之事情亦特别允许。鄙人想,贵公司于此中情形定能明白也。关于经营贵公司之办法,鄙人向来所抱之意见,趁此机会为贵公司言之,殆极合宜之时也。鄙人并无他念,惟深愿贵公司基础益加巩固之诚意,想贵会长谅能鉴及,极力进行,可以达到鄙人希望之目的耳。

第一,因贵公司所要求敝行允许减轻之利息,每年约日金十七万元。按照合同订定之利息,加以减少,在敝银行极为困难之事,幸勿将此款误用于无效之地,譬如竟分派与股东,则甚非减轻利息之本意。最好将此款用以巩固公司之基础。

第二,看贵公司向来经过之情形,又看贵公司将来计划,近数年贵公司所订股息八厘,皆派现款一层,极为困难。贵公司设立以来,因发股息填给股票,如此种办法,世界上无论何国,想非法律所许。盖如此徒加股本,于公司基础却不确实,照此情形再过数年,贵公司虽辛辛苦苦,图多获利,整顿内部,敝行减轻利息,增加借款,或制铁所生铁、矿石加价,等等好意,仍无效力,恐贵公司财政不可收拾,要到危险之地位矣。贵公司最大病源,就系此八厘官息,以及增加股本填给股票。鄙人甚希望将此种办法取消。且鄙人之意,取消此种办法之时,现在最为相宜,因现在已可分派现款矣。公司如有盈余,第一要巩固基础,再有多余,方派现款。若照此办法,就是取消官息办法,规定分给股东余利,应以现款为限,不可填给股票。

第三,贵公司在中国为有数之大公司,不过内部组织不甚整顿,欠于统一,冗员冗费甚多,常有所闻。贵公司亦明白其中情形,热心整理内部,统一各机关,已着手办理,其计划案已经造好,闻贵公司笠原顾问言及,甚为满意。但不知实行该计划,更须在根本上整顿冗员冗费,尤为目前当务之急。

以上鄙见三端,不过鄙人希望贵公司巩固基础,将来发达之诚意而已,请阁下将此意转告各位董事,鄙人谅董事会全体定然容纳鄙见,极力主张贯彻此种希望也。其余详细各情形,请询之盛泽臣先生,定能奉告矣。统祈示复。敬请

台安

大正六年七月十一日

横滨正金银行头取　井上准之助

汉冶萍煤铁厂矿有限公司董事会副会长　李经方殿

［附件二］　汉冶萍公司借款表

原订合同年月	原借之数	现欠之数	原订利率	修正利率	归还年限
光绪三十四年五月十五日	日金一百五十万元	日金一百五十万元	长年七厘半	长年七厘	自民国八年至民国十五年
又十月二十一日	日金五十万元	日金五十万元	同上	同上	同上
宣统二年八月初七日	日金一百万元	日金八十三万○一百五十八元四角六分	长年七厘	长年六厘半	自民国九年至民国十一年
又十月十六日	日金六十一万二千七百三十元○六分	日金六十一万二千七百三十元○六分	同上	同上	自民国八年至民国十二年
又又	日金六十一万四千三百九十五元十钱	日金六十一万四千三百九十五元十钱	同上	同上	同上

续表

原订合同年月	原借之数	现欠之数	原订利率	修正利率	归还年限
宣统三年三月初二日	日金六百万元	日金六百万元	长年六厘		自民国八年至民国十八年
民国元年二月十日	日金三百万元	日金二百九十七万六千〇五十九元九十五钱	长年七厘	长年六厘	自民国七年陆续归还
又 二月八日	洋例银十二万两	洋例银六万两	长年八厘	长年七厘	民国七年
又 六月十三日	日金五十万元	日金五十万元	长年七厘	长年六厘半	自民国八年至民国九年
又 十二月七日	元二百五十万两	元二百五十万两	长年八厘	长年六厘	自民国十年至民国十五年
民国二年十二月二日	日金六百万元	日金六百万元	长年七厘	长年六厘半	自民国九年至民国四十二年
又 又	日金九百万元	日金二百五十二万一千五百九十一元三十六钱	长年七厘		又 又

乙竹①致孙宝琦函

民国六年八月三十日(1917.8.30)

顷奉本总行来电饬令敝处奉告贵公司,所商还本期限,再展五年一事,本总行现已照允。又,减轻利息一事,亦准于九月一日照行。

---

① 乙竹茂郎(生卒年不详):时任日本横滨正金银行代表。

孙宝琦致日本制铁所函

民国十二年十二月二十四日（1923.12.24）

制铁所长官白仁武阁下：

前因敝公司经济困难，工程需款，曾于民国六年间函请贵所转商正金、兴业两银行，将敝公司借用两行之款还本期限一律展缓五年，业荷商允照办，至深纫感。现计五年限满，又届还本之期。查本年有应还正金银行两款，一为洋例银六万两，一为日金三百万元款内下欠之二百九十七万六千零五十九元九十五钱，以矿石十万吨价银抵息外，其余归本之一款；又有应还兴业银行日金十二万五千六百零一元七十三钱，照约本当于年内偿还。无如敝公司近两年来，经济之窘，较前益甚。其所以艰窘之由，实因冶炉未能如期开炼，厂矿连带扩充工程，又因款绌多未完备，以至出货少，成本重；加以欧战停后，铁市疲滞，因而经常之费，尚苦难筹，若再添筹还本巨款，实属力有未逮。所以自上年即以补充工程借款，奉商于贵所暨正金银行者，原为通盘筹画，非另行筹款，赶将厂矿各项工程筹备完竣，汉冶四炉不能齐开，非四炉齐开，年出生铁四十万吨，敝公司经济不能充裕。故所有借款还本之期，亦非展至敝公司年可出生铁四十万吨，经济宽裕之后，实属无以清偿。再四思维，惟有恳请贵所转商正金、兴业两银行，将本年应还本金，再行展缓五年；其余按年应还之本亦均以次推展，缓期归还，以示维持。所幸敝公司为难情形以及通筹计划久在鉴中，且又素承爱护，用敢直言陈请，倘蒙俯允转商，则一言九鼎，谅必能通融照办也。除径函正金、兴业两行商办外，相应备函奉恳，敬祈查照见复，至深盼祷。此颂

日祺

汉冶萍公司董事会会长　孙

盛恩颐致中井函

民国十八年三月十一日（1929.3.11）

敝公司前以整理业务财务提具方案，商请接济，于民国十六年一月二

十四日承贵行贷与日金二百万元,并允将以前各借款之偿还展期及其他多方援助,渥荷维持,至深纫感。惟自民国十五年以来,革命军兴,地方多故,敝公司业务即不能按照预定步骤进行,扩充工程因而中辍,致萍矿仍陷于停顿之中,株萍路桥朽车缺,运务亦依然不振,汉冶两厂以无煤焦,遂亦不克开炉。虽冶矿采运尚称顺手,然仅一部分之进行,终非具体之办法也。至于财务一节,因得此二百万元资金及冶矿利益金,从事于整理节俭之结果,现除萍矿一部分未计外,所有旧欠之薪工及其他各种紧急经费,殆将陆续偿清,所余无几。惟引以为憾者,应行整理之内外债,除内债有一部分清偿外,其余大半仍处于付息展期之中。恩颐深维公司状况,今后三年间之工作,以开采冶矿为最低限度,仍当力从节流入手,以图财力之增进;一有机会,即拟先从事于萍矿之复业,次及汉厂或冶厂之开炉。用是对于贵方各项借款之本利归还,仍恳照前订延期协定条件,准予再行展缓三年,俾敝公司得尽全力以赴事功,而图发展。兹特派襄理赵兴昌、会计所簿记股长费敏士东渡,面陈一切,即祈俯赐接洽,并恳惠予承议,是所感祷。

费敏士①致盛恩颐函

民国十八年五月十六日(1929.5.16)

敏于三月中旬奉命渡日,到东后即向各关系方面请求继续展缓各借款偿还期限,俾便公司得受砂价,可以照旧开采冶矿。无奈对于当时展期问题,日方内部尚未商妥。制铁所深知解决必需时日,故嘱公司先将十七年度矿石未缴余额约十七万吨,在四月前作为江边交货,可以领取八成货款,借资周转,即使交涉拖延,公司一时不致痛受经济上之影响。因此敏于三月二十日特电请示,幸蒙鉴允,遂于次日转请制铁所照办矣。旋日方以公司既欲继续展缓偿还二年本利,要求公司提出三年内及以后之经营方案,不然无法进行。故赵襄理及大野君遂于四月六日启程返沪,藉可直接请示,从事编制,较为妥速。而敏则仍留东京,表示交涉并未中断。吉川顾问

---

① 费敏士(1894—?):字功甫,江苏吴县(今苏州)人。时任公司会计所簿记股长。

于四月二十八日携带预算方案安抵东京,随即送交各关系方面。不料数日后,正金银行对于该案内容有所指责,希望公司收回更改。遂同吉川顾问前往,又将该案取回,复与顾问磋商多日,重加修改,并附概要说明。直至本月十三日,始正式送交制铁所及正金银行,兹将该方案全份一并邮呈(略),敬希钧览。当公司方案尚未正式提出之前,国内忽然发生接管问题,对于延期一层,藏省态度异常坚决,似无磋商余地:第一,要求制铁所承继公司全部债权;第二,则请制铁所偿还借款全部应付利息,二者任择其一。而制铁所对于上项要求,当然不肯允诺,采取一种不闻不问消极持久态度,并表示倘因展期问题搁置之故,致使冶矿工作停顿,咎归藏省。双方若斯争持,各不相让,幸经吉川顾问从中疏通,迭向各方竭力陈说:冶矿工作万一停顿,国府农〈矿〉部势必更易借口实行接管。故藏省状态现已稍见软化,允诺公司经营案先行审查,再交预金部运用委员会讨论解决。结果如何,目下尚难乐观,大约下月中旬,大略情形当可明了。以上所陈各项,均系交涉经过实情,特此呈报。

吉川致大野函

昭和四年七月六日(1929.7.6)

径启者:

债权继承问题何时解决,尚难预料。弟前往藏省略称,此次交涉,倘长此不决,公司必将无形停顿,至发生如何问题,尤未可知,此种情形至堪忧虑等语。并经详陈一切利害,藏省深谅斯旨。遂于本日将左列议定各案通知前来矣。

一、将前合同展期一年,即还付本息亦可展期一年,至于此项展期手续与条件则为:

二、此时公司亟应编制十八年度实行预算案,而提出之。

三、实行预算案所开矿石价格应为每吨日金五圆五十钱,制铁所虽不承认加价,但此后倘有加价情事,则所加之数须悉充利息,此层由藏省与制铁所协议之。

四、实行预算案中,须言明公司尚无还付本息余力。

五、藏省随将该实行预算案提交预金部运用委员会,以议本息展期一年事。

六、债权继承问题,在此展期一年内,由藏省、制铁所双方解决之。

愚以为虽云展期一年,实则年度开始业四阅月,倘来年度交涉,亦如此费时至数月之久,则公司事业计画势难规立,恳其至少展期两年,交涉再四,终未见允。第以长此拖延,又非所能耐,只得勉依藏省方案,再与费君商编实行预算案可也。

兹将藏省意见转达制铁所长官,据称该所无异议,并望照此进行。上述各节,希烦转陈总座为盼。

中井、儿玉致盛恩颐函

昭和四年七月二十五日(1929.7.25)

汉冶萍公司总经理盛恩颐先生台鉴:

径复者,关于对贵公司借款之按年摊还事,其依日本昭和二年一月二十七日、中华民国十六年一月二十七日制铁所、横滨正金银行与贵公司所订协定书及觉书之临时办法,业于本年三月三十一日满期,前准三月十一日台函具述贵公司困难情形,请将该临时办法再展三年等因,祗悉。惟查该临时办法,原系我方为援助贵公司,以便贵公司得于所定期间内努力完成整理,俾于满期后能按年摊还,不致发生障碍起见,特别予以承允者,顾此次尊求虽甚引为遗憾,第以情意真切,复鉴于贵我两方之关系,只得特别奉诺,准自日本昭和四年四月一日、中华民国十八年四月一日起,以一年为限,依照该临时办法行之可也。仍希谅察我方趣旨,从速努力完成整理,是所至盼。专复。顺颂

公绥

制铁所长官　中井励作

横滨正金银行头取　儿玉谦次

日本昭和四年七月二十五日

盛恩颐致中井函①

民国十九年三月二十六日（1930.3.26）

日本制铁所长官中井励作阁下：

敬启者，敝公司前以整理计画，因受种种不良影响，未能一一实施，曾于民国十八年三月具函，并派员面陈，商请贵方将以前各借款之偿还展期三年，旋奉昭和四年七月二十五日台函，以前订各项借款本息延期，允自民国十八年四月一日起以一年为限，依照该临时办法办理等因。极承贵方谅解，特予维持，至深纫感。应即按照预定步骤积极进行。除萍矿一处因内外纠纷，力所难达，仍陷于停顿之中，无法解决外，至上海总事务所、汉厂、大冶厂矿正在继续整理，而冶矿尤为必要。不意，夏间请领炸药护照，因政局生变，领到作废，重行具领，耽延三月有余，急急购运，而该矿因之大起恐慌，虽未全部停工，业经减少采额，产数大不如前。原冀药到加采，讵入冬后，天气奇寒，为数十年所仅见，因冰雪阻滞工作者，历两阅月，其时土匪又复肆扰，人心迄未宁息，坐是预定之全年出砂四十五万吨，实际上仅三十三万吨，约少十二万吨，即十成之二成七之谱。虽十八年度后半期，金价翔贵，汇兑上稍有盈余，而冶矿减少出砂，收入方面不能如愿，故亦只能维持现状耳。对于内债之整理，因可付之款过少，仅能偿还最小部分，而全部偿还之计画，仍感财力不足，未能实行，深为遗憾。

恩颐深维目前状况，节流方面已做什之七八，惟有努力工作，以图开源，其最要者莫如扩充冶矿，力求足额，然后再从事于各厂矿之复业。惟查冶矿现在情形，开采多已深及地腹，施工日渐艰难，如欲保持一定正确产额，非于露天开采外，同时着手坑内开采计画不可，但此项设施需费甚巨，不易另筹，如十九年度以后，日本金价仍能维持良好汇率，即可将汇率所生余款，抵作设备该坑工程经费之需，俾要工早成，裨益匪浅。拟恳贵方将各项借款本息偿还仍照前订临时办法，再行展缓两年，俾敝公司得以黾勉企

---

① 本函同时致横滨正金银行经理儿玉谦次、日本兴业银行总裁铃木岛吉。

图,冀副厚望。兹特派敝公司会计所副所长兼经理处机要秘书费敏士君趋前面陈一切,即祈俯赐接洽,并恳惠予承诺。至深感祷。专此布达。祗颂

台祺

汉冶萍公司总经理

费敏士致盛恩颐函

民国十九年五月十七日(1930.5.17)

总经理钧鉴:

敬肃者,上月二十六日寄奉一函,谅蒙垂察。制铁所承继藏省债权特别会计法律案,近经议会通过,自本年六月二日起,该所即须代公司每年支付藏省利息总额约日金七十余万元。本月以来,迭次磋商,两年本利延期一节,已蒙日方正式照准,并将各项借款利率除正金自身之份外,承诺一律改为按年五厘半。查正金自身之债权与其他各项借款性质不同,本不包含在延期合同之内,早应偿还本利,是以该行趁此东汇奇涨,公司收款较丰之时,亟须将上海分行透支往来十九万六千两,在本年内先行全数收回,幸得制铁所长官从中调停,该行方始让步,现已允将日金六十五万四千九百一十九圆二二钱(结至六月一日为止本利总额)及规元一十九万六千两,二笔之借款利率自本年六月二日起改为按年二厘计算,由砂价项下分十五年均等摊还,即公司每年应付本利日金六万余圆,其余日金五十三万零六百四十三圆六六钱之债权,正金承诺最初十五年间停止偿还,不另计息,自第十六年起公司即须按照上列金额每年偿还日金六万余圆。本年度砂价问题,长官谓近来钢铁货价疲滞,是以已将所购各处砂价均行减低,且自本年六月二日起,即须代公司每年付息甚巨,负担过重,坚持每吨只出日金五圆云云。敏士迭次陈述种种理由,要求维持旧价,对于减价一层,表示无权应允。大约本月内长官须另行派员来沪径与钧座面议一切,并将一部分更改之借款合同同时携沪,俾便届时签名交换。以上办法曾经双方一再争持,舌敝唇焦,为最后之结果。所有近来磋商经过情形,理合具函呈报,尚希鉴

察。至为感祷。专肃。虔请

崇安

兼会计所副所长　费敏士谨肃

甲借款、乙借款及息款归还办法合同

民国十九年五月二十八日（1930.5.28）

根据前于明治四十三年九月十日、宣统二年八月七日汉冶萍煤铁厂矿有限公司（以下简称公司）与横滨正金银行（以下称银行）之间所订合同，公司由银行承借日金一百万元，截至昭和五年六月一日、中华民国十九年六月一日止，所欠本息共计日金 643 713.42 元（以下简称甲借款），及根据明治四十五年六月四日、中华民国元年六月四日公司与银行之间所订上海规银 196 000 两整，折合日金 177 375.56 元（以下简称乙借款），以及前列甲借款及乙借款之外，公司由银行承借各项借款之自大正十四年十月一日、中华民国十四年十月一日至昭和五年六月一日、中华民国十九年六月一日止所欠利息之内日金 504 142.16 元（以下简称息款）等三项款项，应自昭和五年六月一日、中华民国十九年六月一日起，以昭和五年、中华民国十九年年度以后公司售与制铁所矿石价值之一部分偿还之。现经制铁所、银行及公司三者之同意订定合同，所有条款开列于后：

第一条　甲借款日金 643 713.42 元及乙借款日金 177 375.56 元之利息，自昭和五年六月一日、中华民国十九年六月一日起按年二厘支付。

第二条　甲借款及乙借款本息分作自昭和五年六月一日、中华民国十九年六月一日起至昭和二十年、中华民国三十四年十五年间按年均等摊还。前项按年均等摊还金额应于每年五月三十一日及十一月三十日两次各付其半年分之数。

第三条　自昭和五年、中华民国十九年度起制铁所应由购自公司之矿石价值内将其所定每吨摊派金额扣下，交付银行，以为第二条之本息按年均等摊还之基金，而银行则将此项交款抵还本息。

前项交款，如于交付日期不敷应付按年摊还金额时，制铁所则于由矿石价值内扣除前项每吨摊派金额外,再扣其不足之额以补充之。倘前项交款除还按年摊还金额外,尚有剩余时,银行即将该款抵充下期按年摊还之基金。

第四条 息款日金 504 142.16 元,概不计息。自昭和五年六月一日、中华民国十九年六月一日以后十五年间,停止偿还;自昭和二十年六月一日、中华民国三十四年六月一日起,按年摊还。应于每年五月三十一日及十一月三十日两次各付其半年分之数。

前项按年摊还金额与第二条所载按年均等摊还金额同至期付还,则照第三条之例办理。

第五条 关于甲借款、乙借款及息款之现存合同,除经本合同改订变更之条款外,所有担保规定及其他条款一切继续有效。

第六条 本合同缮写中文、日文各三份,制铁所、银行、公司各执一份,以为凭据。

日本昭和五年五月二十八日

中华民国十九年五月二十八日

制铁所长官 中井励作

横滨正金银行头取 儿玉谦次

汉冶萍煤铁厂矿有限公司董事会会长孙宝琦代理、

董事兼总经理 盛恩颐

欠息交付办法合同

民国十九年五月二十八日(1930.5.28)

关于根据明治三十七年一月十五日、光绪二十九年一月十五日大冶购运矿石、预借矿价合同,汉冶萍煤铁厂矿有限公司(以下称公司)借自株式会社日本兴业银行(以下称银行)日金三百万元未还清余额日金 2 051 551.81元之大正十四年十月一日、中华民国十四年十月一日起昭和五年六月一日、中华民国十九年六月一日止,所欠利息之内日金 26 501.50

元之交付办法，兹经制铁所、银行及公司三方同意，订立合同如左：

第一条　公司应付银行之日金 26 501.50 元，可予免息。惟本款须自昭和五年六月二日、中华民国十九年六月二日起分十五年偿还，年付日金八百元，于每年五月三十一日及十一月三十日两次各付其半年分之数。余额仍按年依上记办法，年分两次交付。

前项按年摊还金额由制铁所定之。

第二条　自昭和五年六月二日、中华民国十九年六月二日起，制铁所应由购自公司之矿石价值内，将其所定每吨摊派金额扣下，于每年五月三十一日及十一月三十日两次经由横滨正金银行交付银行，以为第一条偿还金之交付基金，银行则将此项交款抵充公司应付之数。

前项交款，如于交付日期不敷应付按年摊还金额时，制铁所则于由矿石价值内扣除前项每吨摊派金额外，再扣其不足之额以补充之。倘前项交款除还按年摊还金额外，尚有剩余时，银行即将该款抵充下期按年摊还之基金。

第三条　关于大冶购运矿石、预借矿价之现存合同，概继续有效。

第四条　本合同缮写中文、日文各三份，制铁所、银行、公司各执一份，以为凭据。

日本昭和五年五月二十八日

中华民国十九年五月二十八日

制铁所长官　中井励作

株式会社日本兴业银行总裁　铃木岛吉

汉冶萍煤铁厂矿有限公司董事会会长孙宝琦代理、

董事兼总经理　盛恩颐

变更借款利率合同

昭和五年六月二日（1930.6.2）

制铁所、横滨正金银行（以下单称银行）、汉冶萍煤铁厂矿有限公司（以下单称公司)关于根据银行、公司两者间及制铁所、银行、公司三者间所订合同之各借款利率变更事,兹于制铁所、银行、公司三者之间订立合同如左:

第一、根据明治四十一年十一月十四日、光绪三十四年十月二十一日合同所借日金一百五十万元之利率原系按年六厘。

第二、根据明治四十一年十一月十四日、光绪三十四年十月二十一日合同所借日金五十万元之利率原系按年六厘。

第三、根据明治四十三年十一月十七日、宣统二年十月十六日合同所借:甲、日金 612 730.06 元,乙、日金 614 395.10 元之利率皆原系按年六厘。

第四、根据明治四十四年三月三十一日、宣统三年三月二日合同所借日金六百万元之利率原系按年六厘。

第五、根据明治四十五年二月十日合同所借日金 2 976 059.95 元之利率原系按年六厘。

第六、根据 1912 年六月十三日合同所借日金五十万元之利率原系按年六厘。

第七、根据大正元年十二月七日、中华民国元年十二月七日合同所借上海规银二百五十万两之利率原系按年六厘。

第八、根据大正二年十二月二日、中华民国二年十二月二日合同所借日金九百万元之利率原系按年六厘。

第九、根据大正二年十二月二日、中华民国二年十二月二日合同所借日金六百万元之利率原系按年六厘。

第十、根据大正十四年一月二十一日、中华民国十四年一月二十一日合同所借日金 6 398 050.98 元之利率原系按年六厘。

第十一、根据昭和二年一月二十七日、中华民国十六年一月二十七日合同所借日金二百万元之利率原系按年六厘。

以上十一项借款之利率均改为按年五厘半,自昭和五年六月二日、中华民国十九年六月二日起算实行之。

本合同缮写三份,签名盖章,各执一份,以为凭据。

昭和五年六月二日

制铁所长官　中井励作

横滨正金银行头取　儿玉谦次

汉冶萍煤铁厂矿有限公司董事会会长孙宝琦代理、

董事兼总经理　盛恩颐

变更借款利率合同

昭和五年六月二日(1930.6.2)

兹制铁所、株式会社日本兴业银行(以下单称银行)、汉冶萍煤铁厂矿有限公司(以下单称公司)根据银行、公司两者间及制铁所、银行、公司三者间所订合同,于制铁所、银行、公司三者之间订立关于变更借款利率之合同如左:

一、根据明治三十七年一月十五日、前清光绪二十九年一月二十八日合同所借日金三百万元未还清余额日金 2 051 551.81 元之利率,原系按年六厘,自昭和五年六月二日、中华民国十九年六月二日起算,改为按年五厘半。

本合同缮写三份,签名盖章,各执一份,以为凭据。

昭和五年六月二日

制铁所长官　中井励作

株式会社日本兴业银行总裁　铃木岛吉

汉冶萍煤铁厂矿有限公司董事会会长孙宝琦代理、

董事兼总经理　盛恩颐

盛恩颐致公司董事会函

民国十九年六月二十日(1930.6.20)

董事会公鉴:

本公司前以整理计画受时局影响,未一一实施,特派会计副所长费敏士赴东,商请将以前各借款偿还期限再展缓两年等情,并陈报贵会在案。嗣据费副所长在东两次函陈,磋商两旬,要求本利延期两年一事,已承制铁所谅解照允,惟制铁所承继藏省债权,特别会计法律案已由政府提交议会,一俟通过,该所自本年六月起,即须代公司年偿藏省二厘利息,约日金八十万圆,十年后,仍以二厘计息,分四十年间均等摊还本利,因此藏省方面债权得有保障,而正金银行自身之债权,亦要求同时解决保障方法,并欲将上海分行往来透支之规银十九万六千两,在本年汇率高涨之时,全数收回。吉川顾问同敏士表示反对,幸经制铁所长官从中调停,该行始行让步,允将正金自身借款一百万元,本利余额,结至昭和五年六月一日止,日金六四三七一三圆四二钱,沪行透支银款改作日金一七七三七五圆五六钱,归入总行借款,该两项自本年六月二日起(因承继债权会计法律案系于六月二日实施),订为年息二厘,分十五年摊还,年付日金六万余圆;正金经手各项借款一部分之利息日金五零四一四二圆一六钱,订为自本年六月起十五年间停止偿还,不计利息,自第十六年起公司照上列金额,年偿日金六万余圆,并正金名义借款共十一项,息率由六厘改为年息五厘半,兴业银行一方,欠款无多,其经手借款一部分之利息日金二六五零一圆五十钱,不再计息,从本年六月起,年偿日金八百圆,余额仍按年照上订之数,偿清为止,借款一项,息率亦由六厘改为五厘半。至本年砂价问题,制铁所长官谓,近来铁市疲滞,各处购砂价均减折,且自本年六月起年须代公司付息,担负过重,坚持每吨出价日金五圆,吉川顾问与敏士屡争无效,长官谓已派山县初男来沪面议各等语。费副所长随即内渡,所派之山县君旋亦来沪,带交日方正式复函,并照以上所订分年偿还及减息方案,拟具合同,嘱为核签。经理当与协商,谓此次承日方谅解,极荷维持,惟矿价每吨骤减日金五角,实感困难,要求每吨加日金一角五分,以岁交矿四十五万吨计,可多得日金六万余圆,备抵年付正金二厘摊还之需,山县允即电达制铁所。今接复电,谓矿价鉴于制铁所经理现状,及目下汇兑关系,碍难增加,务请以五圆定议等语。似此则矿价实无议加之余地。理合将日方复函及合同四份附列清单一并送请贵会核议施行。

再，日方复函内，延期一节，暂时照临时办法办理云云。当以"暂时"二字无确定范围，与费副所长函报不符，询据山县称，此事经长官承诺，决无异议，惟此函发在会计法律案实施以前，故有此"暂时"之语，已函请长官致函公司将"延期二年"字样声明等语。合并陈明。肃颂

公安

总经理

公司董事会致盛恩颐函

民国十九年六月二十三日(1930.6.23)

总、副经理均鉴：

接第五号来函并合同函件，均悉。兹经本会于民国十九年六月二十日第三次董事临时会提出，公议：此次吉川顾问与费副所长敏士赴东商议停付利息及矿砂价值各节，所订各项草合同，承日方谅解，顾问等极费心力，始得此结果，已属不易，惟砂价仅允每吨日金五圆，再三磋商，无再加之余地，只有照办。至原拟停息二年，日方复函用"暂时"二字，未免含糊，应请制铁所长官将"延期二年"字样切实致函公司声明为要云云。相应函复，即希查照原合同四份、信二件，仍行附还，并希查收。此颂

均绥

董事会启

盛恩颐致公司董事会函

民国十九年八月十五日(1930.8.15)

董事会公鉴：

本年派员赴东，函商制铁所、正金、兴业两银行，请将借款还期展缓两年一案，据派员费副所长敏士在东时报告，日方已正式允诺二年，而接日方复函则云，暂时照临时办法办理，当以"暂时"二字无确定范围，业经陈报贵会，一面即函日方谓既承概允二年，尚请以书面声明，俾昭信守。日方来函对于此节置不答复。旋据吉川顾问面告，制铁所大冶出张所长山县初男亦

以此事函达该所总务部长,请照公司所请由长官来函声明,部长复称,书中所用"当分ノ间"字样,在我方意趣固属暗指展期二年而言,然以之载明书面交付公司,势对预金部有失稳妥之处,嘱以口头转达斯意云云。交阅去来信两件,并谓山县之意,如由公司函伊询其"当分ノ间"字样是否即作展期二年之解释,山县即可复函证明等语。此次山县来沪,即照此议办理完此问题之手续。兹将致山县函及其复函译抄另纸,送请鉴核备案。肃颂

公安

总经理　盛恩颐

盛恩颐致公司董事会函
民国二十一年四月二十一日(1932.4.21)

董事会公鉴:

敬肃者,窃本公司前以整理计画,因时局及天时关系,致经营步骤未能依次进行,曾于民国十九年三月间具函并派员面商制铁所暨正金、兴业两银行,将以前各借款之偿还展期二年,旋接制铁所暨正金、兴业两银行昭和五年五月二十八日、民国十九年五月二十八日复函,允将前订各项借款本息延期自民国十九年四月一日起临时办法办理等因,承其谅解,特予维持,至本年二月底已届期满,兹承吉川顾问及山县所长在东之便,亟应派员前往请愿,对于日方各项借款之本息归还,拟商其仍照前订临时办法再行展缓三年,俾本公司得以稍纾财力,藉图进展。除派会计所副所长费敏士东渡协商,并将本公司二十一年度实行预算案提交承认外,理合陈报,即祈贵会鉴核备案是祷。敬颂

公安

总经理　盛恩颐

5. 生铁矿石交额及价格

押川[①]致公司董事会函

大正五年八月二日（1916.8.2）

兹因本制铁所扩展工程之进行，应增加生铁并铁矿石零用数额，即按照大正二年十二月二日所订借款合同别合同须交收生铁八百万吨，并铁矿石一千五百万吨之谱。现拟欲决定按照左开清单，逐年如数交收。

日本制铁所开来分年交收生铁矿额数表

年次	铣铁	铁矿石
大正七年（1918）	—	10 万吨
大正八年（1919）	7 万吨	27 万吨
大正九年（1920）	16 万吨	28 万吨
大正十年至二十二年（1921—1933）	21 万 5 千吨	32 万吨
大正二十三年至二十四年（1934—1935）	21 万 5 千吨	42 万吨
大正二十五年至二十七年（1936—1938）	31 万 5 千吨	42 万吨
大正二十八至三十年（1939—1941）	24 万吨	42 万吨
大正三十一年至三十四年（1942—1945）	24 万吨	52 万吨
大正三十五年至四十二年（1946—1953）	24 万吨	62 万吨
合　计	800 万吨	1 521 万吨

李维格致李经方函

民国五年十二月三日（1916.12.3）

十二月一日午后二时半，维格与制铁所长官押川君开议。在座者，公司方面有高木君及同来之陶洁泉君（通日本语言），共三人；制铁所方面有理事长吉川君及译员井原君，亦共三人。兹将当日开议情节，另纸节要录奉，即希察阅为荷。

---

① 押川则吉（1863—1918）：时任日本制铁所长官。

附抄件一纸

十二月一日午后二时半,维格在制铁所与其长官押川君开议情形,记录如下:

维格言:"敝公司前接贵制铁所八月二日函,查照敝国民国二年十二月二日彼此所订合同,通告需用生铁矿石吨数,列表开送,已有数月之久;敝公司本应早日答复,因事关重要,讨论需时,以致延搁,敝公司甚为抱歉。此次余奉派前来与贵所协商此事,有敝公司派委信函,请先一阅(函由制铁所译员译述一遍)。查贵所来函,闻因敝公司盛前会长曾于去年函询贵所所需生铁吨数,故贵所有第三次扩充计划;又,以盛前会长屡次有言愿多销生铁,贵长官报告贵政府及国会,亦以多用生铁为言,此贵长官体贴敝公司之厚意,敝公司至深感荷。惟自接贵所来函表开所需吨数,敝公司再三讨论,如欲照交,实有困难之处。其原因有二:大冶两炉何时工竣出货,能否出足每炉四百吨,殊无把握。二年十二月合同订后,大冶新炉本应从速筹划建筑,奈盛前会长时常卧病在床,不能早定计划,又因聘请顾问延缓,以致耽搁开办稽时。公司事务本不因为会长一人之卧病迟延,惟敝公司向由盛前会长主政,贵所亦素所知悉,此原因之一,而敝公司深为抱歉者也。合同订定之次年,正派员前赴欧美考求新法,采办机炉,而值欧战发生,机炉虽已订购,何时能完全运到,实难逆料。即如在英国所订电机,造成即为英政府因军用占夺,不得已仍在原厂照样续定,迨其造成,殊不料又为所夺,此原因之二,而非敝公司力所能施者也。至于矿石开采、转运、装卸亦需种种机械布置,方能多出。一时不敢预定多交之理由,亦如上说。鄙见制铁所与汉冶萍公司关系,非寻常买卖可比,已往来有十五、六年之久,一恃原料供给,一恃货物销纳,通工易事,几有相依为命之概。合同为彼此遵守之信物,一切自应照合同办理,然以关系之深切,两家有如一家,遇到困难之处,亦不妨推心置腹,相见以诚,于困难之中,求一双方满意之办法。言归正题,此次贵所来表所开生铁矿石吨数,敝公司量力实难照交,另有拟交之数,此则必须贵长官顾念彼此关系之深切而予以原谅者也。至价值一层,前在北京所订合同,实在太贱,以致受人攻击,故二年合同,敝处谆谆于价值必须协商。此次余奉派东来,敝公司董事会切嘱鄙人,股东之意,价值必须查照日本市面时价订定,不能再有吃亏,此余今日奉告贵长官者也。"言至此,押川君云:"君言余均已明白,但不知贵公司拟交之数开列有表否?"格言有表,即出表示之。押川君言:"贵公司与敝所关系切要,余所深知,余之奉派为制铁所长官者,即因余任农商部次官多年,谙悉彼此所订合同之故,以关系切要,自应彼此相谅。但照贵公司所开拟交吨数,与敝处开相差悬殊,君言于彼此困难之中求双方满意,照此两表,恐无双方满意之法。自大正二年十二月二日合同订定后,余以欲履行合同,敝所必须谋第三次之扩充,而以敝国铁政实业计,亦非扩充不可,是以接到贵公司盛前会长来函后,即积极进行向政府、国会报告必须扩充之故,历尽困难,始得将计划通过,因此余与农商务大臣几致冲突。而国会则以扩充需时六年,为期太久,又必须多用矿石,少购生铁,交相责难。卒以欧战之故,官商需铁日多,得以通过。现既通过,而我又不能照计划施行,则余除辞职外,实别无他法,此我之困难,亦须贵公司原谅。至于铁价,敝国市面实无一定之标准,惟今日议论已久,恐君劳乏,改日再议。"格言:"今日不及多谈,自当另定日期,再来聆教,惟尚有数言,敢请垂听。顷闻教言,贵长官奉派原因,系以熟悉制铁所与汉冶萍公司关系之故,鄙人闻之,实所欣幸。又,贵长官扩充计划因欧战而容易通过,而敝处则适因欧战而难于一切遵教。且贵所八月二日函送之表,敝公司实初次见之,敝公司以为必有磋商余地,请再一思之。"

李维格致李经方函

民国五年十二月九日(1916.12.9)

三日肃上一函,寄呈一日第一次会议情形问答记录,想已鉴及。兹将四日第二次续议情形问答记录寄呈察阅。查两次会议情形,制铁所于吨数、价值两层,意之所在,已能揣度,兹加案语于后:

一、彼第三次扩充计划既经政府国会通过,其势不能不照数履行,我欲少交,彼实困难。

二、生铁磋减似较矿石为易,其说有二:

甲、国会本欲少购生铁,多用矿石,彼让减生铁,尚有词可措,安川合同本先尽问彼处,彼赞成后,始与我订立合同。

乙、光绪二十五年第一次所订矿石合同第五款开:如日本要加买矿石,亦必照办;但日本制铁所亦不得于此大冶合同之外,另与中国各处及岛地他人他矿,另立买铁石之约云云,如我不能供应,彼即有词向他处购用。现扬子江下游,如芜湖之繁昌县、太平之当涂、南京之凤凰山各铁矿公司,均与日商订有合同;山东之青州金岭镇、沿南满路线之鞍山站铁矿,在彼势力范围之内;闽省之安溪,闻亦拟售与日,如我放弃此合同之特权,未免可惜。

三、生铁价值一层,彼谓日本市面无一定之时价,欲我另想一法,以与商酌。此层办法有三:

甲、坚持我售与日本市面之价值。

乙、照英国 Clereland No. 3 or aedcar 生铁上年六月至本年六月底之在英交货价值,扯一中数,作为次年汉、冶两处船面交货之价值,于本年十二月订定。

丙、合同有以制铁所购入价值为标准一条,彼必谓制铁所购入价值即二十六元;我虽不承认此说,合同亦有不能勉强之条,然总有以购入价值为标准一句,彼必不放松,我亦不能悍然不顾。此层如何办法,如我以为英国生铁将来价值必昂于二十六元,则姑持悉照英铁价值之说,与以磋磨;如我以为英铁将来恐有时贱于二十六元,则或以英铁价与二十六元相扯,定一中数,但不得少于二十六元,以期标准一致。

四、矿石价值增减是否以生铁价值为比例,此外,格实想不出他法,未识尊处尚有善于此者乎?

五、此函到后,请即用密码电示:

甲、生铁至多交若干吨,附以理由;

乙、矿石至多交若干吨,附以理由;

丙、生铁、矿石价值如何订法,附以理由。

六、矿石年出一百五十万吨之计划宜速进行,如得道湾、铁山两处,恐难供应，宜速派矿师至鄂城、阳新、九江等处公司已有矿山测算计划，以便及早进行。赖伦在冶矿多年，较有经验，现在无事，亦在可派之列。

今日服部、吉川二君来寓就议，如何情形，再行续报。再，三日所发函作为第一号，内附记录作为第一次。此函即为第二号，记录为第二次，合并声明。

附第二次记录一纸

十二月四日午后二时半，复与制铁所长官押川君赓续开议，情形记录如下：

押川君言：前日李君交阅拟交生铁矿石表，业经看过，内中所开拟交之数，前十数年少交，后十数年多交，不知是何用意？合同至四十年之久，必须预先规定妥善，方为正办，否则十数年后，人事变迁，两方面办事人不知如何情形。且敝处所开吨数，并非贸贸然随便开送，实有根据。查大正二年十二月二日所订合同，当磋议之际，敝处开有条款，矿石需六十万吨，生铁三十万吨。其时盛会长意不便明写每年交货如此之多，故商诸敝处定一笼统吨数，然用意实系四十年匀摊，并无前少后多之意。前任长官中村君适于昨日路过此地，余以此询之，渠亦证明是说，此该合同签订以前之实在情形也。查贵公司前与敝所订有合同，敝所所用矿石，均需向贵公司购买，不得购用公司以外中国他处矿石。既有此条，贵公司即有源源供应敝所之义务，而此次敝所按照合同向贵公司订购，则又不能如数照交。至于生铁，亦系凭贵公司盛、孙两君来函，汉、冶两厂每年可出四十八万吨，要求敝所多购，今又请减，似乎反复前后矛盾。即照贵公司此次预算只有四十万吨，亦可照敝所要求之数交足。查敝处所以借与贵公司一千五百万元，即系为贵公司扩充工程之用，而所以欲贵公司扩充工程，即为敝处扩充地步。查敝处所需原料，全恃贵公司供给，敝国需铁年多一年，此次扩充规模尚非甚大，如此小规模之扩充所需原料，贵公司尚不能供应，则向来敝处所恃于贵公司者，殊为失望。至于矿石，前在贵国时，总经理夏君仅以生铁为言，未提矿石，而此次来表，矿石亦要减少，殊不可能，岂欲限止敝处所出铁乎？

总而言之,敝处第三次扩充计划,系查照合同及贵公司函而定,现计划既经政府国会通过,实难更改。方命之处,尚祈原谅。以言乎贵公司筹备,敝所亦系按照合同办理,矿石二年前通告,生铁三年前通告,为时甚宽,务望即早预备,如数照交,以免敝处为难。此次贵公司所以要求减少之故,自非敝处所知,惟揣度情形,或系因欧战影响,铁价增高,留售善价,殊不知欧战系一时之事,总须以久远为计,贵公司有数十年确实之大主顾如敝所,计亦甚得,似乎不宜仅顾目前。惟铁价一层,尚有商量余地,因合同虽有以敝所购入之价值为标准,而附件有不能勉强贵公司照允之条。惟规定四十年之价值,殊觉不易耳。前日君言照日本市面时价,查敝国市面并无一定时价。此外有无好法,请再一想。

格言:贵长官所说各节,均已明白,惟内有最紧要一节,请先剖明,勿使误会。顷贵长官说一面在合同订定制铁所只能买汉冶萍公司矿石,而不能买敝国别处矿石;一面又不照交制铁所所需吨数,是将限止制铁所出铁一节,余可代表敝公司声明决无此意。查订定此项合同时,贵所仅购矿石五万吨,七万吨,至多至十二万吨;而生铁尚未购买。盛前会长以大冶矿石丰富,汉厂只有小炉两座,用矿有限,欲多售矿石,故当时合同内订有此条。现贵所开来之表需矿石六十万吨,生铁三十万吨,连生铁所需要矿石计算,共需矿石百余万吨,十倍于前,恐一时筹备不及,故来商量,限止之说,实不敢当。又,敝公司表开前少后多,亦非图目前容易,使后人为难,不过目前力量只有如此,照大岛顾问预算,汉、冶两厂岁不过出生铁四十万吨,而矿石出数,照前定计划,系每年一百万吨,若欲照来表交足生铁,因为出数所限,而矿石亦增至一百五十万吨,方能照办,值此欧战机件不能应手,筹备殊无把握。至贵长官所言生铁即算四十万吨,亦可照来表交足一节,不知汉厂炼钢,至少须留用十万吨;与安川合办钢厂,系贵制铁所赞成之事,照合同至少须交六万吨;本国市面约销三、五万吨;日本市面数万吨;此外还有美、澳两处销路,已经营多年,一旦弃之,未免可惜。贵长官又言减少矿石一层,夏经理并未提及,此系夏经理初到公司,容有未接洽之处,以致遗漏,亦未可知。至贵长官所言磋议一千五百万吨合同时,贵所开有矿石年交六十万吨，生铁三十万吨条款，余却不能记忆，惟盛前会长不将年交吨数订明，而笼统定一总数，余揣度当时用意，亦恐将匀摊数定呆，一时不易履行，故定一总数，留作将来商量之余地。再，贵长官又言，揣度公司不肯多交之意，或系因目前铁价增高，留售善价一节，贵长官猜着一半，尚有一半实为目前力量所限，不能多交也。

押川君言：君谓因欧战延误，然一千五百万元合同订已三年，应早筹备。至汉冶萍出生铁四十万吨一节，余终不能承认，贵公司与大岛博士以前预算每年出铁均作三百三十日计，何今忽又改作三百日？若预算炉座出铁不能作准，则制铁事业将不能举办。且炉座出铁自有一定算法，此事敝所次长服部君优为之。

格言：余欲先说一笑话，如易地而处，大岛君今日为制铁所技师，预算敝公司出铁，必定从多；而服部君若为敝公司管工程，预算必定从少，且预算不能一定作准，亦不独敝公司为然也。

押川君言：减少吨数实在困难。

格言：余一面当将会议情形报告敝公司核夺，一面仍请贵长官再一思之，于困难之中，想一帮助敝公司之法。再，矿石价值照此次一千五百万元合同，固须协商；即前兴业银行三百万元合同，亦有十五年后（原定十年，后改十五年）照英铁价值及大冶挖费，斟酌另订。再，目前金价奇贱，照敝公司生铁成本每吨十八九两，照现在汇水洋例五十八两须合日币三十一、二元，而照前合同售与贵所只二十六元，每吨须亏五、六元，敝公司股东均咎于原订合同之人，交相诘责。惟售与三井之铁，却有每吨六十三元之多。

吉川君言：所以今明两年均允贵公司少交，即系贴补之意。

押川君言：为时不早，改日再议，服部次长现既回厂（昨自东京回），此后即由服部、吉川二君至尊寓就议，以免劳驾。

公司董事会临时会议案
民国六年四月十二日（1917.4.12）

民国六年四月十二日临时会议。到会者：周金箴、沈仲礼、张知笙、杨绥卿、盛泽臣(兼代表林薇阁)、王颂坚代表鲁正炳;查帐杜炳卿诸君。

李君一琴由东回沪报告:自上月在下关发巧电后,即往制铁所,告以生铁、矿石加价事非函电所能尽意,必须回国与董事会面商办法,惟须先赴东京一行,押川长官当言此事尚可磋商,何必又返,致稽时日。格言正金银行处尚有商议事件,东京必须一行,加价事如果长官尚有商量余地,俟由京回时再来就教。遂赴东京与正金磋商还款展期之事,声明交额须另外开矿,即以展缓应还之款,作充造路开矿工程之用,公司本以函商展缓三年,此次要求再展两年,共为五年;并以我铁成本太重,每吨计算实需银二十五两五钱,无论与制铁所如何磋商,断难加至此数,则交铁一吨即亏本一吨,长此以往,如何支持?核其成本太重之由,一在负利过重,一在设备未完,不得不亟求减轻之法,遂向正金总裁井上君要求将各借款息率一律减为周息六厘。竭诚陈说之后,井上君谓展期一层当可照办,至减息率非余一人所能主张,然必力为帮忙等语。窥其意,统减为七厘或可办到。当格在下关时,即闻伊国政府对于此次加价之事,意颇赞成,本拟往谒,藉以观其究竟。时西泽君亦在东京,遂由章公使并西泽君介绍,先谒寺内总理,略及议价经过情形,寺内总理谓制铁所与贵公司交易,关系两国实业,现值铁价增涨,该所购用贵公司原料,自应量予补助,余已与农商大臣言及,君可往晤细商云云。格即往晤农商大臣,告以公司困难情形,实因制铁之成本过重,兹承总理大臣慨允补助,拟要求二事,一请减轻以前借款年息,一请再借轻息款项七百万元,添选副产品炼焦炉及去水干风机。如承允许,凡所以减轻出铁之成本,即不啻受间接加价之利益。农商大臣谓此事必当竭力,但须商之内阁,方有办法。旋谒大藏大臣,渠谓借款添造副产品炼焦炉及干风机是否确有利益,还款有无把握,尚须调查确实,方能再议云云。此谒见各当道之大略情形也。

格查副产品焦炉所出各品,利益极厚,从前三井本欲出资承办,因条件过苛,故未果行,今若能得轻息借款自办,则将来生铁成本必能减轻;至于还款,即以硫酸亚摩尼亚售诸日本之价款归还,极有把握。至造炉图样,制铁所均有成规,取法极易。先是制铁所经理部长吉川君亦到东京,正约定续议,乃高木君来告,谓吉川君忽奉农商大臣命令,矿铁加价事饬即停议,吉川君言,如此长官以下只好全体辞职云云。闻之殊诧,深恐因此别生枝节,我事更难结束,遂谒农商大臣,要求仍令吉川续议事,幸即照允。当与吉川续议一次,即遄过下关。而押川、吉川二君经此波折,深感我之对于彼方议价出于诚意也,彼亦以诚意相答,于是矿石价每吨即加五角,连前共加八角。生铁价议定两种,一每吨加两元为二十八元,定为十年二十年均可;一照英铁克利夫伦三号瓦伦兹市价,不计水脚,加入二十六元,折半计算,试办五年;交矿从一九十九年起,交铁从一九二十年起,均较原定各展缓一年。并本年应交生铁八万吨,上年押川君过沪时,李会长已商允减两万吨,此次格复磋减一万吨,并以铁价奇昂,汉厂成本实需二十五两五钱,照目前汇价即合日金四十二元五十钱,售价二十六元,实属亏折过巨,要求照此给价,押川君即允照四十二元五十钱算价。□五万吨交货,每年即可多得八十二万余元,此亦意料所不及者也。至生铁交额,此次续议时,即告以贵会议定所交出数之半,磋商多次,制铁所亦因安川订有合同始允让步,拟为两方均可减少办法而结,以均不得少过二十万吨,似于伸缩之中,仍属限制。此时若变更前议,殊觉矛盾,或改为我要求减交则以矿石抵补,彼要求减购则不以矿石抵补,似此亦无虞纠葛。以上各节,均请诸公速为决定,即便电致前途定局,订立条款再请核夺。

公议:生铁、矿石加价两事,一翁东京周旋后,相机接应,甚有进步,实深佩慰。矿石价加至八角,较原议视铁价比例照加已占优胜;生铁一项,目前欧战延长,固属奇昂,即将来战事终了,五年以内亦不致骤落,自以英铁市加二十六元折半计算较为稳健。铁额一层,尚有伸缩固可活动,所虑补矿为难,又虑为彼操纵,以及借款添办副产品焦炉、干风机等项,均属重要问题,今日殊难议决,现闻孙会长月内来沪,应一面电请速来,一面录案函达,请其核定速示。

盛恩颐致押川函

民国六年四月二十四日(1917.4.24)

制铁所长官押川先生阁下:

敬启者,敝公司本年应交贵所生铁八万吨,前于贵长官到沪时,曾将敝公司出货减少为难情形一再商恳,承允减交二万吨,已极感荷。兹查敝公司出货于本年应交之六万吨,尚难照交,不得已只有商请再行减交一万吨,改为本年交额五万吨。其铁价因受欧战影响,成本加重,每吨实需银二十五两五钱,照目前汇价即合日金四十二圆五十钱,敝公司仅售二十六圆,合之时价,实属亏折过巨。惟敝公司与贵所交易有年,关系素切,非比寻常,未敢照时价要求,但亦不能不顾成本。贵长官洞悉商情,敬恳体谅格外,于本年应交生铁五万吨,即照每吨日金四十二圆五十钱算付价值。至前短交生铁约四千吨,际此出货困难,实在无法交付,亦望贵长官体察,免其补交。上年十二月间,曾派李维格君到东面商,据李君回沪报告,承贵长官推诚相与,允为协助,特此专函奉恳,务祈贵长官顾念敝公司实在为难情形。一再续商,良非得已,允如所请,实深感祷。泐此。顺颂

日祉

　　鹄盼惠复。

汉冶萍公司代表董事兼副经理盛

押川致公司董事会函

大正六年六月三日(1917.6.3)

敬复者:

　　接贵公司四月二十四日来信,所商本年度应交生铁加价及减少交额二事,敝所于贵厂生产费及其他之事,本未便承认。兹为顾全历来交谊起见,特照贵公司来信办理,即本年度应交生铁交额减至五万吨,每吨照日金四十二元五十钱付价;又,大正五年度短交生铁数目可免补交等事。特此奉复。即请查照。

制铁所长官　押川则吉

盛恩颐与制铁所代表第一次会谈记录

民国六年六月十三日(1917.6.13)

　　盛云:昨承次长导观各厂,甚为劳驾。

吉川云：长官因昨晚受凉，未至办公室，故由次长接待。

盛云：昨日面交敝董事会公函及草约，贵所有何意见？

吉川云：贵董事昨交贵董事会公函及草约，容与长官等详细斟酌，明日再行答复。

盛云：此来除合同外，尚有三事：一、请答复敝董事会四月二十八日致贵所一信，并无别意，不过须得贵所一信备案；二、因扩充矿山工程计划须向正金商请减轻借款利息，展缓还本及透支日币三百二十万元，以期履行交货合同，与贵所间接之关系甚大，务恳帮忙；三、铁价须定为英金二先令合日币一元。

吉川云：转商正金及先令合日币两事，当为转达长官。至贵董事会四月二十八日一信，敝所早已承认，所以汉厂本年第一批交过生铁，已照每吨日金四十二元五十钱之价如数付交正金，即上年短交生铁约四千吨不再补交，亦已承认。但查贵董事会来信系道谢之词，于手续上不完全。在此信之前，应先有一要求信，敝所方可据以上达大藏省及农商务省，且铁价已付，急待转报，此信务请赶在长官到东京前（定十八日至二十日动身）送到，自当照复。

吉川又云：此次合同是否中、日文并用。

盛云：自应并用，要求信当由敝董事代表董事会缮送。

吉川云：请于明日下午二时再议。

盛恩颐与制铁所代表第二次会谈记录
民国六年六月十四日（1917.6.14）

盛云：长官昨晚受凉，今日安否？

押川云：已愈，承念，感谢！

又云：昨日合同各条均已看过，此事前次李君来商，此次大驾又来，敝所可以让步处无不让步，总望早日议妥。

盛云：诚如长官言，为时已久，贵所既允让步，敝公司有可让步处亦必让步，以期早日成功。

吉川云:英金二先令合日币一元,于理由上不公平,且向无此算法,现商有两策:一照金镑纯金实量比较核算;一照汇兑时价核算,但第二策不如第一策简便。

盛云:敝公司并无他意,不过取其手续上省事而已,所言两策,容再斟酌。

押川云:敝所极愿照第一策为省事。

吉川云:新旧合同并在一起说不妥洽,旧合同早经成立,应将新旧分开。

盛云:此事亦无别意,不过将旧合同重述一遍,如贵所要分开亦可,惟须列作附件。

吉川云:附表中贵公司要求最少数不能承认。旧合同年交三十四万吨不能再少。

押川云:最少数系贵公司一面思想,敝所并未承认。

盛云:敝公司以旧合同最少数计算,实因限于出数未能多交之故。

吉川云:敝所要求旧合同交足三十四万吨,可将新合同往后递减,每年仍不溢出六十万吨之额。

盛云:贵所如要求将旧合同交足至多数,则至多至少间相差之数须照新合同三元八十钱算价,方有商量。

押川云:贵董事要求于旧合同至少数外照新合同算价,是何理由?

盛云:冶矿系直形,非比平槽采取,愈深工费愈大,且年来浮土堆积矿面,欲去此土又须极大工费,所以有此要求,实为顾全成本起见。

押川云:贵董事言之有理,但按照合同,敝所原有要求至多数之权利。

盛云:长官所言亦是;但敝公司实因工费加增,不能不有此要求;且照合同而言,至多至少原须彼此商量。

押川云:贵董事已言之再四,只可勉允,否则开始谈判各不相让,如何望成?

盛云:承允甚感,当电询上海董会。

吉川云:矿石向定在大冶会磅,每百吨加耗五吨,此事上半年贵公司曾有信来要求减少,现在贵董事又来说及。查欧美交磅通例均系干货,敝所在别处买来亦系干货,每百加五虽欠平允,但有时实有少至四吨之数,冬令芜湖转运时,尚不止五吨,如改交干货则可免补耗。

盛云:干货如何解释?

吉川云:去矿石内水量而言。

盛云:冶矿天雨不做工,潮湿原因想必会磅交货后堆在码头侵入,敝公司不应负责。芜湖交货更与敝公司无涉。

服部、押川、吉川云:此湿分系矿质内原含之水量,必须化验后始知,非外面所能目见。

盛云:合同只订明矿石化验分数,并无化验去水量之说,且以前早有化验样子可作标准,何忽生此干湿问题,近于节外生枝?

押川、吉川云:此乃欧美通例,可双方会同化验,何时收货何时化验,此最公允,敝所拟在大冶设一化验所。

盛云:合同内并未有设立化验所之言,照此办法徒多周折,且不能目见之事出入太大,又违背合同,断不能允,必不得已请长官商一呆板办法。

押川云:前因矿石潮湿,故有加耗;今不加耗,故须交干货。照化验去水之分数定为补耗分数,似极公道。

盛云:磅耗每百加五,合同内并未订明,股东已屡向董事会诘问,无词以对。

押川云:前因大冶交货后到东会磅总不足数,乃有此加耗,并非无端得此便宜,贵董事既坚称化验不便,不如仍然照旧案。

盛云:每百加五,太不公平,鄙人此来,董会再三谆托,须将加耗商请消灭。

押川、吉川云:加五,贵公司以为不公平;不加,敝所又太吃亏。既经贵董事再三相商,总须双方让步,徒争无益,勉副尊意,各半何如?即二吨半?

盛云:照鄙意最好一吨不加,既承长官美意,自应彼此相让,惟须再请减让。

押川云:且将生铁事提议一并商定。

吉川云:生铁补耗事,前总理盛宫保在北京时与长官中村男爵会议及在汉阳会磅加耗两厘,盛宫保只允一厘,相持甚久,后遂定为若松会磅,今改在汉、冶会磅,须仍照前议加二厘。

盛云:盛前总理所不能应允者,鄙人何敢答应。

吉川云:贵董事既不见允,鄙见有一公平办法,可按照历年实亏之数平均扯算,实短若干,补交若干。

盛云:须电上海,且候回电再商。

吉川云:查明实数后可用附件写明,此事自明治四十四年起不过六年,容易调查。

盛云:生铁有标准,矿石无标准,应分开说。

吉川云:矿耗亦照平均扯算,何如?

盛云:此事颇难,我处无可调查。

吉川云:顷间,长官各半之议,尊意以为如何?

盛云:此外合同各条,长官如悉可照行,或可通融商量。但一面须电询董会,如得同意,鄙人尚有一事要求:新合同为期尚远,旧合同即请从本年起。

吉川云:敝处与包运公司订有合同,须查合同期限。

盛云:鄙意须本年起,早定一天敝公司即少一天之损失。

押川云:此必须与包运公司商明后,始能议定某年起。

盛云:今日的所谈请再述一遍,以免彼此或有误会之处。一、铁价英金二先令合日币一元,拟照金磅纯量合算。二、旧合同应每年交足至多之数,惟在各合同至少数外多交,应照新合同价值付价。例如至少数为八万吨,至多数为十二万吨,其相差之四万吨,应照新合同三元八十钱付价。旧合同既交足,新合同每年应交之数应递减,总以每年不逾六十万吨为度。三、矿石磅耗减去二吨半,即每百吨加耗二吨半;生铁磅耗照近六年实在亏耗平均数扯算。四、旧合同上更改应另列附件,其余悉照拟定草约。

押川云:无误会。

又云:贵公司托敝所转商正金减轻利息,展缓还本,透支用款各事,均已明白，但系正金方面事，上次李君来据称：已向正金商过，鄙人亦已向该行说及，此次到东京当再代为疏通，贵董事去时亦须切实商恳，鄙人无不竭力帮忙。

盛云：深感厚意。但敝公司若无此款，恐不能履行交货合同，前已声明，与贵所间接关系甚大，务恳助力，期于必成。

押川云：当尽力为之。

盛云：回寓即发电至沪，屈指回电十七可到，请十七再议。

押川致公司董事会函

大正六年六月十六日（1917.6.16）

敬启者：

接本年六月一日贵公司来信，本年度矿石加价事一切敬悉。所云矿石采取艰难，成本加重，敝所本不能承认。因目下铁价实在非常昂贵，贵公司确有为难之处，准将本年度六月十八日在大冶开船日起算，照贵公司要求每吨加给日金四十钱，即每吨照日金三元四十钱付价。特此奉复，即请查照。

制铁所长官　押川则吉

盛恩颐与制铁所代表第三次会谈记录

民国六年六月十八日（1917.6.18）

盛云：敝董事会回电已到，鄙人所允各节，幸均照允。惟铁耗一节，六年扯算须七.四二五（每千吨加七吨之四二五）不能答应。

押川、吉川云：敝所调查实有百分之一几（每千吨须加十吨零），贵公司调查之数想系最少数目。

盛云：以鄙见度之，当系平均数。

押川云：贵董事可详加调查否？

盛云：此等卷宗并未带来，无可详查。

押云：若再调查，又须耽搁日子，即照来电数目补加，贵董事当可满意。

盛云：不然。敝公司售与贵所生铁照时价相差甚远，以廉价售去之铁尚须补耗，亏上加亏，太不公道。

押云：照此加补，敝所已经吃亏，因贵董事远来，格外让步。

盛云：此难照办，试请贵长官易地而处，能否应允（相持无言甚久之后，经笠原顾问邀押等入别室商量半小时，重复开议）。

押云：前此商量各事，敝所无不让步，贵董事于此事绝不通融，有何意见？

盛云：一无意见，因敝董事会原拟合同稿及此次来电，均不允补加，鄙人受董事会之谆嘱，惟又受长官之美意，双方兼顾，只有请长官减让之一法。

服、押、吉云：贵董事既如此说，减去两吨，每千吨之五. 四二五。此乃格外讲交情之处，应请贵董事明白此意。

盛云：承长官诸公一再让步，不但鄙人感谢，敝公司董事会全体均谢，今为仰体尊意起见，亦如矿耗之各半何如（每千吨之三. 七六二）？

押云：再争亦失彼此体面，但三. 七六二太琐碎，不为直接改为四吨。

盛云：准如长官议，惟新旧合同须分开计算。

吉云：新旧不应分开。

盛云：旧合同，今年有交货事，故须从今年起算。新合同三年后方交货，自无今年起算之理，若并而为一，则新合同交货，一年之后又须重议，岂不厌烦。

押云：此事请贵董事不必再争。铁耗一事，方才次长、部长均极端反对，鄙人一人为顾全交谊起见，竭力转圜，勉强答应。此事前日鄙人只云五年后再说，并未分开新旧界限，如再争执，鄙人亦不愿再议。

盛云：长官顾全之处，极为感荷。此层论理应分开，既长官不愿准，改为五年后一并再议可也。

吉云：合同第九条内开：如制铁所运至他处转载，其价值即以汉、冶起运之日，照装船之数付款，此节亦不公平。

盛云：既订明在汉、冶会磅，敝公司一经交到，理应即日收价，贵所运至他处或转载或堆存,自与敝公司无涉,鄙见看来,似无不公平之处。

吉云:贵董事所言虽是,但于敝所亦有吃亏处,此系小事,无争论之价值,照载亦可。

押云:第五、六条船内人工费云云,向来合同所无,何以此次忽有数语。

盛云:此数语敝董事会公议添入,好在与贵所并无关涉。

押云:须加修改,改为"关于船内人工费悉照旧例,至与公司无涉"。

盛云:即照长官修正,请问尚有他项意见否?

押云:余可照办,鄙见最好先签一临时契约,因敝所翻译现在东京,虽彼此意见均已讨论终局,但恐文义上有须修改处,候到东京详校一过较妥。

盛云:甚好!敝处只有大野君翻译,且漏夜赶办,或恐忙中有错,鄙人到东京亦可请敝公使馆译员校对一次。

盛恩颐与制铁所代表第四次会谈记录
民国六年六月十九日(1917.6.19)

盛云:敝处中文合同二份,均已缮就。

押云:日文在赶缮就后交大野校对一过。

押云:日文合同何以尚称草字?鄙意此即正式合同,只须在上面加一说明书,将来校准之后,揭去说明书,即系正合同。

盛云:长官所言极是。鄙意如校对后有修正之处,即须涂改正式合同,一经涂抹,殊不雅观,好在不过多费一次缮写手续而已。

押云:亦无不可。

双方签字而散。

矿石生铁价值及分年交额合同
民国六年六月二十五日(1917.6.25)

中华民国汉冶萍煤铁厂矿有限公司(下文简称为公司)、日本制铁所(下文简称为制铁所)、日本横滨正金银行于民国二年十二月二日、大正二年十二月二日会同订立合同,名曰别合同,制铁所及公司查照该别合同第

一款,互相协议矿石、生铁分年应交数目、价值,兹经双方订定合同如左:

第一条 矿石自民国九年、大正九年起算,四十年内交足一千五百万吨,惟须照附表第一号所列交额支配。

第二条 生铁自民国十年、大正十年起算,四十年内交足八百万吨。惟须照附表第二号所列交额支配。若公司一年所出生铁,全数不到五十万吨时,公司可商允制铁所,将以前所订各合同及本合同应交数目减少至公司所出全数之半,但此时此减少之数,公司允以足敷制造此减少之数之矿石抵补,此项抵补之矿石,不在表列应交矿石范围之内。制铁所于必要时亦可向公司商允减少生铁,惟此减少之数,公司不须以矿石抵补。前三款,无论如何合计以前所订合同及本合同之数,总以二十万吨为至少之限度,即公司、制铁所无论如何其减少之数不得过五万吨。

第三条 本合同矿石、生铁交货,如遇天灾、变乱、战事、炉座机器出险、工人罢工以及各项人力难施之事,自不能按期照交。

第四条 矿石化验分数,以前订各合同之规定为标准,生铁化验分数总以马丁盐基法(Siemens Martin Basic Process)合用为度。

第五条 本合同矿石价值,现订定大冶石灰窑船面交货,每吨日币三元八十钱。关于船内人工费,悉照旧例办理,与公司无涉。自本合同交货日起,订定十年。

第六条 本合同生铁价值,订定以交货前一年之英国克利夫伦三号瓦伦兹(Cleveland No. 3 Warrants)十二个月之扯中价目及日币二十六元两数合并,折半计算之数,为一年之定价,每年订定一次。譬如该克利夫伦三号瓦伦兹扯中价目合日币三十元,再加日币二十六元,共日币五十六元折半计算,系日币二十八元,即为是年生铁每吨之定价。如克利夫伦三号瓦伦兹之价涨落,仍照上法推算,惟无论克利夫伦三号瓦伦兹跌至若干,本合同生铁价值,总以日币二十六元为最低限度,不再减少。关于船内人工费,悉照旧例办理,与公司无涉。此条算价之法,订定五年,自交货之日起算。

第七条 汉阳、大冶尚未建设装货上轮机器之前,每日装船生铁、矿石吨数及机器建设后每日装船吨数,及每一年中应装不应装之日期及例定休息日期及格外多装之货,如何摊算,以补不足,所定之数,均俟交货时公司与制铁所再为商定。

第八条　生铁、矿石装船之时,彼此派人会同取样,封储两匣,一存公司,一存制铁所。如因化验分数争执,即将封存之两匣小样,交彼此商定之局外化验师化验定断。

第九条　生铁、矿石在大冶、汉阳会磅装船之日,应以电报通知制铁所,即照装船之数将价付与公司指定之银行,收入公司帐。如遇银行不办事之日,即于银行办事之日付款,不得迟延。如制铁所将生铁、矿石运至他处转载,其价值即以汉阳或大冶起运之日,照装船之数付款。

第十条　如遇彼此解释合同词义,有意见不合之处,可照通行之公正人评断例,彼此各请公正人评断。

第十一条　本合同缮写中文、日文各二份,公司、制铁所各执各文一份,以为凭据。

中华民国六年六月二十五日、日本大正六年六月二十五日订于日本国东京

汉冶萍煤铁厂矿有限公司代表董事　盛恩颐

制铁所长官　押川则吉

附表第一号:矿石分年交额

自民国九年、大正九年至二十二年十四年间　每年交额二十六万吨

自民国二十三年、大正二十三年至三十年八年间　每年交额三十八万吨

自民国三十一年、大正三十一年至三十四年四年间　每年交额四十八万吨

自民国三十五年、大正三十五年至四十二年八年间　每年交额六十万吨

民国四十三年、大正四十三年交额三十五万吨

自民国四十四年、大正四十四年至四十八年五年间　每年交额二十五

万吨

共合一千五百万吨

附表第二号：生铁分年交额

自民国十年、大正十年至十四年五年间　每年交额十三万吨

自民国十五年、大正十五年至三十一年十七年间　每年交额二十五万吨

民国三十二年、大正三十二年交额二十一万吨

自民国三十三年、大正三十三年至四十九年十七年间　每年交额十七万吨

共合八百万吨

［附件］

制铁所与公司于民国六年六月二十五日、大正六年六月二十五日订立合同，关于以前所订各合同未详列之条款，互相订定如左：

第一条　宣统三年三月二日、明治四十四年三月三十一日所订生铁合同，原定在汉阳交货后仍在制铁所过磅为准，兹自民国六年十月一日、大正六年十月一日起，与本日所订合同一律须在汉阳或大冶船面交货为准，到制铁所时不再过磅。

第二条　公司虑制铁所于途中转运生铁失耗，特规定本合同及宣统三年三月二日、明治四十四年三月三十一日所订合同，一律每千吨加耗四吨，本合同及前合同均自民国六年十月一日、大正六年十月一日起，均订定五年一议。

第三条　矿石从前在大冶会磅，每百分加耗五分，现规定本合同及以前所订各合同，一律每百分加二分五厘，即每百吨加耗二吨半，本合同自交货之日起，以前各合同自民国六年十月一日、大正六年十月一日起实行。

第四条　本日所订合同，因与以前各合同有复杂之处，特另行说明如左：

矿石自民国九年、大正九年起,生铁自民国十年、大正十年起,照以前所订各合同应交最多数,即光绪二十九年十一月二十八日、明治三十七年一月十五日所订合同,交矿石十二万吨;宣统三年三月二日、明治四十四年三月三十一日所订合同,交矿石十万吨(以上为矿石、生铁最多数交额)。矿石自民国九年、大正九年起最少数,即光绪二十九年十一月二十八日、明治三十七年一月十五日所订合同交矿石七万吨;宣统三年三月二日、明治四十四年三月十一日所订合同,交矿石八万吨;民国元年、明治四十五年二月十日所订合同,交矿石五万吨(以上为矿石最少数交额)。前两款最多、最少相差数目,制铁所应照本日所订合同之价值付与公司,即矿石每吨日币三元八十钱。

生铁自民国十年、大正十年起最少数以外之数,即宣统三年三月二日、明治四十四年三月三十一日所订合同,生铁八万吨以外者,制铁所应照本日所订合同第六条规定之价值付与公司。

第五条　本日所订合同,照前订合同之旧例,矿石以一千启罗算一吨,生铁以二千二百四十磅为一吨。

第六条　本日所订合同第六条订定,将英国铁价合日币之法,彼此便于核算起见,照金本位实在成分算定。

中华民国六年六月二十五日、日本大正六年六月二十五日订于日本国东京

汉冶萍煤铁厂矿有限公司代表董事　盛恩颐

制铁所长官　押川则吉

盛恩颐与制铁所代表第五次会谈记录

民国六年六月二十六日(1917.6.26)

盛云:中日合同已托敝公使馆校过,大处均无舛错。唯第二条内:如制铁所商允公司云云多"五万吨以内"五字,查五万吨字样,总结一段内已见明文,此处似嫌重出,可删除,未知贵所校对如何?

吉云:此节鄙见拟另作一行。

盛云:若就中文读连缀写下为贯串,尊意欲另列一行亦无不可,改如现文。

吉云:第五、六条"船内人工费"云云,旧合同所无,新合同何必添入?

盛云:此节前与贵长官会议时鄙人已经说明,并经贵长官修正签定。

吉云:鄙见看来,实无载明之必要,因此项费用贵公司与敝所向不过问,一经载明,恐包运公司转与敝所生出纠葛,如董事以为必须载入,可将贵公司与敝所字样一律删除,但写关于船内人工费悉照旧例办理;如再嫌不明白,可加西文"爱夫哑皮"等字之说明。

盛云:此等字样,难为不识西文者解,且译员译文断不能一致,不如照原文明白。

吉云:照鄙人所拟载入,断无不明白之理。

盛云:前次签订草约时,贵长官言,彼此意见均已讨论终局,部长亦表同情,所以附件只声明于文义上或有修改,并未有变更条文之说,部长既虑包运公司生出纠葛,另作函件可也。

吉云:即作函件亦有未便,如贵董事实无商量,只好将合同另议。

盛云:凡事无不可商量之理,惟此节实在抱歉,部长谓将合同另议极好;惟本人在此最多十日,除与正金、安川商议外,尚有小酬,何日再议,请先约定,以便拱候。

盛恩颐与制铁所代表第六次会谈记录

民国六年七月五日(1917.7.5)

吉云:贵董事定于何日荣行?

盛云:七日必离京,此来承长官、部长推诚协议,草约已经签定,只此小纲节目,彼此交情素厚,总望正式合同早日签订。

吉云:极是。上次所议关于船内人工费一节,照鄙人所拟,彼此均无关系,岂不两全其美?

盛云:如可迁就,上次早已允洽,所以待至今日者,望候部长之议断耳。

吉云:此事已办理二十年,究竟包运公司与贵公司有过交涉否?

盛云:虽无大交涉,却常来饶舌,一经载明,即有对付,如贵所方面实有为难,可将"归制铁所自理"六字删除。

吉云:时逾一钟,鄙人亟需往议院,已派井原翻译陪贵董事至精养轩午餐,且请小憩,鄙人三时必赶回。

饭后继续开议。

吉云:承久待,不安之至。但费了半日谈论,仍无结果如何?

盛云:此次鄙人远来,承贵所诸事帮忙,草约签字已逾半月,正式合同本可早定,只因长官部长议院事忙,未敢催促,静以相待,只此一二小事,还望部长从速决议。

吉云:大驾久滞实对不起,只可勉副尊意,将"归制铁所自理"六字删除,照尊议是也。

盛云:承蒙原谅,感谢之至。明日何时可以签字?

吉云:容询明长官,即当奉达。

六日在东京农商务省制铁所长官办事室签订正式合同。

孙宝琦致白仁武函

民国七年六月二十日(1918.6.20)

日本皇家制铁所长官白仁武大人钧鉴:

敬启者,来示为本年生铁与矿苗重行更改价目并量数事,已敬悉一切,不胜铭感。阁下所提条件如下:

基性生铁之量数　六万吨

基性生铁之价目　每吨日洋六十六元五角(汉阳船上交货)

矿苗之量数　三十五万吨

矿苗之价目　每吨日洋三元八角(大冶船上交货)

由此视之,阁下鉴谅目下某等之困难情形,铭感良深,所惜者惟一事耳,某等当进一言以告之。自南北兴兵以来,公司运输烟煤与焦煤,自萍乡至汉阳一带,经过之地大受阻滞,不能进行。因此困难情形,不得不将第四号炉子停燃,此炉出铁平均有本厂生铁半数之量,停炉于今已阅四旬,出产之损失计八千吨。前月株萍铁路因受南北兵祸之影响,完全停车,故本公司运输事业因此而停,汉厂亦因此乏煤,此事言之,殊堪痛恨,虽然运输事业如此棘手,某等竭力设法,以开伦焦煤代用。然开伦矿虽能供给燃料,而运输至汉阳亦十分不便,因京汉铁路供给兵事之用。某等拟租小轮,自秦皇岛运至汉阳,虽出水脚每吨七元三角,终归失败。如湖南兵事依旧延期,现货燃料不久即完,本公司因此再停一二炉子,亦意中事耳。某等深悉阁下处于困难地位,因不能履行合同交货,抱歉之至。某等日前曾允竭力年内交货五万吨,岂知第四号炉子停燃,实出于意料之外,故某等只得于年内减交至四万六千吨,此不得已之苦衷,伏祈鉴谅为幸。所缺一万四千吨生铁,某等拟以二万八千吨矿苗代之,即生铁每吨交换矿苗二吨。窃思本公司所售与阁下之矿苗系极廉之价,贵厂制造一层极为便利,于一万四千吨生铁指日可成。目下所允准于年内交货四万六千吨者,从平时萍乡煤价计算,即在成本上计算,然现下煤料由开伦煤矿运输至汉阳,水脚较诸往日萍乡煤料增至三倍,故开伦煤每吨成本共计五十元。运输萍乡煤料既已失望,某等不得不购他处煤料以代之,始达交货四万六千吨之目的,增加成本显然易见,惟现下成本若干,尚不能确定。总之,伏乞阁下将原价增至日本市价三分之一,庶几成本不至亏损。现下生铁日本市价每吨日洋三百七十元至三百八十元。由此推算,本公司生铁每吨约在日洋百二十元左右,日洋一百二十元合计墨洋五十七元六角(日洋每元计银四钱八厘)。此价与成本适仿佛,某等之要求亦属于理之当然。合计日本市价只有三分之一,谅阁下必能鉴谅焉。至于矿苗价目,某等欣悉阁下已允准,由原价三元四角增至三元八角,日前阁下来函欲交货三十五万吨,然照本公司交货单,一九一八年之至多数在三十四万吨,某等照例仍交三十四万吨,尚祈照准为幸。

去年本公司顾问官大岛博士回国时,谅必于尊处述及困难情形,已达于极点,自民国扰乱以来,本公司萧条景况为历来未有,阁下亦深悉湖南近况,适在扰乱之中心点,距离萍乡矿在咫尺之间,此乃大不幸也。近年兵灾令人出于意料之外,非某等亦非敝政府之能力所能克复。务祈鉴谅某等苦衷,拨冗提议照准施行,某等当铭感五中也。

汉冶萍煤铁厂矿有限公司董事会会长　孙宝琦启

夏偕复致公司董事会函

民国七年十月三日(1918.10.3)

董事会公鉴:

接奉台函,委任偕复前赴日本,并承抄示议决各条,属与制铁所暨横滨正金总行相机磋商,妥慎因应等因。偕复猥以疏才,谬承委托,惟有勉殚智虑,遵照各条,相机因应,仍望贵会随时随事指授机宜,俾有遵循,实深感幸。再,此次东渡,事繁任重,佐理需人,且于营业工作各方面均有需调查之处,特请大岛、笠原两君为顾问,赵炳生、大野、王菉生、夏爽夫、李慕青五君为参议,王、夏二君兼调查商工业会社组织,李君兼司会计、庶务,周朋西君为英文秘书,金其重君为东文秘书,兼调查钨钼市场、绳钉事业,孙天孙君参观制铁所簿记并调查关于设立日本分销处事,严冶之、李石安、翁德銮三君参观制铁所及各处制铁事业,潘荷生君为书记。均于本月五日一同起程。合并陈报贵会,请赐鉴察。敬颂

台绥

总经理　夏偕复

夏偕复与白仁武谈话记录

民国七年十月九日(1918.10.9)

民国七年十月九日夏总理往制铁所与白仁武长官谈判问答,照录于后:

经理云:鄙人此次代表敝公司前来贵国,一因拜会贵长官,二因敝公司与贵所尚有磋商之事。至敝公司困难情形,并求贵所之宗旨,曾托大岛、笠原两顾问先来与贵所道及,想贵长官必能洞悉矣。

长官云:顷由贵公司大岛、笠原两顾问道及,贵公司汉厂自第三号化铁炉因事停炼若干时期,出铁因之减少,加以各处商人早经以高价定购,约既

订就,势难爽约,以致日本所需要之铁,不能照预定之数缴纳。再有铁价一层,因材料昂贵,市况大易,亦须加增。并奉阁下之命,要求敝所认可本年生铁数量,至以五万吨为额,铁价至少以日金一百二十元为度等情。鄙人均已聆悉。而敝所本来亦有诸多理由,应与贵公司道及者,惟是纵令再三申述,而于实际上恐仍难见收益,则彼此徒多辩论,莫如姑为撇开不提。至贵公司要求本年生铁改为五万吨,价格改为一百二十元,若照契约而论,固难认可;惟念彼此情谊之深,关系之密,而贵公司之要求,亦属出于实情,故敝人方面自当勉为同意。至减交之生铁,仍当照贵公司孙会长来信,以二倍矿石之数补足之。

经理云:敝公司此次提出之要求,得贵长官之同意,鄙人今代表公司先为道谢。至论契约,若照普通商业契约,固难提出请求,惟是贵我所结之契约,并不能视作商业性质,而敝公司于经济维持上,亦不得不有此请求。总之,此次敝公司之请求,其理由有二:其一,敝公司历来财政缺乏,目下铁价增高,公司之财政得以稍觉宽裕,然对于将来履行新合同事,必须预备充分财力,始能扩充从事,又念贵国政府本以援助敝国实业为怀,故敝公司不拘契约,有此请求;其二,解释敝国一般人士之疑惑,因敝公司以前与贵所订立二十六元之生铁价格,敝国人士均误以为贵国政府有意垄断敝国实业,而敝公司内部之人,深知情形,极为不然。盖彼时订约之时,铁价本低,且安知今日有如此高贵之价,而去年已荷贵所加增至四十二元五角,可知贵国政府不但毫无垄断之心,且有提携援助之意,但是本年又非去年可比,若不要求增加,实难解释敝国一般人士之疑惑。加以敝公司对于扩充设备,必须收集一般人士之心理,方能免去种种障碍,而达进行之目的,故敝公司不敢拘于契约,有此请求。虽为敝公司之利,而于贵所亦与有益矣。

长官云:贵经理所论各节,均已聆悉。惟贵公司孙会长来信,生铁减为四万六千吨,此层实难认可。至鄙人勉能同意者,如生铁本年减为五万吨,铁价增为一百二十元,减少之生铁以二倍矿石补足之,但虽系本年内之事,惟事属变更契约,鄙人必须呈明农商大臣及内阁总理大臣核准后,方可正式答复。

经理云：此事既承贵长官隆情同意，必能达敝公司希望之目的，尚请鼎力援助为幸。鄙人再有一事，拟乘此机会与贵长官道及之，即去年贵我所订之新契约是也。敝公司并非对于契约有所变更之意，不过有一二意见应预先声明者。

长官云：深愿受教。

经理云：所谓意见，即新契约中所订矿石价每吨三元八十钱，铁价按照英国瓦伦兹价及二十六元之价相加折半计算；但是为时虽不久，而实在状况，敝公司颇有种种困难。盖大冶矿石渐次减少，而履行新契约非由他处铁山开采不可。但开采他处铁山，一再筹算，照所订之价，不敷成本甚巨，若不商请增加，势难遵约履行，故特预为声明。鄙意拟将生铁价格据市价，而矿石价以其所含铁量，再按铁价三分之一计算。

长官云：新契约履行之期为时尚远，现在可不必提议。

经理云：此事虽非今日急欲解决，惟敝公司之困难以及所拟意见，先与长官声明而已。

长官云：尊意聆悉。惟将来实在状况及将来市价，现在彼此均难臆断。总之，贵公司既有所困难，自须设法免除，而敝所亦须顾及自己进行，此项问题彼此再深加研究，日后再行磋商。

经理云：今日磋商各事，承长官一再认可，鄙人深为欣幸，今代表公司谨申道谢。

白仁武致孙宝琦函

大正七年十一月(1918.11)①

前六月二十一日尊翰述及关于矿石数量并铣铁价格及数量之旨，今从派来贵公司夏总经理及两顾问，拜聆之余，深悉贵公司之情况，至于铣铁之价格，前函以补垫实费之意，故于增价至六十六元五十钱之事已承诺回答，然其后焦炭购入亦颇觉困难，物价劳银及银价腾贵，深鉴贵公司之痛苦事

---

① 原件无时间，系根据内容判定。

情,故照来函所述,本年份以每吨百二十元而购入之。在本所本年份不足之铣铁之数量,如前所述,有十余万吨,故与贵公司之契约之最低限,虽受八万吨之供给,尚有二万余吨之不足。曩从贵公司接到减至四万六千吨之协议时,本所之事情已如上所述,实无减额之余地,然当时价昂腾之际,因思减敝所之数量即为贵公司利益之结果,故曲从之而减至六万吨,此种事情想亦为贵公司所谅察也,乃今接到更须减至四万六千吨,而补给其不足之铣铁,以矿石二万八千吨增加供给之协议甚为困难。照本所之逼迫需要,以上更无减额之余地,然以同一之事而屡反复之,亦深觉迷惑,故以曩者回答之六万吨与今次贵公司提出之数量,斟酌而减为五万吨,深冀谅察为幸。矿石在本所本觉供给甚不充分,往往有缺乏之虞,今在贵公司能得增加供给,甚属幸事,唯对于铣铁减额,在三十四万吨之外供给原料矿石二万吨,相应回答。再者,本年份减去照本文所述之数量,虽已同意,明年以降,务必仍照契约所定之数交付,不胜是幸。

孙宝琦致白仁武函

民国七年十二月七日(1918.12.7)

制铁所长官白仁武阁下:

前者敝公司夏总经理及大岛、笠原两顾问亲赴贵国,荷蒙优遇有加,同深感铭。日前旋京,交到尊函,备悉种切。承允本年生铁价值照每吨日金一百二十元付给,交额改为五万吨,具见贵长官体念敝公司一切困难,格外维持之至意,钦感莫名。所有本年生铁短额应补之矿石二万吨自当如数照交,以付雅嘱。至明年生铁交额预计出货仍不能多,但为供给贵所不致缺乏起见,自当勉力筹维交纳六万吨,尚祈鉴允为荷。专此布复,并鸣谢悃。

顺请

台安

诸希亮照。

汉冶萍煤铁厂矿有限公司董事会会长　孙宝琦启

公司董事会致夏偕复、盛恩颐函

民国八年三月二十日（1919.3.20）

总、副经理均鉴：

　　前接日本制铁所两次来函,商订八年份生铁矿石交额,当以生铁准交六万吨,其矿石仍照上年数目以三十四万吨为额,倘有余力,自当照三十五万吨交纳各等语,先后函复去后,兹接制铁所复称：生铁遵命照减至六万吨,矿石一项因运输开炉,早经准备,难再变更,应请仍交三十五万吨等情前来。除函复勉力照交外,合将三次往来函稿一并抄录奉览,即希查照办理。再,本年生铁矿石价值上年总经理赴东时曾否与之商定,并请见复。此颂

均祺

董事会启

制铁所致孙宝琦函

大正八年四月十八日（1919.4.18）

汉冶萍煤铁厂矿有限公司董事会会长阁下：

　　敬启者,大正六年度贵公司所交而充当大正七年份应交数目三十五万吨之一部分,大冶矿石一万八千七百二十五吨（二万吨之批）之价值,当时按照日金三元四角付与日本兴业银行,俟七年份价值决定之后,再清算其差额；现值七年份每吨决定日金三元八角,其差额每吨四角,共计七千四百九十元整,兹即存与该行,敬请台洽为荷。敬颂

台安

制铁所启

公司董事会致夏偕复、盛恩颐函

民国八年四月三十日（1919.4.30）

总、副经理均鉴：

　　接日本制铁所函称：七年份所交矿石照额定三十五万吨核计,尚短一

万六千三百九十五吨,请于八年份补交。至此项补交矿价,仍照七年份每吨日金三元八角计算等因。查七年份矿石交额原订三十四万吨,除已交外,尚短六千三百九十五吨,今制铁所函称短交一万余吨,系照三十五万吨交额核算,以致数目不符。除函复该所准照六千三百九十五吨之数补交外,合将来往函稿抄录奉览,即希转致冶矿查照办理。此颂

公绥

董事会启

公司董事会致夏偕复、盛恩颐函

民国八年五月三日(1919.5.3)

总、副经理均鉴:

本年五月一日第八次董事会常会,由贵经理到会报告本年售生铁矿石价值应如何与之议加,请核示等因。当经公议:本年铁价仍与磋商照上年一百二十元付给,矿石照成本加二成,俟制铁所复到再交会核议云云。用特备函布达,即希查照,迅与笠原顾问接洽,函商日本制铁所核复为荷。此颂

均绥

董事会启

铃木致孙宝琦函

大正八年五月十三日(1919.5.13)

汉冶萍公司董事会会长孙宝琦先生台鉴:

敬启者,贵公司营业浸浸日上,可贺之至。兹有中日实业股份公司,经营桃冲山附近铁矿,意欲每年售矿石五万吨与制铁所,惟该所与贵公司订定不再购买中国他处所出之铁矿石,然此次系出于中日实业股份公司之请愿,如贵公司于此事不示反对,制铁所亦愿承购此项矿石。据鄙见此项合同如能成立,于贵公司亦不无间接之利益,是以深盼贵公司承认制铁所订购此项矿石。倘蒙表示同意,尚祈赐福为荷,无任企祷之至。专此布达。

敬颂

勋祺

横滨正金银行副头取　铃木岛吉

公司董事会致夏偕复、盛恩颐函

民国八年五月二十三日（1919.5.23）

总、副经理均鉴：

昨接本年五月二十一日第六十号来函，并附正金银行副头取铃木岛吉日文原函及译文各一件。兹于本年五月二十二日第九次临时会提出，公议：查照本公司与制铁所原订合同，该所本不能另购中国他处矿石，本公司铁矿目前尚未展拓就绪，转瞬九年交额甚巨，能减少五万吨之担负亦无不可商议，惟合同性质不能变更，可否将中日实业公司所采桃冲矿石出售与本公司，再由本公司照原价转售制铁所，如此既与合同不背，亦不误制铁所所需。惟价值一层，必须先行探明，与制铁所商定，以免赔累。此事即请总、副经理面嘱笠原顾问去函商办可也。相应函知，即希查照办理。此颂

均绥

董事会启

公司董事会致夏偕复、盛恩颐函

民国八年八月四日（1919.8.4）

总、副经理均鉴：

本年八月一日第十二次董事常会，当由李会长以明年制铁所矿石交额加多，大冶新炉开炼，所需矿石如何筹备，面询贵经理，据复出矿用矿各数目及筹拟变通兼顾各情形。兹经本会公议：明年制铁所额定矿石本当照交，惟本公司所拟开采之灵乡、城门山等处铁矿一时均难解决，冶矿出砂不足，又不能兼顾自用，以致明年应交制铁所矿石不能如额，实深抱歉，即应早致函制铁所，商询明年矿石交额可以减让若干，一面声明本公司实在情形，照现在能力，只能矿铁并计供给三十五万吨。至当涂及外购之矿，如制

铁所亦愿收用,本公司自尽力之所能,积极设法筹备云云。除将议案另纸录送外,用特专函布,即希查照办理。此颂

均绥

董事会启

公司董事会致夏偕复、盛恩颐函

民国八年八月四日(1919.8.4)

总、副经理均鉴:

本年八月一日第十二次董事会常会,当由李会长以本年日本制铁所生铁矿石价值前曾拟函与制铁所商订,何以未发各等语,面询贵经理,据复与两顾问参酌各情形。业经本会公议:前函所定铁价每吨日金一百二十元既两顾问以为太巨,自应核减,以示本公司之诚意。查本公司生铁成本每吨四十二元,合银三十两六钱六分,应加余利二成,计银六两一钱四分,共计银三十六两八钱,以兑换价四钱计算,合日金九十二元,铁价应照此数商定,然按照市价已每吨少银十四两矣。惟铁价既经核减,则矿价自应加增,藉资弥补。本公司前曾有矿石照每吨生铁所含成分三分之一拟订之议,自应照此办理。查矿石一吨七分炼成生铁一吨,假定生铁市价为日金百元,则一吨七分之矿石应价三十三元三角零,以一七分之,当为十九元六角,内除去由大冶运至若松之水脚,假定为日金十元,则每吨矿石之价格当为九元六角,兹即照此定为每吨矿石之价,迅由本会函达日本制铁所商议订定,以免再迟云云。除将议案另纸录送外,用特专函布达,即希查照办理。此颂

均绥

董事会启

公司董事会致白仁武函

民国八年八月十三日(1919.8.13)

制铁所长官白仁武先生钧鉴:

世界文化日进,铁之需用因此日增,本公司早虑及此,近数年间于新辟

矿苗之源着手进行，其他如象鼻山、灵乡以及城门山矿苗等。本公司深得
先生之臂助，竭力设法，以达目的，而诸事棘手，困难情形君深悉，得之非易
也。虽然本公司对于进行并无消极主义，一九二〇年转瞬即届，鄙人等深
愿以四十六万吨供给尊处，而本公司迫于情势，不得不为尊处陈述之。即
使本公司操券可得象鼻山、灵乡及城门山等矿，然于短期内开采殊非易事，
因此种种困难情形，一九二〇年之矿苗深恐不能遵命。本公司所有矿源只
能限于冶矿一处，迩来一经调查设法使产额增多，然最良结果尚不能于一
九二〇年中出产八十万吨之上，况本公司于一九二〇年内需用矿苗最少不
能在五十五万吨之下。再者，冶厂新炉亦于是年七月开工，下半年应用矿
苗二十四万四千八百吨，即使汉阳稍小两炉停工，而余下两大炉亦必需三
十万另六千吨，预算冶矿八十万吨产额中，汉冶二厂共计需用五十五万吨
另八百吨，所剩不过二十五万吨。再者，如汉厂四炉一并开工，则需用又增
十万吨，无待言矣。由此观之，本公司迫于情势，明年只能供给尊处冶矿苗
二十五万吨，鄙人等极愿另加五万吨生铁，并竭力设法另加芜湖矿苗五万
吨，以补不足，此外他处之矿苗亦当设法补助，如蒙采纳，不胜幸甚。设或
不然，则冶厂停炉，以原料供给尊处而已，然倡办冶厂新炉，百折不回，心力
交瘁，所费之巨无庸赘述，一旦告竣，变成废物而不利用，使公司成本增高，
损失不知伊于何底。一念及此，不得不预告尊处减交明年矿苗，并所议各
件，务祈钧处拨冗照准，本公司所厚望焉。专此。顺颂
日祉

董事会谨启

大岛[1]致夏偕复、盛恩颐函
大正八年九月(1919.9)[2]

前奉电示并台函，嘱与制铁所商议本年生铁及矿砂售价等因。鄙人遵
即于九月八号在东京制铁所事务所与长官白仁武会晤，为长时之谈话。兹

① 大岛道太郎(1859—1921)：时任公司工程顾问、大冶铁厂总工程师。
② 原件无时间，此系根据内容判定。

特将晤谈情形及其结果报告如左。

一、生铁及矿砂售价问题

尊处前致该长官函内,曾要求生铁价格,于汉阳码头交货,须照汉阳成本每吨洋四十二元外加净益二成,两共合日金九十二元。此层据长官言,照目下日本生铁市面疲滞,价格低下,殊难办到,不如根据去年日金六十六圆五角之成本,合以目下汇兑,较有磋商余地等语。鄙人因以无此项函件,不敢谬然讨论,只告以照此办法,所售之货一无余利,公司财政正形困难,特别买客如制铁所者,如不维护,公司前途危险殊甚耳。

鄙人按此次要求中之成本银洋四十二元,虽较去年为大,然合以目下汇兑,每银洋一元合日洋一圆八角五分,亦不过日金七十七圆七角耳,与尊处要求之九十二元相去尚远也。

至于砂价,长官亦云我之要求为九圆二角,万难办到。盖若照允此项要求,须将本年预算完全推翻,不如仍根据去年日金三元八角之砂价照现在汇率合成银洋,为可商榷。

鄙人按去年砂价商定之时,汇率为每银洋一元合日金一圆六角,则砂价日金三圆八角,计合银洋二元三角七分五厘耳,适合冶矿今年每吨成本而已。

二、明年交砂交铁问题

尊处前致该长官函内声明,明年砂矿交额为二十五万吨,其余不足之数拟多交冶厂所出之生铁六万吨。此层该长官言,冶矿出砂如实在仅能供汉冶两厂之用,则制铁所不得不于他处设法,惟声明之来,似觉迟缓,筹备他砂殊属不易。惟如公司实在不能交货,则制铁所不得不允其短交,但短交铁砂与补交生铁应分为两事,不能混合为一,盖与预算有关也。

鄙人按补交生铁该长官虽未应允,惟于语气中知其于补交一万吨大约可以赞成。敬上

总、副经理均鉴

工程顾问　大岛道太郎启

公司董事会致夏偕复、盛恩颐函

民国八年十月三日(1919.10.3)

总、副经理均鉴:

昨接九月二十五日第一百零七号来函,并附抄大岛与日本制铁所长官面谈本年生铁矿砂价值情形报告一件,俱悉。兹于本年十月一日第十次常会提出,公议:铁价应仍照日金九十二元,砂价总以合中国银币三元八角为至少之数,请总、副经理转致笠原顾问,力与磋商云云。相应函知,即希查照办理。此颂

均绥

董事会启

夏偕复致李经方函

民国八年十一月二十六日(1919.11.26)

会长钧鉴:

前在沪上濒行时,奉发日本制铁所来函三件,当经照抄日文原函带至汉口,交由大野弘君译汉。一为本年铁价每吨付日金七十五元,矿价每吨付日金四元二角;一为明年矿石交额,要求供给四十五万吨,生铁八万吨;一为补交当涂矿石,只可限定明年一年,尚须俟该所调查后再定各等语。核与上海续译寄来之函大致无甚出入。偕复详加察酌,矿铁价值较本公司去函所索相差尚多,现值金价低落,成本加增,实难再行核减。矿铁交额一层,昨据大岛顾问交阅制铁所服部技监致伊函云,九年份以后每年可以收用当涂矿石五万吨,现与冶矿员司暨两顾问通盘核计,本年年内出矿较旺,除交日及自用外,尚有余矿十万吨可以备交,加以明年拟交之大冶矿石二十五万吨,当涂矿石五万吨,共合凑足四十万吨,制铁所当亦可以敷用。惟此两事非大岛、笠原两顾问亲赴制铁所面与商酌,恐难得圆满解决,该两顾问亦自告奋勇,愿往商办。但笠原现因鄂事尚有必须留此顾问之处,一时遽难前往,而制铁所来函若日久不复,深恐该所误以为默许,似多未便。现

与笠原顾问面商,应先复致制铁所一信,只笼统云矿铁价值碍难同意。俾可俟此间事毕,再行委托两顾问亲往商定。拟稿交给该顾问阅看,伊甚赞同。兹将拟复制铁所洋文函稿一件寄请会长查核,如以为然,即祈迅饬缮印签字封发,以免再迟。所有大野弘君所译制铁所来函三件,又服部与大岛顾问来去函两件,特并抄录华文呈请查阅备案。再,偕复于昨日来冶查勘厂矿,拟下星期二回汉,盖因鄂事昨与何省长面订星期三可以晤商也。知注附闻。敬颂

台绥

夏偕复

董事会诸公均此。

[附件] 白仁武致李经方函三件

(一)

李副会长台鉴:

敬启者,关于大正九年份贵公司应交大冶矿石吨数之八月十五日来函,敬悉一切。所说明年份大冶矿石供给二十五万吨以外,甚为困难之情形,于鄙所工作上大有妨碍,为此所受之损害不少,想为贵公司深知。敝所事业计划及各种设备,自明治三十七年一月十五日以来,系按照贵公司与日本兴业银行、横滨正金银行及敝所又贵公司与敝所所订合同,以履行敝所负担之债务而定,高炉及其他工厂之增设改良,皆亦系本诸前项合同可以实行而定。按照此次来信,明年份大冶矿石对于合同吨数六十万吨仅能交二十五万吨,以外难以供给,如此敝所从前之事业计划将归画饼,高炉及其他工厂之一半亦须锁闭,将来之工作营业因此根本破坏。所以,以下之意思,敝所本不愿提及,然因有前项影响,不得不请贵公司以负担敝所之损失一部分之意思,自行使用当涂铁矿石或收买他矿或设其他妥当方法,务请贵公司按照合同供给足数方好。

两三年以来,贵公司办矿不如意之情形敝所亦深知,然敝所情形如上所说,故不得不请贵公司停止高炉之一部分。现在时值切迫,强要明年份

合同吨数全部，亦非本意，只可限于明年一年份之一部分推归以后再交之一件，另行商量。

补给大冶矿石之当涂铁矿石，若能开采得法，一两年后出数必可增加，然该矿石成分比大冶矿石含铁及其他成分太劣，敝所要用该矿石或者数多，则恐须将从前制钢方法变更，所以不能同意以当涂矿石代合同上所订之大冶矿石。当涂铁矿系贵公司多年尽力调查之后方有咨照，然应如何办理，必待敝所十分调查之后再写回信。若该矿石如可使用，则品质劣等之点，于价值及数量亦须有加减之法；至于数量，大冶矿石不足之数全以此矿石补足，在贵公司恐做不到，即使能做得到，而敝所使用上亦有妨碍，请贵公司预先注意。关于办新矿，请贵司仍照从前一样努力除去互相困难，庶于彼此实现事业之发达。不胜切望。专此。敬请

台安

制铁所长官　白仁武启

大正八年十月二十五日

（二）

汉冶萍公司李副会长台鉴：

敬启者，关于大正九年份贵公司应交大冶矿石及汉阳生铁数目之八月十五日来函，敬悉一切。所说对于明年份应交大冶矿石合同吨数六十万吨，贵公司仅能交二十五万吨之情形，于敝所事业上大有妨碍。明年份敝所生铁出产预算约有四十五万吨，要用矿石八十一万吨，其中六十万吨系按照大正二年十二月二日及大正六年六月二十五日所订合同，以贵公司供给大冶矿石充当之计划，然仅能交二十五万吨，则不得不停高炉一部分作业，事业上损害不少，所以十月二十五日敝所函所说应请贵公司妥当之方法，供给合同数目。然贵公司亦有贵公司情形，明年一年份只可由敝所设法讲求应急之手段，然而敝所自行补给三十五万吨之数目甚为困难，务请贵公司照来函所说，大冶矿二十五万吨以外再交二十万吨，共合四十五万吨方好。补给大冶矿石之当涂铁矿之事，另函所说一俟调查之后再写回音，若能使用，价值现不能定，其数量明年份只可以五万吨供给，可照大冶

矿石一律看待。至于大正九年份生铁数目,贵公司所说吨数以外,以补给矿石之意多交六万吨,敝所明年份所用之数,大约今年年底实存之数已有多余,按照敝所工作营业之计划,贵公司明年供给原料生铁数量,照合同最少限数八万吨即可敷用。此不过现在之预算,正确之数量俟明春再行商量。专此。敬请

台安

制铁所长官　白仁武启

大正八年十月二十五日

(三)

汉冶萍公司李副会长台鉴:

　　敬启者,关于大正八年份大冶矿石及汉阳生铁价值之八月十五日来函,敬悉一切。贵函所请汉阳生铁每吨要日金九十二圆,敝所如能做得到,甚愿应贵公司之希望,然经种种调查考究,如贵公司深知,昨冬停战以来,铁价落下,钢料之价值亦是暴落,而工资及其他原料反皆腾贵,假如贵公司供给生铁照日金六十六元五十钱算,因此制造之钢料照现在之行情,收支已陷入两不相偿之悲境,甚难承受。然鉴于贵公司与敝所从前之情谊,斟酌汇兑行情及生铁市价,每吨可付日金七十五圆整,应请贵公司承认。

　　至于矿石,贵公司不照生产费算,照生铁价值逆算,每吨要求日金九圆六十钱,然敝所有合同上之规定,而于敝国官办工厂会计法规办理之法,有所困难,且现值铁价落下,甚愿比照上年价值核减,然而有汇兑行情之关系,应请贵公司承认照每吨日金四圆二十钱算给。专此。敬请

台安

制铁所长官　白仁武启

大正八年十月二十五日

公司董事会致夏偕复、盛恩颐函

民国九年二月七日(1920.2.7)

总、副经理均鉴:

　　昨接二月四日第十三号来函,以据笠原顾问电称,八年份矿铁两价,制

铁所最后让步,允付铁价每吨日金九十二元,矿价每吨日金六元,应否照准,请核议示遵等因。兹于本年二月五日特开临时会,公议:铁砂只允日金六元,按之冶矿成本,亏蚀太甚,且查裕甡公司售日砂价近尚以日金九元结算,是同一售砂华商公司,而汉冶萍得价独短,亦非制铁所所以辅助本公司之意。现值大会在即,并值阴历年底,亟须分派股息,并给发各项费用,笠原顾问原电既已无可再商,本届只能认亏照结,所冀九年砂价,制铁所勿再抑勒,强以所难,此则本会所公同希望者也。至铁价允照公司请求每吨给日金九十二元,极为满意,由经理附函道感云云。相应函复,即希查照办理。此颂

均绥

董事会启

李经方致白仁武函
民国九年七月二日(1920.7.2)

制铁所白仁武长官阁下:

接九年六月十四日购第十四号之三来函,承允九年份交大冶矿石三十五万吨,连上年未交之一万九千二百四十五吨,本年共交三十六万九千二百四十五吨,具见关垂,至深纫感。所示以当涂、象鼻山矿石补交一节,本年可作罢论,敝公司自当照办。惟象鼻山矿石前于上年十一月间,接正金银行转来本年议购条件,即经与湖北官矿公署一再磋商,今贵所本年既无须乎此项矿石,则前项条件想当取消,然下年应交贵所额矿与敝公司自开矿后仍恐不能全恃冶产,而且接到贵所本年五月五日来函,允以半数他处矿石充补,则是象鼻山购矿之事不能不继续商办,以为将来之计。现接湖北官矿公署开来条件:计砂价在山麓交货,每吨银币三元三角,在沈家营江边船上交货,每吨银币四元二角,明年起每年可以供给二十万吨。敝公司尚未答复。可否仍照前议船上交货,每吨砂价银币四元以内,与之续商之处请即核复,以便商办。至当涂矿石,前承函复允可收用,所有开采一切手续现正竭力进行,将来总希望贵所搭收应用,明年份可以交收若干,容俟随

后再行商订可也。先此复陈,诸希鉴察,并祈示复为盼。此颂

日祉

汉冶萍公司董事会副会长 李经方

再,贵所购买铁矿石现行章程,敝公司甚愿一阅,以资参考,请即检寄一份为盼。

公司董事会致夏偕复、盛恩颐函

民国九年七月二日(1920.7.2)

总、副经理均鉴:

九年份应交日本制铁所额矿前经函商该所,减为四十五万吨,嗣因冶矿采掘维艰,恐难如额,复经两次函商,本年交大冶矿石三十五万吨,其不足额之十万吨,以当涂、象鼻山之矿石补足等因去后。兹接制铁所函复:允于本年份交冶矿三十五万吨,再加上年未交之一万九千二百四十五吨,共交大冶矿石三十六万九千二百四十五吨,其以当涂或象鼻山矿石补交一节,本年可作罢论,并声明本年应交额矿六十万吨内,交不足额之二十五万吨以后仍请补交各等语函复前来。除函复制铁所外,合抄来往函稿布达。即希查照办理。此颂

均绥

董事会启

公司董事会致盛恩颐函

民国九年十二月二十五日(1920.12.25)

经理台鉴:

本年日本制铁所矿铁价值前经函请夏总经理赴东磋议,兹接电称,制铁所最后允付铁价每吨日金七十元,矿价四元五角,势难再加,如以为然,请电复等因。当于本年十二月二十三日第十八次临时会提出,公议:生铁每吨七十元,可照允;其矿石每吨日金四元五角,约合国币三元之谱,不敷成本,应即电复夏总经理再与磋商,酌量加给云云。除电夏总经理外,合抄

电稿布达,即希查照。此颂

台祺

董事会启

夏偕复致公司董事会函

民国十年一月三日(1921.1.3)

董事会公鉴:

窃此次偕复奉命赴东协议矿铁加价等事宜。初到制铁所时谈论之顷,其中川次长见告该所,因恐本公司将来难以如约交付矿石,现与中日实业公司议购桃冲矿砂(查桃冲铁矿为裕繁公司所开,本由中日实业公司订购,转售与东洋制铁会社,该社现因铁市疲滞势难承购,中日公司因而运动制铁所收买)。当答以本公司对于矿砂交额近年来多方筹画,一俟灵矿办法解决自可源源接济。唯此一二年间不无困难,贵所如为一时补苴计,收买他矿以辅不足,本公司非无商量之余地。但以合同关系,必须先事函商,取得双方同意,然后进行,庶法理事实得以兼顾。该次官唯唯,谓当转达长官。迨至东京晤白仁长官,谈次之顷,即言现事甚繁,如订购桃冲矿砂,即其一事,意在似告非告。而以谈话出之,乃以答复次官者剀切言之,并谓本公司与贵所感情素洽,不可因此发生误会,务望郑重合同,函商敝董事会得复再行举办。长官谓此事甚亟,函商待复,必致稽迟,不克集事。又答以贵所有此办法决非仓卒议成,即应于发生之初去函商办,何致有迟不及事之虞。当以既悉内容,势难放任,拟由偕复正式致函反对,经与会计顾问等商议,佥以值磋商加价尚未解决之时,有此抗议,必生波折,因而未果。

迨至加价议成,濒行时又向长官谆切提议,请其务必商而后行,长官亦但唯唯。讵再加探访,该约似不久即将签订,闻于明年起购砂十万吨,每吨日金四圆五角。计此事口头反对先后三次,制铁所长官终迟回,不欲先与本公司正式商议,歉怅奚如。查前清光绪二十五年二月二十七日借款合同第五款内载明:但日本制铁所亦不得于此大冶合同之外另与中国各处及岛地他人他矿另立买铁石之约等语,规定甚明。兹制铁所并未先事商取同意,遽与中日实业公司商购矿砂,实属蔑视本公司合同之权利。理合将在东得悉此事抗议无效情形具函陈明,应否再由贵会正式致函诘问之处,出自公裁。专肃。祇颂

台绥

总经理

赵兴昌、金忠讃①致夏偕复、盛恩颐函

民国十年一月二十一日(1921.1.21)

总、副经理钧鉴:

奉八号钧函,以制铁所请加矿石业经商妥,于九年份额矿三十五万吨外,自一万二千吨增至一万八千吨,亦按每吨四元五角计算,均可照允,并饬将九年度实在已交矿铁数目分别详复等因。遵查帐上登记九年度制铁所运出矿石确系三十四万一千零零五吨,生铁七万五千四百六十吨,与制铁所来函所称相符,合行呈复。专肃。恭叩

公绥

会计所所长　凌善昭(金忠讃代)

副所长　赵兴昌

副所长　金忠讃

李经方致白仁武函

民国十年四月四日(1921.4.4)

制铁所长官白仁武阁下:

接本年一月十日购一第三七二号来函,示以民国十年敝公司应交贵所矿石、生铁数量,并订购桃冲矿石等情均悉。顾上列各项与敝公司关系均甚重要,迭经慎重审议,兹条复于左,希鉴察是幸。

甲、矿石数量　民国十年敝公司照约应交贵所矿石六十万吨,承酌量

---

① 金忠讃(1871—?):字菊番,安徽休宁人。时任公司会计所副所长。

敝矿情形,改交额为大冶矿石二十五万吨,象鼻山矿石五万吨,共计三十万吨。体察之情不胜心感,但应有声明之事附陈如下:

一、象鼻山矿石　购买象鼻山矿石交涉业于本年一月间继续进行,至如尊示所定,码头交货每吨洋三元五角,恐难办到,且俟其如何答复,再与贵所商酌。

二、桃冲矿石　贵所拟购桃冲矿石一层,前年曾由正金银行通知敝公司,旋因该事作罢,遂未答复,此次又承见示,已决定收买该矿石等因。查敝公司深惧大冶一矿所产之矿石不敷供给,故数年来方次第交涉纪家洛矿山之事,将来即交涉成立,筹备采掘尚相当时日,于此过渡期内,应另行设法补交不足之额。自民国七年以来,在各方面物色经营,有已在采掘者,有尚在筹备者,有与议购矿石者。惟议购一层,审查各矿之地位、品质、数量,以解决象鼻山悬案为最宜,遂改对该山之方针为买矿,八年末即与开议。旋以贵所变计,九年度不需此项矿石,议遂中止。兹又与其重开交涉矣。以上经过情形早经鉴察。至桃冲矿石,前年该矿向敝公司兜售,去年又重申前请。敝公司照上定宗旨,拟先解决象鼻山问题,然后照其交涉办法再与桃冲协议,亦不为迟,以备填补缺额之一途。前事之次第如上。今贵所别又有特别原因决定收买桃冲矿石,声明此项矿石与敝公司照约应交矿石之额数毫无影响,已闻命矣。惟贵所收买敝国他处矿石,光绪二十五年契约条款内已有载明,此项契约所以保障敝公司之权利,万难放弃。贵所此次收买与该约所载不无抵触之处,但敝公司顾念贵所有特别原因,慎重考虑之下,勉为应允一次,嗣后不得援以为例。敝公司以有该约款之保障,是以锐意经营,力图扩充,数年来专心致力于此,纵使因敝国目下之特别形势一时交涉停顿,仍确信将来必有收获实效之期,尚祈力予援助,俾可达到目的。敝公司从来对于贵所之供给关系始终保持,故特沥陈,以冀彼此略无疑虑。

乙、矿石价格　矿石交额业蒙俯允减少,但其代价照新旧契约订定交额应如何分配,约款中未载一定办法。又光绪二十九年契约所订矿石项下之价,去年十一月间协议时亦未经订定。设使依照契约年份次序分配,或照应交总额比例分配,似均难得衡平。且大冶矿石历年采掘增艰,产费加巨,是以本年度交付矿石之价除象鼻山矿石外,其余二十五万吨一律请定为日金四元五十钱,其光绪二十九年、民国元年契约所订矿石项下之价,俟明年以后市价平定再行酌定。

丙、生铁额量　生铁交额照契约本应交二十五万吨,来示拟减为十万吨。惟生铁一项在敝公司营业品中最居重要,即借款偿还计画亦惟此是赖。今尊示所言数量尚不达约定数总额之半,就诸项设备之运用与夫各项经费,均乏余地可以节减,且加以本年大冶新炉告成,出额加增;况因欲尽供给贵所生铁之义务,当欧战之时不惜重价赶造而成,应交数量当初重以台嘱已核减至十五万吨在案。现矿石一面既承酌减,是以十年度生铁交额,敝处应再减至十二万五千吨,以酬雅意,较之来示之数不过多二万五千吨,照总额已减去半数,实属无可再减,应请鉴谅。

丁、生铁价格　生铁交额减少,照新旧契约交数应如何分配,颇难规定,与矿石相同,种种分配法皆不得当;且每吨二十六元,敝公司实难任此重大亏折,应请一律照新契约价格,即伦敦市价与旧价折半之数算给。

戊、矿铁递延生铁交额减少,于偿还全体债务计画之基础至有影响,矿石减交之数已蒙指示递延,至后来再行补交,则对于生铁减交之数亦应递延至后来补交,以归一律。

矿石、生铁价格,数年来屡相烦渎,今又重申前请,殊深惶悚,因上述种种关系尚祈谅察。况今年冶厂开炉流动资本尚须增加,且敝国一切政潮未息,矿石问题因而暂行停顿,减少交额。兹生铁交额亦并减少,更陷于困境,且银价尚未平定,高低无常,出品亦停搁甚多,故本年金融周转惟售交贵所之物价是赖。上陈各节,务祈力予维持,俯如所请办理,至为铭感,并盼示复。专此奉复。祗颂

台绥

汉冶萍公司董事会副会长　李经方

公司董事会致夏偕复、盛恩颐函

民国十年四月二十八日(1921.4.28)

总、副经理均鉴:

接日本制铁所函称:九年份应交矿石,前定为三十五万吨,又追加约一万二千吨,预计共三十六万二千吨。兹结至本年三月底止,实共收到三十六万二千六百零五吨,统即作为九年份应交之数等语到会。合抄原函布达,即希查照。此颂

均绥

董事会启

孙宝琦致白仁武函

民国十年九月二十四日(1921.9.24)

制铁所白仁武长官阁下:

前接购一第三七二号来函,十年份购买象鼻山矿石五万吨,每吨价洋三元五角等因。当以每吨三元五角,恐难办到,容与前途商酌等语函复。一面即与湖北官矿公署详切磋议,定为本年购买五万吨,以后每年买二十万吨,以五年为限。砂价本年与明年均照每吨银元四元一角,以九五折,实合银圆三元八角九分五厘,嗣后则每年一月议定一次。兹将合同抄奉台览,务望允照原定价值每吨银圆三元八角九分五厘算付,以免赔贴。惟象矿码头尚未完工,本年五万吨恐难在海船上照交,只好先由敝公司以大冶矿砂替代,免致有误尊需,并希鉴允为荷。专此。顺颂

日祉

汉冶萍公司董事会会长　孙宝琦

孙宝琦致白仁武函

民国十年九月二十四日(1921.9.24)

制铁所白仁武长官阁下:

昨接购一第一三四号来函,一是备悉。兹分条答复于下:

一、砂价　贵所拟将本年应交矿砂二十五万吨,分按各合同计算。查明治三十七年、光绪二十九年合同现已期满,明治四十五年、民国元年之合同价格,系照三十七年合同计算,敝公司前函业经声明,即明治四十四年、宣统三年之合同价格亦系照三十七年合同计算,此三项合同之价格自应重新议定。

贵所拟将三十七年砂价改为每吨日金三圆五十钱,四十四与四十五两年矿砂仍照每吨日金三圆付给,碍难遵命。查三十七年合同第四条内订明,大冶矿山概系直形,以后采挖愈深,工费愈多,是以十年期满须另议价值,总以后十年挖矿之深浅难易,比较前十年折中会定等语。近年冶矿采挖极深,工作艰难,成本之贵,迥非从前可比,现届重订之期,自不能不请贵所查照原约,将砂价从优加给。又查大正二年、民国二年别合同第一款内载明,矿铁售价以制铁所购入价值为标准,现在贵所购买桃冲、金岭镇、新加坡等处砂价,均较大冶为贵,所有敝公司大冶砂价自应按照合同,以贵所购入他处砂价为标准,即请查照前三处购砂价值,一律付给敝公司。前函请以本年所交矿砂二十五万吨,统按每吨日金四圆五十钱计价,实非过分之要求也。至改定砂价年限,自不能仍照前例续订,应请改为一年一定,以期妥协。

一、铁价　贵所拟分配于新合同内五万二千吨照克利夫伦三号瓦伦兹扯价与日金二十六圆合并折半之价付给敝公司,自可同意。惟分配于旧合同之四万八千吨,拟仍照每吨日金二十六圆付给,实与敝公司汉厂炼出生铁之生产费不敷太巨。窃念敝公司与贵所交谊素敦,彼此遇事无不互相体谅,格外通融,旧合同之四万八千吨,如未蒙照敝公司前函所请统照新合同价格付给,亦应使敝公司不受损失,务请允将旧合同生铁价值照敝公司生产费酌加利益计算,计每吨日金五十五圆,是为至荷。

一、铁额　本年铁额既承贵所一再切商减为十万吨,敝公司现因大冶新厂开炉尚未定期,自可照允。惟查大正六年、民国六年所订合同第二条内载,年交生铁彼此可以商减,然合计总以二十万吨为至少之限度,即公司、制铁所无论如何其减少之数不得过五万吨云云。所有明年生铁交额,务请照约至少以二十万吨为限。盖敝公司因供给贵所生铁之义务,不惜重价赶造新炉,若炉成出铁以后,贵所因有东洋制铁会社化铁炉之供给而减少敝公司供给之数量,在敝公司一方面经济即难维持也。特先声明。

以上各节,务希贵所鉴谅敝公司经济困难,允如所请,迅速函复照办为祷。专此,复颂

日祉

汉冶萍公司董事会会长 孙宝琦

公司董事会致夏偕复、盛恩颐函

民国十年九月二十六日(1921.9.26)

总、副经理均鉴:

昨接日本制铁所来函,对于本年矿铁价值,除光绪二十九年即明治三十七年合同所订矿价改为每吨日金三圆五十钱外,其余均仍照新旧合同支付,并请将本年铁额减为十万吨,其改订矿价年限仍请以十五年为期各等语,函复到会。兹于民国十年九月二十三日第十三次临时会提出,公议:矿石价值合同期满,自应重订,前函所索每吨日金四圆五十钱,实不为多,生铁价值分配于新合同之五万二千吨,自当按照原约以克利夫伦扯价与日金二十六圆折半计算;其分配于旧合同之四万八千吨,每吨日金二十六圆,实属不敷成本,应照本公司炼出生铁生产费,酌加利益,定为每吨日金五十五圆。至于本年铁额,既一再来商减为十万吨,自可照允。惟明年必须照约至少以二十万吨为限,其矿价年限应改为一年一定,即照此函复制铁所,并将该所以后不得再购桃冲矿砂一节,附函声明为要云云。除函复制铁所外,合抄函稿布达,即希查照。此颂

均绥

董事会启

白仁武致孙宝琦函

大正十年十二月二十七日(1921.12.27)

董事会长孙宝琦先生台鉴:

敬启者,接中华民国十年九月二十四日大札,敬悉一切。承示各款逐条答复开列如左:

一、矿石价值　兹据函示,明治三十七年合同所订矿石价格已届期满,明治四十四、五年合同所订矿石价格亦应满期。然查该两年合同所订矿石价格,按照明治四十四年三月三十一日合同附件及四十五年二月十日合同,不过准用三十七年合同价格,其履行期间即照明治四十四年三月三十一日合同附件订定十五年,各自起算。三合同各异,期限了然,更无可疑之余地。所以此次应改价值之矿石合同照前记规定,须限于三十七年合同一部分。敝所前函请求将该合同矿石价格改为日金三元五十钱,贵公司函复应以敝所购买桃冲、金岭镇、新嘉坡矿石价值为标准议定。然而,大冶与桃冲距离不等,且桃冲价值是三元五角,其输出税归供给者之负担。凡矿业家最嫌矿石中所含铜量太多,敝所所定矿石规格为贵公司所知,含铜量须矿石内含有铁一千分之四以下,若出其规格以上者一切不买。可惜大冶铁矿石品位年年低下,含铜量已到矿石内含有铁千分之六.八,影响于制造之品位及价值不少。然敝所不照一般规格办理,为使用该矿石,向来选购他矿之含铜鲜少之良矿石,补充搭用,即请体谅此等事情及敝所从来对于贵公司交易备竭苦心之诚意。新嘉坡矿石含有硫黄及铜量甚少,因大冶原料矿石有缺点之处,以新嘉坡矿石配合最好。又金岭镇矿石即属政府官厅互相需给之事,且其距离比桃冲更近。明治三十七年合同满期之矿石价值,请贵公司鉴于敝所对于贵公司之诚意,照敝所所通知将该合同应供给五万吨之矿价改为每吨日金三元五十钱,其期间应照合同自本年起算十五年,履行办理,敬请速即函复为荷。

二、生铁价值　敝所前函通知支配于大正六年合同供给之五万二千吨生铁,即照合同条款订定,以克利夫伦三号生铁之伦敦市价及日金二十六元合并折半计算为定价,不过是重视贵公司利益,及遵守合同之精神。敝所确信向来伦敦市场之铁价及对于英国货币汇兑行情最是不动,具有权威,可以做标准,所以当时照此订定大正六年合同第六条及该附件之第六条,今无再说之必要。距欧洲大陆之战役紊乱世界之经济,英国铁市场及汇兑行情未见安定,此际以战役以后最高铁价,一九二〇年(大正九年)做标准,加之英国汇兑行情暴落之时,计算铁价之方法照金本位实在成分算定,敝所所受之损失诚非鲜少,论理于大战后变动,过渡期须以最近之事实做标准,或另议适当之协定为最妥当之方法,惟此际敝所若有请求贵公司之事,贵公司想念战时中敝所努力承诺贵公司之要求,必定体谅敝所诚意,不踌躇而容许敝所之悃情。然敝所重视履行合同,并以诚意对于贵公司,不顾所受之大损失,即承诺照合同办理,敬请洞察为荷。敝所信而不疑,贵公司当可撤回加价之交涉,本邦铁市场因需要不振及低廉之外国产品之胁威,今后生铁钢料之价值恐更低落,不易恢复,谅贵公司定已洞察明白。故供给生铁照合同又鉴于现在之商况,决无不稳当之处,亦是敝所前函通知之理由。

三、生铁数目　关于贵公司供给之数目如函示,将来敝所能可尽力照合同限度做为需给之方针,自不必再说。然贵公司于从来供给数目一再要求变更,又敝所扩充工程尚未完竣,所以将来如何,未能确答,请俟敝所研究后之答复。

四、象鼻山矿石价值　象鼻山矿石购买合同订定之事,并合同抄件接到,敬悉一切。敝所前请贵公司以三元五角与前途交涉,就报告以三元八角九分五订定合同,且事前无受协议之机会,敝所不无遗憾。且看合同成分标准明细表内载磷之规定,对于敝所规格甚有相差之处。敝所规格曾照贵公司照会送过一分,为贵公司所知,其规格所定磷以含铁量万分之五为标准,如增加万分之一,每吨减价十钱,如减少万分之一,每吨加价十钱,万分之二十五以上不购买,从来严重实行。兹按照贵公司所订合同,磷以含铁千分之五. 八三为标准,不但以敝所不能使用之品位为标准,照此购买象鼻山矿石即以磷分实际上下不过万分之五,每一吨亦须多费五角三分,此事敝所决不能同意。或者该规格千分是万分之误。因疑团发生,故此询问,一俟示复,再行函复。

五、矿石十万吨之增给 此事敝所亦加详察,照以前协定之数目已确定一般矿石需给之计画,可惜不能多买,敬请台察。

以上函复,敬请谅察为荷。专此。敬颂

台安

再者,桃冲矿石合同因贵公司供给之矿石实难预期,所以顾虑双方,不得已订定此事,谅已洞悉,于此机会再申一次。

白仁武致孙宝琦函
大正十一年一月二十一日(1922.1.21)

敬启者:

关于大正十年份大冶矿石及汉阳生铁之价值,敝所曾于大正十年十二月二十八日购第三六二号信奉复,贵公司谅已鉴及。兹按照左开平均价格付给代价,即请台洽。专此。敬请

台安

再者,所有贵公司已交之数目均经按照左开平均价格——追加交付银行,敬乞台察,并以附及。左开:

一、矿石 每一吨日金三元四十五钱整。

计开:

明治三十七年合同项下数目 五万吨

价格 日金三元五十钱

明治四十四年合同项下数目 五万吨

合同价格 日金三元

明治四十五年合同项下数目 四万一千六百六十七吨

合同价格 日金三元

大正二年合同项下数目 十万八千三百三十三吨

合同价格 日金三元八十钱

共计二十五万吨，平均价格每一吨日金三元四十四钱六厘六毛余，厘以下按四舍五入，应计日金三元四十五钱。

一、生铁　每一吨日金四十六元整

旧合同项下　四万八千吨

合同价格　日金二十六元

新合同项下　五万二千吨

合同价格　自一九二〇年四月至一九二一年三月英国克利布伦三号生铁平均价值每一吨日金百二元九十一钱八厘与日金二十六元扯半，价格应计日金六十四元四十五钱九厘。

共计十万吨，平均价格日金四十五元九十九钱八厘六毛余，厘以下按照四舍五入，应计日金四十六元整。

夏偕复致公司董事会函

民国十一年三月二十二日（1922.3.22）

董事会诸公钧鉴：

径启者，此次拟与制铁所商议诸事胪举如左：

一、十年份矿石价，拟增为日金四圆五角。

二、十年份生铁价，拟增为日金五十五圆。

三、十年份购象鼻山矿石五万吨，拟于本年补交，照购价付价。

四、东方公司定购象鼻山矿石，拟转售于制铁所，有碍本公司与制铁所订合同，请勿照允。

五、十一年份矿石交额。

六、十一年份生铁交额。

七、十一年份矿石价。

八、十一年份生铁价。

九、新旧各合同矿石、生铁价格均拟重行修订。

十、九年份应交生铁余额四千五百四十吨，应于十年所交生铁内先以四千五百四十吨提作九年应交额，照九年价格每吨日金七十圆付价。

十一、十年份交额十万吨,尚有未交之三万吨,制铁所谓如不在本年三月份以前交清,即不能作为十年份交额,此节系到东后发生,应请取消此议。

以上十一项问题能议到如何程度,毫无把握,惟第九项问题关系最巨。近数年来公司与制铁所迭商价值,长此以往,既不胜其繁苦,亦难臻于圆洽,旧合同二十六圆之价固难遵行,新合同之价恐去成本亦远,且有新旧之分,自应重议修改。惟议价必须有一标准,如照公司成本加利计算,制铁所必谓合同系双方之事,不能仅用一方之理由事实,且以成本定价亦滋流弊,如用日本市价,则日本无正式公布之市价。再四思维,殊无善法,迭与会计顾问、会计所长商酌,均谓只可仍以英铁克利佛伦三号之市价为标准,照价计算,不加折扣,亦不加二十六圆折半计算,惟如英铁低于二十六圆之时仍照二十六圆计价,所有各合同价格一律照改,不分新旧,暂行三年,或五年,再行协议,似此吃亏较小。至矿石价,拟仍以日金四圆五角为标准。事关后此数年矿铁价值,拟恳核定电示遵行。再,制铁所对于此议能否赞同,现亦殊无把握,合并声明。除函陈孙会长外,专肃。祇颂
公绥

总经理　夏偕复

公司董事会致夏偕复电

民国十一年四月十八日(1922.4.18)

东京。夏棣三先生:密。所拟十一项甚为扼要,矿铁价值标准亦极平允,请即照此与制铁所切实磋商。公司正值危急之时,盼速商定后立即回沪主持一切。董会。啸。

夏偕复致公司董事会函

民国十一年五月三十一日(1922.5.31)

董事会公鉴:

径肃者,东方公司拟售所订象鼻山矿石与制铁所事,虽经制铁所长官

声明不经汉冶萍同意决不购买,但东方公司因与官矿局订有成约,久不出货,势不得了,除制铁所外亦无大受主,故仍向各方面竭力运动。制铁所现又有经法律家研究可以直接购买之言,日本银行总裁井上君素以为公司不能如额交纳之时,制铁所可直接另购,惟于东方事谓公司应与东方自行解决。迭与笠原顾问商酌办法,不外下列三端:

一、由公司向东方公司购入交与制铁所。

二、用公司名义由东方自交与制铁所,价格一切亦由东方自与制铁所协定。

三、由东方公司直接售与制铁所,惟对公司交纳用金每吨若干。

依第一项,须俟公司与制铁所将来交矿办法妥定以后方能与东方协议。关于将来交矿办法,现拟有一表,系将东方公司所订之三百万吨作为公司所有之数,附呈鉴察。此表尚须与制铁所协商,价格一层,尤关紧要,故此时尚不能向东方言均由我购入。第二项系掩耳盗铃之法,并无讨论之价值。

第一、二项尚有一层为难之处,即系不由东方直接售卖,每年制铁所所付矿石价应交银行先行抵付利息,东方决不能候,日来东方运动既力,事势甚紧,不得不与谈判,日昨笠原顾问与高木陆郎氏面商,提出第三项办法,拟准东方公司以本年所订象鼻山矿石五万吨为限,售与制铁所,惟对于公司交纳用金,每吨金十钱或二十钱,明年以后再议办法。查交纳用金自系承认本公司有专卖之权利,惟此项办法是否最善,殊不敢说。笠原顾问之意,系姑提此一案以缓东方猛进之心,一面候请裁示,及此时间如制铁所能承认所拟将来交矿办法,优给价值,自应将全数收为我有,否则,姑以本年之五万吨为限,照上言办理,似尚不失合同应有之权利。究属是否可行之处,除函孙会长外,拟恳贵会核议示遵。专此。敬请

公安

总经理　夏偕复

公司董事会致盛恩颐函

民国十一年七月十五日(1922.7.15)

副经理台鉴:

接第三十三号来函,以接夏总经理先后两电,制铁所加价单,计矿石去今两年每吨加金五钱,铁今年每吨加金五十钱,复经磋商,实无余地,可否照允,请议复等因。正核办间,接奉孙会长电开:地山虞电,加价再争,有碍款事,已复电照允等因到会。当于民国十一年七月十一日第四次临时会并案提出,公议:加价事既无磋商余地,且奉会长电复照允,本会只得复准照行云云。除径电夏总经理外,相应抄电函复,即希查照。此颂
台祺

董事会启

白仁武致夏偕复函

大正十一年九月十四日(1922.9.14)

汉冶萍煤铁厂矿有限公司夏总经理阁下:

九月二日辱书承贵公司因碍难负担铁捐银四角,故拟将大冶矿石以代所应收订交之象鼻山矿石十万法吨,而交以冶矿十万法吨,每法吨作价金三圆八十钱,惟素念尊处难按合同照纳大冶矿石六十万法吨,故本所此际忍荷重负,允按每法吨金三圆八十钱收纳象矿,今对于象矿为因负担铁捐情形代纳以冶矿,遂欲以象矿之价交以冶矿,是所费解者也。鄙意如大冶矿石,则尊处自当照各该合同价格(例如二十五万法吨,其平均价格为金三圆五十钱)交付。至对于所开数量,原无异议,接受既定之二十五万法吨之大冶矿石后,当更收十万法吨,其价格体承贵意,特限本年度定为金三圆八十钱,即于二十五万法吨照各该合同按分之残余中,该当每法吨金三圆八十钱之处,照左记按分比例配当之。然开江期间有限究竟能否交足,颇兹疑虑。若所交不足,则即以此不足数由本年度协定数量中减去之,其不足数,亦同协定,当初之他项不足数于后年度接收之。敬此奉复。

再,右记十万法吨之大冶矿石,自应照向例交以一等矿石,祈勿杂以硫铜多之铁山矿石为荷。

计开:

大正十一年度新增之大冶矿石十万法吨,照各该合同配分如左(其不满一千法吨者四舍五入之),但左记配分数量,应由属于旧合同之部分起依次交付。

一、明治三十七年合同十二万法吨分内,按每法吨合金三圆八十钱之五万吨配分额,一万七千法吨。

一、明治四十四年合同十二万法吨分内,同①,四万法吨配分额,一万四千法吨。

一、明治四十五年合同十万法吨分内,同,五万法吨配分额,一万七千法吨。

一、大正二年合同二十六万法吨分内(一〇八三三三法吨已照前协定配分于二十五万法吨内),同,一五一六六七法吨配分额,五万二千法吨。

共计 十万法吨。

公司董事会致夏偕复函

民国十三年八月五日(1924.8.5)

经理台鉴:

前接夏总经理自东京来电,制铁所对于本年矿石价仍三圆五十二钱,俟借款定后再议加,生铁四十圆,再四磋商,仅允俟制铁所年底结算有利再议加,可否照允,祈核示等因。兹于民国十三年八月一日第八次董事常会提出,公议:本年制铁所矿铁价值,既经再四磋商仅允矿石每吨日金三圆五十二钱,生铁每吨日金四十圆,只得先行暂允,仍声明俟借款定后年底清结时再行议加为要。相应抄录来电备函布达,即希查照。此颂

台祺

董事会启

---

① "同",即为"按每法吨合金三圆八十钱之",下同。

傅宗耀[①]致中井函

民国十四年四月二十五日(1925.4.25)

制铁所长官中井励作阁下：

敬启者,敝公司民国十四年份应交贵所矿砂生铁数目,照历届办法理应先行征取贵所同意,所有本年应交矿石一项,拟仍照上年数目共交三十五万吨,内转购象鼻山矿十万吨,自采二十五万吨;所有本年应交生铁一项,拟交八万吨至十万吨,如荷赞同,即祈示复,俾便照数采炼,筹备运交。至矿铁价值,刻因扩充工程未竟,副产炉未办,成本一时尚难减轻,征之敝公司去年上半年结帐又亏赔二百十余万元之多,即可概见,甚盼贵所俯允将砂铁两项价格酌加,俾免亏累,至深感荷。再,民国十三年份铁价,前经敝公司夏前总经理与贵所面商,承允先照每吨日金四十圆结算,俟贵所年底结帐有利再行议加,现届四月,已过贵所结帐之期,务祈查照原议将去年铁价能加若干一并酌核示知为盼。专此奉商,统希见复。顺颂

台祺

汉冶萍公司董事会副会长

中井致傅宗耀函

大正十四年五月七日(1925.5.7)

接奉民国十四年四月二十五日复函,敬悉。十四年度分应交矿砂及生铁数量,计冶砂二十五万法吨,象砂十万法吨,共三十五万法吨,生铁八万吨乃至十万英吨,敝所当遵台函所开数量准备收运,诸希查照为荷。至于价格一层,照前列数量另纸计算,暂定矿砂每法吨日金三圆五十二钱,生铁每英吨日金三十圆零六钱,砂价付交日本兴业银行,铁价付交横滨正金银行,付款方法与前年度相同。

一、冶砂由石灰窑开船时照提单面数量付款。

---

① 傅宗耀(1872—1940):字筱庵,浙江镇海(今宁波)人。时任公司董事会副会长。

一、象砂由沈家营开船时照提单面数量先付货款九成,余额须俟海轮到敝所后照敝所之检查数量清算付缴。

一、冶铁由袁家湖开船时照提单面数量先付货款九成,余额须俟海轮到敝所后照敝所之检查数量清算付缴。

十四年度分合同剩余数量矿砂二十五万法吨,生铁十五万英吨,照例移在后年度缴纳。再者,每月应交矿石及生铁预定数量,务希示知为祷。专此奉闻。此致

汉冶萍煤铁厂矿有限公司董事会副会长　傅筱庵

制铁所长官　中井励作

盛恩颐致公司董事会函

民国十四年五月十八日(1925.5.18)

董事会公鉴:

案查岁交制铁所生铁办法,民国六年议定以在汉阳或大冶船面交货为准,到制铁所不再过磅,另于每千吨加耗四吨,为防转运时有所损耗,系依据历年交铁磅耗平均酌定,至为平允,历经遵行无异。上年二月间,接制铁所长官白仁武来函,对于十二年度收到大冶交铁数量比提单面载减少,要求十三年度交铁增加磅耗千分之七等因。询据冶厂复称,本厂自大磅机安妥后经与驻冶日员会同校准,每次装铁系与日员会磅,另按每千吨加耗四吨,则交运数量不致短少等语,即经据情转复,请其依照合同千分之四办理,并函饬冶厂以后会磅益加慎重。嗣接该长官四月十四日复函,仍申前请,当以前函未能容纳,宜由居间者为之疏通。其时服部、吉川两顾问同在东京,遂将以上各情致函两顾问,请其向制铁所关说免予增耗,仍照合同规定加耗办理,以示维持。而此函去后,迄未得复。兹据东京事务所及会计所查报十三年度冶厂交铁连加耗千分之四,共计交出八万三千六百三十七吨五九六,收到制铁所价款为八万二千五百十四吨四七一,计耗一千一百二十三吨一二五;芜湖交铁连加耗共计五千六百二十二吨四,收到制铁所价款为五千五百四十五吨九四,计耗七十六吨四六。通计磅耗合千分之十

三分有零,若将千分之四加耗除去,则所亏尚不止此,似此情形,公司吃亏更巨。兹查上年四月十四日制铁所请照千分之七加耗之函,本未具复,不如允其要求,损失反可较少。拟请贵会根据此函答复制铁所,允将十三年度磅耗暂照千分之七试办一年,以后再从长协议,妥定办法。似此,则十三年度铁价尚可挽回日金二万余圆,亦不无小补。是否可行,理合照录制铁所上年四月十四日来函陈请贵会核办为荷。肃颂

公安

兼代总经理　盛恩颐

傅宗耀致中井函

民国十四年六月五日(1925.6.5)

制铁所长官中井励作阁下:

接购第一一一号复函,一是祗悉。兹将应复应商各节分条列下:

一、前函所拟十四年度矿铁交数,承允照办,至感。惟尚有东亚通商公司移转之象鼻山矿砂十万吨,前函漏未列入。应请贵所准照加入十四年度交额之内,一并运收。总计十四年度共交矿砂四十五万吨。特再声明,即希查明。

一、每月共交矿砂、生铁数目,前已分饬酌复。兹据冶矿将月交砂数列表寄来,特先抄奉台洽,余俟寄到,另再函达。至东亚公司移转之象砂十万吨交货办法,按照船期应如何规定,尚祈贵所酌夺示复,以便转达。

一、矿铁价值承示暂定每砂一吨日金三圆五十二钱,每铁一吨日金三十圆零六钱,核与成本相去悬远。拟请贵所体念敝公司亏赔太甚,格外酌加,改为每砂一吨给价日金六圆,每铁一吨给价日金五十圆,以示维持而免多亏。

一、十三年份生铁加耗已于另函复允,遵照尊意加千分之七结算。所有十四年度应付铁价,务请贵所仍照民国六年所订合同第九条及附件第一条,在汉冶会磅后,即照装船之数将价款十足付交银行,无庸再候船到。贵所过磅亦无庸先付九成再找一成,以免耽延而符合同。

一、十三年度铁价承允俟结帐后有利再加,前函曾经声请,未奉示及究能加给若干,尚祈核示。为此备函奉商,统希查照允准赐复,至为盼祷。专泐。顺颂

台祺

汉冶萍公司董事会副会长

公司董事会致赵兴昌函

民国十四年八月十八日(1925.8.18)

炳生所长执事:

本年交日矿铁价值,前经函请日本制铁所优予加给,扩充工程用款及工款汇余拨充萍矿整理之费,亦经函请正金银行照数拨付,迄今日久,均未见复。现在矿铁已经先后交运,工程亦须赶紧进行,究竟价值应如何酌加,款项应如何拨付,此外关于本年矿铁价值按照新借款合同第七条应以一半抵息、一半收现一节,尤于本公司周转资金有莫大之关系,必须迅与制铁所、正金银行磋商议定,以资遵行。昨据经理函请遴派专员前往商办,经本会公同核议,佥以执事曾经赴东多次,熟悉情形,堪以委任为本会代表前往与之磋议。除分函制铁所、正金银行外,相应备函委任,即希查照克日启程前赴日本,与制铁所、正金银行将关于本年度矿铁加价一半抵息、一半付现及拨用扩充工程之款,并以工款汇余扩充萍矿整理费各节,一一详细面商议定,将磋议情形报告本会为要。此颂

台祺

董事会启

赵兴昌致盛恩颐电

民国十四年九月十四日(1925.9.14)

经理鉴:真文元电悉。今日与制铁所续议加价,结局得生铁四十一圆,砂价四圆五十钱。长官云,本年价落,制铁所各部长佥主至多照去年给价。予顾彼此关系,尽力维持,故力排众议,独断增加,今已达极点。若再争执,

徒费时日,转延误他事进行,于公司无益等语。昌察长官态度坚决,几无再望增加余地。据闻□部长闻加价信息,即日由厂赶来阻止。若不及早定局,恐蹈去年加价成议中变之辙。爰与顾问议定,不得不从权照允,以杜翻议而可进行磋商付款。时势逼近,擅专之咎,尚祈鉴谅。昌。寒。

赵兴昌致潘灏芬电
民国十四年九月二十三日(1925.9.23)

襄理鉴:两电悉。本年砂铁款业已与制铁所议定,半付利息,半付公司现款。目前专候财政部核准,通告正金照办。象矿东亚之砂同一办法,弟并已与东亚订定砂价每吨三圆八十钱。制铁所加价若干,祈勿宣布。昌。漾。

中井致盛恩颐函
昭和三年九月十二日(1928.9.12)

汉冶萍公司总经理盛恩颐先生大鉴:
   径启者,关于昭和三年度份大冶矿石价格事,准八月八日台复,以矿价暂照上年每吨日金五圆五十钱,一俟砂捐议定,再请加价等因,祗悉。惟查本年度份价格原已酌量贵公司情形,特依前年同样趣旨而允作日金五圆五十钱矣。至于再行加价一节,殊无考虑之余地也。相应函复,即希查照为荷。专此。顺颂
公绥

制铁所长官　中井励作

财政部批文
民国十八年一月二十日(1929.1.20)

批具呈人汉冶萍公司汉阳钢铁厂厂长黄金涛。
呈一件　为请发给铁砂运照由。
   呈悉。该厂因本年系大冶铁矿砂四十五万吨运售日本,请予给照,以

凭报关纳税等情,应准照给。除由本部令饬江汉关征验放行外,兹随发护照一纸,仰即查收应用,并照章粘贴印花为要。此批。

护照附发。

中华民国十八年一月二十日

部长　宋子文

中井致盛恩颐函

昭和四年三月二十六日(1929.3.26)

汉冶萍公司总经理盛恩颐先生台鉴:

径复者,关于交付大冶存矿一节,接三月二十一日电示,祗悉。查此节本系出不得已,情有可原,应依左列各项照允可也。

一、江边所交数量为十七万吨左右,其确实数量则由大冶出张所长调查决定之。

二、制铁所对该数量先付矿价每吨日金五圆五十钱之八成,余依石灰窑开船时之数量算付。

三、前记江边交货应由公司负责装船,倘装载结果发生短少情事,应由公司依照大冶出张所长所指短少数量立予补足之。

四、在大冶出张所长认于江边交货保管上有必要之设备及其他取缔等事,应由公司办理。

至其实施细则,仍希与大冶出张所长西泽君接洽办理为荷。此复。

顺颂

公绥

制铁所长官　中井励作

柳晓明①呈盛恩颐文

民国十九年五月十三日(1930.5.13)

呈为运销矿砂历年亏耗,请求设法挽回利权,以增公司岁入事。

————————

① 柳晓明(1891—?):浙江临海人。时任大冶厂矿运务股长。

　　窃查石堡码头堆存矿砂吨位,均由磅房抄送计算,而出售成交则由制铁所以近海轮船水尺高低定吨位,给收条,反致我卖主毫无把握。世界各国断无此买卖成例,询悉此种办法失败已久,积重难返,但公平交易,短长轻重,当视权衡为标准,现东隅之虽失,而收桑榆之效,非晚也。考民六以前,制铁所派员会磅即为货色成交,奈以后变更办法,视海船水尺为量度,于是磅房失其效用,以致矿砂损耗宣告注销者每以万吨计,如民国六年存矿尚有一万余吨,至十二年清扫码头,所有余额受无形消灭外,并注销二万五千吨在案。至十五年二次清扫码头,又缺一万一千零十五吨六百四十九起罗。今夏以存矿无多,拟办清扫手续,预计矿砂实数与簿面上相较,约少一万五千吨左右。此十二年来,矿砂亏耗竟达六万吨之巨,殊骇听闻。惟既往之事,姑置勿认,然来日方长,若不改善办法,则我矿受此重亏伊于胡底。晓明为职责所攸关,发清源之末议,非由根本解决,铲除流弊,不足以挽回权利,深望公司迅速交涉,恢复会磅制度,以磅房为交货地点,此上策也。其次,凡有海船到埠,每船须交运务股船钞舱单及关单各件,海船英吨当升作法吨计算,使无两歧,即可计核其所装吨位,以明卖货权在卖主,而不在买客者,此中策也。若徒整顿起卸事宜,努力奋斗,增运矿砂吨位而不澈底设法补救,此下策也。事关运务未便缄默,敢献刍荛,肃呈钧听,仰祈采纳,并恳就近会商赵厂矿长对此问题积极进行,藉增岁入,不胜盼祷。
谨呈
总经理盛

柳晓明谨呈

盛恩颐致中井函[①]

民国二十年四月一日(1931.4.1)

日本制铁所长官中井励作阁下:

　　敬启者,敝公司曾于民国十九年三月十六日具函并派员面陈,商请贵

---

①　本件同时致横滨正金银行儿玉谦次,日本兴业银行结城丰太郎。

方将以前各借款之本息偿还展缓两年，旋奉昭和五年五月二十八日、民国十九年五月二十八日台函，以前订各项借款本息延期，允自民国十九年四月一日起暂时依照临时办法办理等因。极承贵方谅解予以维持，无任铭感。

　　查上年度时局不靖，而敝公司厂矿所在地均在匪共范围之内，时加肆扰，人心迄未宁息，除萍矿仍复无法着手，汉冶两厂依然停顿外，惟冶矿一处勉力开采，以受此影响之故，竭尽人力，实际上仅出铁砂三十七万吨，以视预定出砂四十五万吨之数少八万吨左右，按出砂虽少，成本未减，以此核算，成本益巨，此敝公司上年度暗中亏蚀之实在情形也。查该年度之输出数量连上年度之江边交货十万吨，约达三十九万吨，而预定援例江边交货之七万吨，未荷贵所照准。至上年度金价汇率较之预定数目虽略有超越，而现款收入减少约十六万吨之巨，得不偿失，以之维持公司现状，尚感艰窘。现在敝公司实行预算业已编制告竣，用特提出，其中所列冶砂开采直接成本，原因近来金贵银贱，百物昂贵，以故薪工材料莫不日益加增，情势使然，非有所隐饰也。比闻贵国钢铁市价疲滞，敝公司友谊相关，理应供给廉价之铁砂，以副雅望。此次编制预算成本，斟酌再四，实为无可减少之最低限度，务希鉴谅，并望贵所体察敝公司困难情形，即将提出之实行预算案惠予承诺，至深感祷。兹特派敝公司会计所副所长费敏士君专诚东渡，面陈一切，即祈俯赐接洽，尤为感荷。专此。敬颂

台祺

汉冶萍煤铁厂矿有限公司总经理

盛恩颐致公司董事会函

民国二十年六月二十二日（1931.6.22）

董事会公鉴：

　　敬启者，据本公司会计所费副所长敏士函称：窃敏于四月底奉命渡日，五月二日安抵东京，适是时中井长官等因事忙，在八幡不能来京磋商。故于七日即同吉川顾问及山县所长启程前往面谒长官，手交钧座公函及公司

二十年度实行预算案,并将公司困难情形一一面陈;请其将提出之预算案无条件承诺,俾公司得以矿价全部,一可维持现状,二可继续进行扩充冶矿一部分工程。长官答称,以去年来日本钢铁市价受外货竞争影响,一落千丈,去年春间,钢料每吨可售日金百圆以上,目前竟跌至六十圆左右,且苦存货山积,脱售不易,存矿亦多至百八十万吨,以是流动资金顿告缺乏,周转困难,十九年度结帐,共亏日金一千余万圆,为制铁所创始以来未有之巨大损失,上下惊慌,不知所措,现在已将化铁炉九座中停开四座,钢货出数亦准此比例而减少,同时整理内部,裁汰员工,以符撙节之旨,对于采买原料一层,例如铁砂数量,价格亦不得不一律大加低减,以资弥补云云。至关于公司本年所交铁砂数量、价格二项,顾问及敏曾经陈述种种理由,要求承诺公司提议,磋商旬余,一再力争,长官始行让步,允将二十五万吨改购二十七万吨,价格三圆三十钱改为三圆五十钱,略示优待,并谓本年象砂售日价格为华币五元六角,合日金仅二圆余,公司得有日金三圆五十钱,决无不能维持之理。嗣后长官因事赴京,敏等以与公司原来提议相差尚远,势非续争不可,乃于二十一日同顾问又由幡赶往东京,拟向长官继续情商,期得若干结果,孰料晤谈多次,舌敝唇焦,前途以自身处此艰境,生死难测,焉有余力顾虑他人。敏及顾问观伊主张坚决,让步无望,似无续商之可能,故于六月一日只得暂同顾问先行启程回沪,面陈经过情形。至于以后理应如何进行,一切统希钧座裁夺为幸。所有赴东以来,协商本年度铁砂数量、价格问题,理合具函呈报并请鉴核等情。理合转陈核议示遵是荷。顺颂
公安

总经理　盛恩颐

公司董事会致盛恩颐、赵兴昌函

民国二十年七月六日(1931.7.6)

总、副经理均鉴:

昨接第三号来函,陈报派员赴日磋商本年度矿砂交额、价格经过情形,请核示等因。兹于民国二十年七月二日第五次临时会提出,公议:本年矿

砂交额、价值,经费副所长与顾问前往日本一再磋商,制铁所长官始允矿砂改购二十七万吨,价值每吨日金三圆五十钱。查价值过廉,公司不免受亏,惟既称前途主张坚决,让步无望,只得准照办理,应由经理设法声明,明年不得援以为例,即函复经理查照云云。相应函达,即希察照办理为荷。专此。顺颂

均祺

董事会启

盛恩颐致公司董事会函

民国二十一年九月一日(1932.9.1)

董事会公鉴:

敬肃者,前因正金、兴业两行借款又届付息之期,即于五月初派会计所费副所长敏士,会同吉川顾问东渡,与两行商请展缓本息三年,又与制铁所商议本年度矿石交额及价格事宜。旋据费副所长支电称,与长官等商洽本息展缓问题,允展缓二年,矿石交额为三十万吨,价格三圆八十钱,当经经理于巧日电嘱力争交额三十五万吨,价格至少五圆。费副所长接电后,进行多日,最后于六月鱼日来电称,长官只允价格四圆,交额仍坚持三十万吨,无法再商,遂即返沪面陈到东后经过为难情形。所有鱼电及五月五日来函一并抄陈。经理于吉川顾问回沪后,又经面商数次,最后决定额价既不能争,不如从汇价入手,遂即函托有力方面从中调停,拟保持九钱汇价。无奈制铁所内容亦日见衰落,颇有自顾不暇之势,相持至今,仍无进步,而日金汇价又日见低落,若再争持不决,万一汇价再落,我方更为吃亏;且本年度交额已近十五万吨,制铁所方面必须价额决定后方肯付款,而我方则待款孔殷,势难久持。所有该项矿额、矿价,应否即照所议之数与日方决定,抑或另有办法之处,经理不敢擅专,理合陈请贵会核议示遵。专此。

敬颂

公绥

总经理　盛恩颐

公司董事会致盛恩颐、赵兴昌函

民国二十一年九月二日(1932.9.2)

总、副经理均鉴：

接第九号来函,陈报派员赴东商议展缓本息暨矿价、交额各经过情形,请核示等因,并附抄件到会。兹于民国二十一年九月一日第五次常会提出,公议:此次费副所长会同吉川顾问赴东磋议展缓本息及矿石交额、价格等事,承日方谅解,顾问等煞费磋磨,始获有此结果,惟矿价日金四圆,实在不敷成本,应函请经理转商吉川顾问,再请制铁所酌量增益,以资维持云云。相应函达,即希查照办理为荷。顺颂

均祺

董事会启

公司董事会致盛恩颐、赵兴昌函

民国二十一年九月二十三日(1932.9.23)

总、副经理均鉴：

接第十号来函,以据制铁所函催定矿价,其词旨甚为坚决,似无磋商增益之余地,请核示等因。经于民国二十一年九月二十二日第六次董事常会公议:本年度矿石价格日金四圆,委实不敷成本,所以有请益之举。兹日方来函,似催将矿价速行解决,无如所议之价。值兹日汇低落,亏蚀甚巨,公司势将不能维持,只得提付股东会解决。于未开股东会以前,应请经理仍照上次原议,再与顾问切商办法,报令核夺云云。相应函达,即希查明办理具报为荷。顺颂

均绥

董事会启

盛恩颐致公司董事会函

民国二十二年三月一日（1933.3.1）

董事会公鉴：

敬肃者,窃本公司去年砂价及本年运砂事宜,现在亟关紧要,兹谨分列于后：

（一）去年砂价：因价格尚未允洽,有一半未领,现闻制铁所将改归商办,若砂价再不解决,恐彼方三月底会期年度已过,新旧交替,万一将此款扣留作为债息,则影响本公司收入甚大。

（二）每年开运皆在四月份,本年度究竟应否交砂,须预先决定。因制铁所方面,除去本公司以外,售砂者尚多,如南洋及象鼻山等,皆利于我方之不交者也。若至四月不开运,则本年度即无机会再交矣。

（三）查冶矿江边,至多能存砂十四万吨,山中至多能存砂四万吨。据最近报告,江边存砂已达十三万吨,山中存砂已达一万吨以外。若至四月再不开运,则江边、山中存砂已满,无地可囤,势非停采不可,工人亦将因此失业矣。

（四）象鼻山近年出砂无处可销,正在各处推广销路,若闻知我公司今年有此停顿消息,势必钻营求代。在日方则同一购砂,无分彼此,将来我公司再要设法夺回此种权利,恐难若登天矣。

以上各节,均关切要,经理不敢负此重任,日期已迫,理合分晰奉陈,尚祈贵会迅予核示,俾有遵循。此上。顺颂

钧祺

总经理　盛恩颐

公司董事会呈实业部文

民国二十二年三月十日（1933.3.10）

呈为铁砂输出系属履行合同,沥陈下情,吁恳设法补救,以杜纠纷而保实业事。

窃公司接奉大部矿字第五四七四号训令内开：据各方密告,该公司最

近又输出巨量铁砂,关系国家钢铁事业。饬将现在铁砂产销情形列表具报,并检具矿图连同欠税呈部,以凭核夺等因。奉此。除上令三端已知照经理分别详查办理,请宽予时日,另行呈复外,兹先将事关重大之铁砂输出系因履行借款合同之不得已情形及其一切困难委曲,敬为大部一详陈之。

伏查公司前因添炉办矿、扩充工事,以经费难筹,不得已举债东邻,与日本制铁所等签订合同。所有全部本利,悉以生铁矿砂分年抵还。名义上虽系一种借款,事实上仍系商业上预支货价之性质。照约履行,由来已久。且售与制铁所铁砂者,除公司外,若湖北之官矿局、安徽之裕繁公司,皆源源销售,固不仅公司一家为然也。彼告密者不知究为何人,何以独责公司而不及其他?且公司最近亦并无输出铁砂情事,所谓巨量云云,更不知何所据而云然。似此虚构事实,显系别具用心。当此国难日深时期,公司对铁砂输出之利害得失,初非不知,但因受合同之拘束,殊苦无法以善其后。查汉厂早经停顿,生铁已无,若并砂而不交,则彼势必执合同以追索债息,无从应付,势成坐困。而冶矿江边至多又只能存砂十四万吨,山中至多能存砂四万吨。据最近报告,江边存砂已达十三万吨,山中亦在万吨以上。历年开运皆在四月,本年若至四月而不运出,则将无处囤积,势非停工不可。数千工人一旦失业,全家生计濒于绝境。万一如从前萍矿工人围攻矿局之暴动发生,则不特害及厂矿,亦且危及地方矣。萍矿名存实亡,汉厂复铸无期,公司不绝如缕之生机,实赖此铁砂之营运。一旦停顿,何以图存?凡此借款合同之束缚、工人生计之困难以及公司前途之维持,思维至再,无可为计。惟有吁恳大部察核,应如何补救之处,伏祈迅赐训示祗遵,不胜迫切待命之至。谨呈

实业部部长陈

汉冶萍公司董事会谨呈

中井致盛恩颐函

昭和八年九月十二日(1933.9.12)

汉冶萍公司总经理盛恩颐先生台鉴:

径启者,关于大冶铁矿石之数量与价格,敝所固曾言明可以数量三十

万吨，价格每吨日金四圆八十钱接受，近以吉川顾问提议，为维持贵公司现状计，请将数量尽量增多，价格亦请酌量再加；又以敝所本年度购入原料品等合同，除贵公司外，全部均已决定，在手续整理上势难再容迁延。实际上数量既经分别计划完毕，原不能再行接受超过昨年度以上之数量。今特别通融，勉将数量定为三十七万吨。价格亦再予考虑，特加为每吨日金五圆矣。相应函达，即希查照为荷。至已交之矿，当照此价算付正金银行可也。此致。顺颂

公绥

制铁所长官　中井励作

盛恩颐致中井函
民国二十四年八月三日（1935.8.3）

中井社长阁下：

径启者，接准台端七月二十三日购字第三〇八号函开：昭和十年四月一日以后所运之大冶矿石数量，定为五十万吨。每吨价作为日金六圆，业经运交者，应照此率计算付款等因。敬悉。承示本年度矿石数量五十万吨一节，应允如数交纳。惟每吨价以日金六圆计算，敝公司成本不敷，亏折已巨。且以近来日金汇兑差率仍多，因之折阅更甚，是以未便同意。应请台端查照，酌量增加，另订价格，俾敝公司不至亏累。当荷同情，无任感盼。

顺颂

台绥

汉冶萍公司总经理

财政部批文
民国二十四年十一月八日（1935.11.8）

批汉冶萍煤铁厂矿有限公司。

二十四年十月二十九日呈一件，为请发给由湖北大冶及由安徽当涂马鞍山运载铁砂出口护照各一纸由。呈悉。该公司前请二十四年分五十万

吨铁砂运照,既据称即将运竣,本年份尚须赓续接运,所请由大冶运载出口铁砂四万吨,姑予照准,印发护照一纸,仰即收执应用,按历年报关手续照完税项可也。至该公司向安徽益华铁矿转购运售由当涂马鞍山起载出口之二万吨铁砂运照,应候另案咨由实业部核复到部,再行核办。此批。

附发护照一纸

中华民国二十四年十一月八日

部长 孔祥熙

财政部批文

民国二十四年十二月二十六日(1935.12.26)

批汉冶萍煤铁厂矿有限公司。

前据该公司呈称,本年冶矿出砂不足之数,向安徽益华铁矿购运铁砂二万吨,由当涂马鞍山起载出口,请发给护照一纸等情。当以所请是否可行,经咨请实业部核复,并以应候核复到部,再行核办,批示知照在案。兹准实业部咨复,以该公司向安徽益华铁矿购运铁砂,如已有成议,应只以此次二万吨为限,嗣后不得援以为例等由。合行批示知照,并印发护照一纸,仰即收执应用,向芜湖关报关,照完税项可也。此批。

附发护照一纸

中华民国二十四年十二月二十六日

部长 孔祥熙

盛恩颐致公司董事会函

民国二十五年十月十二日(1936.10.12)

董事会公鉴:

敬陈者,查本年度大冶铁矿所出铁砂由日本制铁会社承购六十万吨,五月终接准该会社社长中井励作函称,本年度所购铁砂六十万吨,价格每吨日金五圆五十钱等因。当以该公司所拟价格尚不及上年度六圆之数,虽今年度汇价较平,然私意究以能有增加更为合算,故将来函暂为保留,于七月初本公司顾问吉川雄辅君返国之便,委托其就近与该会社交涉砂价,并商本息展期。兹据吉川顾问函告,承委砂价交涉事宜,始与该会社经理部长往复商议,该部长坚持不能向社长提案为辞,继与该社长中井励作君直接协议,该社长则谓,本年度在中国购砂价格一律,若特为汉冶萍之砂加价,在立场上殊为困难等语。至本息展期一层,若砂价承诺,即可同时决定承诺各等因。此与日本制铁会社交涉加价未允之实在情形,理合陈请贵会俯赐查核列于议案,可否照每吨日金五圆五十钱结价之处,敬候贵会议决示遵。谨函布陈。敬颂

公祺

总经理　盛恩颐

公司董事会致盛恩颐函

民国二十五年十月二十一日(1936.10.21)

总经理台鉴:

接第十一号来函,以本年度矿石价格,制铁会社每吨给与日金五圆五十钱,请益未允,可否照此结价,请核示等由。兹于民国二十五年十月二十日第八次董事临时会提出,公议:本年度砂价每吨日金五圆五十钱,较之去年六圆之数,相差尚多,公司吃亏过巨。制铁会社为继承制铁所事业,本公司与该会社具有往还悠久之历史,似未可与他矿一律待遇。现值公司经济困难之时,应请其特予从优,仍照去年每吨日金六圆付给,以资维持。即请总经理请吉川顾问再与磋商可也云云。相应函达,请烦查照办理为荷。

顺颂

台祺

董事会启

吉川致盛恩颐函

昭和十一年十二月一日(1936.12.1)

盛总经理赐鉴:

时序增寒,遥惟福履,清安是祝。

敬复者,十一月二十五日接奉十六日尊函,以上次将关于本年度矿砂加价之交涉经过,详函大野襄办转陈台端,立蒙提呈董事会核议。经议决:值兹公司经济困难之际,复鉴于彼此往来悠久之历史,均应特别待遇。如每吨五圆五十钱,未免失之过廉。亟应函顾问,着再与日方交涉,务使如上年度增为每吨日金六圆等因,祗悉。遵即复又历访日本制铁株式会社购买主任、经理、部长、常务取缔役社长等关系人员,备述董事会此次决议之旨趣,并谓本年长江水跌较往年提早一月,以致运余矿砂积存甚多,其对六十万吨之契约,仅及五十二三万吨之谱,公司预算因而大生龃龉。请将此等种种情形加以考虑,务盼此际特予加价等语。虽经如是恳切交涉,而日铁主张则为:

(一)矿砂价格之决定乃依多年旧例,凡对各供给者概公平订定比率而行购矿。本年度亦在与上年同等比率之下而行减值。除汉冶萍公司外,其他各矿均已立即承诺。且现在日铁所购矿砂数量大概来自日本内地者百万吨,自南洋地方者二百五十万吨,自中国者百万吨。而汉冶萍公司之份则占中国者约半数,总数量七八分之一。今若加汉冶萍之价,势必招多数供给者之不平。且明年度又在计划增购澳洲及菲岛矿砂约一百五十万吨。中其影响,将来必非浅鲜。此在日铁立场上承诺加价之甚感困难者也。

(二)在本年度初决定冶砂价格之际,如以上年度之日金六圆折合当时银价,虽恰相当于日金五元,因中日汇率向多变动,特考虑此点酌加五十钱而定为日金五圆五十钱矣。其后每见汇率经过殆无若何变动,因知公司如照所兑银数计算,则本年度之五圆五十钱,较之上年度之六圆,反成五十钱之增值矣。此层尚乞公司多予谅察为盼。

云云所陈虽详而卒未得其承诺,殊不遗憾。鄙人纵再将此事反复辩论,亦无解决之望。兹一方日本政府因财政困难,大藏省迭令日铁交涉索还汉冶萍公司借款;而一方若公司不受矿砂价款,仍然往返交涉,则恐被人臆测公司会计必有十分充裕之处也。

愚意倘再迁延,则迁延愈久而公司立场必愈陷不利,势至业经特邀内允之本利展期一层亦有感受影响之虞矣。因恳台端迅派适任人员，前来代替鄙人从事交涉是为最急之务也。

再者，年来贵总经理屡有重开冶厂化铁炉之意，每以焦炭供给困难而罢。今观钢铁之需要，每随世界机阻不安之局而益见增加。闻日铁亦续行计划扩充工厂，其炼焦炉亦稍有余裕。目下存焦为量甚多，鄙意视交涉情形如何，必可得其焦炭之分让也。因是鄙人日来常就焦炭之分让以及日方接受生铁之程度等问题，与各方交涉折冲，已有若干希望。此事若经成议，则一面可供中国内地生铁之需要，一面较之单作矿砂售出者，可更作多少有益之利用。故鄙人刻正极力奔走，俾观厥成。一俟略见端倪，即首途先赴八幡，探明售炭品质、制焦能力、其他技术上情形，再于月之中旬附轮西返，面陈一切可也。专此奉复。敬请

台安

会计顾问　吉川雄辅拜启

公司董事会致盛恩颐函
民国二十五年十二月十七日（1936.12.17）

总经理台鉴：

接第十四号来函，以请益矿价奉经函准吉川顾问复陈洽商经过情形，抄函送请核示遵办等因，并附抄函到会。兹于民国二十五年十二月十五日第十次董事常会提出，公议：本年度矿砂加价，复由吉川顾问与制铁会社恳切磋商，该社以此项矿价系购买各方矿砂之公价，若仅加汉冶萍一方势必招多数供给者之不平，当系实在情形，只得照准。至明年度矿价，必须于年度开始之时，派员前往协商，将公司困难情形详达一切，期得善价云云。相应函达，请烦查照办理为荷。顺颂

台祺

董事会启

盛恩颐致中井函

民国二十七年九月二十日（1938.9.20）

中井社长阁下：

敬启者，奉购字第四〇一号台函内开：关于昭和十二年度份大冶矿石价格，其已装出者，当与十一年度价格同样，照每法吨日金五圆五十钱比率，付款于横滨正金银行一节，曾于去年八月十二日以购字第三七四号敝函声明在案。此次经由吉川顾问与台端协议，拟对十一年度份加价日金五十钱而为每吨日金六元，希予承诺。至于尚未交讫之份，一俟可装，即由我方开始装取。当装取时，并望予以协助为感等因。祇悉。敝公司均为同意，用特专函奉复，即希台察。顺颂

台祺

汉冶萍公司总经理

（四）九州制钢公司

井上致盛宣怀函

大正五年一月六日（1916.1.6）

我会见由上海回来之高木君，得悉阁下近来健康欠佳，惟现正大为好转，至为欣慰。

高木君亦谈到前一时期阁下提出供我考虑之有关中日合资创办制钢公司计划目前未有进展，原因在于通惠公司贷款问题引起干扰。此事我获悉后，颇感遗憾，特别有鉴于我所安排出售生铁尝试性合同，其条款前已交由高木君达览矣。

此事竟然遇到障碍，实属不幸之至，盖目前此间金融市场形势，由于资金供过于求，对于新企业创办，不可能更为有利矣。对创办此一拟议中之公司，似目前如此良机，实属不可多得，因日商目前对于制铁事业极感兴趣，对于一个设厂机会，必将抓住不放。鉴于汉冶萍公司在大冶之新炼铁

厂正在兴建,可以预计,不久将使生铁生产过剩。而过剩生铁,正可由拟议中之公司作有利可图之处理,故敢以至诚奉劝,把阁下计划向前推进,不必顾及阻力有多大。

关于我所推荐在新公司中代表日方之安川君,我想其人阁下必略有所知,现特约略说明我之所提请由彼担任代表之原因。当我收到有关阁下所拟计划密函后,我即为必须物色一可以代表日方之人选而煞费周章。此间一般对三菱及三井方面人颇为重视,因为彼等财力最为雄厚,信用最为可靠。但彼等宁愿独力经营而不愿与人合资,因之不得不把彼等排除于考虑之外。当然,日本还有许多敢于投资之金融行商,他们非常愿意参与这一事业之举办,但他们中人很少具有从事新公司业务之任何经验。此外,在对人事作初步安排及分派各方责任方面,也有困难,须待考虑。在我看来,安川君是我所能物色之能代表日方最佳人选,而且据说他拥有资金一千万日元以上,并具有相当丰富之采矿及翻砂经验。我认为他是一个能找到之最佳人选,尤其是从我前面说过几个角度来考虑。此外,他是一个有事业心之人,而且愿意把其全部时间投入到公司业务中去。

我相信以上所述能使阁下同意我之看法,安川君可以作为日方唯一股东。但如果他认为有必要引进其他人,他们将是他的两三个至友。

阁下方案已被日本制铁所长官采纳。他并同意多方面协助新公司,很可能安排利用剩余工业用水,如果制铁公司工厂厂址在附近的话。也可能从老公司职工中聘用为新公司服务之总工程师及助手。

如我所陈述,各方面形势对于推行阁下方案均极有利,我诚恳地再次进言,把此方案努力进行下去,纵然有种种阻碍。

松本[①]致孙宝琦函

大正五年七月十七日(1916.7.17)

董事长阁下:

承通过高木君电召来沪与阁下会商有关计划中之中日制钢公司事,至

---

① 松本健次郎(生卒年不详):时任日本九州制钢股份有限公司董事。

感愉快。

星期六上午承赐接见,并进行饶有兴趣商谈,谢谢。兹拟冒昧在本信中就该次会商中所谈之事略抒管见,如承及时加以考虑,不胜欣幸之至。

第一点:阁下定能理解,向计划中公司出售生铁,其价格必须特别降低,以便公司可以与其他日本钢铁制件相竞争,此乃最为重要之一点。日本钢铁制件系在本厂内由融化生铁炼制,而计划中公司则必须全部采用由中国进口冷却生铁炼制。以融化生铁炼钢与用冷却生铁炼钢,其差价约为五日元。此差价对本公司最为不利,而唯一可以补救办法则为合理降低生铁价格,此乃最重要事项之一,值得给予慎重考虑,使公司营业得以顺利开展。

第二点:阁下可能已经知道,近年来日本筹办不少新钢厂,其中有的厂且已在迅速兴建,也有很多高炉在进行扩建或新建。当此等钢厂及高炉在两三年内完成时,日本生铁产量,不包括国营钢厂产量在内,将达四十万吨,而目前仅九万吨。至于钢产量将达二十六万吨,而目前约八万吨,尚未把计划中两个配备高炉之大型钢厂未来产量考虑进去。

同时必须提请阁下注意,日本对于钢材需要量正在迅速增长,最近之将来,可望增至一百二十万吨,而目前需要量约为七十五万吨。

兹悉日本政府现正考虑鼓励在国内制钢,如果实行补助,则我等计划中公司将毫无疑问地有享受此种优待权利。但同时我想政府将倾向于较多地鼓励高炉,而较少地鼓励轧钢厂。在此种情况下,我等计划中公司在向国外购买生铁价格上必然要求具有更为有利条款,须知向国外购买生铁,我等须付进口税,而在国内制造则无须支付。

我等必须使计划中公司在市场中尽可能地处于强有力地位,使我等在任何有必要进行竞争时能站得住脚,此点很重要。

如我上面已经说过,日本生铁产量今后必然要增加,故阁下对于剩余生铁处理以及有机会时争取在日本市场中占一较好地位等事项,事先作不失机宜之考虑,将为十分明智者。

以上所述愿望,有关我等共同利益,至于要达到这些愿望之方法,有待于阁下对我之建议给予密切注意。如阁下许我直言,我将建议(购进之生铁)价格必须不超过伦敦市场价格打八折,或用能得到同样结果之其他计算方法亦可。

　　致以

敬礼

合办九州制钢股份有限公司章程

民国六年八月(1917.8)

第一章　总则

　　第一条　本公司定名称为九州制钢股份有限公司。

　　第二条　本公司以经营炼制售卖钢铁并其附带一切事业为目的。

　　第三条　本公司设总公司于福冈县八幡市;但设分公司于上海。按营业之状况认为必要时,得酌定地点,分设分公司。

　　第四条　本公司资本定为日金一千万元整。

　　第五条　遵照法令及章程所定应公告事项,均在管辖总公司之裁判所用新闻纸公告之。

第二章　股份

　　第六条　本公司之股份分为十万股,每股金额定为日金一百元整。

　　前项股份,由中日两国人各担任半数。

　　第七条　本公司股份全为记名式,非得董事会之承认,不得出让转售。

　　但因相续遗赠及其他法律上之原因当然取得者,不在此例。

　　第八条　本公司股票分为一股票,十股票,一百股票之三种。

　　第九条　据第七条所定,须改换股票名义或因损坏分合呈请新换股票者,应于本公司自备之禀单上填明事由,并附添股票及经手费呈请于本公司。

　　其改换股票名义者,每股票一张须纳经手费日金十钱;新换股票者,每股票一张须纳经手费日金二十钱。

　　第十条　因遗失股票或有其他情由呈请从新发给股票者,须以本公司所承认之保人二人以上之连署,详载情由,呈请新发。然后本公司以呈请人之费用连续公告三日后,自最终公告日起算缓二月,仍不能寻着旧票,又另无何等障碍时,始予从新发给股票。其呈请从新发给股票者,每股票一张须纳经手费日金二十钱。

第十一条　股东或其法定代理人须将住址、姓名、图章挂号于本公司。改变住址、姓名、图章时亦然。

如有习惯签字之外国人,可得挂号签字样式,以替图章。

居住在外国之股东,须在日本国内定其暂定住址,或选定其代理人挂号于本公司,如有变动时亦然。

第十二条　因违反第十一条规定而招一切结果,本公司概不负其责任。

第十三条　于开股东会日期之前十四日以内,或于本公司认为必要时,仍限以十四日以内之期间,得停止改换股票名义。但停止改换股票名义,非经公告,不生效力。

前项之规定,本公司解散后之清算人准用之。

第十四条　呈纳股款日期及其款数均由董事会议决之,惟至少三十日以前,须通告各股东。

第十五条　耽延呈纳之股东,每日金一百元须纳耽延利息,按日日金四钱。

第三章　股东会

第十六条　本公司定期股东会每年四月开之。

临时股东会遇有必要开之。

股东会在日本招集之。

第十七条　股东会之议长以董事会长任之。

如董事会长缺席时,副会长代之;副会长又缺席时,列会董事代之。

董事又缺席时,由股东内选举之。

第十八条　各股东只准就于本公司股东内选代理人行使决议权。

第十九条　于股东会对于议案赞成否,如出同数之时,议长采决之。

第二十条　股东会经议决之案件,须要详载于议事录,由议长及列会董事、监察人并股东一人签字或记名盖章保存之。

第四章　董事及监察人

第二十一条　本公司职员为董事八人,监察人二人。

第二十二条　董事及监察人由股东会就有本公司股东一百股以上之中日两国股东中各选任其半数,但日本股东或中国股东之一方面如有被选资格之股东不满五人时,须由被选资格之他一方面之股东中选任职员,以补其缺。

第二十三条　董事以三年,监察人以二年为其任期,期满后不妨公举续任;但其期满如在任期内关于最终决算期之定期股东会未了前,当将其任期延缓至完了股东会为满。

第二十四条　董事或监察人如遇缺员时,准照第二十二条规定即行补缺选举。惟补缺被选员之任期以前任者所余期间为限。

但未至缺短法定人数,又于办事上不觉障碍时,经现存职员之协议,得不用补缺选举。至下次改选期再行选举。

第二十五条　本公司设董事会会长、董事会副会长各一人,办事董事二人。

董事会会长代表公司;但会长有障碍时,副会长代表公司。

第二十六条　董事会会长就日本各董事,董事会副会长就中国各董事,办事董事就中日各董事中各一人,均由董事会互选之。

第二十七条　董事在任期间,应将其自有之本公司股票一百股交存于监察人。

第二十八条　董事及监察人之薪俸或报酬,均由股东会定之。

第五章　计算

第二十九条　本公司每年以二月末日为营业年分终期,即行决算。

第三十条　本公司于每年决算期由营业盈余中提存下列各款,其余银款,经股东会之议决,分派与股东或留存至下期。

一、公积金　5%以上

一、特别公积金　5％以上

一、董事及监察人酬金　5％以上

第三十一条　分派盈余,当付与当年二月末日现有之股东。

附　　则

创立本公司应需费用以日金一万元以内为限。

中华民国六年八月　日

日本大正六年八月　日

创立九州制钢股份有限公司发起人

日本福冈县　安川敬一郎

　　　　　又　松本健次郎

　　　　　又　安川清三郎

　　　　　又　平贺义美

中华民国汉冶萍煤铁厂矿有限公司

　　　　　又　孙宝琦

　　　　　又　盛恩颐

　　　　　又　吴作镆

借款合同

民国六年九月七日(1917.9.7)

汉冶萍煤铁厂矿有限公司(下文简称为公司)按照公司与安川敬一郎(下文简称安川)民国五年八月二十三日、大正五年八月二十三日所订合办合同附件第一,兹与安川订定借款合同如左:

第一条　公司为充当其所承募九州制钢股份有限公司(下文简称为制钢公司)之股份,第一次应纳股款,由安川借用日金一百二十五万元整,公司允将制钢公司股票全数作为此项借款之担保,交与安川。

第二条　按照第一条,安川交款时,公司应出收据,以为借款交付之凭据;出公司交股票时,安川应出收据,以为收到担保之凭据。

第三条　本借款元本偿还方法,自制钢公司开炉之日起,前五年搁置不还,第六年起,分十年均匀摊还。惟此项摊还元本,须尽制钢公司分利项下抵扣,如五年以后,制钢公司尚不分利,或所分之利不敷公司还本之数,可递后摊还。

第四条 本借款利息,由实行付款之日起,前五年规定长年六厘,每年分于五月末、十一月末二次交付,嗣后每五年由公司与安川双方协议决定,惟至高不得过七厘,至低不得过六厘。

第五条 公司按照第三条规定将元本摊还时,安川应由第一条规定担保中,将如数之股票交还公司。

第六条 应以横滨为本合同借款交款并付还本利地方。

第七条 彼此解释本合同词义,如有意见不合之处,可照通行之公正人评断例,彼此各请公正人评断。

本合同共缮中、日文各三份。当事者各自签名盖章,各执一份为凭,另各一份呈驻沪日本总领事署存案。

中华民国六年九月七日

日本大正六年九月七日

汉冶萍煤铁厂矿有限公司董事会会长　孙宝琦(印)

安川敬一郎代理人　波多野养作(印)

九州制钢公司领导名单

1917 年 10 月 9 日

大正六年九月三十日午后一时,安川等在福冈县若松市开股东成立大会,当推选董事八人,监事二人,于十月九日注册,其名单如下:

	安川方面	汉冶萍方面
	安川敬一郎	孙宝琦
	(会长)	(副会长)
董事	安川清三郎	盛恩颐(常务董事)
	松本健次郎	林熊徵(薇阁)
	(常务董事)	(本人台湾籍)
	石渡信太郎	杨学沂

续表

	安川方面	汉冶萍方面
监事	河上谨	吴锦堂(作镆) (本人为日本兵库县籍)
经理兼 建设部部长	村田素一郎 (大正八年六月十三日聘)	

生铁供给合同

民国六年十月十日(1917.10.10)

今因中日合办九州制钢股份有限公司(下文简称为制钢公司)已完全成立,汉冶萍煤铁厂矿有限公司(下文简称为公司)与制钢公司按照民国五年八月二十三日、大正五年八月二十三日公司与制钢公司创立发起人代表公司董事会会长孙宝琦及安川敬一郎所订生铁供给合同第九条,本日订立合同如左:

第一条　公司允认制钢公司为制钢所需一切生铁悉由公司供给。

制钢公司允认不由公司以外者购办。

第二条　公司所供给与制钢公司之生铁,每年以六万吨为最少限度。如制钢公司所需生铁增加吨数,自应知照公司筹划,如无障碍于公司与八幡制铁所以前所订购铁合同,并于本国销数无碍,自可照数供给。但公司于所定期间内将制钢公司所要求生铁之全数或一部分不供给或不能供给时,制钢公司得由第三者购办之。

第三条　于第二条第一项所言六万吨者,专指公司汉阳化铁炉并现建大冶化铁炉全年所出之生铁产额达四十万吨以上之时以为最少限度。如全年产额在四十万吨以下之时,公司可得照其产额比例,将供给制钢公司之生铁数目递减。

第四条　公司所供给生铁须要系头等西门子马丁生铁并与供给八幡制铁所者相符。至于其品质成分,照末尾所添分析表为准。

第五条　公司所供给生铁价格,在大冶船面交货,F. O. B. 按伦敦三号克力郎(Cleveland No. 3)生铁之市价为准。但其市价每年分二期协定：以一月起至六月及七月起至十二月各为一期,算出其平均市价。其各期内所供给生铁价格照此市价计算。惟无论如何不得少过公司大冶化铁炉生铁生产费并加生产费之百分之二并算之金额。其生铁生产费照公司实在开销之数目并间接费用,每半年一定。

第六条　生铁在大冶会磅装船之日应以电报通知制钢公司。即照装船之数除第一期按照伦敦最近之市价算付之外,以后均照上期价格将价暂行付与公司指定之银行,收入公司帐。如遇银行不办事之日,即于银行办事之日付款,不得迟延。

上半期所供给生铁价值至于八月末以前,下半期于二月末以前结清。

第七条　公司自现今筹设之大冶化铁炉告竣,可得供给生铁之日起,担任承办制钢公司定购之义务。

第八条　此合同生铁专指现建大冶化铁炉两座所出之生铁而言。惟如公司将来于此两炉之外添建化铁炉时,其所出生铁与第四条所规定相符,除尽公司自用外销外,不妨将其所余之铁供给与制钢公司。其价值须照此合同再议。

第九条　按本合同所供给生铁之称量在公司大冶码头会同过磅。

第十条　公司虑制钢公司于途中转运生铁失耗,特规定每交货之时加耗每千分之四,即每千吨之四吨。此项补耗自交货之日起办理,二年后再由双方协定。

第十一条　凡因遇有特别事故,人力难施,以致不能履行本合同时,双方须从长计议,妥为办理。

第十二条　除前开各项外,其余详细事项,日后再行商议。

第十三条　彼此解释本合同词义,如有意见不合之处,可照通行之公正人评断例,彼此各请公正人评断。

本合同共缮中、日文各三份,当事者各自签名盖章,各执各一份为凭。另各一份呈驻沪日本总领事署存案。

中华民国六年十月十日

日本大正六年十月十日

汉冶萍煤铁厂矿有限公司董事会会长　孙宝琦

九州制钢株式会社取缔役会会长　安川敬一郎

生铁分析表：

Analysis of Basic Iron.

Si. ——max　1.50

Mn. ——min　1.00

P. ——max　0.20

S. ——max　0.05

［附件］

九州制钢股份有限公司(下文简称为制钢公司)与汉冶萍煤铁厂矿有限公司(下文简称为公司)中华民国六年十月十日、日本大正六年十月十日,订立生铁供给合同,而由公司供给之生铁价格载在该合同第五条规定。然该制钢公司原系中日合办之事业,应中日互相协力,共谋增进制钢公司利益为要。故遵此宗旨,兹特声明,所有公司供给与制钢公司之生铁实价均照生铁供给合同第五条所定价格,按伦敦三号克力郎生铁之价以八五折计算。惟无论如何不得少过公司大冶化铁炉生铁生产费并加生产费之百分之二并算之金额。其生铁生产费照公司实在开销之数目并间接费用,每半年一定。

本附件共缮中、日文各三份,当事者各自签名盖章,各执各一份为凭,另各一份呈驻沪日本总领事署存案。

中华民国六年十月十日

日本大正六年十月十日

汉冶萍煤铁厂矿有限公司董事会会长　孙宝琦

九州制钢株式会社取缔役会会长　安川敬一郎

吴作镆①致夏偕复函

民国七年四月十日(1918.4.10)

棣三总经理先生阁下:

敬启者,前奉寸笺,度早呈电。昨接本公司董事会会长暨诸议董来电,译悉。四月十六日九州制钢公司开第一次股东大会,委弟为全数华董事代表前去预会云云。惟弟于上月二十号,有该公司司员持帐来舍,经弟检查复核无讹,照章盖印,谅尊处已有报告。日前又有松本健次郎君(此即安川氏之长子,因安川赘于松本家,故长子入松本之姓)绍介社员藤井君来敝处,谈及此次开会无甚要事,不过报告帐款并议员役报酬,如能赴会更好,否则请寄委任状去,待开会后再行报告。又云,安川老人此次告老隐居,拟十九日在大阪设席告明朝野知友,请弟预席勿却云云。故十六日开会,弟亦不前往,已将委任状寄去。本日又将来电译明,另加委任状一并寄去,以符定章,请祈转告孙会长并盛泽翁暨杨、林二公为荷。近日日本政府租与美政府轮船十五万吨,外换船料钢板等十万吨,以船一吨换钢一吨,业已议妥。惟生铁日内大缺,每吨售价金洋三百七十元,欧美轮船水脚又涨十分之三四。顺便附闻。专此。敬叩

崇安

弟吴作镆谨上

九州制钢厂汉冶萍方面股票表

大正八年六月九日(1919.6.9)

种别	号数	张数	股数	股东姓名
百股卷	自甲 491—980	50	49 000②	汉冶萍公司
十股卷	自乙 101—150	10③	500	孙宝琦

---

① 吴作镆(1855—1926):字锦堂,浙江鄞县(今宁波)人。日本关西财阀。时任日本九州制钢股份有限公司监事。

②③ 原件如此,似有误。

续表

种别	号数	张数	股数	股东姓名
十股卷	自乙 151—160	10	100	孙宝琦
十股卷	自乙 161—170	10	100	盛恩颐
十股卷	自乙 171—180	10	100	吴锦堂
十股卷	自 181—190	10	100	林熊徵
十股卷	自 191—200	10	100	杨学沂

以上总计五万股。

孙宝琦致夏偕复函

民国九年十月二十五日(1920.10.25)

地山总经理大鉴:

九州制钢公司开会一事,先经公推敝会长亲往,惟时间太促,鄙人出京因有事赴杭,于此事亦未预备,因于本月二十二日开会公决,仍请贵总经理赴东一行,代陈意见。公议办法三条,载入议案,另纸录奉台览,即希查照,前往到会发表。惟本会所议各条,仅胪举大纲,应如何相机因应之处,仍赖茂筹。专函委托。即颂

台绥

董事会会长 孙宝琦启

附抄第十六次议案一则

民国九年十月二十二日第十六次董事临时会议案。

孙会长宣言:九州制钢公司合同虽缔结于鄙人,实本盛前会长招致日商合办炼钢未竟之政策,综其大致,一为推销生铁,二为谋集铁之利,外兼分售钢之利。惟原定供给生铁合同,以英国铁价为标准,此层断不能稍有移转。本届九州开会,叠承诸位公推鄙人赴东,惟时间太促,出京时亦未预备,并有事须回杭州,只得请夏总经理赴东一行,代陈意见。惟必须预定方计,请诸君从长计议。于是各董互相酌斟,公议办法如下:

一、九州原收一半股款，不敷应用，现拟缓收第二批股本。先以九州制钢公司名义借款应用，中国方面股东可以承认，如因借款之结果将来须增加股本时，应开股东大会全体表决。

二、汉冶萍供给生铁合同，订明以英铁市铁价作准，减收八五折，并无悬定日金多少元为生铁一吨之明文，应仍遵守原合同办理，彼此不得先期悬拟价值。

三、九州自开办以迄，此次加增股本并无预算计划书寄送汉冶萍，应研究内容，详细报告，其不急之工可以从缓举行，稍节经费者，应磋商缓办。汉冶萍同系股东，利害相关，惟愿开办之初格外撙节，是所至盼。嗣后九州公司一切报告，请董会照抄一份寄至本公司，俾资考核。

夏偕复致杨学沂、盛恩颐函

民国十一年四月十日（1922.4.10）

绥卿、泽承先生阁下：

前奉公电并大函，以本年三月三十一日九州制钢公司开董事常会，委任代表到会与议。当于三月二十九日由东京启程，三十日抵下关，三十一日晨赴九州制钢公司八幡事务所，面递委任状，列席与议。由安川会长提出议案三件：

一、甲、请承认第五回营业报告书、贷借对照表、财产目录及损益计算书。乙、议现任监察人任期均满，应重改选。

二、上项议决后，请求监察人承认。

三、定期开股东大会，提出前记议案。

右第一案甲项，前在下关时曾向安川清三郎君索得副本，当交会计顾问、会计所长核阅，均称尚无不合之处，是日即经正式承认。惟查前年董事会议决，工事用费不逾日金一千一百万元之范围，本届报告已实用约九百万元，工事须本年六、七月方可告竣，当经询问工事完竣之时，预算之数能否不致超出，据村田董事兼支配人称，大约不致超出。惟借款利息约需二十万元，又添造工匠宿舍约需六万元，此两款恐不能包入。六万元一款，或非急用。又称本工厂机械、设备,系制造大形、中形两种钢料,现在市场需要小形为多,拟添制造小形钢料之设备,约需二十五万元至三十万元,惟此节须俟松本董事返国后,方能决定各等语。本拟即席反对超出之数,嗣思松本董事未经列席,虽有提议亦难解决,且与本日议案无关,当答以一切问题,俟松本董事归后再行协议等语。闻松本君本月半可由美行抵东京,届时安川男爵及安川清三郎君亦来东京,可以恳切作非正式之讨论也。

至乙项,系拟续选吴君、河上君连任监察人,经本公司与九州公司协议已定,当即赞成。

第二、三案,均系当然手续,当即赞成。兹将议案及报告书译呈台察。

村田董事兼支配人又称,前年钢厂屋架坍塌重修,计需日金十六万元,照合同应由包工小仓制造所赔修,惟该包工无力任此损失,议定由担保人三井洋行认赔十三万元,本公司认出三万元结案。公司虽有三万元之损失,然当时包价甚为便宜,只好照允,否则小仓破产,公司损失更巨。此节未经报告,合行面达等语。并以附闻。专此。敬请

台安

夏偕复

夏偕复致公司董事会函

民国十一年十月十一日(1922.10.11)

董事会大鉴:

敬启者,九州制钢公司事,前奉八月卅一日电开:函悉,昨经开会公议,金以现值钢铁市价疲滞,本公司售与九州制钢公司生铁既须亏本,而九州炼钢售价亦恐未必定能有盈,若再亏耗,本公司又须照约摊认一半,似此两面吃亏,何如暂缓开工之为愈。倘九州必欲今冬开炼,本年不妨特别供给生铁一万吨。惟冶厂一时恐尚不能出铁,产本势难悬拟,即尊函所开每吨中国银币三十七八元,亦曾声明系萍冶两矿利息、折旧与官利未计之约数,现冶炉尚不能开,应以汉铁成本为标准,而汉铁成本更不止此数,且按照合同,铁价无折合日金之必要。兹经一再斟酌核减,本年特别供给九州生铁

一万吨,价值应定为每吨中国银币四十二元。但本公司一方面既认亏供应生铁,松本一方面亦应将供应煤价格外核减,订一相当数目,以期两方帮助,事底于成,即请再与松本切实商酌为要。董事会。卅一。等因。

月前松本董事前来东京,当经照达尊意,生铁每吨应为银币四十二元。据答称:前面谈后另造预算生铁价每吨照日金四十二圆,煤价照本计算,依现在市价三炉齐开每吨尚须亏三、四圆之谱,未敢冒险开炉,如生铁价为银币四十二元更难办理等语。出示英、和文预算。当与服部、笠原两顾问细加斟酌,松本董事所虑亏折之处亦属实情,尊电之意即谓以暂缓开工为愈,本年汉厂所出马丁铁均与制铁所言定,亦无货可交。当与松本董事言现时似只可缓办,唯工程大体须赶完竣,其余零工须备至机会来时三个月内即可举火之程度。松本董事意亦谓然。惟井上总裁谓总须设法开工,庶工匠熟练,机会来时不致坐失。当将为难情形解说。比松本董事复来东京,谓既拟暂行缓办,应于工程大体完时将现用技师工匠酌留数人,其余悉行遣散,本月底边开一董事会议决定,询问本公司意见如何,并偕能否到会。当答以函陈贵会议决再复。

兹将松本董事所交预算抄呈台察,应否暂行缓办及解散职工之处,敬祈核议电示遵行。专此。祇颂

公绥

总经理　夏偕复

李裕①致夏偕复、盛恩颐函

民国十二年四月二十日(1923.4.20)

经理钧鉴:

敬启者,读《上海报》得悉公司于本月二十九日开第十三、十四两届股东大会,未审经理对于九州钢厂,亦有所提议否?九钢近日状况如常,无大变迁。自三月一日起,又辞退多数职工,现在服务工场者仅二十余人,此二

---

① 李裕(生卒年不详):字次晶,湖南人。时任公司派驻日本九州制钢厂技师。

十余人不过留作看守工厂、清理机械之用,别无其他工务。职员中尚有三十余人,此三十余人因工程中各部零星机械之配置设计尚未完成,从事制图设计者约十余人,其余因事务收支之关连者十余人,实际亦无他重要职务可言也。

九钢至去冬起,决定实行停办,至今尚在欲生欲死之际者,以安川最初经营斯厂,几用全力,一旦停开,不独千万资金无从收回,即一生声誉亦有所损伤故也,故虽在艰难危急之秋,亦存徐图恢复之想。近以法占鲁尔,钢铁价格起落不定,尚欲别筹方略,停止炼钢,仅开辗机,由制铁所购取钢块,轧制钢品,以续工厂进行,然此亦非再增四百万之资金,亦难开工,且此项工程,将来盈亏之计算,尚属渺茫不明,即更增巨资,亦非易事,故亦在瞻望徘徊之秋,不敢贸然进行也。唯是九州钢厂,就中国股东方面设想,目前虽陷于莫可奈何之际,若听其变化,作旁观态度,守因循主义,以裕思之,实非得策。缘公司最初与安川合办之本旨:一因当时日本工廉物贱,设厂于此,能产成本轻微之钢货,可获盈利;一以将来大冶化铁炉开工,生铁过剩,为公司生铁谋确实之销路。前者近来日本百物腾贵,工价尤昂,断难产成本轻廉之钢,即使开工,有损无益,无利可获,可断言也;后者以工厂制品价昂,不能营业。开工尚属无期,而所谓确实之销路者,亦成虚想矣。大势之变迁如此,宗旨全行乖离,故此时不速谋解决,延至十年之后,损失当不赀矣。解决之方,即在解除合办条约。解除合办条约,本非易事,然就双方利害设想,苟解除此约,两方均觉有利,则两方同意解除,亦非难事也。兹就双方之利害设想于后:

一、中国股东方面之利害。就目前九钢情形而论,开工既无定期,即开工后,获利之能否,实无把握。苟从此延至十年之久,则仅负利息之损失,已属不赀,而资本之借款犹是也,与其将来负巨大之损失,盍若目前仅负利息之损失,早早解决之为愈也。若因循不问,长此以往,非但仅损失五百万,而千万以上之损失亦意中事,故提商解除合办条约,至今实为当务之急,甚望公司勿漠然视之,当机立断,而加意研究焉。

二、安川方面之利害。九钢如此放弃十年,非仅中国,安川亦随之损失也。安川经营此厂,几尽全力,前已言之矣。就安川所经营各处会社而论,以九钢之投资为最巨,九钢以五百万出资而言,目前之负债已达五百余万元,盖该厂建筑费目下已超过一千万元以上矣。每月对于负债支出利息约三万余元(据该厂会计当局所谈),闻安川以其他诸社所得之盈余,移付九钢负债之利息,所余无几。故目前安川之财政,亦似在艰难之境,九钢昔日购存之钢屑及铁矿,亦均于前数月损本出售矣,财政之难,当可概见。苟中国方面补以相当之损失,商其解除合办契约,合办解除之后,彼得独立向政府运动,请其维持收买,于彼未必不利,想彼亦未必不愿意也。松本常在会社演说,自认开办此厂,系为国尽力,经营此厂,系国家事业,虽属损失,亦系为国,以此唤起国民与政府之同情,盖欲政府加以援助也。苟中国与之脱离关系,彼得独力向政府求援助,亦是义正言直,必无反响。安川值此艰难危急之秋,知钢厂之获利甚难,亦未必愿意长此放置,不欲求解决之方,徒以无解决之方耳。苟有解决之方,未必不乐从之。故九钢今日之状况如此,纵中国与之合办,于彼未见其利;即愿与之分离,亦未见其害,而不与我商也,事在中国方面之交涉如何耳。故中日合办之约解除于外,而或政府收买之事可望成于内,于安川未必无利也。

　　谨将裕一人之管见录呈钧座,甚望提商于公司当局诸公加意而详察焉。尚此。即叩

钧安

九州钢厂技师　李裕谨上

孙宝琦致安川[①]函

民国十三年三月二十四日(1924.3.24)

九州制钢公司董事会会长男爵安川敬一郎阁下:

　　昨接来书,知订于三月三十一日开第七期董事会,鄙人等适因公不克分身前往,已分别委托松本健次郎与安川清三郎代表列席。兹将鄙人与盛、夏两董事委任状签字盖章,寄请转交,届期代表与议。至本年董事、监

---

① 安川敬一郎(1849—1934):时任九州制钢公司董事会会长。

察任满,自应选举。所有敝公司一方面应举董事五人、监察一人,现经会商同意仍以鄙人暨盛恩颐、林熊徵、杨学沂、夏偕复四君为董事,吴锦堂君为监察,照章续举连任,以资熟手,并希查照转知照办为荷。专此。复颂

日祉

汉冶萍公司董事会会长

李裕致盛恩颐函

民国十三年十二月二十六日(1924.12.26)

九州钢厂全厂建筑业已告竣,以钢价过低,未克开工。现仅留职员十余人,职工数十人整理工厂。安川以财政困难,颇望其政府收买,刻下日当局亦欲将全国钢铁厂矿统一合并,组一最大公司,或交民营,或半官半民,虽未确定,然现在已设会调查,一二年内或将见诸实行,亦未可知。如此则九钢与八幡制铁相邻,或当首先解决也。九钢现负债六百七十余万元(工厂建筑已费去一千二百余万元,超过额定株金约二百余万元),每月支付利息约六万余元,安川亦颇感困难。或收买或合并,甚望其早速实现也。

盛恩颐致公司董事会函

民国十四年三月十四日(1925.3.14)

董事会公鉴:

案查本公司于民国五年八月间与日商安川敬一郎立约合办九洲制钢厂,原为大冶添炉推销生铁互相提携增进利益而设。讵自欧战后世界经济情况变迁,钢市一落千丈,殊为始料所不及。该钢厂设备虽早告成,受钢铁趋势影响迄未开工,所受损失甚巨,即本公司所负该厂借款利息约达日金百万,长此以往,负累何堪?上年吉川顾问赴东时,商请转商安川君将合办组织解散,公司所有股券悉数交出,并对于借款未付利息责任一并解除,将来该厂开工需铁之时,公司仍行供给,并格外克己,以酬免息厚意。兹吉川顾问回沪面告:委件往商安川已经允洽。盖该钢厂商办力实不逮,现在日本政府有收全国钢铁厂为国有之倡议,九洲厂欲享该项权利,必先将中日

合办之约解除股款归并后方能请愿,是以尊处所商易得彼方同意。应请会长将上项请求正式致函安川,得其复允,我方手续即可据以办理等语。

窃维合办钢厂鉴于世界近势实为有损无益,曾以解约退股办法就商会长,亦深表赞同,只以事非易办,迟疑有待。兹幸该钢厂有请愿收归国有动机,复得吉川顾问之协助,安川君之谅解,俾可脱离,释兹重负,千载一时,洵为难得之机会。用特陈请贵会速为决议,并由吉川顾问代拟致安川君函稿,另纸录呈。是否可用,即祈核夺施行,至深盼荷。肃颂

公安

兼代总经理　　盛恩颐

李裕致盛恩颐函

民国十四年九月七日(1925.9.7)

裕自十年九月二十四日奉到委字第一五八号委任书派往九州钢厂服务,光阴如驶,不觉已过三年矣。兹因钢厂经营困难,安川与公司妥商双方同意解除合同。月前复奉到钧示,嘱将钢厂经手事件结束清楚,回国候命等因。遵即将彼处事务结束清楚,并无经手未完事件,兹于上月杪归抵沪上。理合将经过情形及结束状况,另纸撮要陈报,以备核阅。

〔附件〕　九州钢厂经过情形及其结束状况

一、原起　九州制钢厂合办之目的原因,盛宫保志在推广生铁销路,故与安川订立合办条约,彼时日本人工价廉,技术较优,预料钢厂开工,可获巨利,一足以广铁货之销路,一足以收钢厂之赢利,最初计划,其立意不可谓不周密也。

二、额定资金　钢厂额定资本金一千万元,先缴五百万元,中、日各半,中方资金悉由安川垫出,自工厂兴工之日起,订定年息六厘,按年纳付,本金则自开工后分年摊派,由铁价及厂中余利扣除,陆续偿还。公司自钢厂开炼之日起,每年供给钢厂生铁五、六万吨,每吨议价至少不得少至公司生铁成本并加成本百分之二,订立条约,亦甚公允。

三、厂中工程进行状况　钢厂合办约成立后,民国六年派松本赴美购办机炉,建筑工厂;七年至八年,炉机陆续抵九州,厂基亦先后掘筑就绪,鸠工营造,锐意进行,志在筑成开工,喜利益之可待。不图大势变迁,遭钢价之惨落,裹足不前,工作日缓,是以延至今年,始克大体完竣。公司至十一年初始派裕前往主持工程事务,合办钢厂始有华人踪迹。其时该厂工程不过十分之二三,十一、十二两年复加工进行,始成今日模样。现在大体业已完备,所余未成者,仅微细之附属品耳。若欲实行开工,只须费时三、四月足矣。

四、产量　钢厂有钢炉三座,每座容量五十吨,每年可炼钢六万吨,有轧钢机及压板机,每年可出完制品四万余吨,厂势宏大,配置相宜,外观亦极壮丽。可惜者瓦斯制造炉为旧式,将来实行开工,若不改其装置,恐需工巨而费煤多,此厂内之缺点也。

五、经济状况　全厂炉机及建筑费已达一千二百余万之谱,安川实出五百万,钢厂负债七百万,每月支出利息七万余(月利一分),现在钢厂维持费,每月约三千余。

六、安川提议解除合办之动机　此次安川提议与公司解除合办条约之动机,实因财政困难,我公司又无力相助,一人难支,势必另想方法,以脱窘危之境,久已运动政府,求予援助。近闻将成事实,然钢厂含有外股,政府因其求援而加收买,处有妨碍之处,安川之所以向公司提商解除合办者,实己身之利害关系也。公司看风驶舵,际此垂败事业,正思脱身不得,好意分手,乐得赞和也。

七、结论　钢厂筑成之后,值兹钢铁价低之际,刻下当然无开工之希望,空厂需费不赀,更加负债,重利日积月累,愈益加巨,裕置身其间,久悉此中梗概,预料十年之后,公司方面当损失千万,早已向公司提议,请与安川妥商脱离关系,时机未到,实行未果。今由安川先行提议分离,所幸垂败事业损失无多,不胜欣慰之至。安川遭此失败,尚幸措置得法,将来交归政府(此事闻安川与政府已有成议,早迟当于年内实现),亦可稍舒穷困,善始善终,不独为公司贺,兼为安川贺也。

（五）与武汉、南京国民政府的关系

凌善永①致盛恩颐函

民国十五年十二月二十七日（1926.12.27）

经理钧鉴：

密启者，月之廿五日有江西政治部特派汉冶萍公司萍矿监察委员白深檩到矿，系据湖南省党部特派委员刘义（刘系萍矿总工会主任）所具维持萍矿意见书，特派白君来矿，专以监察调查整理。廿六日接南昌政治部寄来公文及附刘义意见书一份，该意见书抨击公司借外债之失策及痛诋解散工人俱乐部之残酷。今将永与白君谈话列下。

白问：公司连年亏折，理由何在？

凌答：以我所知，不外出货成本太高：（1）萍矿因无附产炉以取煤油、煤汽及其他材料，以致焦炭单独负担成本，所炼生铁当然成本太重；（2）连年受军事影响，株萍、粤汉两路不能输运汉阳，轮驳征作军用，以及军阀强借款项，此中损失难以计算；（3）工会成立，工人不听指挥，有形无形之损失甚巨；（4）株萍铁路无力输运矿产，以接济汉冶两厂之需。

凌问：君此次来是何宗旨？

白答：萍矿偌大实业，停工至为可惜，且失业工人太多，亟须设法维持，江西政府不明真相，特派我来调查并筹画救济办法。

凌问：君之意见如何，不妨表示？

白答：最好公司有办法从速开工。

凌问：公司若暂时无办法当如何？

白答：国民政府当维持。

凌问："维持"二字作何解法？

---

① 凌善永（1879—1945）：字子贞，广东宝安（今深圳）人。时任萍乡煤矿会计处长。

白答:将萍矿收归国有,外国多有行之者。

凌问:收归国有两种办法:(1)政府备价收归,如株萍铁路由政府出价向公司收归。查萍矿固定资本一千二百万元,债务一百三十万元,政府能出此代价,我信公司股东亦愿将萍矿让渡。(2)由政府没收。革命军兴系解除人民痛苦,政府将人民产业没收,恐无此办法。以上二种,政府应取何种?

白答:良是良是。政府以军事尚未收束,亦无此巨款。

白问:君对于此事有何意见,不妨表示。

凌答:我未答以先要郑重声明,我系公司职员,不能代表公司发表意见,只能作私人谈话。以我个人之意见,公司暂无办法以前有两种办法:(1)由政府借给公司数十万,候公司有办法时归还;(2)公司投资若干,由公司给以股票。

白问:最低限度需款若干方可维持,及维持至何程度?

凌答:最低限度假定三十万元,多则益善。

白问:如何支配?

凌答:疏通株萍铁路运务,须垫给洋四万元取回慎昌洋行机车两部,购枕木一万元,萍矿购木料四万元,各杂料一万元,发给薪饷六万元,发清被裁工人及修理窿道等共四万元,尚余十万元,为流动资本。每日出生煤一千吨,以九百吨外销,安源交货,假定每吨四元五角,每月以二十八日计,可得煤价十一万三千四百元,全矿经费以八万五千元计,两抵溢洋二万八千四百元,将此溢利摊付欠饷及急债。

白问:我对于进行手续尚无头绪,务望协助一切。君能伴我到南昌否,陈公博君亦系同乡,必甚欢迎,便可面询萍矿情形。

凌答:我亦愿往,惟须陈请公司核准,但我公事极多,恐难分身,阴历年关快到,员工薪饷尚无着落,我若离矿,恐发生误会。

以上系二人面谈,无第三人,对方均有笔记。按白君及同来之朱君均系粤之客籍人,白留法八年,专习矿业,永与之均用粤之客语谈话,彼云陈公博亦系客籍等语。现正着手调查,进行如何,容当继续陈报。钧座对于此事究应如何应付,尚乞早予指示,无任叩祷。专肃。敬颂

钧安

凌善永谨上

交通部令

民国十六年三月七日(1927.3.7)

令汉冶萍公司。

　　为令遵事。案查本部前以该公司停办既久,在在均非所宜,经该公司遣派代表来部磋商办法有案,兹复奉二月二十八日中央政治会议议决,准由本部设立整理委员会,切实整理该公司等语。本部对于该项委员会现方着手组织,该公司应派委员二人共同办理。为此令行,仰该公司立即遣派委员来部,俾该委员会克期成立,切实整理,毋得延误。此令。

中华民国十六年三月七日

部长　孙科

交通部布告

民国十六年三月七日(1927.3.7)

为布告事。

　　照得汉冶萍公司所出产之煤铁钢系属铁路材料一大宗,而株萍、粤汉两铁路为该公司运输出产之要道,辅车相依,关系至为密切,本部前以该公司停办既久,曾令行该公司饬将所有汉阳、大冶、萍乡、运输所四处所存一切已成未成材料及大小轮驳,悉数保存,在未经本部令准以前毋得擅自移动,并一面函知该公司遣派代表来部磋商复业问题各在案。兹复奉中央政治委员会议议决,准由本部设立整理委员会,切实整理该公司等语。本部现方组织委员会着手整理,自布告之后,所有该公司现存各处材料及一切物件,概归整理委员会负责处置,无论何项人等勿得擅自移动。为此布告,仰各凛遵毋违。切切。此布。

中华民国十六年三月七日

部长　孙科

整理汉冶萍公司委员会章程
民国十六年三月十一日(1927.3.11)

第一条　本委员会承交通部之指挥、监督,对于汉冶萍公司一切整理事宜,有完全处理之权。

第二条　本委员会之组织如左:

一、交通部派委员五人,以其中一人为本委员会主席。

二、汉冶萍公司派代表二人。

第三条　部派委员有三人就职时本会即行成立。

第四条　本委员会每星期开常会一次,若临时有重大事情发生,得由主席委员召集临时会议。

第五条　本委员会委员因事故不能出席时,得呈部批准派代表出席,但仍以本人负责。

第六条　本委员会讨议各事悉依多数取决可否,同数时取决于主席。

第七条　本委员会会议有部派委员三人出席即得开会。

第八条　本委员会不设常务委员,一切日常事务之管理指挥及本委员〈会〉议决案之执行,皆由主席负责办理。若临时发生重大事情委员会不及决议,主席有便宜处理之权,但事后须报告委员会。

第九条　本委员会主席因事故得派代表出席执行一切职务,其权限与主席同。

第十条　本章程自公布日施行。

萍矿组织大钢

一、萍矿组织系统如左表:

二、矿长暂由整理汉冶萍公司委员会专任委员兼任,不另支薪水津贴。

三、矿长暂兼工程处长设计科长,不另支薪水津贴。

四、事务处长由矿长就萍矿总工会执行委员中推举一人,由萍矿委员会委任矿长副署。

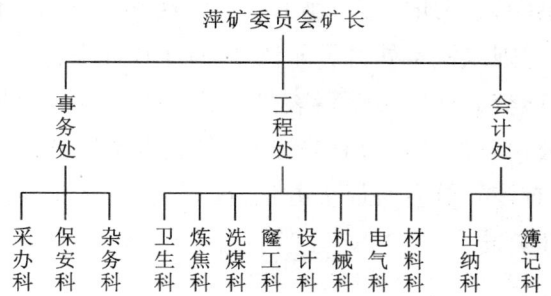

五、会计处长由矿长推荐于矿场会计素有经验之人，由萍矿委员会委任矿长副署。

六、事务处长、会计处长月薪各二百四十元。

七、科长由各处长推荐，矿长委任处长副署。

八、科长及其他职员月薪不得过二百元，如因特别技术关系月薪须超过二百元时，由矿长函呈萍矿委员会酌核办理。

九、除前列统系表外，另由整理汉冶萍公司委员会与萍矿总工会各派稽核一人常川驻矿，其职务如下：

甲、凡本矿付款经矿长签字后须经稽核签字方有效。

乙、随时稽查会计处之现金。

丙、稽核帐目。

交通部令

民国十六年三月二十五日（1927.3.25）

令汉冶萍公司。

为令遵事。现据整理汉冶萍公司委员会主席委员蔡增基呈称：为呈请察核事。前奉钧部令饬组织整理汉冶萍公司委员会，遵于本月十七日成立，业经呈报在案。职会并于十七日开第一次会议，关于各委员及俸给公费案，议决：谌湛溪、陈公衡二委员，系属专职，应照交通部职员薪俸表之技正缺，月各支四百元，但须在执行职务时，方得支领；其余各委员，月支公费一百五十元。统由汉冶萍公司支给。又关于办事人数及津贴案，议决：本委员会暂设秘书一人、书记一人,秘书一缺以铁路处秘书兼任,每月予以津贴洋五十元;书记则以铁路处科员兼任,每月予以津贴洋二十元;另聘胡嗣鸿为技士,月薪照交通部职员薪俸表月支二百四十元。该项薪俸及津贴,亦统由汉冶萍公司发付。是否有当,理合备文呈请察核批示祗遵,实为公便等情。据此,查该委员会所议决办法,尚属可行,除批示外,仰该公司即便遵照发付勿违。此令。

中华民国十六年三月二十五日

部长 孙科

盛恩颐、潘灏芬致孙河环①、盛铭②函

民国十六年三月二十六日(1927.3.26)

径复者:

接三月十八日来函,陈报与国民政府协议发还轮驳,免征钢铁出口税及砂捐缓征各情形,又以政务委员会黄君昌谷请公司给一名义,以期联络,并抄示部批、部令,具悉一是。经与两顾问协商,提出请求六事,条举如左:

一、十万元作付旧欠铁捐,或作预付嗣后所采铁砂砂捐。

二、此次本公司交付十万元后,所有从前鄂省政府要求公司种种砂铁各捐,应不再议。

三、嗣后所采铁砂,每吨纳税二角。

四、十万元须凭国民政府收据付款。

五、整理委员会既据盛股长面称,为援助本公司而设,则非经本公司请求,自无开会之必要,惟仍须声明,该会须由本公司声请,方可开会。

六、放还轮驳及汉平轮船,并援助本公司解决工人问题,及大冶开工、株萍铁路运输等问题。

以上六项,应由该所长、该股长呈请国民政府批准,一面由本公司嘱上海正金银行将现款十万元汇存汉口正金银行,俟国民政府将上开六项请求

---

① 孙河环(1888—?):字吴瞻,浙江奉化(今宁波)人。时任公司会计所长。

② 盛铭(1890—?):字绶臣,江苏武进(今常州)人。时任公司大冶厂矿运务股股长。

批准后,即可凭国民政府所出收到本公司砂捐(或铁捐)十万元收据,向该银行取款,其收据须由该所长及该股长会同签字,证明确系国民政府正式收据。至该所长及该股长之印鉴,当由本公司交正金沪行,并寄该汉行存照。黄君昌谷,聘任为本公司顾问,聘函附请转交。此致
孙所长河环、盛股长铭

总、副经理

再,今日据上海正金银行云,汉口各银行罢工,不能将款汇出,一俟汇兑通时,即当交汇,届时再行电告。又及。

孙河环、盛铭致盛恩颐函

民国十六年三月二十六日(1927.3.26)

经理钧鉴:

敬肃者,昨奉交通部一三五五号批开:汉冶萍公司代表孙河环等呈请转咨湖北政务委员会将征收铁砂捐暂缓执行,倘万难豁免,亦祈按最低率核定,总以力能照缴为度,并祈示遵由。呈悉,请转咨暂缓执行铁砂捐一案,经饬由整理汉冶萍公司委员会议办,旋由该会第一次会议议决,在整理期内,该砂捐请暂停收,俟公司复业后,再行磋商解决等语,除咨请湖北政务委员会依照办理外,仰即知照。此批。等因。查交部对于河环等之商请,无不曲意洽允,而鄂人亦必从中破坏,且虑将来事事掣肘,一篑之亏,关系匪细。窃思钧座必欲凭省政府印收取款者,系防鄂人另有异议,筹虑深远,下怀敬佩。惟此事经中央政治委员会通过,令饬交部办理,交部如何处置,鄂人不能反对,且交部系中央机关,纵与鄂人妥协,而交部不予批准,亦属无济,况鄂人欲望甚奢,不借交部之力难以就绪,此河环等兼旬以来,专就交部磋商之原委也。但交部命令能否使鄂人服从,亦应注意,故河环等之愚予照办,其事机之顺利,实因有预付运费十万元之交换,今晨接奉篠日钞电(原电未到),款已电正金拨付,随即同黄厂长亲询汉口正金银行,据称尚未接得申电,不知底细。旋赴部协商,讵孙部长以款须凭省政府印收取付,是看不起交通部,大不谓然,遂立时下条嘱秘书起稿,将河环呈词批令,

一概取消。河环等见其动怒,无言可进,言辞归寓,反复寻思,以事已至此,若再另寻门路,向政务委员会及官矿局商议,无论效果难必,即使有效,款须凭河环等支取,陆续转交,视交部进行之程度如何,定付款多寡之标准,伸缩在我,行止自如,若钧座以此办法为可行,即乞迅商顾问,电嘱汉口正金银行查照。至孙部长现已动怒,事将决裂,机会一失,挽回必难,为公司前途计,为恢复感情计,不能不设法敷衍,俾可继续进行。是以河环与黄厂长一再筹商,以汉厂二焦六百吨作抵,再加个人担保,向上海银行借洋一万元,已送交部作为十万中先付之款,掣有收条,现部长之意已转允,即颁部令,饬官矿局将轮驳交还,拟俟轮驳正式交到照收后,再付若干。此事实因情势迫切,故敢从权办理,擅专之咎,殊有难辞,倘蒙鉴恕,感戴实深。专肃奉陈,伏乞察核训示。恭请

钧安

孙河环　盛铭(赴沪)谨肃

整理汉冶萍公司委员会致汉冶萍公司函
民国十六年六月十三日(1927.6.13)

径启者:

　　案照本会遵奉国民政府交通部令转奉中央政治会议议决,由交通部设立整理委员会,切实整理汉冶萍公司等因,业于三月十七日组织成立并启用关防,呈报有案。本月十一日本会第三次会议议决,由本会接管汉冶萍煤铁矿厂有限公司各煤铁矿厂,全部实行整理,凡汉冶萍矿厂生产力,专用于巩固及发展中国钢铁及其附带事业,不作别用。相应函达贵公司,即烦查照,并转饬各矿厂及其他所属机关一体遵照为荷。此致

汉冶萍煤铁矿厂有限公司

整理汉冶萍公司委员会主席委员　黎照寰
委员　吴尚鹰　陈延炯　谌湛溪　刘义

萍矿管理委员会公告(第一号)

民国十六年六月十五日(1927.6.15)

案奉中国国民党中央执行委员会函开:关于救济武汉煤荒,经商定由政府收管萍乡煤矿,以资救济,案经本会政治委员会第十四次会议议决,由财政部、交通部、劳工部组织萍矿管理委员会,相应函知查照办理等因。兹经财政部委任委员吴敬,交通部委任委员郑莘夫,劳工部委任委员陈之一,业于本年五月八日组织成立,并由政府准刻木质关防一颗,文曰:"萍矿管理委员会之关防",遵经即日启用,暂设办公地点于汉口第三特别区崇正里一号。除呈国民政府并函陈财政、交通、劳工三部备案外,用特登报公告,敬祈鉴察。

萍矿管理委员会启

整理汉冶萍公司委员会致日本驻汉口总领事函

民国十六年六月二十一日(1927.6.21)

径启者:

本会遵奉国民政府交通部组织成立,所有汉冶萍公司各煤铁矿厂全部已同时接管。查大冶铁矿所产铁砂向多售与贵国商人,兹值本会接管之初,拟请由贵领事转知贵国购买该矿铁砂商人径到本会接洽,以便继续交易。相应函达,即烦查照是荷。此致
大日本驻汉总领事官

整理汉冶萍公司委员会启

整理汉冶萍公司委员会第四次会议录

民国十六年六月二十四日(1927.6.24)

日期　十六年六月二十四日下午五时
地点　交通部邮政处。
列席委员　黎照寰　吴尚鹰　陈延炯　谌湛溪　孙河环

缺席　刘义(原文无此,河环附注)

主席　黎照寰

纪录　吴衍慈

主席恭读总理遗嘱。

一、主席宣读第三次会议录,修改通过。

二、主席报近萍矿受不法群众包围,业已和平解决,并提议三项:

甲、各委员拟日内赴萍矿主持,应如何办理?

乙、关于萍矿管理人员,应如何委任?

丙、关于萍矿组织大纲第九条本会应派稽核一人,应如何选派?

议决:甲,照萍矿委员会呈报暂行试办之组织大纲办理。乙,请谌委员兼萍矿矿长工程处长,刘委员兼事务处长,凌善永任会计处长。丙,由主席酌派。

三、吴委员提议凡本会一切款项均应存储银行,提款手续如何规定?

议决:以主席委员及其他委员一人签名有效。

四、主席报告,关于财政部拨给萍矿资本准由中央银行透支款十万元,又在湘赣国税机关随时提用之款十二万元,"四·三"惨案存款五万九千余元,已呈部函请财政部拨交本会,应如何支配?

议决:前项款额专用于整理萍矿。

整理汉冶萍公司委员会第四次列席会议录

民国十六年六月二十四日(1927.6.24)

六月七日会议修改章程内有汉冶萍代表只许列席无提议及表决权,故十一日之会未出席,而昨日阅原案录方知修改之议已取消,仍照三月十一日公布者原案施行。兹将在会辩论各节列后:

孙言:本代表到会并非公司所派,系属非正式的,兹就个人意见为贵会一加研究。汉口商人因苦于工会苛求无法维持,纷纷倒闭,政府有鉴于此方竭力以谋工商联络,今贵会突然明令将公司接管,使公司无发言余地,殊有乖政府保护实业原意,应请政府注意官商通力合作,以期共济,苟公司有办理不妥之处,政府监督之方是正当办法。

谌言:接管并非没收,所有职员依然仍旧,不过管理权移于委员会(公司董事会无权过问,凡事皆属于委员会)。

孙言:接管既非没收,然其字句过于囫囵,殊欠明了,应请修改。

谌言:如此接管办法美国多行之。

孙言:凡事须考查实在是否合宜,不可削足适履。美国之事并非件件皆好,而中国之事非件件均不好也。

陈言:此事由中央政府任命,本会不过执行之,所谓委员会内有公司代表加入,自可参照意见。

孙言:中央政府命交通部办理,其组织章程由交通部自定。既为公司谋利益,其委员人数应双方同等,今相差悬殊,公司纵有充分理由之提议亦必否决。

陈言:刘义(本为萍矿工会)亦公司之人。

孙言:刘义为交通部所委,非公司指派。

嗣后讨论接收财政部萍矿管理委员会,因该会已取消归纳于整理委员会,及处置萍矿指派会计处长、稽核处长,而谌某复提议售卖冶砂事,河环深恐发言不慎致铸大错,故默默未置一词,而临行之时陈某嘱我将与日方所订售砂合同交出一阅,以资参考,河环仅允其报告公司核办。

注:各事多由谌某主谋。

孙河环致盛恩颐函

民国十六年六月二十六日(1927.6.26)

经理钧鉴:

敬肃者,交通部成立整理汉冶萍委员会及通告接管厂矿所各情形,前经先后陈报钧听。六月七日该会会议修改章程有汉冶萍代表只许列席而无提议及表决权,故十一日之会河环未经出席,而后阅议案录方知修改之议已取消,仍照三月十一日公布之章程办理。适该会通知六月二十四日午后开第四次常会,邀河环列席,遂即到会,对于该会接管一层一再辩论,只以彼方人多争议无效。该会现已布置实行接收萍矿,并拟售卖冶砂,该会此等行为太无公理。鄙意拟请钧座就国民革命非专为某种特殊阶级而谋解放实为图各种阶级解放而革命立言,备具说略,呈请政府请愿,其说略缮就寄下,再由河环察看情形呈递。现该会已有公函知照驻汉日领,今后购砂由该会直接交易等语。河环今早特趋访田中代理总领事,晤谈一小时,将经过情形报告后,询其现在砂捐将近解决,如果该会亦效官矿局故智强制阻止装砂出口,贵国将何以对付,而田中领事答称,此节尚未能有表示。河环又询其对于该会有何意见,答称根本上不能认其成立,又称已函约明日晤访交通部孙部长。河环即预约后日再晤,以便叩问其晤孙后之结果如何也。

窃思该会美其名曰整理,其实觊觎厂矿,蓄意劫夺。此事关系甚大,河环人微言轻,且仅一人在此,无力抗拒。兹将该会第四次会议录及河环在会辩论各节并该会所拟管理萍矿委员会之组织、又三月十一日公布之整理委员会章程照抄赍呈鉴核,伏乞妥筹抵制,并指示机宜,不胜企祷。再,近来检查邮电甚严,今后关于此项重要训示,深恐被该部查阅,恼羞成怒,请包固密封,交由中孚银行转递,以资慎重,尚乞钧洽为叩。专肃。恭请
钧安

孙河环谨肃

凌善永致盛恩颐函
民国十六年七月十日(1927.7.10)

经理钧鉴:

敬肃者,此间农工冲突及整理汉冶萍公司委员会派员接管萍矿,均由永电陈钧座在案,除将农工冲突始末缘由另纸陈报外,谨将整理委员会派员接管萍矿并改组情形肃函陈明如下:

六月廿九日,有整理委员会主席黎照寰率谌湛溪、刘义等到矿,并带来洋四万元。是日午刻谌君宣誓就矿长职,兼工程处长,刘君充事务处长,并聘永仍长会计。永曾询黎、谌两君萍矿债务应如何处理,今后进行方针究

有若何办法,答称对于债务约可于四阅月内清理,至于今后计画,仍以运煤赴汉所得之价除开支萍矿经费外,尽可将其盈余为整理汉冶两厂之用等语。惟近日对于被裁职工竟置欠饷不理,似与四阅月清理债务之宣言不符,至为可异。兹无论如何,整理委员会接管萍矿是否已得公司同意,此间因未得公司让渡命令,人尽怀疑,尤以永之地位难于处置,爰于月之二日将聘书退还,请其收回成命,乃固辞不获,以致左右为难。窃念永原系公司正式委任,服务九年,饱经忧患,去夏至今之种种困难,一身担任。此次农民进攻六昼夜,矿产幸得保全,而永因操劳过度,精神异常萎顿,不意惊魂初定,又逢接管之羞,不得已请假在矿寓休养,以待钧命。应如何办理之处,即请指示一切,不胜待命之至。专肃。并颂

钧安

凌善永谨肃

整理汉冶萍公司委员会第六次会议录

民国十六年七月二十一日(1927.7.21)

日期　十六年七月二十一日下午四时

地点　本会

列席委员　黎照寰　吴尚鹰　陈延炯

主席　黎照寰

纪录　吴衍慈

主席恭读总理遗嘱。

(一)主席宣读第五次会议录,无修改。

(二)主席报告:萍矿来电,现存煤二万零吨,军事机关用煤,请与商照汉价议定,吸收现金,汉口商煤仍交批发处吴佩卿暂理案。

议决:多运存煤出矿一节,应妥商粤汉路设法办理;军事机关用煤交现恐难办到,暂从缓议。汉口商煤售卖仍由吴佩卿接洽。

(三)主席提出吴佩卿拟定改组萍矿煤焦批发处章程案。

议决:仍应由该批发处照前承办性质暂行办理,稍缓再议改组。

（四）陈委员提议将本会接收萍矿管理委员会卷宗情形呈部核示。

议决：照办。

（五）吴委员提议，前本会呈部请转商财部照案将前允拨给萍矿资本准中央银行透支十万元，又在湘赣国税机关随时提用之款十二万元，一并提交本会案，应再呈部催财部迅速照拨。

议决：照办。

（六）陈委员提议，关于汉冶萍公司供给日本矿砂契约卷宗，应由本会径函汉冶萍公司移送过会，以凭核办，并再函该公司应照本会章程速派正式代表前来参加会议。

议决：照办。

（七）主席提出，萍矿来函，株洲转运所称，海关附加二五税及堤捐须按日交，关税须按月交，请与财部商办案。

议决：呈交通部转函财政部，所有萍煤应交各税均记帐，按月交纳。

（八）吴委员提议，现在本会须添一办事员，助理拟稿缮写及出外接洽等事。

议决：可添一办事员，照部定三等科员级，月支薪俸九十元。

汉冶萍公司致国民政府电

民国十六年七月二十五日(1927.7.25)

武昌。国民政府钧鉴：据敝萍矿函电报告，交通部组设整理汉冶萍委员会，议决并派委员谌湛溪为矿长，接收萍矿等语，殊深骇诧。查敝公司系商办公司，自欧战而还，钢铁业一落千丈，营业本已萎缩，继以国内频年军事，备受摧残，已成不支之势。今幸国民政府成立，满望解除痛苦，予以维持，何图派员接管萍矿，使燃料中断，冶业全毁，殊背国家维护实业之义，亦失群众信仰政府之心，敝公司对此非法行为，绝对不能承认。为此吁恳政府迅即收回成命，并撤消接管委员，以光党治而恤商艰，不胜迫切待命之至。汉冶萍煤铁厂矿有限公司谨叩。有。

整理汉冶萍公司委员会第七次会议录

民国十六年七月二十八日(1927.7.28)

日期　十六年七月二十八日下午四时

地点　本会

列席委员　黎照寰　吴尚鹰　陈延炯　孙河环

主席　黎照寰

纪录　吴衍慈

主席恭读总理遗嘱。

一、主席宣读第六次会议录,无修改。

二、主席报告:

(1) 萍矿日出煤七、八百吨,现在积存二万三千余吨。

(2) 萍矿前因缺乏装煤车箱,故运出甚少,现已与粤汉路商妥拨给专车,并请监护司令派兵押车,运输上当可较前便利。

(3) 萍矿因株关征煤税需收现金,有所留难,已由本会交涉妥办。

(4) 萍矿因武汉煤价较高,拟由本会议出售,已暂行停止由矿售煤。

三、主席提出,萍矿来电拟请印行一角、二角、五角、一元工饷证,共十万元,经呈奉交通部批准如拟试办案。

议决:俟谌委员回汉询明萍矿需用详情,再妥议办理。

四、陈委员提议,请孙代表河环即电汉冶萍公司汇款数万元接济萍矿。

议决:照办。

五、主席提议,本席日内将因事出差,如在公出期内本会开会,拟照章派代表列席。

议决:照章办理。

国民政府秘书处致汉冶萍公司函

民国十六年八月四日(1927.8.4)

径启者:

现奉常务委员发下交通部长孙科呈复,上海汉冶萍煤铁厂矿有限公司有电所称,该矿系商办公司,应请收回成命一件,殊属误会,请转饬照一件,奉谕由秘书处转知沪公司等因。奉此,相应抄录原呈函达查照。此致
上海汉冶萍煤铁厂矿有限公司

国民政府秘书处启

[附件]　孙科①呈国民政府文

呈为呈复事。案准钧府秘书处函开:现奉常务委员会发下上海汉冶萍煤铁厂矿有限公司有电,据萍矿函电称,交通部派员接收萍矿等语,查该矿系商办公司,应请收回成命一件,奉谕交交通部等因。奉此,相应抄录原电函达查照等因,计抄送原电一件到部,准此。查汉冶萍公司因办理腐败,负债累累,行将破产,其所营大冶铁厂停工已久,萍乡煤矿亦积欠工资甚多,日前迭据各工人请求复工及设法救济各等情前来。当以该公司所营煤铁事业关系铁路需要,而粤汉路株萍一段尤与萍矿相依为命,倘任令长此废业停工,不独置千万劳工于绝地,且影响于铁路方面者至深且切,该公司既无力维持工人生活计,为维持铁路需要及营业计,不得不起而代谋,爰拟组织整理汉冶萍公司委员会整理各煤铁厂矿,经提交中央执行委员会政治会议通过照办在案。查该会之设系整理汉冶萍各煤铁厂矿事务,以期营业复振不至陷于破产起见,其营业如有溢利,均用于巩固及发展煤铁厂矿事业,不作别用,与收归国有者截然不同。现该委员会正着手接管各煤铁厂矿分别整理,该公司不察,以为没收,电请收回成命,殊属误会。所有设立整理汉冶萍公司委员会各缘由,理合呈复钧府鉴核,伏乞转饬该公司知照,以免误会,实为公便。谨呈。

盛恩颐、潘灏芬致中井、儿玉函
民国十六年八月十七日(1927.8.17)

制铁所中井长官、横滨正金银行儿玉头取阁下:

径启者,查国民革命军规复武汉后,轮驳悉被扣留,厂存煤焦材料亦自

---

①　孙科(1891—1973):字连生,广东中山人。时任国民政府交通部长。

由提用，又以砂捐事久未解决，深虞冶砂装运出口发生阻碍。适据汉厂黄代厂长函报，交通部孙部长嘱公司速派代表来汉协议，俾可解决一切难题，即派会计所长孙河环偕同冶厂矿事务股长盛铭赴汉，先与孙部长接洽，不得要领，继与政治委员会委员兼办官矿局长潘康时磋议砂捐事宜，维时孙交通部长即发起组设整理汉冶萍委员会。据孙所长报告，即经复电否认，迨孙所长与潘局长将砂捐一再磋商，议定先缴十万元，要求放还轮驳，并制止强取材料，为交换条件。讵该款缴纳后，仅矿砂出口尚无阻滞，至轮驳迄未发还，材料仍复强取，而图穷匕见，竟有整理汉冶萍委员会之设立，并有接管之事发生。据孙所长函报，整理委员会开会议决接管萍矿，以该会委员谌湛溪为矿长，孙所长抗议无效。复接萍矿凌处长函报，六月二十九日整理会主席黎照寰率谌湛溪等到矿就职接管等语。当经正式去电抗议，讵接复函，谓因萍矿停办，派员接管，非同没收，指去电所云为误会。正筹对付间，又据冶矿电告，整理委员会有派员接管冶矿之议；并接该委员会公函，调阅公司售砂合同案卷。似此凭恃强权非法行动，敝公司固受摧残，而于贵国债权亦受重大之侵害。用特专函具报，并将敝处抗议电及湖北政府复函，一并抄附，即祈查照，并恳惠予援助，以资挽救，至深感荷。此致。

祗颂

台祺

汉冶萍公司总、副经理

整理汉冶萍公司委员会第九次会议录

民国十六年八月十八日（1927.8.18）

日期　十六年八月十八日上午十时

地点　本会

列席委员　黎照寰　吴尚鹰　陈延炯　谌湛溪　孙河环

主席　黎照寰

纪录　吴衍慈

主席恭读总理遗嘱。

一、主席宣读第八次会议录,无修改。

二、主席报告交通部发下萍矿电一件,内称矿工七千人四个月未发饷,日出煤千吨,请收回轮驳,水陆兼运。

议决:(一)工饷事项急速设法;(二)收回轮驳已力办,尚无结果,仍设法。

三、陈委员提议请萍矿会计处长凌善永来汉。

议决:照办。即电邀克日来汉。

黄金涛①致盛恩颐、潘灏芬函
民国十六年八月二十二日(1927.8.22)

总、副经理钧鉴:

本月二十日(星期六)汪主席与孙部长预备到九江再赴南京,金涛因到部送行。孙谈及汉冶萍事,说公司总是损失,实在办理不善。金涛云,办理不善并非完全公司之错,即就现在论:一、萍乡之煤不能运出,政府不接济车辆,汉冶两厂固无焦开炉,现在武汉煤荒,政府亦为之焦灼,萍煤运汉销售亦做不到,此等损失已属甚巨。二、大冶失业工人七八百人要求入厂,公司无法抵抗,只得收入。停工时期,加此工人,损失甚巨,倘得政府维持决不至此。三、砂捐一案,政府强制提货,而前鄂政府所欠公司轮驳、煤焦等价不能作抵,且砂捐未定案,焦炭并现款已提去不少,若不付款即不许运砂,则政府之对于公司实未有扶植之意,欠政府者非解不可,政府欠公司者要不到钱,虽有好好公司亦办不好,且轮驳久经提去,损失已属不赀,即要开工,有何轮运? 至五月前鄂政府因焦炭问题竟令行拿办金涛,谓阻挠砂捐进行,诚不解用意所在(此案本年三月份鄂政府以金涛破坏行政统系,阻挠砂捐进行,令行公安局拿办,业已派人来厂,此事并载在报纸,金涛以此事无甚问题,置之不理,故未报告)。四、整理委员会,政府固谓为维持,但来文竟有"接管"字样,无论接管于事实难能,而"接管"二字公司已难承认。

---

① 黄金涛(1889—?):字清溪,福建厦门人。时任汉阳铁厂代理厂长。

金涛言毕,孙因谓接管可以取消。金涛因思整理在政府认为善意,当难取消,但能取消接管则整理或无形消灭。此事在孙原无成见,盖被部下包围。言至此,遂作别。此一席话,于公司前途有关,特函缕缕述之,伏祈钧鉴。虔请

崇安

代理厂长 黄金涛谨肃

交通部致汉冶萍公司电

民国十六年八月二十二日(1927.8.22)

汉冶萍钢铁厂矿有限公司览:篠电悉。查汉冶萍公司因办理不善停工已久,选据各方请求复工及设法救济各等情前来,当以该公司所营煤铁事业关系国计民生,政府为维持工人生活计,为维持铁路需要及煤铁营业计,因有汉冶萍公司委员会之设。现该委员会着手接管各煤铁矿厂,纯系出于整理之意,并非没收产业,一旦整理就绪,即可交还公司,自与收归国有者截然不同。据称各节,以为涉及外交,拟请收回成命,殊属误会。合亟电饬该公司即便知照。国民政府交通部长孙。养。(印)

田中①致张晟②函

昭和二年八月(1927.8)

肇元先生勋鉴:

敬启者,查交通部所设之整理汉冶萍公司委员会,不取该公司同意,擅行派人强权占据萍乡煤矿,驱走职员,攫夺管理及财政各权,将公司千万成本之萍矿任意处置。昨据敝国农商部代表山县初男君由萍回汉面称,一般著名共产分子如刘义、刘少奇等,因不容于各省,群以安源为逃薮。月余以来,麇集安源之共产党已不及千余人,借萍矿出产以资活动。名曰整理,实

---

① 田中正一(生卒年不详):时任日本驻汉口代理总领事。
② 张晟(1892—?):字肇元,以字行。浙江鄞县(今宁波)人。时任武汉国民政府财政部代理部长。

系攫财。现接上海该公司会计顾问吉川君来电,整理委员会又有电告公司,派谌湛溪(亦是共产分子)接管大冶铁厂矿,是欲将该公司能于生产之财产一律侵夺以去。该公司于敝国有债务关系,此事敝国绝难承认,即用武力接收,亦必坚持反对。惟该会隶属交通部,素稔阁下与孙部长颇称莫逆,特以私人交谊函托,幸希转告孙部长,即速取消该会,将接管大冶厂矿之事停止进行。一面将所占等产业即日交还公司,并派得力军队,肃清安源共产分子,俾贵政府保商保民及敦睦邦交之意可大白于天下。有费清神,容面叩谢,并希见复为荷。

吉川致中井函

昭和二年十月四日(1927.10.4)

敬启者:

武汉政府交通部所属汉冶萍公司整理委员会有着手接管大冶矿山之情报。关于萍矿接管后之情况,最近敝人回国中,曾以口头报告在案。但其后八月下旬,蒋介石下野,同时武汉、南京两政府合并之趋势亦迅速促进。武汉政府各机关大举转移南京,该委员会亦决议于八月二十五日迁往南京。汉口只留一办事员,委员长黎照寰、委员谌湛溪、吴尚鹰、陈延炯相率前后来到南京,只有刘义一人继续留在安源。关于两政府合并事,九月十五日在南京之上海西山会议派也参加。国民党中央党部召开中央执监委员会,属于共产党及被认为与共产党有关人士全部除名。谌湛溪因有共产党嫌疑,早已踪迹不明,只有黎、吴、陈三委员于上月下旬曾相率来沪,即折返南京。十月一日孙科就任南京合并政府财政部长,同时彼等都转入财政部,分别就任下列各职务:

黎照寰　参事　上海中央银行副行长

吴尚鹰　参事　烟酒税处长

陈延炯　秘书　机要科长

就上述情况看来,该委员会之事务今后将移交新交通部。本来该委员会系由于黎照寰、谌湛溪等之倡议而成立,委员等断绝关系后,其活动自然亦少矣。尤其湖南、湖北在唐生智盘踞之下，必不服从南京政府之节制。果能如此，则该委员会今后企图积极接管大冶矿山之举亦无法办到。至于萍矿，曾有报告陈述，由于接管之资金缺乏等关系，亦无所作为。谌氏早已离开该矿，只有刘义一人留驻，工人暴动一起，势必陷于困境。昨接九月二十六日该矿凌会计处长来函称：刘义于中秋节之际，以最后之尝试，统率武装兵工攻打萍乡城，但未成功，即乘汽车冲击醴陵，再告失败，窜入浏阳，大约全军溃散，由整理委员会派遣之人员全部逃散。目前该地驻有大军，工会早已解散，刻正专心清查共产党残余，以断绝其根据地。现在，所有厂矿局所，整理委员会之压迫似乎均已消除。

盛铭致盛恩颐函

民国十六年十月十一日(1927.10.11)

经理钧鉴：

敬肃者，接株局胡局长歌日快邮代电称：整理汉冶萍委员会派朱少连来株组织转运所，于本年七月十二日到株古住局屋，并将职局所有堆栈器具及工人等一并自由收管，实行其转运事宜，经希曾具有函电并当面陈报各在案。是时缘该整理委员会系由湖北政治会会议议决所组织，曾等无力抵抗，惟有隐忍坚守，以待相机收回而已。不意九月十二晚，该转运所朱少连因响应安源暴动，在株洲召集党徒数百人围攻清乡队，意在夺取该队枪枝，以为成军造乱之用。讵清乡队半夜骤闻枪声，不知虚实，即尔率队渡河，是以未受谋夺之损失。次早朱少连即将株洲党部及工会一律恢复，正在四处张贴标语，预备欢迎萍醴暴徒来株，而省城开往醴陵兵车驶至，若辈一闻警报散如鸟兽，而党部、工会亦同时消灭。是晚清乡队回株，次日上午派队至转运所检查，在朱少连所住房内地板下检出炸弹、炸药引线、宣传旗、油印标语及白竹布颈章一捆，并据所获暴徒言五及黄绍南供出朱少连近日所谋不轨，一切行为确凿，即经清乡队冯队长呈由湘潭公署转呈省政府严令通缉矣。自朱少连来株组织转运所已经两月有零，该党徒行为狂暴，无在不趋于极端，所幸我局各职员一切应付纯以和平为宗旨，以致由始至终尚能相安于无事,而局中所有产业、器具、文牍、簿据均幸保存无损,差足陈慰廑系。现迭接萍矿凌处长函电催促恢复转运,以资售煤救急。事关维持萍矿,自属义无可辞,惟职局员工经此变迁,理应彻底严加取缔。除俟改组完毕另行缮单呈报外,特此先行驰达,即祈察夺,并乞转陈经理是叩等语。特此陈闻。恭请

钧安

盛铭谨肃

军事委员会汉阳铁厂筹备处成立①

民国十六年十月二十五日(1927.10.25)

汉阳铁厂因种种关系,停修至今,关心实业者,莫不认为可惜。现在军事委员会因该厂一方面关系军用,一方面关系实业,若仍长此停顿,影响非浅。该会有鉴及此,业于前日委任胡庶华担任汉阳钢铁厂筹备处处长,筹备一切事宜。日昨胡同志在汉组织筹备处,即于是日宣告就职。日来进行筹措经费,征聘工程师,招致该厂以前工人等计划,不遗余力,大概钢铁厂开工之期将不远矣。

交通部整理汉冶萍公司委员会暂行章程

民国十六年十一月十八日(1927.11.18)

(一)本部为整理汉冶萍煤铁厂矿以巩固及发展中国之钢铁事业起见,依据组织法第十九条之规定,并援照前汉口交通部办法,设立整理汉冶萍公司委员会,直隶国民政府交通部。

(二)凡汉冶萍煤铁矿厂所生之利,专用于巩固及发展中国之钢铁及其附带事业,不作别用。

(三)本会设立主席委员一人,负整理完全责任;专任委员一人,秉承主席委员办理本会及所属矿厂一切事务;另设委员五人至九人,协议本会

---

① 本文选目 1927 年 10 月 28 日武汉《民国日报》。

一切重要事务。

（四）汉冶萍公司得举代表二人，呈请交通部长核准加派为本会委员。

（五）本委员会有委员三分之一列席时，即可开议议事，以多数取决之；赞否同数，取决于主席。

（六）本会所有一切议决事项须呈请部长核行之。

（七）本会暂设秘书一人，技士一人，技佐一人，承专任委员之命，办理会所事务；俟将来矿厂事务纷繁时，办事人员得酌量增加。

（八）本会因处理事务得酌用书记。

（九）本会委员每人月支公费一百二十元，均不支薪；惟专任委员得另支月薪四百元，秘书月薪一百六十元，技士月薪二百元，技佐月薪一百元，书记月薪五十元。

（十）本会会所并驻汉办事处，暂由交通部按月垫借二千元，俟有收入时归还。

（十一）本章程自公布之日施行，如遇有必要时，得随时呈请交通部修改之。

（十二）本章程呈请国民政府备案后，所有前此颁布章程即为无效。

吉川致中井函

昭和二年十一月二十五日（1927.11.25）

敬启者：

七月一日萍乡煤矿被接管后，关于该矿状况，多少接到过一点片断报告，至于全部详细情况，则不明了。九月下旬，萍矿凌会计处长曾以电报陈述该地散兵矿警及不良工人已经离开该地，现由湖南、江西军队驻屯，竭力维持治安，地方大为安静，以此急需派遣干部接办。关于此事，首先应派人进行实地调查，但历来任职技师大多离开公司，又无适当担任调查之人。因此，同服部顾问协商之后，委托山县嘱托从贵所预先派出适当之技术人员前往。林技师之派遣手续已经办完，但前往可能有问题。因为单由我方一面派遣不懂其余事项之人前往，效果很小。此时便不如请凌会计处长负责较为方便。可能的话,先请凌氏来上海,将此意告知。以是迁延至今,方逐渐安排妥当。凌氏经汉口于二十日到达本地,对萍矿各方面之情况始略为判明。并仍就凌氏申述如另纸附件各点进行商议。特此附上,以供参考。

又,凌氏为事务方面工作者,对于技术方面,特别矿井内之状况等缺乏知识,因而情况还不十分明了。且制定具体方案,更涉及正确数字,需要从事实地调查,目前很难找到此等人才。因此,关于全部专门业务,只有等最近决定之工务所长赴任之时,请其实地调查,此外,还希其帮助确立具体计划。

暂呈上述情况汇报。谨此敬具。

抄件已致横滨正金银行总经理。

[附件] 萍乡煤矿近况

萍乡煤矿会计处长凌善永前于十月八日离安源,十日到达汉口,同粤汉铁路干部协议有关萍乡煤炭运输贩卖事宜。本月十七日又从汉口出发,二十日到达本地,对萍乡煤矿近况,提出报告,大要如下:

(一)职员、矿警和工人

(上略)现有职员160人(本年四月职员录上只有106人),矿警约300人,工人约6 100人。

(二)生产额与运输贩卖状况

因资金缺乏,煤车甚少,且修理不善,坑道内点灯用茶油(该地土产)等亦不充分,因而目前每日采煤只有700吨。(下略)

(三)接管时期之收支

七月一日谌湛溪就任矿长,安源工会首领刘义就任事务股长兼保安股长(即矿警局长)。谌氏在矿约一个月,即去汉口;刘氏在矿两个月,最后因战争失败,不知逃往何方。谌氏就职之始,当时尚携有保持与现金同值之中央银行券四万元,工资每人每日增发一角。为了支付工资及其他应付款,首先向汉口运出煤炭3 000吨,以其所取得之代价送还矿局,以供资金逐渐周转。但以货车装运上述煤炭,贴有属于政府之告示,结果在运输途中,几乎全部为军队取去。因而尽管当时煤炭价为中央票每吨四十二元,然作为代价缴纳矿山之钱额,只有中央票 8 000 元,且为时迟于市价下落之后。

(四)未付之俸给,工资及其他债务(略)

(五)工人之取缔

萍矿本年六月爆发农民军围攻,九月发生胡希圣、刘义等率领之共产军扰乱。以后共产党系工会首领全部逃走,工会声势骤衰。目前江西省军队驻扎,警戒颇严。安源煤矿工人一一清查后,实行互保;工头则由店铺来保,从而取缔上之顾虑减少。唯以工资多未付清,尚不免有少数不良分子诱惑煽动动乱之虞。关于此点,有采取适当防卫手段之必要。

(六)今后之经营方法(略)

交通部整理汉冶萍公司委员会成立情况[①]
民国十六年十二月三日(1927.12.3)

汉冶萍煤铁矿厂自开办迄今,垂四十年,主其事者无非借公自肥,其事业之发展,毫无希望。革命军兴,武汉中央政府成立,以汉冶萍煤铁矿厂为吾国唯一钢铁事业,政府断难漠视,遂由国民政府政务会议议决,交通部主办其事,该部旋设一委员会,从事整理,先从萍矿入手,粗有眉目。宁汉合作后,汉交通部所派委员黎照寰、吴尚鹰、陈延炯、谌湛溪等全体于十月六日呈交通部王部长辞职,会务亦即停顿。嗣于十一月十八日,由交通部公布整理汉冶萍公司委员会暂行章程十二条(章程另录),十一月二十六日,由交通部派李仲公为主席委员,黎照寰、朱履和、赵世暄为委员,谌湛溪为专任委员。李、谌两委员奉委后,即从事组织一切,租定南京西城螺丝转湾铜银巷十四号楼房为会所,于本月三日上午十时开成立会。到会委员为李仲公、朱履和、谌湛溪。

---

① 本文选自 1927 年 12 月 14 日上海《新闻报》。

　　首由李仲公主席报告云:各位委员,今天是本会成立第一日,曾请部长莅临训示,部长因公赴沪,派兄弟代表到会。兄弟系本会主席,未便代表,所以只开成立会,以后再择日请部长监视就职。兄弟现略将本会产生情形及人选经费等问题简单报告。汉冶萍为吾国惟一钢铁事业,关系国计民生,非常重大。自前清光绪年间开办以来,先官后商,迭经更替,因为绅士、买办、官僚等人把持,致耗资数千万,并无良好成绩可言,若不由政府为之整理,欲其自谋发达,殆属无望。本党出师北伐,底定湘、鄂后,政府有鉴及此,爰设立整理汉冶萍公司委员会于汉口,隶于交通部,谌湛溪委员彼时即任专任委员。谌君在汉曾精心擘划,将萍乡煤矿接管后,促进生产,整顿一切,尚属顺手,嗣因运煤到汉,为唐生智攘劫,会务为之一挫。继因宁汉合作,汉方政府迁宁,汉交通部孙部长将会务移交,经王部长审查考虑之结果,认整理汉冶萍煤铁矿厂为不可缓之图,非继续办理不可,遂定整理汉冶萍公司委员会暂行章程,呈请政府备案。此本会产生之情形也。至本会人选问题,其宗旨在因事设人,为集思广益,推行便利起见,所以定委员由五人至九人,此事曾经几番斟酌,因事体重大,本应由部长自兼主席,而部长国务殷繁,只得由次长任主席委员。矿厂运输,与铁路关系密切,故派路政司长为一委员;因款项筹措关系,请财部推荐一人为委员;因与日人有铁砂生铁买卖关系,请外交部推荐一人为委员;因整理各矿厂有赖于地方当局之协助,故于湘、鄂、赣省政府亦请各推荐一人;又因整顿矿厂非专门人才及经验宏富者不易奏功,所以仍请谌君担任专任委员。此本会委员人选之情形也。至本会对于汉冶萍公司,既系整理(Receivership),则产业所有权并未转移,与没收为国有截然不同,故为尊重该公司意思及利益起见,许其派出代表二人,呈请部长,加派为委员,使该公司得发表其意见,果有利于矿厂,本会无不容纳;如该公司不推代表到会,于本会进行亦无甚紧要。其次,关于本会经费问题,汉冶萍各矿厂目前尚未接管,本会自身不能筹款,所以暂由交通部每月借支二千元,大致尚不敷用,惟力求撙节开支,免除一切浮费,以期不逾此两千元之范围。此经费之情形也。各种情形,兄弟只举其大略,此后本会各种进行,希望各委员随时提出议案,以便公同讨论,依次进行云云。

次讨论议案:(一)谌委员提议汉口委员会欠薪结束案,决议:(甲)津贴一律补发;(乙)委员公费不补发;(丙)薪水补发,惟已在他机关就事者,自领他机关薪之日截止。(二)主席委员提议函知汉冶萍公司推举代表到会案,决议:照本会章程第四条函知。(三)谌委员提议通知上海日本领事,声明本会在宁成立,继续在汉之宗旨及办法,请该领事函知该国向购大冶铁砂商人来会定购铁砂案,决议:照办。(四)主席委员提议会期案,决议:本委员会每星期四午后二时至三时开常会一次,临时会由主席委员临时召集。(五)谌委员提议由本会电大冶铁厂周子建股长,保持该矿现状,并嘱工人安心工作,本会于最短时期间派人接管该矿案,决议:照办。(六)谌委员提议由本会电大冶铁矿工会,嘱工人安心工作,本会于最短期间派人接管该矿案,决议:照办。(七)谌委员提议由本会电汉阳铁厂黄厂长,保存该厂材料器件,除奉本会令外,不得以任何物料交任何机关案,决议:照办。(八)谌委员提议由本会电萍乡煤矿李代工程处长,本会现聘该代处长为工程处长兼代矿长,如发生地方或军队困难,可电本会;另由会电知程、朱两主席,本会已聘李工程处长代理矿长案,决议:照办。

交通部整理汉冶萍公司委员会着手办法[①]

民国十七年一月十一日(1928.1.11)

一、序言

汉冶萍厂矿运道地跨三省,财产所值号称近一万万元,一岁出入亦几半此数,直接倚为生活之人累万,间接影响者数十万。张之洞戊戌奏折所谓巨细万端,意计难周;盛宣怀戊申奏折所谓由煤炼焦,由焦炼铁,由铁炼钢,工夫层累曲折,处处钩连,无一可缺。现从事整理,当先接管,次研究,盖隔靴难以搔痒,探珠宜先擒龙,全局在手,方好洞观彻察,而规划乃可成立。复玩张之洞奏折所称事机万变一语,是所计者未必得行,所行者未必

① 本文选自1928年2月出版的《矿冶杂志》第一卷第三期。

早计,年来世变尤为猛速,则计划与实行之间,岂特未能若合符节,抑恐未免欲左而右。然实行不能先无规划,欲规划必先研究,欲研究必先接管。接管之先,对于大纲如何规定等,最近如何进行,亦必有具体之见解,方可伸手接此巨物,此则本提案之微意也。

二、提高砂价

停止一切债务之息,提高大冶铁矿砂出售之价,为整理入手办法。此事汉冶萍实已行之,征于公司不付日债之息,与日制铁所对公司所交铁砂付现金,事实昭然。盖不如此,则公司不特不能整理其全部产业,并铁砂亦不能出也。

大冶铁砂售与日商,其价先为每吨三元,继改为三元八角,又改为四元五角。本年夏据公司人言为每吨四元八角,交现金,不扣抵帐。据他方调查,日制铁所交公司现金每吨五元六角。又据调查,象鼻山砂价统每吨六元,现本会当定砂价每吨华银七元。盖提高砂价,系为整理债权之抵押品,此原则债权者既已承认,并已实行提高,若所提高之程度,不能使整理得适当之进行,则与原则相背,而债权者希望其抵押品之整理,仍不能实现也。

汉冶萍煤铁矿厂之债权人希望其抵押品之整理,以取本息。我国民政府,以汉、冶两厂为我国钢铁制炼之惟一基础,且全部矿厂,直接间接关系数十万人之生活,盼此产业整理之心不让于债权者。故根据欧美先进国之法律,采此接管方法(Receiverehirt)。整理该煤铁矿厂。如债权者彻底谅解,使砂价提高至能使产业整理之度,当可顺序进行,如彼不出于此,致整理无从着手,则我国民政府,岂能弃我钢铁基础,与受损害之数十万国民于不顾,而优容有此项产业之少数资本家。株萍铁路运费,与厘税等特权,岂能再任公司继续享有。鄂省砂捐问题,中央向为鄂人与公司间调解,至此岂复能再向鄂人置辞。总之,我国民政府,给种种特权与公司,与种种维护公司之故,非厚爱少数之资本家,实厚爱此产业,若此产业无整理之望,则我国民政府对于数十万受损害之国民,与少数资本家,当必有轻重权衡其间。尤有近者,民国元年,因盛宣怀与日商订立合办草约,汉冶萍公司开临时股东大会,湖南谭都督延闿,电举熊秉三等代表湖南股东到会。熊君在会演说,谓汉冶萍矿厂隶于三省管辖之下,彼处土人性质强悍,稍有谣传,即起暴动。在满清时代,均借官力弹压,并举辛亥年大冶、兴国等处人民对于汉冶萍公司矿厂之暴动,由鄂都派兵防范为证。熊君又云:昨见报载传单,有宁可轰毁之宣言等语。今昔人情,岂便殊异,前途如何,殊难逆料。然而满清政府,为少数资本家和外人片面之利益,而派兵压迫民众,我国民政府,断不能为。若论其极,则关税自主,加相当铁砂、生铁出口税,亦非国民政府所不能断行之事。虽然中日两国,唇齿相依,经济之结合,尤为其共存共荣必要条件;日既需我之铁砂与生铁,在相当范围内,我亦正愿供给,故此次对于整理汉冶萍煤铁矿厂,双方具有同情。暂停付息,提高砂价至能整理矿厂之程度一事,必能办到也。

冶矿近来每日约能出砂一千吨,除雨天外,每月可出平均二万五千吨,直接成本每吨在二元以外,稍宽应以三元计算。每吨售价七元,有毛利四元,每月二万五千吨,合毛利十万元,本会月支约三千元,汉厂维持现每月约支万元,除其他临时支销外,余额当在八万元以上,每月有此八万元,则整理可渐进矣。

三、用人

整理着重用人,盖徒法不行,即法亦待人而言。吾国矿业人才因矿业比较微小而缺乏,且以文化教育关系,未受矿业特别训练者,几无成为完好矿业人才之望。然曾受矿业特别训练之人数在一二千之间,就中在矿业上立足者亦数百,现值各地矿业停滞消沉之时,人才可称供过于求。本会用人,无论工程、事务,全以曾受矿业或工程及其他特别训练者充任,简言之,则全部人员技术化,此本会用人之要旨,可公告于社会者也。

四、理财

本会为国民政府交通部所属机关,当然与其他政府机关同受国民政府审计院之审核。本会于各矿厂均派专门会计师帮同各该矿长厂长钩稽出入。又,各矿厂工人团体果属纯洁,本会承认其代表稽核矿厂支销。上有政府,下有工人,中有专门技术之矿长、厂长与会计师,庶款项可涓滴均归正用,则本会接管后,社会可立见者也。

五、冶矿

工程之第一步为修理大冶铁矿之铁路、车辆及码头,次则开拓铁山,以达每日能出三、四千吨之旧观。据夏间冶矿周子建股长估计,码头、铁道、车辆等约需一十万元即可修好,则冶矿恢复原状当不过数月内事也。

六、萍矿

萍矿本年七月份平均每日出煤七百五十吨,自用一百五十吨,余六百吨。当时工人工钱、职员薪水均未能全发,材料欠,技工缺,而出煤尚有此数。据谌湛溪本年四月间窿内观察,若经济能周转,工作稍加整顿,每日可出煤一千三百吨。萍煤过洗,平均约得末煤三成九,块末一成六①。块煤自用或出焦,末煤炼化铁之焦,照每日出煤一千二百吨,末煤炼焦按六成五计算,可得焦约三百吨。

萍矿之洗煤台须修理方能用,惟工非甚大,所需时间估计不出两月。

萍矿土炉之焦,依汉厂经验,较洋炉焦为佳,每日只炼三百吨焦时,可专用土炉。冶矿整理就绪后,以二十五万元发萍炉一个月薪工,并略添材料,修理洗煤台,以后每月发经费二十万元,则每日三百吨之焦便可供给。萍矿以每月二十万支销,只能供焦炭九千吨,是每吨合二十二元余,成本实属奇昂,事实如此,非着手整理时所能避免者也。

七、汉厂

萍矿能日供焦炭三百吨,运输不滞,则汉厂可开化铁炉一座。

本年夏间,据黄金涛厂长核算,开化铁炉一座,每日需铁砂四百吨,焦炭三百吨,及石灰石锰砂若干,每日能出铁二百五十吨,每吨直接成本二十七元有余。查黄君计算每吨铁需焦一吨二分,估焦费二十元,按萍矿现状,每焦一吨合矿本运费约计二十八元,一吨二分约合三十四元,较黄君所估之款高十四元,则生铁成本当估每吨四十一元,以每吨五十元售价计,有毛利九元,照黄君所估,每月生产六千吨,有毛利五万四千元。

再,据黄君言,该厂一切重要部分均完好,有技能工人亦均在厂,若开

---

① 原文如此,疑为"块煤六成一"。

一座化铁炉，接到通知半个月后可办。

八、结论

先接管冶矿，次及萍矿，萍焦能源源接济，即开汉厂一炉。此一步办到，每月焦砂毛利一十万元，合之制铁毛利约为十五万元，即每年约一百八十万元，此数完全用于整理，则矿厂之巩固发展可计日而待也。整理之规划，自待接管后充分研究，方得详言，惟钢为最后之鹄的，煤与铁砂为其始基，冶矿既已就绪，第二步当集全力开拓萍矿。

萍矿成本之高原因虽多，其最大者为窿内工程规划失宜。直井深五十丈，成于前清，民国以来，未加深凿，只取直井底水平面以上之煤。现煤之残余者零星分散，出路多途，采煤之工散漫，维持出路之费亦多。在取此残余煤期间，欲减轻窿内工程之费，其可能之地位盖无多矣。萍矿煤槽向东北西南延长约二十里，现所采取者只西南一端，若将直井加深，开拓直井底水平面以下之煤，一面在东北端开新井，此项工程完竣后，则成本可轻，而日出煤量亦能增加矣。

萍矿能供相当之焦，冶厂两炉并开，日产生铁九百吨，合之汉厂两炉，共产一千四百吨，再进而制钢，此第二步之希望也。

更有进者，本会整理汉冶萍煤铁厂矿，采此接管办法，虽为欧美所习见，在吾国则属创闻，误会者每目为收归国有。简言之，此项方法以整理就绪为限，至产业之所有权，并不因整理而动摇；或曰整理将至何时为止，曰偿还一切内外债务，而矿厂事业实已巩固，则整理之事毕。

陈郁[①]关于汉冶萍问题之报告[②]
民国十七年四月二十三日（1928.4.23）

四月二十四日南京函云，宁府农矿部二十三日举行纪念周，参事陈郁关于汉冶萍问题之报告如下：

汉冶萍之事，一误于盛宣怀，再误于北京政府，三误于公司股东。盛宣

① 陈郁（1889—?）：字文虎，湖南郴县（今郴州）人。时任农矿部秘书。
② 本文选自 1928 年 5 月 1 日天津《大公报》。

怀自清光绪年间接办汉冶萍矿厂,媚外肥己,甘为国贼,先后借日债三千余万元,迄今并息计算,已达五千万元之数。且与日人订立合同,设最高顾问工程师,使日人得以监督矿厂;设会计顾问,使日人得以监督财政;更订贱价售矿售铁合同,四十年内交付日人生铁八百万吨,矿砂一千五百万吨,不啻以我国唯一钢铁事业之实权与财政拱手奉之外人之前,其为汉冶萍之罪魁可谓毫无疑义。前北京政府颁发矿业条例,第四条载有外国人民所占股份不得逾全股份十分之五之限制。汉冶萍在民国三年,日债业已超过股本,使当时北京政府将汉冶萍收归国有,日人亦当俯首无词。乃农商部仅有派人调查之事,而不肯径自收归国有之产,坐失事机,致令日人得以从容提出进一步之条件,强迫政府承认。一则曰,汉冶萍无日本资本家之同意,不得收归国有;再则曰,不得向别国借款归还日本。至此而汉冶萍之病状遂愈加缠绵,余所谓再误于北京政府者此也。汉冶萍在欧战时期,是称黄金时代,冶矿每年出砂多至五十万吨,汉厂每年炼钢多至二百万吨[①],萍矿每日出煤平均三千吨,彼时虽与日本订廉价之约,而公司仍有赢余约国币二千万元之巨。彼时日币低落,倘公司股东一致主张先行还债,未必即无办法,乃贪目前之利,将赢余概用之于分红利、买废矿,从此时机一逝不可复得,斯则全体股东所不能诿过者矣。

今请设譬于此。民国初元,汉冶萍之病尚伏腠理,良医治之,为药之所及也;欧战既起,汉冶萍之病已在血脉,良医治之,针石之所及也;时至今日,则病入肠胃,即有酒胶亦难为功。故郁向部长建议,对于汉冶萍仍参酌交部整理招商局办法,先从接管入手,以政府力量,帮同公司整理,避却收归国有及借用外债两点,亦不侵及债主与公司之权利,无论日人方面,股东方面,当不能再有反对之余地。

至于整理方法,首宜次第开工。查汉厂于八年、十一年先后停工,冶厂于十二年、十三年、十四年先后停工,萍矿于十四年停工,工人纷纷失业,故时有联合请愿之举。现宜就财力所及次第开工,并倡劳资协调主义,使工

---

① 原文如此,似有误。

人各安其业,则工潮不起,公司内顾无虞,进行自能顺利。次宜提高砂价,日人与公司所订合同,原订砂价每吨日金三元,继改为三元八角,又改为四元五角,足见日人需用钢铁至为急切,如吾国他处铁砂不与汉冶萍竞争,则变通价格一事,尽可喻以利害,援例交涉,计最少每吨可加至华币六、七元,且日人为维持债权计,亦不难俯就范围也。此外,修改条约,改良交通,清理帐目,裁汰冗员诸事,亦当特别注意。将来业务发展,外债清偿,再与股东协商,遵照总理实业计划,将采铁之权收归国有,庶几历年沈痼,一旦霍然。失今不图,诚恐外债日加,要挟益厉,致前此日人提出二十一条中所谓附近各矿他人不得开采之要求,亦将有所借口,则病中骨髓,司命无如之何,扁鹊复生,亦惟有却走而已云云。

农矿部改组整理汉冶萍公司委员会[①]

民国十七年五月五日(1928.5.5)

宁交通部前以农矿部成立,将整理汉冶萍委员会移交农矿部管理。兹闻农矿部长易培基对此极为注意,日前行文湘、鄂、赣三省及外、财、交三部,请派员前来协同进行。本月五日又派科员杨国勋、张学敏二人前往该会,先行接收卷宗,以便委员会组织成立从事整理。

又讯:农矿部长易培基派陈郁、胡博渊、袁良、蒋蔚仙、林实为汉冶萍整理委员会委员,李业隆为秘书。

农矿部整理汉冶萍煤铁矿厂委员会章程[②]

民国十七年五月十八日(1928.5.18)

一、本部为整理汉冶萍煤铁矿厂,以巩固及发展中国之钢铁事业起见,特参酌交通部办法,就本部设立整理汉冶萍公司委员会。

二、凡汉冶萍煤铁厂矿所生之利,专用于巩固及发展中国之钢铁及附属事业,不作别用。

---

① 本文选自 1928 年 5 月 10 日天津《大公报》。
② 本文选自 1928 年 5 月 19 日上海《晨报》。

三、本会设主席委员一人,负整理完全责任;专任委员一人,秉承主席委员办理本会所属矿厂一切事务;另设委员五至九人,协议一切事务。

四、汉冶萍公司得推举代表一人,呈请本部部长核准。

五、本部有三分之一列席即可开议,议事以多数取决之,赞否同数,取决于主席。

六、本会所有一切议决事项,呈请部长核定之。

七、本会暂设秘书一人,技士二人,技佐一人,承主席委员及专任委员之命办理会所事务,俟将来矿厂事繁时,得酌量增加员额。

八、本会因处理事务得酌用办事员、书记。

九、本会会所并驻汉办事处经费,暂由财政部按月垫二千元,俟有收入时归还。

十、本暂行章程自公布日施行。

十一、本暂行章程公布后,所有从前章程应即废止。

凌善永致盛恩颐、赵兴昌函

民国十八年一月七日(1929.1.7)

江西省政府特派何君熙曾为暂管萍矿专员,建设厅荐派周敏为专员办公处总务干事,曾经快邮代电陈报在案。

查该专员等于上年十一月三十日到矿,十二月一日永召集全体职员开会,请何专员等宣布来矿宗旨,以释群疑。据称,省政府此次派其来矿,纯以保全矿产、救济失业工人为宗旨,至有谓没收或接管,纯系毫无根据之词。实因汉冶萍总公司三年以来绝不预闻矿事,若长此以往,匪第矿可虑,且社会治安亦可虑,省政府有见于此,不得不于百窘之中拨款五万元为萍矿一月周转。所有以此前欠煤,应即结束清理,按照出产额数提成归还。至于萍矿之组织及现有职员,一概仍照原职办事。所有机械之修复,窿内之测探扩充,由其亲自视察整理,以期渐次恢复。并谓政府正当经济万分困难时期,拨款救济萍矿本属万不得已之举,极望汉冶萍总公司早日筹有办法,免劳政府担忧,各等语。全体职工闻其坦白宣布,宗旨光明,群疑顿释。

　　窃萍矿近年因厄于运输之阻碍及共党之捣乱，加以无资周转，材料缺乏，而人才亦无，以致陷于绝境。我公司无法解决，任此间数千职工自谋生活，而数千职工亦深知我公司因时局关系爱莫能助，只得忍饥耐劳，苦守至今。虽则借自动采煤以全本身日食，实以栖息此间有年，而以此间又系历尽艰难所创之伟大实业。人非草木，孰无天良，岂忍如粮尽鼠逃，置而不顾？然在此苦守期内，所受痛苦，非楮墨所能形容，与时局奋斗到底，无非希望南北统一，我公司对于萍矿工程方能着手进行，现大局底定，首重建设，甚望速筹办法恢复旧观。永虽驽骀下质，在矿一日，当切实看守产业。卧榻之旁，断不任人酣睡。尚乞我公司眷念此间，时赐南针，不胜企祷之至。

公司董事会致盛恩颐、潘灏芬函

民国十八年三月八日（1929.3.8）

总、副经理均鉴：

　　接第三号来函，以奉农矿部训令，据整理汉冶萍公司委员会呈请，限于三月十五日以前将公司所有煤铁矿厂及一切财产，交由该会接管整理等语，事关重要，请会议应付等因。兹于本年三月五日特开第二次临时紧急会提出，公议：本公司近年受军事影响，营业顿挫，正在力图整顿，以期恢复，今忽奉农矿部接管整理之训令，殊深悚异。惟本公司系属商办事业，若遽将一切厂矿财产交与政府接管，对于股东之血本如何办法，对于巨额之债务如何担承，尚未言及，深恐外间不察，因而另生枝节，反令本公司处于为难地位，且非政府整理公司之本意。此事关系重大，断非董事会所能擅主，似宜请政府先将一切办法详细宣布，俟提出本公司股东大会公同议决。即照此意婉切函复农矿部云云。相应函复，即希查照。此颂
均绥

董事会启

公司董事会致股东联合会函

民国十八年三月二十二日(1929.3.22)

汉冶萍公司股东联合会诸君公鉴:

前于民国十六年八月间,据经理处转报交通部孙部长在鄂组设整理汉冶萍公司委员会,并派谌湛溪等接管萍矿,当由本公司致电武昌国民政府抗议。是年十二月又接交通部整理汉冶萍公司委员会主席委员李仲公函送章程,请公司照章推举代表二人呈请交通部核准,加派为本会委员等语。本公司未予置议。讵料事隔两年,忽于本年三月间接奉农矿部训令:据本部直辖整理汉冶萍公司委员会呈请,限令公司于三月十五日以前将所有煤铁矿厂及一切财产交由该会接管整理等因。即经本会电请易部长俯恤商情,收回成命,去后,兹又奉农矿部快邮代电:所请碍难照准,姑展限二十日,仍令遵照,于四月五日以前移交接管前来。查此事业经先后抗议请愿,均无效果,本会同人一再讨论,兹事关系重大,断非少数董事所能擅主,惟有将此案全卷录送贵会公议核办,相应抄案函达,即希迅速召集紧急会议,公同议决,妥筹应付,并祈见复为盼。此颂

均绥

汉冶萍公司董事会启

孙宝琦批:缓发。

农矿部训令

民国十八年四月二日(1929.4.2)

令汉冶萍公司。

为令遵事。案据整理汉冶萍公司委员会呈称:案奉钧部第五四五号令开,现据上海孙宝琦真电称,汉冶萍公司缔造经营,备尝艰险,近年受时局影响,尤感痛苦,比者统一告成,渐冀恢复原状,兹奉部令,限期接管,群情震骇,惟有吁恳大部俯恤商情,收回成命,以维实业,专电请愿,务祈鉴允,无任盼祷等情,据此,合行令仰该委员会知照并妥议具复,以凭核夺等因。

奉此。查接管办法系由交通部呈送国民政府,于十七年一月十一日奉国民政府第三十六号批:呈及附件均悉,应准照办。属会奉钧部令成立以来,筹备接管时逾半载有余,十二月间属会召集会议议决,拟请令行汉冶萍公司限三月十五日以前将所有煤铁矿厂及一切财产,交属会接管,以便整理。呈奉钧部第五二三号令开,据情转呈行政院准予备案,并由部令行该公司遵办各在案。兹奉前因,属会窃维接管办法既奉国府批准照办,而限期移交又经行政院准予备案,自应遵行,决无收回成命之理。至于接管方法,本为欧美各产业先进国所通有,股东之产业所有权并不因接管而动摇,该公司电称群情震骇,殊属误会。拟请钧部严令该公司早日移交,以便接管。所有奉令妥议缘由,理合具文呈复,仰祈鉴核,指令祇遵等情。

据此,查此案前据该公司孙董事长宝琦真电请收回成命到部,当以所请碍难照准,惟为体恤商情,姑准限二十日等语代电复知在案。兹据前情,除指令外,合行令催该公司仍遵前电限于本年四月五日以前移交该会接管为要。此令。

中华民国十八年四月二日

部长　易培基

（六）与湖北交涉矿权及债捐

公司董事会致湖北省财政厅函

民国五年九月(1916.9)

窃查大冶铁矿,前清光绪二十二年鄂督张文襄奏交商办,其时官局移交仅纱帽翅、龙洞矿山两处。商办以后,以该山出矿不多,矿亦多含杂质,陆续添购得道湾、狮子山、野鸡坪、大石门、尖山儿等山开采,时逾廿年。兼以汉厂自三号四号两炉告成后,需矿日多,抵还日债矿石交额亦逐年加增,遂有供不应求之势。兹据冶矿杨矿长华燕函称:得道湾之鸡坪上厂、尖山儿等处采取将抵官界,目下尖山出额较少三分之二,鸡坪上厂恐不及两月即须停采,请预筹添购等语。查张文襄前在鄂督任内,曾在大冶商矿之外,购有象鼻山铁矿多处,前清光绪二十七年二月咨案,如果铁厂乏用,必须开采铁锰两矿,查系厂商开采以供厂用者,即由官按照原购价值售与铁厂等因。今该矿杨矿长函称,商矿各山业将采抵官界,不特将来大冶两炉成后需矿更巨,即以目下汉厂仅止四炉已供过于求①,命脉所关,至为迫切。谨援照咨案,备函陈请,并委派余观海赍函上呈,务恳厅长俯赐维持,准将大冶官矿各山拨归敝公司开采。至山价一层,咨案本有按照原价售与铁厂之语。查前清官购价本极廉,闻只数百千文,兹当政费拮据之时,按照原价固不敢要求,而敝公司经改革以来,叠遭挫折,经济困难,但期力所能胜,自无不仰体遵办。拟请令饬大冶县,将官矿查明四址,先行移交,山价则由余观海禀商办理。为此仰恳核准施行,实为公便。

孙宝琦致湖北官矿公署函

民国五年十一月十一日(1916.11.11)

敬启者:

查大冶象鼻山官铁矿,与敝公司已开之狮子山矿,唇连齿接,由敝董事会函请财政厅、转请贵公署拨归开采一案,顷接敝董事会函称:奉财政厅函复,此案应由官矿公署主政,即予转请核复。兹准复称:前奉农商部勘选官矿区域暂行简章第一条开,铁矿及煤油矿,应尽数留为国有等因在案,本公署自应遵照办理,象鼻山矿系属官产,未便拨归开采等语。准此。

查矿章规定,矿区大者三十里,小者十五里,区内不能两矿并开,象鼻山铁矿,前清光绪二十七年二月,前湖广总督张咨案内开,如果汉阳铁厂乏用,必须扩充开采官山,即由官按照原购价值售与铁厂各等因。该铁矿与敝公司已开之狮子山矿,唇齿接连,众所共知,不能欺饰。狮子山矿早经敝公司开采在先,象鼻山矿既近在咫尺,确是同一矿区之内,按之矿章,自应拨归敝公司开采,毫无疑义也。敝公司所出钢铁,专为供给汉阳兵工厂制造军械及各铁路轨件之用,张文襄公老成硕画,预为之计,是以咨案声明,

---

① 原文如此,似为"供不应求"之误。

如果铁厂乏用,必须扩充开采官山,即由官按照原购价值售与铁厂等语。近年政府整顿全国军备,以汉阳兵工厂为第一扩充;全国铁道均提倡采用自铸钢轨,则铁厂之肆应较繁,其筹备亦不能不预。然筹备之道,除扩充开采外,别无善策,此又敝公司必须扩充开采官山之明证。如必以官矿区,域暂行简章第一条办理,尽数留归国有为词,象鼻山一带由官设局采挖,一切进行事宜,经始之费甚巨,财力、人力均非一蹴可及,如果旷日持久,前途之利益如何,未可预料,而中外众意所注,尤为可虑,是两困也。况一区内官商两矿并开,既不合乎矿章之规定,两矿工人又难保不偶生龃龉。现在若照矿章,援咨案将象鼻山铁矿拨归敝公司开采,在公家目前既可得收售价,所出之铁仍可供兵工厂及各铁道之用,敝公司亦可从速采挖;且敝公司为国家官商合资之一大公司,使公司得扩充其利益,即为国家发达实业之政策,与国有无异。此从各方面观察,均莫若拨归敝公司开采之便利,除函请农商部核准外,为此函请贵公署查照,务恳将大冶之象鼻山铁矿官产勘定范围,售与敝公司开采。际此钢铁世界,俾敝公司能多采铁矿,全国之军械及路轨材料既有赖以供给,而官商两矿并开之畛域,亦可藉以化除,所关甚大,固不仅为敝公司计也。至应如何商购之处,应由敝董事会派员前往,妥为商办,仰祈台端,速予核准施行,无任感祷。此颂

台安

孙宝琦启

高松如^①致孙宝琦函

民国五年十一月十四日(1916.11.14)

敬复者:

大冶象鼻山官矿,敝公署依据农商部勘选官矿区域暂行简章第一条办理,前经函复财政厅,请为转致在案。兹接准贵公司函开:查大冶象鼻山官山铁矿与敝公司已开之狮子山唇齿接连,若照矿章,援咨案应拨归敝公司开采,在公家目前既可收得售价,所出之铁仍可供兵工厂及各铁道之用,务

---

① 高松如(？—1917):直隶(今河北)人。时任湖北官矿公署督办。

将该矿区官产勘定范围,售与敝公司。际此钢铁世界,能多采铁矿,全国之军械及路轨材料既有赖以供给,而官商两矿并开之畛域亦或藉以化除,至应如何商购之处,应由敝董事会派员前往,妥为商办等因。准此,敝公署对于此案不能不直抒所见,以为答复。

如大函所引矿章规定,矿区大者三十里,小者十五里区内,不能两矿并开一节,敝公署查民国三年三月公布制定之矿业条例第十六条及续订通行小矿业暂行条例第一条,于规定矿区开载甚明,并无大者三十里,小者十五里之规定,此其一也。象鼻、狮子一带,其先原系官购,同为官矿区,同为官所有权,迨后将狮子山拨归贵公司,明明官为主体,贵公司为客体,象鼻之官权当然存在,贵公司不能以客包主,混同为一矿区,此其二也。矿区既相邻接,将来彼此两方面其中间距离之点,自应遵照现行之矿业条例施行细则第十九条办理,至若两矿工人难保不偶生龃龉云云,敝公署则谓苟主持其事者并无成见,而于矿工加以约束开导,在彼自当晓然,于官商两矿之各营各业,不致接触生事,此其三也。

又如大函所称前清光绪二十七年,前湖广总督张咨案内开,如果汉阳铁厂乏用,必须扩充开采官山,即由官按照原购价值售与铁厂各等因,张文襄老成硕画,预为之计,是以咨案声明一节。查民国三年,政府宣布铁路国有后,其所有权完全在官府,凡一切前议,当然取消,故国体改革以前之咨案,决无拘束最近命令之效力,而隶属中央之官吏,决不能违命令以擅自移让也。就敝公署论,自民国四年奉令成立后,遵章设置矿区,办理官矿,当然受国法之保障,摒除一切阻力。故贵公司对于敝公署不能以从前之咨案据为有效而致生阻碍。再就贵公司论,从前汉阳铁厂乃一官督商办之组织,文襄手创是业,故翼护扶持不遗余力,彼时深恐他人觊觎,而鄂省又无官矿官办之举,乃得有此一咨。究之咨案,仅一声明,决非法律,亦非国际契约合同等类之比。贵公司依赖民国法律以成立到今,当然受民国法律之支配,而不能以从前仅仅声明之一咨蔑视民国法律,况二十年来今昔情形有大不相同者乎!且敝公署尤有说焉,日本因海陆军关系,故制铁所系国家办理,我国近人叶氏亦发为国有策理由六端,载于沪报。前贵公司董事会会长盛宫保以民国初建正须从远大入手,当不似从前所见之狭,而于叶氏国有办法推为确当(见汉冶萍意见书)。然则大冶象鼻山原系官矿,应归官办,更确然无疑矣。

又查民国四年部筹弥补官亏成案内称:查湖北自前清设立官钱局发行纸币,垂二十年为数已逾数千万,推行既广,尤宜宽筹准备,以固根基,一再思维,惟有实力兴办该省矿政,目前所需资本,可由官钱局设法腾挪,先就已有官矿切实整理,将来所获矿利盈余,尽先储为钱局纸币准备金之用,如此则鄂省金融可期巩固,实一举两得等因。敝公署以湖北官钱局之改革亏累所期以弥补者在官矿,而官矿之进行所较有把握者在象鼻官山铁矿,对于前途纵未必即有利益,要不能绝无希望。贵公司为实业发达之一大公司,创办既久,经验自富,以过来人,料将来事,警切之论,至深感佩。而敝公署方在幼稚时代,亦自知财力人力均极有限,惟自矢尽得一分心力,做到一分事业,得尺则尺,得寸则寸,冀以报中央政府、鄂省人民,行当官之职务,免舆论之抨击而已。专此布复。敬颂
台祺

高松如复启

农商部指令
民国五年十二月三日(1916.12.3)

据呈并抄折均悉。查此案前据该公司函请到部,本部以铁矿关系重要,且既属鄂省官产,自应由该督办就近接洽商办,当经咨行湖北省长察酌办理,并函覆该公司在案。兹据呈称前情,查该督办函覆该公司所称各节,自系正当办法,仰就近咨报湖北省长查核备案可也。抄折存。此令。

农商总长　谷钟秀

夏偕复、盛恩颐致孙宝琦函
民国六年三月十二日(1917.3.12)

慕公会长阁下:

径启者,旧腊李君一琴自东会议回国,因冶矿矿量不充,出额有限,不

足以应要需,赴汉邀同萍矿黄绍三君,亲赴鄂城县灵乡地方广仁堂所购矿产,周历踏勘,采样化验,成分极佳,矿量亦极丰富,不亚大冶。计为广仁常昔年已购者,为鸡子山、小宝山、广山、城山四处,尚有附近之大汪对面玉屏、大宝、刘岱、神山等山,均属民产未购。其时湖北官矿公署已派员在彼调查,眈眈注视。李君遂调冶矿铁山主任殷静甫(在冶多年,人地熟悉)驻彼设局,以广仁堂名义收买,为先发制人之计。先将大汪对面两山购定,李君即回。旋即议购玉屏山,官局闻风争购,因玉屏与原有之鸡子、现买之大汪相连,为我所必争之矿。原拟以钱三万串即可收买,而官局竟放价十万串,以致业主居奇,稍纵即逝。殷君不得已以八万八千串成交立契,讵官局以竞争未遂,大施阻力。顷据冶矿季冠山君函称:官局因大汪山既未得手,唆人造作两契,以相牵制,现因争购玉屏又经失败,势必运动多方,横生阻力。大汪山因一业两契,虽经闵姓递呈申诉,而该县吴知事不敢负责,至今两契存县未税。广仁堂二次圈购各契(即指购对面山),早经送县,亦因之停顿,尚未税出等语。并附抄戴春塘(此系公司派办鄂城银山头铁矿之员)致伊一信,内言该县知事面告,谓奉省上公事,又有省议会议员偕城绅等到署,皆主张维持政府官矿进行,且各山主等主张不一,以致控案多起,并须由县派人弹压,勘念等事,嘱致冶矿,最好将所设购山局停止,以免酿成将来不可收拾之事等语,函请核示前来。

查广仁堂置备铁矿,原为义赈筹款,俾慈善事业得以永久无坠,业于民国四年十二月间,由该堂董事陈蒙内务、农商两部,批准立案,分咨各省查照。五年六月,又因有人勾串外人购采之说,复由汉冶萍董事具名函呈部、省查禁,亦奉复照准,咨行查禁各在案。即上年十二月三十日王省长复会长电尚云:鄂城广山等处矿产,已函知官矿局,并令该县谕各业产照原议商购矣。是广仁堂购置矿产,本经部、省核准立案。此次广仁党将议价待购各山实行收买,正是履行原案。且各山均属民业,并非官山,尤无禁止人民购置之理。官矿局因争购未遂,一再阻挠,所谓省议会员出头干预保非运动而来。似此蓄意为难,已购者不予印税,未购者枝节必多,何以对付,用特详细密陈,并代会长以广仁堂董事名义,备函陈恳内务、农商两部并王省长,查照原案,令行该知事切实保护,所有投税各契,秉公查明,速予印发,成全善举。公函三件附呈。是否妥协,即祈核阅,分别饬投,至殷感盼。专布。祇请

勋安

总、副经理

上海广仁善堂董事会致农商部函

民国六年三月十二日(1917.3.12)

敬启者:

上海广仁善堂购置湖北鄂城县矿产一事,曾于四年十二月函陈大部暨内务部批准立案。查此项矿产,已购者计有鸡子山、小宝山、广山、成山四处,未购者计有附近之大汪对面玉屏、大宝、神山、刘岱等山,均属民产,必须购买,方能联成一气。近来敝堂收买各山,并派人测绘矿图,以便呈领矿区。乃官矿署闻风争购,以致大汪一山有一业两契之发现,契纸送县,迄未税出。玉屏一山,原议价钱三万串者,业主因居奇,竟涨至八万八千串始得成交立契。似此情形,尚有未购大宝等山枝节必多,尤难对付。查敝堂置备矿产,原为义赈等款,俾慈善事业永久无坠,而所谓为中华保存佳矿,为汉冶萍留有后盾,尤有连带之关系。是以上年六月间因有人勾串外人购采之说,曾经汉冶萍公司董事会分别函陈大部暨内务部、鄂省长查禁,均奉复照准,咨行查禁在案。十二月三十日王省长复该公司董事会电,又有鄂城广山等处矿产,已函知官矿局,并令该县谕各业户照原议商购等语。是敝堂购置矿产早经大部、鄂省核准有案,此次将议价待购各山实行收买,正是履行原案,且各山均属民业,并非官山,尤无禁止人民购买之理。抑敝堂更有虑者,一省如此,他省效尤。于九江、萍乡等处各矿产均有莫大之影响。务祈大部俯念事关善举,咨行鄂省照原案令饬该县知事,切实保护,所有投税各契,秉公查明,即予印发,并函官矿局一体维持,成全善举,以利进行,实为德便。除呈内务部、湖北省长外,谨致

农商部

上海广仁善堂
董事会

夏偕复、盛恩颐致孙宝琦函

民国六年三月三十一日(1917.3.31)

慕公会长大人阁下：

前奉台函悉。前陈鄂城购矿困难情形，已邀垂察，致部、省公函已承核发。兹农商部复函径寄到沪，内开：矿业条例，矿权与地主权本有区别，关于地主之权利，该条例第四章规定至为明晰，上年本部及内务部会同批准该堂立案，亦以事关善举，特为保存其地主之权，并未准其开采。铁矿来函所称收买各山并派人测绘矿图以便呈领矿区等语，实属误会等因。殊堪诧异。

查广仁堂购置矿产，原备筹资开采，即以所获矿利为该堂慈善事业之需，果如部函所云仅有地主之权，不享有开采之利。不惟与该堂置产本义大相刺谬，即与大部核准立案，维持善举之旨，亦前后两歧。矿业条例第四章规定各节，系指开矿人借用他人土地而言，与地主自有矿地开采者，毫不相涉，遍查条例，亦并无地面业主不得有矿业权之规定。且查上年三月三日内务、农商两部核准立案，复函内开：仍应由该堂将矿区界限划清，绘具图说，禀明两部，免滋纠葛等语。此次续购各山，因与原购山地交错钩连，未能划清界限，亦即从前议价待购之地，一俟购毕，即绘具图说，呈领矿区，正系遵照核准之案办理，何得指为误会？兹将农商部来函照录，并检抄上年三月三日内、农两部复函一并呈览。此事利钝，关系公司前途甚巨，尚求我公仍以广仁堂董事名义，再与农部婉切商恳，务请查照前函所请，力予维持，俾利进行，是所切祷。专布。祗请

勋安

总副经理

附抄上年内、农两部复函一件，农商部复上海广仁善堂董会函一件。

[附件一] 内务部、农商部致上海广仁善堂董事会公函

径复者：

前准函称：上海广仁善堂有铁矿数所，一属九江县，一属鄂城县，一属萍乡县，均系该堂遴选矿师，出资购置作为堂中永远产业，为该堂义赈筹款，将其余利专供义赈，不得挪移他用等语。该堂既属慈善性质，所拟办法当无不合，自应准予先行立案。惟事关矿业，仍应由该堂将矿区界限划清，绘具图说，禀明两部，免滋纠葛。相应函复贵会转知遵照可也。此致

上海广仁善堂董事会。

朱启钤　周自齐

[附件二] 农商部致上海广仁善堂董事会公函

径启者：

接准函开：上海广仁善堂购置湖北鄂城县矿产一事，曾经函请大部暨内务部立案。查此项矿产已购者，计有鸡子山、小宝山、广山、城山四处，未购者计有附近之大汪对面玉屏、大宝、神山、刘岱等山。近来本堂收买各山，乃官矿署闻风争购，致生枝节。尤可虑者，一省如此，他省效尤，务祈俯念事关善举，咨行鄂省长查照原案，令县保护；所有投税各契，秉公查明，即予印发，并函官矿局一体维持，实为德便等因。准此，查矿业条例，矿权与地主权本有区别。关于地主之权利，该条例第四章规定至为明晰。上年本部及内务部会同批准该堂立案，亦以事关善举，特为保存其地主之权利，并未准其开采铁矿，来函所称收买各山，并派人测绘矿图，以便呈领矿区等语，实属误会。至官矿署为特别矿务机关，其勘选官矿、购置矿地，乃职务范围内应有之事，绝无訾议之余地。相应函复贵会长查照可也。此复

上海广仁善堂董事会

孙宝琦呈黎元洪文

民国六年四月（1917.4）

呈为沥陈汉冶萍公司困难情形，吁恳维持，仰祈钧鉴事。

窃查汉冶萍公司发端于汉阳铁厂,本系官办,创设多年,毫无成效,亏累不支,始招商接办。自改归商办后,添购机器,大加改良,并因原用马鞍山之煤不合炼焦之用,四处探矿,嗣在江西萍乡开办煤矿,缔造经营,不遗余力,并历经革命,兵差损失甚巨。公司备尝艰苦,勉力支持,历年以来,供给兵工厂及各路所需钢铁料件,并以所余矿砂、生铁运销外洋。三处厂矿,养工匠数万名,用员司千余人,岁纳铁捐、煤税、船钞不下数十万,实系中国第一实业。前因扩充工程,股本不敷,迭次借用日本款三千余万,商借商还,均以岁售生铁、矿砂价值抵押拨还,本无异议。四年一月日本政府忽提议中日合办之条,彼时众股东已有赞成合办之举,前董事会会长盛宣怀坚持不允,一再电求政府主持驳拒,嗣改定专条载明,倘日后公司愿与日本合办,政府应即批准等语。前会长盛宣怀旋即辞职,宝琦被举为正会长。宝琦素无经验,又非大股东,徒以政府注意维持公司,杜绝合办,故勉为承认。二年以来,愧于公司事毫无补救,且近来察看京外官绅对于公司诸多隔膜,公司因扩张营业,不得不推展煤铁各矿,如大冶之象鼻山铁矿,毗连公司已开之得道湾,一再商之农商部、湖北省官厅,请拨归公司开采,内外推宕,终不见允。又广仁堂所置鄂城县铁矿,本为公司之后盾,曾经呈报内务、农商两部批准有案,现经农商部批驳,谓仅许有地上之权,而无开采之权。高坑煤矿本在公司所开境界之内,而赣绅又纷纷遏制,不准另辟新井。近闻鄂绅又提议,公司接办之铁厂原有官款五百六十万,要求公司填给股票。凡此各方面之对待,殊于公司有莫大之影响。宝琦滥膺会长,智穷力竭,本年二年任满,瞬开股东大会,行即辞职,惟是众股东血本攸关,休戚与共,诚恐不堪种种之困苦,铤而走险,急何能择? 为此密陈钧听,仰恳大总统俯赐维持,饬令国务院核议,分行京外各衙门,体念商艰,格外保护,对于种种困难务使设法解除,予以特别之利便,庶完全商办之公司永保无虞,自可日臻发达,岂第公司之幸,抑亦中国实业前途之幸。冒昧沥陈,伏乞大总统钧鉴。

谨呈

黎大钧①呈王占元②文

民国六年四月三十日(1917.4.30)

为呈请备案事。

　　窃查汉冶萍公司鄂产清理处,前经湖北旅京同乡官绅金永炎等在京组织成立,并将成立日期、地点及简章,一并呈请钧署批准立案在卷。惟汉冶萍公司关于鄂产则在鄂城、大冶两县,文卷均在省公署及官矿署档存,京师距省窎远,往返调查,诸多不便。兹由京派代表李绅宗唐与在省鄂绅黎大钧等协商,为求事实之便利,应再设事务所于武昌之鄂园,已得双方同意,于本月二十四日成立,机关虽设两处,名义仍无区分。所有成立武昌汉冶萍公司鄂产清理处事务所日期、地点及应设各缘由,理合呈请鉴核,准予备案,实为公便。

　　谨呈

兼省长王

驻省湖北绅学军商各界人士　黎大钧等

中华民国六年四月三十日

公司董事会致王占元函

民国六年五月二十八日(1917.5.28)

敬启者:

　　前因大冶铁矿开采年久,新厂告成,六炉齐开,需矿日多,大有供不应求之势,当于上年八月间函请将象鼻山官矿拨归公司开采,未荷允准。兹查民国二年贵前民政长委任丁立中君来议时,曾有湖北政府为提倡发达实业起见,如公司在大冶矿山附近设炉,所有官家铁山允许公司开采,但每出砂一吨,抽费二分五厘之议,现敝公司在大冶矿山附近添设化铁大炉两座,扩充炼冶以后,需矿至多,必须另筹开采,以资接济,可否恳请省长俯赐查

---

① 　黎大钧(生卒年不详):字玉屏,湖北黄陂(今属武汉)人。时任湖北铁路协会负责人。
② 　王占元(1861—1934):字子春,山东馆陶(今属河北)人。时任湖北督军兼省长。

照前议,准将象鼻山官矿先行租归敝公司开采,自出砂日起,遵按每吨二分五厘缴纳租费之处,相应专函奉商,务祈省长俯念敝公司为中国实业先导,矿砂为炼冶命根,力予主持,核准施行,并祈见复,实深感祷。谨致

湖北督军兼省长王

汉冶萍公司董事会　孙等启

湖北官矿公署致公司董事会函

民国六年六月十一日(1917.6.11)

敬复者:

　　本年五月三十日准贵公司董事会公函,以现在大冶矿山附近添设化铁大炉,扩充炼冶以后,需矿至多,可否恳请俯准查照民国二年前湖北民政长委任丁君立中所议,将象鼻山官矿租归公司开采,自出砂日起,按每吨二分五厘缴纳租费之处,专函奉商,务祈核准施行,并祈见复等因。准此。查此案于上年九月间,由贵董事会函请鄂财政厅转索前来,经本署依据铁矿国有之明文,未便照拨等语函复,请为转致去后,复于十一月间,径由贵公司驻京事务所函申前议,本公署经又依据法理,查照函叙各节,逐层复绝在案。大冶象鼻铁矿官山,本公署以官矿官办,一、铁矿尽数留为国有之明令,二、前清光绪三十三年张文襄最后之咨案,三、民国四年部筹开办官矿弥补官亏案,自应及早着手,于官购最美富之矿为地方,力图发展,虽兹事体大,未可猝就,而时至机来,要不能不亟为进行,迭经督同署员,息心筹议,得有端倪,其间应测绘者测绘,应估量者估量,应布置者布置,业已遴选技师、工程师,分别统系,按照程序预备一切,即行自采。总之本公署为国家官管矿业机关,凡职务范围内应办之事,未敢稍事放弃。兹准大函请查照前议将象鼻山官矿租归开采一节,实属不成问题,毋庸再议。相应复请贵公司董事会诸君查照是荷。此复

汉冶萍公司董事会

湖北官矿督办　高松如

中华民国六年六月十一日

杨华燕致夏偕复、盛恩颐函

民国六年六月十四日(1917.6.14)

总、副经理先生钧鉴:

　　昨接湖北官矿公署第三十二号公函开:案查大冶县属尖山儿铁矿,为官矿未交之山,与贵公司现开之野鸡坪毗连,两山本以分水岭为界,从前立有界石可据。兹贵公司所开之野鸡坪,已抵官界之部位,应请饬即停止开挖,勿得侵越等因。据此,即查察鸡坪上及尖山儿两处厂位,其抵及官界者已饬停挖,尚有未近官界仍照常开采。据王观英君函称,鸡坪上从前出矿每日约九十吨,今已少三分之二,全月共少一千八百吨。尖山从前每日出七十吨,今则少去四十吨,全月共少一千二百吨。两处每月合少出三千吨云云。再查现陆登贵承采之厂,其石多含绿质,且坚硬难取,该夫头一以炸药用多,一以过费工作,故有退罢之意。然不挖去绿矿一层,则不能得内蕴之良产,兹未稍加矿价或津贴炸药,该夫头故难一致进行,此该处近来出额略少之原因也。以得道湾现在矿情而论,惟狮子山为有希望,其山顶矿苗与大石已发现界线度,矿苗约有一百五十尺深,尚须改良采法,或开横窿,或开隧道,可期多取而持久。然开窿道必多费木料、油料等,成本较重。惟不如是,亦不能成久大之谋,前经详文五年份全年报告书,详陈一切。至于铁山一处,产出亦稀,盖铁门坎上中两厂,从前每月可出一万吨,今则少去五千吨。纱帽翅仿佛如是,中厂采及白石铜矿之地位,矿苗渐少,下厂则采挖至水龙洞,虽矿产颇旺,仍须俟数月,萍矿运到起动重机,安设作用,每月方可出二千吨。现在种种枯窘难为情形,业与大岛顾问周历察勘,计各厂挖至与寻常平地相等,约仅数年工程而已。平地下之产,尚未知其深几何,大约有数十尺之谱。现拟铁山从事测量,并用由川汉铁路所购之钻机,以探矿苗之深浅,俾酌开井,多凿横窿,庶可多出产额。本矿所有铁门坎对面之毛家山半座,现亦挑土及于限界,约有百余英尺宽,五十英尺深之石,产界外之半座属他人私业,已函请事部设法购入,尚未办到。其他为铁山矿将来倚重之部位,不能缓购,请尊处亦函饬速办,他或勇敢行之。以上各

情,适鄂官矿公署来函,如是云云,故连类缕陈,并附呈该公署原函,究应如何,统祈核夺训示,不胜悚惶待命之至。专此。敬叩

崇安

杨华燕谨上

季厚堃①致夏偕复、盛恩颐函

民国六年七月六日(1917.7.6)

总、副经理钧鉴:

鄂城自去冬圈购矿山地亩,所有各契业经存县,因官矿局纠葛,均未给税。目下时局日变,若不设法税出,将来难免不生枝节,当向鄂城吴知事一再婉商,何必固执,始允除玉屏、大汪两契外,续购之刘岱对面等山各段及已购各山四周紧要地亩,一律给税,共契纸四十六张,计地价三万四千五百四十八千七百十文,应缴税率三千九百十三千一百二十文,拟请静翁即日往鄂投税。此系代广仁堂垫付之款,约银二千两,请饬会计所与冶矿收支接洽是幸。玉屏、大汪两山,吴知事云,因官矿局叠次严饬指名圈入官矿,以致左右为难,爱莫能助,并有须请贵公司与部省疏通之说。窃思官矿势力,暗形消极,先将地亩等契税出,再向商酌。该两契如能给税,公司自有从优之酬报,未知能达目的否。至刘岱山,矿量最富,贺姓公产族中,以价高愿售,惟鄂省议员贺君庸甫一人反对,两月前曾托省议员胡君海琴(大冶籍)从中说项,贺君意已转圜,无如索价四十万串,未免太巨,告以纵令玉屏比例不过十万串之代价,彼又不肯,所以暂且搁起,以退为进,俟嘱静翁再往商之。大宝山业主以贺姓为观望,过于急切,彼此牵制,价更难议。近来购买鄂矿,情形如此。知关垂廑,谨以附陈。专肃。恭叩

钧安

季厚堃谨启

---

① 季厚堃(1856—1932):字冠山,江苏江阴人。时任大冶铁矿坐办。

夏偕复、盛恩颐致季厚塈函

民国六年七月十四日(1917.7.14)

冠山仁兄坐办鉴:

前接七月六日来函,具悉。鄂城矿山现已商允,该县除玉屏、大汪两契外,续购刘岱对面等山,各段及各山四周地亩,一律报税,应缴税率约银二千两,作为广仁堂垫款,业经转告会计所与冶矿收支接洽矣。刘岱山矿量最富,而山主抬价居奇,欲望亦最大,自应设法疏通,以期就范。惟昨接杨矿长函,矿区早经测毕,现正赶绘详图,已嘱其将已购地点及我所欲购而尚未购成者,一并圈入,划作矿区。并备具说明书,从速寄下,以便转请董会呈部,请领采照,庶可取得优先矿业权,合于条例之规定,则未购各山亦应及早购得,免生枝节。即祈执事饬殷静甫相机进行,从速商购,并希将议价情形随时见告为盼。此致。顺颂

台祉

总经理　夏

副经理　盛

李经方致段芝贵函

民国六年七月二十日(1917.7.20)

香岩仁弟上将麾下:

沪津间阻,久阙音尘,缅念英光,时殷驰系,辰维勋猷夏大荩履时和,为颂为慰。兹有恳者,兄年来羁迹沪上,谢绝人事,独于工商实业未能忘情,盖鉴于民生贫困已极,亟须共商补救。是以上年汉冶萍股东推任董事会副会长,毅然力任其难。任事以来,考寻端绪,确见采矿冶铁为吾华唯一之实业,亦军国强富之要图。张文襄创始于前,规模粗具,旋以官力不继,奏派盛杏老招商承办,商办而后开辟萍乡煤矿,添造汉厂化铁炉及改良炼钢机厂,招股不足,贷及外债,历经险阻,煞费经营中,更遭逢改革,损失极巨,艰难支拄,迄于今兹。各铁路之需轨,兵工厂之制械,取给汉厂,无俟外求,而

华铁并远销日东、美西,尤为创举。即以汉冶萍三处恃佣工为生者不下数万人,固已上裨国计,下益地方,此固老弟督鄂时所熟知也。惟是负债过重,出货过少,周转不灵,清偿难速,续经众议在大冶添建化铁大炉两座,以期出货加多。为发展营业计,固应更上一层,即为遄清债累计,亦须早下急着,虽于项城时代有铁矿国有之命,亦因汉冶萍有特殊性质,并未加以钤束。盖矿为吾国所富有,借此地利恢我工厂,但期履行合同,彼即无从干涉,主权不丧,大利以兴,富国裕商之政,似未有逾于此者也。

现在统计,明后年大冶两炉告成,连汉厂共有六炉,岁需铁矿石及外销矿石,非年采一百五十吨不足以资供应,冶矿开掘多年,矿量不充,万难如额,象鼻山官矿又屡经请拨未准,因查杏老在日,为办各省义赈,创设广仁善堂于上海,曾置有鄂城县属灵乡地方铁矿数处,曾经呈部立案,声明为备义赈筹款之需及为汉冶萍后盾之用,其所以必用广仁堂名义者,明非汉冶萍所有,不应牵入借款抵押范围之内,而又专留此丰美矿区,专供本厂六炉炼铁之用,腾出冶矿酌量外售,防范谨严,实已面面俱到。兄业经派员先往勘验,成分极佳,矿量亦极丰富,但为广仁堂已购者区域不大,尚有议价待购各山,俱属民产,尚须收买,遂与该堂商订承租开采章程,并请将未购各山一律圈购。

讵湖北官矿公署闻风竞起,谓此矿为遵照特许法,指为官矿区域,广行布告,大施阻力,以致已购者县署不为税契,未购者山户因之居奇。前广仁堂具文呈部,请赐维持并给开矿执照,部院未悉公司内安外攘之计,提出国务会议,批驳不准。因之,官矿局愈有借词,使汉冶萍采矿计划无从进行。转瞬炉座告成,作炊无米,华商矿产,外人责言,是本欲裕商富国者,转贻日后国家之忧,兄实痛之。现在政体大定,万象昭苏,救民水火之政,无过于使人人各复其业,而中国商业之关系重巨无过于汉冶萍。非芝泉总理不能解此沉疴,非老弟将此中宛曲逐细代陈,恐仍无以释其廑念。特由广仁堂董事会公具呈词,请院部复加核议,准给开矿执照。俾已购之地、垂成之炉不致毁于半途,其所利赖奚止百世!即就兄个人论,此事解决亦可告无罪于股东,受弟私惠亦匪浅鲜,词意未尽,特属舍亲刘惠之君面陈一切。务祈

玉成为感。专恳。祇颂

台绥

　　并候赐复,不尽。

李经方

夏偕复、盛恩颐致吴健电

民国六年八月六日(1917.8.6)

　　汉阳铁厂吴密:顷孙会长电开,鄂城矿事各处疏通,诚恐尚有阻碍,兵工厂愿代请鄂城矿归我,俾炼钢供军用,甚佳。望电吴任之催前途,速电陈总理及农商部更为得劲,迟恐不及等因。请速商恳王督军、刘总办电京。至盼。偕、恩。鱼。

吴健致夏偕复函

民国六年八月十日(1917.8.10)

经理钧鉴:

　　鄂城矿事,刘总办意,王督军熟商官矿局,恐仍不得劲,因由彼径电呈段总理告以制造军械,急须酸性铁以炼钢,请商孙会长饬行汉厂赶制。该电照录,另纸奉览。在我即可告以必广仁堂所已勘购之鄂城矿,得蒙给照开采,则数月内即有以应命。顷间拟一密电,云兵工厂顷电段总理,以钢料缺乏停工在即,请商孙会长,责令汉厂速制酸性铁,以供炼钢。拟请电会长,答以制酸性铁须得酸性矿,必广仁堂矿产准给照开采,则不难于数月内供应。除拍发外,合再详达。正缮函间,适奉密电,得悉此件已提出国务会议,刘电亦已译发,孙会长以非得鄂矿汉厂实无以制供,以是难之,深望可达到给照开采目的也。祇候

台绥

厂长　吴健谨肃

刘庆恩致段祺瑞①电

民国六年八月十一日(1917.8.11)

段总理钧鉴:欧战未已,购料无获,枪厂已多半停工,下月全停,现建马丁钢炉约三月内完工,祈先商汉冶萍孙督办,转饬铁厂拨酸性铁,以便炼枪炮钢,免使军械缺乏,并恳电复。庆恩叩。蒸。

夏偕复致孙宝琦函

民国六年八月十三日(1917.8.13)

慕公会长阁下:

本月十一日以鄂城矿事,上愚密真电,系照吴厂长来电转呈,度邀钧鉴。顷接吴厂长来函,详述前电事由,谓刘总办意,此事由王督军熟商官矿局,恐仍不得劲,即由伊径电段总理,只告以钢料缺乏,停工在即,现建马丁钢炉三月内完工,请商会长饬厂拨酸性铁以便炼钢,供制枪械等语,不及鄂矿一词。总理来商,祗请会长答以制酸性铁须得酸性矿,必广仁堂矿产准给照开采,不难于数月内供应云云。似此以事关军用急需,凑拍当可达其目的等语。用再转陈鉴核,所事已四面盘旋,无微不至,应可转圜,阁议如何? 尚祈速示,祗请

勋安

夏

国务院致孙宝琦函

民国六年八月二十五日(1917.8.25)

径启者:

接准函准院函:据汉阳兵工厂电请转商汉冶萍煤铁厂矿,筹拨酸性铁,以便炼钢等因。经电知该厂,据复:大冶矿砂近益减少,自炼生铁已虞不

---

① 段祺瑞(1865—1936):字芝泉,安徽合肥人。时任北洋政府国务院总理。

足,所以本公司与广仁堂订租鄂城铁矿,先已由该堂呈恳政府,请领采照,一俟开采,自可源源接济等语,应请贵院速将前案核准,俾得赶紧开采炼钢,以供军用等因。准此,查广仁堂呈请租采鄂矿一事,现尚归部核议,自应另案办理,汉阳兵工厂所需酸性铁,急不容缓,事关军用,仍希电饬该厂,即行遵照筹拨,以济亟需,实纫公谊。并希见复。此致

税务处孙督办

孙宝琦致夏偕复函

民国六年八月二十六日(1917.8.26)

地山仁弟执事:

昨奉董会廿电,以汉阳兵工厂所需酸性铁,大冶矿砂近益减少,自炼生铁已虞不足,须俟鄂矿开采,自可源源接济,嘱照复国务院,余由李一琴君赴京面陈等因。除一琴来京暂不提出外,余照电述各节转复国务院,并请将广仁堂呈请租采鄂城铁矿,迅速核准,俾得赶紧开采炼铁,以供军用。去后,兹准复称:接准前因,查广仁堂呈请租采鄂矿一事,现尚归部核议,自应另案办理,汉阳兵工厂所需酸性铁,急不容缓,事关军用,仍希电饬该厂,即行遵照筹拨,以济亟需,实纫公谊,并希见复等因。

查鄂城矿事,慧之到京后,即多方运动国务员,如汪、梁、汤、曹诸公均承允极力帮忙,意谓此事必可达到目的。不料前日星期五国务会议,段内阁坚持铁矿国有政策,不允租采,所以议决仍照上年农部所复办理。宝琦绵薄之力,无能为役,殊深歉疚。

鄂城铁矿含有酸性,前复国务院函,并未提明,恐其知有酸性,更居奇不肯让步,现院议既已驳拒,而兵工厂所需酸性铁,仍向汉厂取求,如何对付,应请台端与董会诸公妥筹办法见示,以便转复。鄙意公司最后之争,既成绝望。莫如乘此机会沥陈公司困难情形,请政府将公司收归国有,所有鄂城、象鼻山各矿,均归公司,一气呵成,不分畛域。至应交日本矿砂、生铁,仍可照交。但此事非董会可决,应取决于股东大会。所有应行筹备手续,请台端与董会诸公酌议预备。

总之,段内阁任内铁矿收归国有,恐难转圜。闻曹润田拟办一铁矿,请领采照,亦经国务会议否决。鄂城矿事,惟有静候机会,再行进步。除函董事会外,相应函达查照,希即酌核见复为荷。琦昨具呈辞职,一俟批准,即当束装南下,大约阴历月内准可到沪,并以附闻。此颂

日祺

孙宝琦启

泽承均此。

湖北省议会致汉冶萍公司函

民国六年九月五日(1917.9.5)

汉冶萍公司执事诸公大鉴:

径启者,鄂省与贵公司关于股权、地权事项,经选派代表往返磋商,荏苒数年,迄无成议。若长此以往,矿务前途双方俱多窒碍。本会为提倡实业,永息纷争起见,经全体大会选举代表李宗唐、张国恩、李法、胡潜四君,来沪来贵公司推诚磋议,统筹兼顾,两得其平,酌理准情,力求允协,俾数年纠葛之问题一旦解决,公司发展裨益良多,当亦执事诸公所乐闻也,临颖神驰,统希亮察。即颂

时祺

不备。

吴健致夏偕复函

民国六年九月九日(1917.9.9)

经理钧鉴:

健昨晤武昌军署秘书长金君煦生,渠密告省议会现又要求鄂政府代向我公司索取地权及股权,金痛诋为胡闹,对王督军言,此事孙尧卿、丁笏堂辈已累谋之无效,又何用妄想。王督军商如何敷衍对答,金谓:可将关于此项档案一并检齐,请省议会来署披阅,倘伊以为有理由,则即请其代拟公函致汉冶萍可也。省议会大约今日可到军署阅看旧案卷,语健可密缄公司,

预备应付,恐有派代表来沪交涉情事,所当遣派熟悉前此累次商议将官款填股情形人员,以为对待。因纵谈及股权,自仍以拒绝之为是,可语以忽骤增出五百数十万之虚股,日人债权关系必出为干涉,请鄂议会先代筹如何对付之策,无已则当踵前盛会长之要求,必得大冶象鼻山矿归我开采,然后再议官款填股之办法。用特密达,仰祈鉴察,俯赐转陈董事会查照是幸。专肃。祗叩

崇安

厂长　吴健谨肃

湖北省长公署致汉冶萍公司函
民国六年九月(1917.9)①

径启者:

据汉冶萍鄂产清理处驻省事务所代表黎大钧等函开:窃汉冶萍公司自前清光绪二十二年张文襄公奏交商办,申明所欠官本五百余万两,由该公司逐年抽还,扣清之后,每铁一吨仍纳银一两,以作湖北公益。至今二十余年,官本尚未收回,何问铁捐? 查该公司既系商办,即属营业性质,乃建厂汉阳,开采大冶铁山,并欠湖北官本五百余万两之多,对于湖北毫无权利,揆之法理之情,均觉不平。是以湖北旅京及驻鄂全省官绅咸深愤懑,发起汉冶萍鄂产清理处,曾经呈请钧署批准立案在卷,现省议会亦因此事选举代表四人,赴沪力争,本处缘为此事设立,自应选举代表前往,兹北京已举定代表时象晋、武昌举定代表余德元,理合恭恳钧署并转令公司一体知照,实为公便等情。据此,相应函致贵公司查照是荷。

吴健致夏偕复函
民国六年九月二十七日(1917.9.27)

经理钧鉴:

健昨晤王兼省长秘书长金君煦生,语健:此次王兼省长备公文交省议

---

① 原件无时间,此系根据内容判定。

会代表,赴沪交涉,殊非王公本意,惟不得不敷衍议会。主动皆会中国民党分子,并无甚能力,嘱可函告公司,对于该代表所要求,似宜驳拒,坚持勿稍让步。公司可抱定前张文襄奏案,官款五百数十万奏案中已规定每出铁一吨还银一两,已有办法,业经遵行有年矣,无提及股权之理由。至地权奏案亦经声明,官款清还之后,仍每出铁一吨提捐银一两,以伸报效,地税均纳在内,并无另外捐款等语。今乃欲顿翻前案,是直欲摇动公司根本,当为法律所不许可。即本此意,备函驳复,鄂省长另请孙会长附致一私信,加意客气道歉是要。用特函达,仰乞尊裁。祗候

台安

厂长　吴健谨肃

与湖北代表第一次会谈记略

民国六年十月二日(1917.10.2)

湖北省议会代表李宗唐、余德元、张国恩、胡潜、李法诸君;本公司董事会李会长、沈仲礼、杨绶卿、盛泽承诸君。

李代表宗唐言:代表等受敝省议会委托来沪,系经敝省京外官绅一致赞同,要求解决以前议而未决之案,所有事项具载敝省省长暨议会公函,想邀公鉴。今日承贵会招议,一堂携手,代表等应声明,此举实欲维持贵公司蕲于发达,俾贵公司与敝省地方均有利益之美意,请贵公司鉴及云云。

沈董事声述本公司历史及经过困难各情形。

李代表等又言:贵公司历史固已刊有成书,人所共悉,即困难情形亦已调查,知其梗概。代表等来此会议,正以知其困难而思所以维持之,但必发生切己之关系,始能筹有维持之方法。所望贵公司推诚布公,将代表等来意速予协商,得有美满之结果,不胜感幸。

李会长言:贵代表一再声言维持公司,又云推诚布公,同人实深感佩。但贵代表来意,虽有贵省长暨贵省议会公函,亦只略具大概,应请贵代表开示条件,以便报告敝会孙会长及本会同人开会讨论。

鄂代表允俟开送。遂散。

湖北代表致公司董事会函

民国六年十月五日(1917.10.5)

汉冶萍公司执事诸先生大鉴：

日前晋谒,蒙各位殷殷赐教,钦佩莫名。唐等当场提出股权、地权二项,承嘱将所有条件逐一列明,送贵公司查议。兹将关于鄂省股权、地权各条件及理由详列于下：

一、股权

甲、股本　查汉冶萍公司自创办以来,约分三时期,初为官办时期,次为官督商办时期,今为纯粹商办时期。在官督商办时期,本有吨铁两银归还官本之奏明,今既为商办时期,鄂省创办之股本,不能一时归还,自应遵照公司章程办理,一律填给股票,与老股东享同等权利。

乙、股息　股本既经填票,所有股息应照公司章程办理。

丙、事权　事权由股权发生,鄂省为开始创办之老股,填给股票后,所有一切亦应照公司章程办理。

一、地权

丁、铁捐　查矿业条例,使用他人土地,应给予地主及关系人以相当之偿金,大冶矿山、汉阳厂址均系鄂省,故奏案亦有报效之明文,今因维持实业起见,将二种合并,减轻办理,仍以每出铁一吨缴银一两,以为酬偿。

戊、砂捐　砂者铁之母,无砂则无铁,铁既抽捐,公司售砂亦应按照汉厂化铁成分折合,一例缴纳。

以上所列均按照法理事实条举,彼此推诚布公,当无难依法解决,希即查照,从速赐复是荷。即颂

均安

与湖北代表会议记略

民国六年十月十九日(1917.10.19)

李会长报告:前承贵代表开示条件,因孙会长在杭养疴,各董事又以事

冗不易齐集,因是答复稍稽,殊深抱歉。兹已公同讨论,由鄙人与杨缓卿董事代表敝董事会,请贵代表莅会,由杨董事将敝会意见面复。

杨董事言:贵代表条件谓本公司现值完全商办时代,应照民国法律办理。言外之意,总须撇开奏案,注重公司律则,将官本要求填股理由方极充足。在贵代表为鄂省争权利,立言自应如是。不知本公司以奏案为切实之保证,始终一线到底。始而官督商办,继而完全商办,名称虽殊,奏案之性质不变。官本五百六十万,奏明以一两铁捐缴还。民国肇兴,前清旧案继续有效,是以铁捐按年缴纳,无敢或亏。若改为填股,是变更奏案,即变更性质,此法理上之难于承认也。即论事实,亦多窒碍。填股必先有收款,一收一付,方为正办。今若填股,有付无收,使股票处与银钱处不能针锋相对,不独办事人无从着手,若董事贸然承认,便属违法,应受全体股东处分。此事实上之难于办到也。地权一项,从前官交厂矿已奏定一两铁捐提还,并地税均纳在内,并无另外捐款,声明有案。至商办后续有添置地产等项,均系由商价购,立契投税,手续甚备,则所有权完全属于公司,既非使用他人土地,亦非他人所能干预,与尊函所引之矿业条例绝不相符。〈至〉砂捐一项,本公司奏案只有铁捐,并无砂捐名目,铁为砂所从出,铁既纳捐,再抽砂捐,近于米捐外再抽饭捐,试问如何担负?本公司总因厂矿地段属于鄂省者多,地方感情必须联络,故凡遇以公益捐、学堂捐、巡警费等来相商助者,无论如何为难,必勉竭一二,积算亦不在少处。若执定"捐税一概在内"六字,则各项皆已推却矣。鄙人今日与李会长代表董会向诸位道歉,其不能照尊函办理之处,亦求诸位格外原谅,是为感幸。

李代表宗唐言:杨君所论,敬闻命矣。贵公司以铁捐还官本为遵守奏案为言,然此仅奏案之一端耳。查奏案内所有用人用款均须报由鄂督查核,虽由商办,而鄂省实操监督之权,矿砂亦只准自挖自炼,不准售与外人。张前督咨案具在,可以复查。试问贵公司是否一一遵守办理耶?贵公司既不能遵办,则奏案已失其效力,而鄂人以地利关系,利害切身,而要求改股,以期一致维持,实于贵公司有益,而于法律亦合,此对于法理上之无问题也。贵公司以接收官交五百六十万之财产为填付股票之根据,一收一付,极为正当,此对于事实上之无窒碍也。砂捐一项,为售砂而起,贵公司如开大冶之砂,完全在汉厂炼铁,夫复何言?今之外售逐年加多,售去之砂无铁可炼,即无捐可缴,售鄂地之所产,鄂人不与其利,事理讵得谓平?要求砂捐亦非过当。

代表时君象晋言:此事提议多年,代表往返,迄今六次。鄙人前次来沪时,与贵盛前会长面商填股一事,已有成议,只以事中止。今敝省京外官绅及议会一致提出,举代表等来此,重申前请,务望贵会公同开诚布公,结束悬案,实与商业、地方两有裨益。李代表于法理事实已解释甚详,当无疑虑,且贵公司对于农商部、湖南、江西等省,一请填股即邀许可,何独于敝省之屡请屡却?尚望以待农商部、湖南、江西省者待鄂人,则感幸多多矣。

杨董事言:就时先生所论中,鄙人解释一二,藉明真相。农商部之股,系因盛前会长在前清督办铁路时有部拨之铁路款项,为汉阳铁厂预支轨价,拨入厂用,嗣后交卸路事,无法归结,不得已奏准改为铁厂股份,交农工商部收执。至湖南,因积欠萍株路运煤运费,不能应付运价,商请以股票抵偿。江西省并无公股。至时君所未及者,尚有交通部公股,亦系将所欠铁路运费抵偿,概系实款实股。恐有误会,必须声明。

复言:贵代表条件所重要者,不外股权、砂捐两项,今日时间短促,或先将股权讨论。贵代表言,官本五百六十万,系贵省之款。鄙人记得二年四月工商部有致国务院一函,记此案甚详,诸位应先调查此项官本是否全属于鄂省。鄙人前日曾言,两方面皆须认清题目,方可徐图解决,如诸位须看工商部原函,可请李伯翁检出。

李代表宗唐言:如检出此函,便伤感情。

各代表接言:贵公司接收官交厂矿,是否由鄂省奏交?既由鄂交,则此款当然属鄂,实无讨论之价值。

复经彼此辩论多时。

李会长言:此事关系重要,公司商办二十年,各事之层累曲折,鄙人到会已六年,尚未能十分详尽。杨绶翁自公司开办时即在公司办事,故能洞悉无遗。时君云此事提议多年,往返六次,尚未解决,鄙人个人诚为抱歉。

然公司者,众人之公司,非个人之公司。此事千头万绪,如一团乱丝。解乱丝者,若用快刀斩断之法,断则断矣,丝于何有?总须平心静气,慢慢寻头理去,自能解释。鄙意此事须守定开诚布公宗旨,彼此有论而无争,争则逞意气伤感情。从容论说,则事愈明而理愈明。即如公股之事,经杨君表明,方知各处公股概系有款之股,并非无款之股。此事重大,鄙人看来断非坐谈之顷所能解决,容将今日所议情形报告敝董会,一面转达孙会长征求意见。

众赞成。遂散。

孙宝琦致湖北代表函
民国六年十一月十七日(1917.11.17)

敬启者:

昨奉惠书,备聆种切。前次谈及本星期一开股东联合会,闻因人数未齐之故,致改会期,叠经催问,业于昨日开会,日内必有复函到会,由董事会诸君研究,再行奉达左右。鄙人假期已满,急须回京,不克久待,务希鉴谅。至尊函所称,敝会长具有解决此案全权,并称前此交涉,统由盛前会长主持,即其明证等情。查公司章程,董事为股东所共举,会长为董事所公推,并无全权之说。鄙人常驻北京,于董事会久不至过问,偶来沪上,更难专擅。合议制度,不得不尔。尊意过于推重,鄙人实不敢承,合并声明。专复。即请

台安

惟照不宣。

孙宝琦启

公司董事会致湖北代表函
民国六年十一月二十日(1917.11.20)

敬启者:

上次面谈后,以敝会董事为股东代表,实受股东联合会之监察,事关公司根本大计,应将历次面谈笔录,函请该会集众讨论。兹接股东联合会函

复:准来函并抄示与鄂代表会议问答记录,当经集议,佥以贵董事本为股东会选举,执行公司业务,原有议决各事之权,但事关兴革重要问题,自应询及股东,并应取决于股东会议。兹承明询,敝联合会敢以意见奉陈:查本公司由官督商办改为公司,不过内部组织性质虽有不同,其承受官厂官矿成案依然存在。汉厂出铁每吨纳捐归还官本款永远报效,改为公司后再三声明。今欲改填股票,更纳铁捐砂捐,是变更成案,增加公司担负,敝会同人不敢赞成,无已仍须商之全体股东,或候股东大会取决。现在钢铁世界国家正宜格外奖励铁业,予以特别便利,宽其税捐。日本新颁奖励条例,公司有译出者,应抄请鄂代表阅看。我国铁业甫立基础,正宜官绅共加维持,俾使发展,若处处束缚限制,必将使公司破产而后已。两败均伤,殊属非议,鄂代表明达之士,当能鉴谅及此也各等语。

查该会所持理由极为正当,且为公司主体,所团结代表,董事会尤无敢异词。原函所云变更成案,尚须取决于股东大会,则时日过远。贵代表诸君莅沪两月,尚未美满解决,敝董事实深抱歉,是以叠次会议,凡有稍可通融者,必勉竭一二,以便诸君子回报省会有所依据。查历年来汉厂所缴铁捐,皆在兵工厂所用钢铁材料内划抵,现公司正呈请中央准将兵工厂料价接批付现。如料价有着,此项铁捐当然缴送湖北收纳计算,将来出铁日多,缴纳愈巨,于鄂省财政不无裨益。至于砂捐,倘日后另辟新矿,自应按照矿章办理。凡此二端,地方与公司握手提携,自有此当然之希冀。敝会权限所拘,力绵心薄,区区愚诚,业已殚竭,贵省会诸君俱系一时明达之选,必能谅其所不足,相与融洽而扶掖之,此则公司同人所日夕企望者也。肃此。

敬请

公绥

汉冶萍公司董事会谨启

湖北代表致公司董事会函

民国六年十二月六日(1917.12.6)

敬复者:

十一月二十日准贵董事会来函,领悉一切。兹就来函所复各节,逐一答辩如左,希即查照见复为荷。

一、来函所称:本公司由官督商办改为公司,不过内部组织性质虽有不同,其承受官厂官矿成案依然存在,汉厂出铁每吨纳捐归还官款,永远报效一节。查官督商办改为公司,性质不同,业经贵公司认定。惟性质不同之原因,实由于前后例案之各殊。奏案之精神在官督商办,公司章程之精神在纯粹商办。官督商办,监督之权在鄂省长官,故吨铁两银,抽还官本自有确实保障。有官督之确定,方有吨铁两银之附带。是吨铁两银缘官督而发生,恃官督而存在。官督既经取消,吨铁两银抽还官本之规定自连带而变更。且同一时际,后法成立,前法当然销减,既适用公司章程,即不得援引奏案;即援引奏案,亦应适用全部,断不能截取一部,以为避就之方,此一定不易之理也。

二、来函又称:今欲改填股票,更纳铁捐砂捐,是变更成案,增加公司担负一节。查成案双方所认定者,不外奏案。变更奏案即为变更成案,不知改官督商办为公司,成案即已变更。且一再售砂于外人,尤为破坏成案,贵公司当自责之不暇,敝省实不敢任咎。至增加担负一语,尤不足辩。盖所谓担负云者,绝对债务之谓也,倘有相当价值之债权存在,则不能谓之绝对债务。以鄂省官本改填股票,在公司对于鄂省,固属债务,而鄂省之官本所置之财产,即移交公司之炉座、机器、房屋、铁路、码头、轮驳、煤铁矿山等项,总计不下五六百余万两(均有帐据),则为鄂省固有之债权。今公司填给股票,正所以抵此债权之利,义务当剂于平,何得谓之增加担负?申言之,有官本而后取得股票,有地权而后征收铁捐,不炼铁而售砂,乃由铁捐争及砂捐。凡兹权利,悉孳生于义务,非无故之要求也。贵公司若靳股票,何不偿还官本?若惜砂捐,何不悉数炼铁?不此之图,而仅虑公司担负之增加,独不思敝省创办费之千万巨金确实担负,今历年所,本息毫无,贵公司又将何说之辞?

三、函内又称:至于砂捐,倘日后另辟新矿,自应按照矿章办理一节。查砂为铁之母,矿砂不售,自必化炼成铁;既按吨抽捐,则直接售出,不经厂炼之砂,理应按成抽捐。若铁捐而砂免,设将来不炼铁而尽售砂,则铁捐一项无形取消,是售砂抽捐毫无疑义。贵公司既承认照抽,何以预拟不可必得之新矿,而转靳于开采多年之旧矿?此亦敝代表等所百思不解者也。至函内所称:我国铁业甫立基础,正宜共加维持,俾资发展一节。夫提倡铁业,减轻税则,此中央政府之责,不能求之敝省。且敝省所争,为国有之官本、地权,乃贵公司所应偿还者,如以应偿还者,而欲人不索取,索取则谓之不维持,天下宁有是理耶?即就地方维持而论,辛亥汉阳之役,元年南京政府之事,敝省皆竭力保全,非维持之明证乎?总之,贵公司倘能开诚相与,迅予填股,此后关系切肤,自当共肩责任相与整理,或尚不至破产,来函两败均伤之说未免过虑。否则迁延时日,激成横决,则责成攸归,心所谓危,不敢不告。惟贵公司实图利之,尚希切实答复,勿再虚声周旋也,幸甚。

此颂

日祺

时象晋　李宗唐　张国恩　胡潜　李法　余德元谨启

公司董事会呈农商部文

民国六年十二月八日(1917.12.8)

呈为矿量不充,危及根本,请拨象鼻山官矿,并准采鄂城矿山,以济艰屯而保实业事。

窃查本公司采矿冶铁,体大事繁,回溯招商接办之初,原承官力不继之后,其时仅有汉厂两炉,冶矿一山,购煤炼铁,日出仅及百吨,因陋就简,振兴实难。旋即开辟萍乡煤窿,并在汉厂添建化铁两炉及改良炼钢机厂,同时并举,集股不足,贷及外债,虽因实创,历经艰辛,甫有转机。遽遭改革,因之受创最巨,负累愈深,稽枉迄今,幸免陨越。各铁路之需轨,兵工厂之制械,多半取给汉厂;且以余铁远销日东美西,尤为创举。即以汉冶萍三处恃佣工为生活者,亦不下数十万人,为国家养无数穷民,即为地方消无形隐患。稍具世界眼光者,莫不推为吾华唯一之实业,军国强富之所基,正宜维持而张大之者也。本公司因负债过重,出售过少,周转不灵,清偿难速。经股东大会议决,在大冶添建化铁大炉两座,预算炉成后连汉厂共有六炉,每岁可产铁五十万吨,以一半付日本之预定,一半应国内外之需求。际此欧战延长,铁价固属翔贵;而战事终了,十年以内,钢铁亦无骤贱之时。趁此时机,急起直追,负债虽多,但期照约履行,自无债权之干涉,而且渐还渐少,计年可清。则此后发展利源,增强国力,翘足可待。是富国裕商之计划,似无有逾于此者。

唯统计明后年大冶两炉告成,并汉厂岁需炼铁及交日矿石,非年采一百六十万吨,不足以资供应。冶矿原有各山采掘多年,矿量万难如额。本公司早经筹划,以大冶象鼻山官矿,前清张督咨案,本有准俟商厂需用照价拨归之文,届时照案请拨自可照准;并虑象鼻山一矿,不敷供给,因上海广仁善堂董事盛故绅宣怀早年置有鄂城县属铁矿数处,原留备汉冶萍租采,为义赈筹款之资,本公司与该堂早有成约,租山开采,以补冶矿之不足。讵料公司请拨象鼻山,湖北官矿公署以官办抵制商人;广仁堂请开采鄂城,又分别地权矿权,请照未准。在政府视铁矿重要,原具有权衡;但本公司虽属商业,实关国计,成败所系,利害昭然。当此矿量不充,待用期迫之时,即有矿可开,而设备经营已虞不及,设将来源断绝,转瞬冶矿完工,不惟无米作炊,抑且抵债无货,势必破产,无可讳言。在其他之股份有限公司,至破产后,即无责任;惟此汉冶萍有国外订购矿石生铁之年限,有国内供应船械路轨之关系,全国只此一厂,别处无可腾挪,此时矿山政府不许开采,地方团体又多方牵制,内外逼迫,直索公司于枯鱼之肆,万一就此颠覆,不仅地方岁失数百万缗之生计,于治安有碍;而外力侵入,执约索货,公司既无抵抗之力,届时始求政府实力维持,必谓公司陈请不豫。实则官矿拨归商用,定议在十余年以前,商矿租山开采购地,亦不在借债之后,本公司测量预算,确有把握,乃敢为利用外资兴发实业之计,绝非冒险贻累者比。

论者或以生铁矿砂大半售与日本,价值太廉,责公司以损失权利,似无可讳言;不知经营实业者,以多出货、广销路为要图,借用外债,专为扩充机厂,增多出货。合同原系订购生铁矿砂,债款实同预支货价。欧战以还,铁价陡涨,非所逆料,公司岂甘心受亏?总之,公司非借助外债,预筹销路,早已破产,安有今日?历年国内销铁,只有此数,有册可稽,政府既不能包销,又无禁止出口明文,贸易自由,安能以此为公司咎?近来叠派代表赴东,再四磋商,议定加价,稍得补救,满冀通力合作,继长增高,外债逐渐拨清,铁捐过于还本,为中华成一光华灿烂之实业,不图象鼻、鄂城两矿,一再阻遏,顿使二十年热血苦心,一旦淹然消灭。

瞻望前途,百忧丛集。惟有披沥直陈,仰恳大部俯念本公司关系重要,事机万紧,准照旧案,以象鼻山官矿拨归商用,并恳将广仁堂所置鄂城鸡子山等铁矿,准予领照开采,一面咨行湖北省长暨官矿公署查照施行,振此艰危,为商业延生机,即为国家保权利。急迫陈闻,悚惶待令。除备具请照图说另外呈请外,谨呈。

黄锡赓、季厚堃致盛恩颐函

民国六年十二月十一日(1917.12.11)

泽丞经理钧鉴:

昨奉夏经理由京来函云:朱范斋君到京交阅台函并矿图十四张、说明书四份,均已收悉。查象鼻山与尖山分为两图,便是请领矿区两处,故不适用,应将两山并作一图,方为合式。兹拟将象鼻山等四处绘在图之左边,而将图内链钯地、龟背山、老鼠尾等三处小地名字样一概删去,并将"象鼻山"三字放大写在中间,是不书明链钯地等三处字样,而此三处已在其中矣。其尖山一区,即接连绘在图之右边,务将"尖山"两字注明,图内并可将狮子山绘入中间,另加一标识注明:"此系商厂已开矿山"字样,以醒眉目。至篇幅不妨稍稍放大,图首标题仍只写"象鼻山"字样,惟尖山官地亩数须一并算入,毋庸再将"尖山"字样写明。除已请会长先以一等电达,以期妥速外,特再详细函知,务请转嘱王观英君速将两图并为一张,另绘七张,限三日绘就,专人送至上海总公司事务所,请由副经理加盖公司印章后,即由原人飞速赍送来京,幸勿迟误,是为切要等因。兹已遵照办理,并派测量队侯德均暨朱君赍送到沪,乞钧处酌派何人送京。再朱、侯两君赴沪川资已由矿给付,如派原人北上,应给川费,即请钧处酌付是幸。专肃。恭叩

钧安

季厚堃　黄锡赓谨启

夏偕复致李经方、盛恩颐函

民国六年十二月十三日(1917.12.13)

伯行、泽承先生阁下：

前奉之函，谅蒙察及。请愿呈文及鄂城矿区呈文，均于上星期六，即十二月八日投递。本星期一、即十二月十日，同慕老与田新农商总长开始谈论。慕老言：湖北一方面交涉，极愿和平解决，惟填股票一层，今昔情形不同，恐难办到。田总长答称：总须双方让步，方能有济，拟指定一二员，一面与公司接洽，一面与湖北接洽，俟两方面议有头绪后，再由部会合两方面定一办法云云。是日午后，弟往农商部晤矿政司长，告以公司必须添开新矿之情形，并询问新立鄂城官商合办铁矿公司之情形，请其帮助一切。据答：本部既系股东，又为主管衙门，自无不帮忙之理，惟公司对于本部向不以股东、主管衙门待遇，即如日本借款、安川合同，必待本部诘问，方始报告，而此次与安川订立正约，又未先事与闻。言下对于公司甚不满意。弟当以日本借款早经呈报有案，此次与安川订立正约，系查上年股东大会议决，应由董事会查酌情形，如有余铁供给即可照行之议案办理答之。并询其究竟官商合办之鄂城铁矿区，与敝公司所请矿区是一是二，闻新公司合办矿区系在西山、雷山，敝公司所请系在灵乡，果尔则相距尚远，非特两不相妨，且可互通有无，彼此两益。若系一区，则恐将来必有冲突，似于矿章亦有不合。渠云：铁矿本当国有，此次系特许之权，从前矿章之优先权已不适于用。至于新公司与汉冶萍所请是否系两矿区，尚须调查。弟又以请领矿区必有图说，请将新公司所呈矿图检交一阅，与敝公司所呈矿图两相较对，便知是否系属两区。据答：此图尚系从前部中所测绘，故现须调查明确各等语。于是辞别，往晤农商次长，先请其格外维持，复请其将新公司矿区图说检交阅看。据云：此图尚未见过，容询矿司，一二日后再行交阅云云。

弟在见过次长后，复又面询王槐青君，部中究系如何成见。据云：部中拟先设一汉冶萍研究会，委任秘书长孙杰人(名世伟)为主任，以下则系邢端、王槐青诸人，拟先将公司一切事宜调查研究后，再行提出国务会议解决。弟又以研究之时，是否须征取公司意见，抑系只凭部中意见为定，如此办法，恐非数月不能定局。询据王君答云：大约湖北一方面之事，必先询问公司意见何如，此事调查研究，至快亦须一月后方有办法各等语。此近日办理之情形也。

再，闻部中已派技正张景光于昨日前赴鄂城开办一切，并以奉闻。余容再布。敬颂

公绥

夏偕复

与湖北代表第二次会谈记略
民国六年十二月十五日（1917.12.15）

下午三点钟。

列席者：农商部委员王槐青、丁在君

湖北代表：时樾皆、马海饶、屈春波、阮次扶

汉冶萍公司总经理夏地山

夏总经理云：今日与诸君会议，开宗明义第一章，须先将公司根本计划报告诸君。所谓根本计划者，即铁矿问题。现在公司已呈部请愿开采象鼻山、鄂城两处铁矿，如能得请，则今日所议自然有效，否则即使议定无论如何条件，亦无用处。盖公司如无铁矿，不但大冶新厂无砂炼铁，即日本合同亦不能履行，届时必致破产。公司既已破产，则所议条件自无从生效力矣。

鄂代表诸君云：在公司固以矿山为根本计划，然民国二年与日本订立合同时必预算大冶矿砂能可供给，方与订约，何以直至今日始知矿砂不敷？按夏君如此说法，便系矿山与填股成一交换条件，此时断不应提议及此。

夏总经理云：此说不过先行声明而已。

鄂代表诸君云：一声明即成交换条件，况矿山系地方主权，即使农商部批准，地方人亦可反对。且闻此两矿，已有人承办，断非代表所能议定。

夏总经理云：果如所言，则汉冶萍必致破产，一经破产，则无论何事均可不必提议矣。

部员云:夏地翁所说不过声明而已。

鄂代表云:此事应分两节讨论,今日只议填股之事,先将悬案解决,湖北人取得股权,再议其他。若先说矿山,非代表所敢允许。

夏总经理云:鄙人先说两矿山之意,原为议定官款之事,假使官款之事议决,或须订一条件之类,则拟于条件后加注一条声明,两山如能取得便有效,否则条件无效。

鄂代表云:现在公司所采大冶矿山只及地平,未及地腹,不能就说无砂,将矿废弃。

夏总经理云:公司原有大冶矿山,无论地腹产铁尚有多少,因限于地势,机力只能年采七八十万吨,故不能不另筹开采,以便履行日本合同。

鄂代表云:公司若至因无矿砂破产之时,日人要求他矿抵补,政府虽不能不允,鄂人可不承认。若公司填给股票,鄂人成为股东,便与地翁眼光一样。故今日仍只可先议填股之事,非使鄂人与公司有关系不可。

部员云:此乃事实问题,将来如无砂,则公司不能存在,如不存在,则一切合同均不能履行,不止鄂股一事为然,可请先将填股之事讨论。

夏总经理云:此次在沪各代表致函公司要求者,不过两节,一为股权,一为地权。查汉厂改归商办奏案,官款五百余万,以一两铁捐归还,并声明一切在内,并无另外捐款,是照案本无讨论之价值。今因鄂省一再要索,而厂矿地点在鄂,慕老以感情为重,议有解决之方,然亦只能就奏案想法,拟将官款五百六十余万除历年已缴铁捐归还一百数十万两外,其余分作十年摊还,惟摊还十年期内,应请停缴铁捐十年,以后仍照每出生铁一吨缴银一两,一切捐税在内,不纳别项捐款。

鄂代表云:已卖之砂捐如何?

夏总经理云:从前奏案只有一两铁捐,若收砂捐,则系推翻奏案,便无公司,亦即无捐可言,故砂捐碍难承认。

鄂代表云:奏案自改为商办,公司一切不报鄂省,即已变更,则官款当然填股。公司如不愿填股,即应一总还现,不能分作十年。照慕老所议,分十年归还,每年不过还现三十余万,以明年出铁十五万吨,卖砂三十万吨计算,铁、砂两捐可收二三十万,还现又有几何?况湖北人从前原议以股为本,以捐为利,现在所争者,只系公司每年售砂若干吨,合铁若干成,照铁成分应缴砂捐若干两,如照十年还现,停缴铁捐,鄂省不但已失从前二十年之利益,尚须失去股东权利及以后十年铁捐之利益,恐难办到。

部员云:慕老之意,官款五百余万,除扣已缴铁捐一百数十万外,其余四百余万分十年摊还,每年可还四十余万,铁捐年只十四五万,是鄂省每年尚可收现二十余万。诸代表如承认分作十年还本,则砂捐可不忙提议。且矿砂每吨售价只日金三元,合银不足二两,照两吨砂炼一吨铁,再按每吨铁一两捐核算,是每砂一吨须抽捐银五钱,恐公司售砂尚无如此优利,故不能照此算法。

夏总经理云:分十年还现,不过是慕老拟议,如此决不勉强鄂省必然照办。惟其中尚有一层,不能不先说明。铁捐究竟应归鄂省,抑应归中央?现在性质尚未分清,不能即为订实。即使今日可以定议,此亦仍须得有中央允准,方能实行。至于砂捐一层,公司不能承认。一则缴纳砂捐系国家法律之问题,二则诸君砂捐之说系根据地权而来,而诸君所谓地权系将公法私法揉成一片。按照矿业条例使用土地权讲解,诸君之说不能成立。此事还须请诸君再加研究,或俟下次讨论。总之,公司并非因避缴铁捐,愿意卖砂,实因卖铁即不能不连带卖砂,以后,公司尚希望大冶年出生铁五十万或至一百万吨,总期熟货出口日多,为中国收回利益。

鄂代表云:下次讨论则可。然公司不能不认砂捐。盖鄂省之意,因有官本而后取得股票,有地权而后征收铁捐。公司不炼铁而售砂,乃由铁捐争及砂捐,况大冶矿山均系湖北之钱所买,照矿章使用他人土地之条,尤不能不纳捐。

夏总经理云:地权之说前已声明。即以事实论,官厂移交之铁山等处所产矿砂,向来均归汉厂自用,其售与日本矿砂向系在商厂自购之得道湾矿山采取。日本合同曾经订明,有可查考,决非使用他人之土地可比。

鄂代表云:得道湾矿山,公司系何时购买?如果实不在官山之内,则此项铁砂当然不再抽捐。

　　夏总经理云：得道湾矿山系光绪二十二年商办后所购买，此事并非空言，可请调查。

　　鄂代表云：此事如果确实，甚有讨论价值。惟官本一层，湖北人从前只说到填股，并未议到还现，故敝代表今日亦只能讨论从前填股之言，不能擅议以后之事。好在敝同乡因今日在此会议，本订于明日开同乡大会，当将今日所议情形报告大家讨论后，另再订期会议。

　　遂公同商定下星期三，即十二月十九日下午四钟仍在公司事务所再行会议。

夏偕复致李经方、盛恩颐函

民国六年十二月十九日(1917.12.19)

伯行、泽承先生阁下：

　　本月十三日奉上一函，报告厂矿之事与部中谈论情形，谅蒙察及。兹将近日所议各节，分条详细陈之。

　　一、请领铁山矿区事。本月十三日，复往农商部面见次长，索阅官商合办之鄂城矿区图。据云此图已由技正张景光带鄂。当又询以公司所领矿区如何？渠答云：现正商酌解决之法。于是弟与王槐青君一同往见矿政司长，当将本公司不能不另辟新矿，以免发生交涉各情形，切实面陈，并询以部中所商解决之方，究系如何办法？据邢司长答称：鄂城矿从前已经驳过，此次碍难照准。既商转圜之法，惟有另行组一公司呈请开采，由部批准照办。表面虽系第三者请领，实则仍系供给汉冶萍公司应用，如此核与成案、事实均不相背，亦可不作抵押矣。弟当以从前由广仁堂呈请开采，原系此意，若再另行组织公司，而开采一切经费，仍须汉冶萍公司筹付，实有困难之处。如必不能直接给汉冶萍，似不如仍由广仁堂呈领开采之为得计，请其再加斟酌。渠云：广仁堂从前呈请系国务会议议驳，此时部中何能遽予批准，似不如另组公司之为愈也云云。弟于辞出后，一面陈明会长，一面告知笠原。当时笠原即不赞成，日昨笠原又以因何不能批归汉冶萍公司，而必批给第三者开采，前来询问。弟当以此中底细不妨直言以告，部中因批归汉冶萍,照约须作抵押,地方必多反对,且与从前议驳之案抵触,故不如另立公司,实则仍系供给汉冶萍应用。在我辈公司中人看来,如能履行合同,无论抵押与否,其实一样;而部中与地方人民,总觉"抵押"两字不妥等语,答复笠原,并嘱其再与正金切实面商矣。此鄂城矿事近日商办之情形也。

至象鼻山铁矿,据矿政司长云:已准湖北官矿局开采,而鄂绅黎大钧等,尚不以高松如为然,呈请添派鄂人会办,部中现暂搁起,未予解决,此时本部断不能以该山开采之权改给公司。为公司计,惟有速将湖北交涉解决,藉联鄂人感情,然后藉鄂人以排高,余相事机,再行收回等语。此象鼻山矿事近日之情形也。

此外,又据农商部司长面称:部中从前对于公司一切放任,致多隔阂,此后拟由部中派一官董事常川驻沪,以便遇事接洽。弟当答以大部既系股东,本有选举董事之权。惟董事若由部派,似与商办公司章程不甚相符,不如俟股东大会选举时,由部中预定一人,先与公司接洽,届时由股东照举,庶于部意商情两面兼顾,容即照此与公司商酌,谅亦无不赞成各等语。特并奉闻。

一、鄂人要索股权事。前于十二月十日与田总长谈论,后于十二日,约同在京湖北代表时樾皆、马海饶、屈青波、阮次扶四君,会议一次(此为第一次,未录问答)。当由会长将官款不能改填股票情形详细告知,一则因民国二年,正值公司困难已极,呈请收归国有之时,所以有官款填股之议,现在煤铁市价日涨,公司略有转机,以人情论,在股东一方面,莫不有公司将来可以发达之希望,若骤添如此巨股,老股东必以分利者太多,群起反对,此一难也;二则湖北以债权取得股票,现在日人债权重于湖北,若日人亦援例要求改填股票,岂不因此发生交涉?不仅于公司不利,即于鄂省亦未必有益,此二难也。有此二难,所以填股之事,今昔情形不同,实属不敢擅允各等语,与之反复辩论。该代表等,则以不能填股即还现款为要求,因与之改订于十五日再行续议。是日并请由农部派委部员王槐青、丁在君两君到场与议。所有十二月十五日第二次会议情形详载于问答记录之中,特抄奉察览。

一、六河沟焦炭事。（下略）

前次嘱萍乡派人调查吉安矿事，有无报告？矿产如何？便祈示知。再，铁捐及倒渣事，昨晤陆军次长，询以部意究如何办法？据答容即饬司赶办等语。并以附及。此颂

公绥

夏偕复

与湖北代表第三次会议记录

民国六年十二月十九日(1917.12.19)

民国六年十二月十九日下午四钟，第三次与湖北代表会议。到席者：农商部委员王槐翁、丁在翁，湖北代表时樾翁、马海翁、屈春翁、阮次翁，汉冶萍公司总经理夏地翁。

鄂代表云：前日敝同乡开会，当将前次所议官款分十年还现、停缴铁捐办法报告大众，经大众讨论，以为今年填股，明年即可付息，若分作十年，尚须停缴铁捐，是公司只以二百余万即可将湖北人置之局外，与填股原议不合，大众绝端不能承认。

夏总经理云：如能填股，早在上海解决，何用到京再议。今因田总长嘱令双方让步，第一次会议时，时先生云，不能填股即还现款，并且重言以声明之，所以慕老依此想出就铁捐还现之法。若屡议屡翻，恐终难得良好结果。

鄂代表时樾翁言：鄙人前诚说过不能填股即还现款。然还现者，重在现字，今改为分期，何谓之现？试问公司马上可还现款否？鄙人调查公司从前呈部文内，有三种办法：一是请收归国有；一为官商合办；一为仍归鄂办，其中并有官款分年摊还之说。前日会场，大众以为厂矿本系湖北交给公司承办，现在湖北情愿勉为其难，请照前案仍交还湖北自办，所有公司股款一千数百万亦即照公司所拟之法，由湖北承认分年摊还。

夏总经理云：此系新议，只好报告敝会长及上海公司，看其如何说法。

但以个人意见,看来此说离题万里,愈说愈远,恐难成功。

鄂代表云:大会人众言庞,甚属激昂,此说在代表等不能不报告。按前日会场尚有人说,如分十年照还一千七百万股本,公司不愿即还三千万亦可。代表等当时就说,吾们总得有个正当办法,方好解决。所以,大众又说到官款应分两时期,官督商办时当然照奏案,以一两铁捐归还,二十七年改为商办公司后,应填股计息,照八厘息,应六百四十万,共合一千一百余万。退一步说,亦须先交一千万。

夏总经理云:改为商办系在光绪三十四年,并非二十七年。诸君今日来意,是议填股,抑议还现,如绝对必要填股,便无可再议。如对于慕老所说分年还现之法尚可磋商,则今日尚有可议之点。然今日所议若明日再翻,则永无成日矣。

部员云:今日应分两层议论。慕老原系就时先生所说不填股即还现,想出分十年摊还、停捐之法,如诸代表对于还现不承认,则不必说矣。如承认还现而不承认分年,或承认分年而不承认停捐,或分年、停捐均不承认,可请声明要点,即就此点磋议;如全不承认,非填股不可,则今日之议亦即止于此矣。

鄂代表云:时先生前次承认还款之说并未取消,还现亦未尝不可。不过慕老分年之意,他们大众不认。金以为必须一总归还现款,不能再分年限,尚要八厘利息六百余万。依代表等细算起来,子大于母,公司殊不合算,似不如改填股票。如能填股,则将来公司扩充时,一切均可得湖北人之协力维持,其益多矣。

部员云:上次会议情形,弟等回部后曾报告总长。田总长云:湖北每年有此四十万,可做公益之事,亦未尝不好,但恐他们意见或有参差,今日会议时,应嘱令双方让步,或缩短年限,或不停捐,或少停几年,总须趁此议定,结束悬案云云。田总长既有此昐示,特报告诸君参酌。

夏总经理云:此事已做到如此地步,今日还是就还现讨论欤?抑必要讨论填股耶?

鄂代表云:请问公司愿就那一方面讨论?如就还现讨论,总要附带息款条件。盖因官督商办时性质为公,应照奏案不计利息,以铁捐归还;改为商办公司以后,性质为私,自应起息,且须本息一并清偿现款。

夏总经理云:若说奏案,查官厂用款只五百数十万,奏定无息,以一两铁捐归还。奏拨官款之中,并且尚有部款,鄙人实不愿多所议论。况奏案前后业已辩论不止一次,即改为商办公司亦未尝不是奏案,何得谓之为私?总之,现既就还现讨论,若再额外提出利息,不但离奏案太远,更与田总长暨慕老解决悬案之意相去悬殊,恐难成立。

鄂代表云:部款尽可议论,奏案中实有部款在内,然此款应由部中自与鄂省交涉,与公司无干。况中央欠鄂之款尚多,将来尽可划抵。今与地翁据实言之,前日大众所议根本之法,实为改填股票,即要息之意亦仍系希望填股之意。

部员云:今日所论,与前日所议,及田总长所说之办法相距太远。公司能否填股,能否照代表诸君所提之法还现,请地翁再与慕老详加讨论,不妨延迟几天,总要设法解决。

鄂代表云:如能填股,鄂省尚可让步,则将来一切帮忙总与公司有益,务请与慕老再行提明。

以下尚有议论,双方声明不列记录。遂公同商定于星期一(即十二月二十四日)准下午四钟,仍在事务所会议。

与湖北代表第四次会议记录

民国六年十二月二十四日(1917.12.24)

民国六年十二月二十四日下午四钟,第四次与湖北代表会议。列席者:农商部委员王槐青、丁在君,湖北代表时樾皆、马海饶、屈春波、阮次扶,汉冶萍公司总经理夏地山。

夏总经理云:上次所议情形,前已报告慕老。慕老谓:自商办日起,官款起息一层不能承认,惟可就原拟分期归还办法再行让步。日前仆将此意面告马君海饶,请其转达。马君想已报告于贵同乡,未知大家以为何如。

(附记):前日夏君告马君云:慕老谓自商办日起,官款起息一层,以原理论,公司万难承认。如鄂省愿诚意解决此事,公司愿再就原拟分期归还办法再行让步,以表诚意。譬如期限一层,田总长谓可稍缩短,公司极愿遵照,缩为九年,于第一期还款之时预付两期之款。又如鄂代表提起利息一层,虽无自商办日起认息之理,然为勉副鄂省之意,以期早日解决起见,将来议定分年还款之法后,于未还之款可勉认年息四厘。但有一事须行声明,铁捐总须暂停。

鄂代表云:昨晚已报告敝同乡,大家商酌,以为既承慕老诚意,填股如实为难,可就还现商量。但湖北人如弃股权,自应有相当之代价,自商办日起,官款起息即其代价也。必须将此层定妥,方能再议其他条件。公司已出之铁捐,湖北省自应承认。现拟将此款作为商办后官款利息之一部分,以示让步。查奏案官本五百六十万,除商办前预缴铁捐一百零几万作为还本外,自光绪二十七年改为商办后,照年息八厘计算,再除商办后已缴铁捐数十万作一部分息款外,其余共计若干,即由公司一总归还。至对于慕老所说分期、认息、停捐三层,此刻尚说不到。

部员云:如此算法,官本姑作四百六十万两,如每年八厘息,便应三十七万两。自光绪三十四年奏改商办起,十年息银约合五百万元,本息合计一千一百余万元。

鄂代表云:官本应否作四百六十万,改为商办起是否从三十四年起,均待调查。

夏总经理云:承诸君以诚意见商,极感。但今日诸君所说意思,只可报告慕老。惟就个人看来,自商办起付息,公司断不承认。慕老所说认四厘息,系指此次商定分期还本后,照寻常欠款办法认息。若自商办起即须付息,恐慕老亦难承认。

鄂代表云:敝同乡原以填股为本题,如公司以还现为难,即仍照填股原议磋商亦可。如就还现商办,敝同乡之意,不能分年,并希望公司万不可再附条件。此层请地翁与慕老说明,并请王、丁两先生与田总长说明,另再订期晤谈。

遂公同商定于星期四,即十二月二十七日下午四钟再议。

汉冶萍公司呈农商部文

民国六年十二月(1917.12)

具呈人:汉冶萍煤铁厂矿有限公司

为呈请开采铁矿事。

今公司在湖北省大冶县象鼻山地方,发现铁矿,愿在该地领矿区民地、官地,面积共四百七十五亩九分七厘二毫,从事开采,用特添具矿图及矿床说明书,呈请查核施行。谨呈

农商总长

    呈请人:汉冶萍煤铁厂矿有限公司(印)

        上海英租界四川路三十六号

    代表人:夏偕复(印)

        职业:汉冶萍公司总经理

        原籍:浙江杭县

        年龄:四十四岁

        住所:上海愚园路十号

    代书人:周苇(印)

        职业:汉冶萍公司秘书

        原籍:江苏吴县

        住址:上海四川路三十六号

    连署人:盛恩颐(印)

        职业:汉冶萍公司副经理

        原籍:江苏武进县

        住址:上海静安寺路一百十号

    计呈送矿区图五纸,矿床说明书二扣

中华民国六年十二月　日

[附件一]　象鼻山矿山说明书

象鼻山矿山,在湖北大冶县之西北,距县治约二十五里,矿苗为赭铁矿

Hametite,含铁约百分之六十,矿床属矿囊类 PocketsIronoredeporit,南为石灰岩 Limestone,北为火成岩之一种 Diorite,沿二岩接触线 ContactLine 附近一带,发现此种矿苗者不下数十处,象鼻山为此中之一。东西约二千二百六十尺,南北约三百四十二尺,惟向北倾斜约六十度至八十度,其下部当有一部分为非矿苗,且高低不一,其矿量之多寡,亦不可专以此数计算也。至尖山在象鼻山之东,东西约三百尺,南北约七百九十尺,面积虽不甚广,然与象鼻山同一矿床,自可并区开采。

［附件二］ 尖山矿山说明书

尖山,在湖北大冶县之西北,距县治约二十余里,其矿苗矿床及四周岩石,皆类于象鼻山,已于象鼻山说明书详及一切,两山本同一矿床。惟尖山在东,象鼻山在西耳。中间所隔狮子山及鸡坪山等处,今已开采多年,尖山一部分之矿苗,除已经开采不计外,所余者,东西长约三百尺,南北长约七百九十尺,面积虽不甚广,然此山颇高,矿量亦未可藐视也。

广仁善堂致国务院、内务部、农商部函

民国七年一月七日(1918.1.7)

敬启者:

窃查上海广仁善堂系盛故绅宣怀所创立,前因筹备义振用款,曾出资购置湖北之鄂城县等矿产三处,预备租采,以其赢利为推广善举之需。当于民国四年,呈请农商部暨内务部核准立案。嗣奉民国五年三月三日内务部、农商部函复内开:该堂既属慈善性质,所拟办法尚无不合,自应准予先行立案。惟事关矿业,仍应由该堂将矿区界线划清,绘具图说,禀明两部,免滋纠葛,相应函复贵会转知遵照可也等因。奉此,查本善堂于呈请立案时,曾声明为本善堂义振筹款,并为汉冶萍留作后盾,故与汉冶萍公司早有成约,无论本善堂或汉冶萍领得矿区,均归汉冶萍公司承租开采,计吨纳租,以充善举。是以于奉到内务部、农商部大部核准函复后,即一面转知汉冶萍公司遵照测绘图说,一面由本善堂呈请,先将鄂城铁矿给照开采,只以

地权矿权解释未确,至今尚未动工。适遭京津水灾,被淹至数十州县,受害之巨,为数十年所未有,虽由盛故绅之子同颐等仰承先志,秉承母命,捐垫洋十万元,推举义绅分投散放,总嫌杯水车薪,于事鲜济。如果鄂矿早邀准办,即可向汉冶萍预借租费,计数必巨,救活必多,较诸零星劝募,事半功倍。盖本善堂只有此矿地数区为永有之产业,自采既限于力,只有租给汉冶萍开采,为仁民利物之用,论者每谓该公司有日债关系,多开矿区深虑利权外溢,不知汉冶萍与日本所订契约,概系预支货价,货不衍期,外力自无由侵入。鄂城等矿购地契据,完全为善堂收执,尤无牵入抵押范围之理。

现在汉冶萍公司已将鄂城矿区测绘图说呈请开采,务请钧院、大部俯念善堂产微力薄,近畿地广灾深,速赐提出国务会议,准予转咨农商部,早日将鄂城铁矿准批归汉冶萍公司开采。在公司既可增多出货,供应外销;在善堂亦可增进租费,推广善举。此惟一实业之公司,与数十万之灾民生命呼吸相交联属,不能不呼吁于钧院、大部之前,冀嘘枯而重生之也。为此沥情,陈请钧院、大部俯赐核准施行,无任迫切哀恳之至。谨致

国务院、内务部、农商部

上海广仁善堂董事会会长　孙宝琦等谨启

夏偕复致公司董事会报告书

民国七年一月二十五日(1918.1.25)

鄙人承贵会之嘱托,代表公司,赴京递呈,请领鄂城、象鼻山两处矿区。到京之始,即闻有新立官商合办鄂城铁矿之事,此公司拟开鄂城之矿,为西山、雷山。本公司所请开之矿为灵乡,地点相距五六十里,原系两处。然闻农商部呈大总统准由官商公司开采文内,有该矿曾经上海广仁善堂请开之语,则两矿是否混合为一,殊属疑问。迭经探询部中,答词初不明了,后乃认为两处。于是官商合办公司之事,与本公司无涉矣。

于时田公文烈新就农商总长之职,当将公司呈文投递,并随同孙会长会晤田总长,并与矿政司长数回谈论。田总长之意,鄂人现亦来部申诉与汉冶萍公司交涉之事,总须先将此事双方让步,和平解决,然后再议矿区之

事,俾免鄂人反对。孙会长之意,鄂人要求将官厂移交商办时,用过官款五百六十万两,改填股票之说,以法律论,公司并无与鄂人商议之义务;缘此项官款之偿还方法,已由迭次奏案,明白订妥。惟厂矿在鄂地方,感情亦应联络,以利进行。既田总长以此为给予矿照之前提,极愿与鄂人推诚相商。当约鄂绅之有代表资格者至寓,告以添股一节,事有窒碍,另筹方法。鄂代表时君谓如不填股,可还现金。孙会长谓可从此意推求方法,订期再议。是为与鄂绅第一次之会议。

第二次系由鄙人与鄂代表会议。首先声明公司现须开采新矿,已向政府请愿,今后所议能否生有效力,须视政府之允给新矿与否为断。随将孙会长所拟官款五百六十万两,除已由铁捐缴还外,余款可以现金分十年摊还之法,告知鄂代表。鄂代表谓须开同乡会研究。

第三次仍由鄙人接议。鄂代表时君谓:开会研究后,众意仍须填股。当询以日前时君代表湖北,谓如不填股,可以还现之说,是否不生效力? 随由鄂代表马君、阮君解释,谓还现金之说,并非取消。如云还现,须自公司改为商办日起,计算利息,且须本息一次清缴。当告以公司改为商办奏案内亦声明旧案清还官款之法,何能自彼时起息;似此与田总长暨孙会长解决悬案之意相去太远,俟报告孙会长再议。

第四次会议之前二日,先告鄂绅马君,略谓孙会长之意,自商办之日起,官款起息一说,不能承认。惟愿照田总长之意,再行让步,缩短摊还期限为九年;并勉副鄂人之意,俟议定分年还款办法后,于未还之款,认付年息四厘。请其先与鄂省同乡商议,俾会议时,易于融洽。不料及期会议,鄂代表谓自商办日起官款起息一层,必须坐定,且须八厘计息。惟商办后所缴之铁捐数十万,可抵作一部分之利息云云。似此算法,自光绪三十四年奏改商办起,十年息银,约合五百万元,本息共计一千余万元,当告以断难承认,俟报告孙会长后再议。鄂代表谓如公司还现为难,即仍照填股原议,请并以此意告孙会长。

盖鄂绅悔其还现之言,故以起息难题,逼回填股旧说。会议至此,已难接续进行。嗣后,虽屡与鄂绅作不正式之讨论,而彼方持填股之说益坚,且时值阳历新年,遂暂中辍。

于时鄂绅汤君化龙联合四十余人,呈请农商部请领鄂城灵乡矿区,以抵制本公司之请领灵乡矿区。当经赴部询问,据矿政司长云,部中亦甚为难。现在只有两项办法,一为公司与鄂绅合办;一为由鄂绅开采,所出矿砂,归公司收买。当询以因何理由,可与鄂绅开采之权,而不能与汉冶萍公司?矿政司亦不能答。

会议数次,本公司一方面遵照田总长之意,迭次让步,而湖北一方非但不稍让步,且请愿灵乡矿区,为本公司生出障碍。孙会长为救济本公司根本危急计,于宴会之际,晤田总长谈论此事,愿再让步与鄂绅为最后之协议。于是拟具公司最后让步办法六条。大致为:官款除以铁捐缴还外,余分六年归还现款;此项分年未还之款,认付年息五厘;自本年起停缴铁捐六年;砂捐俟日后另辟新矿,再照矿章办理;所有鄂城、象鼻山两铁矿,均归公司开采。此项大纲六条,如双方同意,仍候中央政府核准,股东大会通过,方生效力各等语。在北京饭店邀请鄂代表面交公阅。鄂代表允与同乡再行商酌。讵料该代表送来答复条件,非但全不承认,仍请按照上年鄂代表在沪提出之条件办理外,且又添出两条:一自公司改为商办日起至填股日止,将官款照商股八厘计息,结还现金;一将汉厂地基,议给时价。至是鄂人要求声调愈高愈烈矣。嗣晤农商部矿政司长,渠有调停之议,以二事为前提:一汉冶萍一方面须允填股票二百万元,余填债票,照日债计息;二湖北一方面须允无论象鼻山或灵乡所出矿砂,均售与汉冶萍公司。当答以俟归沪报告公司公决。此到京后历次与农商部及鄂代表所议之大略情形也。除将条件另行抄呈外,谨此报闻,伏希公鉴。

吴健致夏偕复函

民国七年一月二十六日(1918.1.26)

经理钧鉴:

象鼻山铁矿熟商诸金君煦生,渠言目下度非金钱所克弄得到手,劝我稍待。官矿署对于此矿即须招股开办,闻健言开办不易,以该矿出路,一切均须仰我冶矿鼻息。渠代我极大快慰,即言待官矿署招股稍有应者,彼时贵公司由商人股合办,渐趋入售归贵公司开采,顺流而下,其势自易,是度亦不过此一年半载事也。因语以在我现有急不能待之苦,拟以此外有何疏通办法。金言:现鄂人士反对甚力,省长、官矿署均无能助理。纵段少苍巡按前经定案,此时恐亦不能作数。再询以有何急就办法,渠言必于汤君化龙、张君国淦、夏君寿康三人处安置妥贴,允不出为阻挠,然后省长对于鄂议会当易于对付云云。

湖北代表致公司股东会电

民国七年一月二十七日(1918.1.27)

商务总会转汉冶萍公司股东会诸君公鉴:并抄送时报、申报、时事报、新闻报、中华新报、神州日报钧鉴:汉冶萍厂矿自清光绪二十二年鄂督交盛氏承办以还,一切均依奏案办理,敝省迄无异议。不意盛氏自于三十四年改为公司,违背奏案,并不知照敝省,故前咨议局成立即提案交涉,迄于民国,叠举代表和平与商,毫无结果。去岁宗唐等向公司交涉,始而之沪,继而赴京,前后数月,终不推诚相与。书面往还,皆推大会解决,明知故意延宕,但为尊崇多数意思起见,不得不一再忍容。今值大会之期,请将宗唐等所提答复条件详细推究,当场解决,诚属两便。若弗平其不平于今日,则必变生非常于异时,理也,势也。且敝省此次之交涉非同昔比,全省公意,万难遏止,务希熟审利害,勿为少数把持,自贻伊戚,则幸甚。特此忠告,伫候复音。湖北省议会代表李宗唐、张国恩、胡潜、李法;鄂产清理处代表时象晋、余德元。宥。

张轶欧致农商部电

民国七年一月二十七日(1918.1.27)

北京。农商部钧鉴:本日公司股东大会,最注意于鄂城矿照。咸以为矿照之能否领到,实公司生死之关键,万一矿照不得,目前即难应付,前途变局更不堪设想。关系不独公司,务恳维持,早日颁给。除由股东会及上海商务总会另行电达外,谨为转达。轶欧。感。

上海总商会暨公司股东致农商部电

民国七年一月二十七日(1918.1.27)

北京。农商部钧鉴:本日汉冶萍到会股东九百八十一人,共十七万八千一百六十六权。公议:欧战延长,钢铁价贵,厂矿营业亟须积极进行。铸铁之事首重原料,仅大冶一处采矿不敷熔炼。公司前向广仁善堂租领鄂城矿区呈部请照,业已数次,至今未奉颁给,运矿轨道未能动工。转瞬新炉告成,欲炊无米,众情惶急,颠覆是虞。查湖北铁厂原案,前清鄂督张文襄原奏官局截至商局接办日止,所有用款共约银五百数十万两,内计部拨经费二百万两,鄂省盐课厘金二十万两,盐粮道库银四十万两,枪炮局常年经费借拨银一百数十万两,织布局凑拨银三十四万余两及江南筹防局借拨银五十万两,两淮盐票商捐拨银五十万两。以上各款非系部拨即属江南、两淮拨借,即鄂省盐厘及盐粮库之七十万两亦是内销部款,与鄂省地方收入款无涉。本日会议,公司请照与鄂省提议应分为两事,大部为商业最高官厅,且为汉冶萍最大股东,给发矿照系农商部之特权,关系至重,勿稍牵连,致涉交换。此风一开,将来他省效尤,成何国体?用特急电环叩,务祈准如经理等呈请,即日将矿照填给寄沪,并先赐确复,感盼无极。上海总商会会长暨汉冶萍股东会全体公叩。感。

公司董事会致孙宝琦电

民国七年一月二十八日(1918.1.28)

北京。孙会长钧鉴:有电敬悉。昨日股东大会已将农商部调停办法及鄂督军、鄂代表两电当场宣布。众股东力言,历届帐略旧厂官款只作银二百七十八万余两,历年抽还铁捐已一百余万两,是余欠只有百余万两。如鄂省必欲一次还清,应须算还公司利息。况且张文襄原奏案,其款非尽鄂有,鄂代表无理要求可置不理,董事会不应与彼接洽云云。嗣由股东傅筱庵、沈联芳、庄得之诸君均起言,公司与鄂省交涉须根据奏案等语,大众起立赞成。矿山请照已由上海总商会及众股东电部，敬以奉闻。董事会。俭。

夏偕复、盛恩颐致吴健函
民国七年二月一日（1918.2.1）

任之厂长鉴：

接十一号来函，承示与金煦生君谈话各节，备悉一是。金君对于公司素具热忱，所论铁矿问题主张疏通，固为釜底抽薪之计，然自鄂人要求改股之议发生，中央政见转以鄂事与矿事具有联带关系，必鄂事解决方能议及矿事。汤、夏固属鄂之中坚分子，能否代表全体，及鄂省长权力能否操纵省议会，尚属疑问。至论铁捐一层，则金君所处地位不同，故观念自异，然其关切之盛怀至为可感也。

陆军部咨王占元文
民国七年一月（1918.1）

陆军部为咨行事。

前据汉冶萍公司董事会孙宝琦等电称：顷奉湖北王督军阳电称，兵工厂取用钢铁自行缴价已经令行，所有汉阳铁捐前提五万两，速饬拨解等语，查本公司一两铁捐按吨缴纳，因兵工、钢药两厂取用钢铁向不给价，历在应纳铁捐项下划抵，前奉王省长令，饬将铁捐改缴鄂省。查兵工厂直隶大部，倘铁捐改拨鄂省，嗣钢药两厂取用料价应在何处支领，电请明示等因。

本部查铁厂欠缴官本，原议以铁捐划抵，除抵收外，尚欠兵工厂之款，自应以钢铁料价划抵原欠，若如来电所称取用钢铁自行缴价，不但欠厂之款无着，实于制造前途有碍，当即训令汉阳兵工厂详核去后，兹据呈称：查职厂先奉湖北督军省长公署训令，正拟录文呈报，适奉令饬前因。查铁厂欠缴官本，省署前已承认铁厂官本内欠有兵工厂借款，以取用料价抵还，乃阅时未久，现奉督军省长两署会令，前因所持理由，表面似亦充分，但按事实衡以历史，实有难以遵行之处，如以此项欠款不与两厂为转移，两项取用物料应付现价,不能再以旧欠为两厂经费之外抵补,则是抹煞成案。要之,吾国兵工厂因乏充足经费,故未能充分扩张,迄今仅就原拨经费维持现状,是以机力有限,出械无多。现值军务紧急,造不敷拨,未始不感觉困难,为慭后计,尚宜极力扩张,俾宏军储,况原有取料抵欠之款乌可抹煞,致阻进步。且考诸欧美各国通例,凡对外有战争之时,举凡内钢铁厂应受军部监管而指挥之,其因制造船械军火所需钢铁煤料概当特别减价,以利军用,现美国宣布,凡该国及他国因战事而购用该国钢铁煤料等减价三成至七成,可为证明。所有铁厂官本内原欠职厂借款应仍以取用料价抵收,决难自行缴价缘由,仰恳转咨俯察下情,力予维持,核销取料缴价之令,仍循原案,划抵欠款等情呈复到部。

查公款公用,固无畛域之分,但款支绌实赖取用铁厂钢铁为挹注,况欠款成案具在,若令汉阳两厂取料缴价,不但款无所出,且与成案不符。制造关军队命脉,惟有仍请顾念全局,免提此项铁捐,取消取料缴价前令,实纫维持。除分行外,相应抄录原呈,咨行贵督军查照,即希核准分行,并希见复,以凭转令备案可也。此咨。

湖北督军兼省长王

陆军总长　段芝贵

公司股东联合会致王占元电
民国七年二月五日(1918.2.5)

武昌。王督军钧鉴:上月二十七汉冶萍股东大会接奉有电,具仰关垂谆挚,调护周详,股商一体感戴。惟是鄂代表抹煞文襄奏案,非全数填股即加息还现,条件严酷,直欲使二十年艰危支柱之厂矿一旦澌灭净尽。世界尚有公理,同胞何忍出此?是日会众异常愤激,深责董事不应受此非理之要求。经主席婉劝后议决,鄂事悉照原案,逐年以铁捐抵还,还清官款后仍按吨抽提,永远报效。其他问题概不承认。远承廑注,谨电复闻。汉冶萍股东联合会全体公叩。微。

湖北省议会致大总统、农商部总长电

民国七年二月七日(1918.2.7)

北京。大总统、农商部总长钧鉴:近闻汉冶萍公司擅将鄂冶矿产指押外人,并闻函部备案请领执照,似此卖国行为实属不法已极,应请钧部座饬派专员严查究办,并竣拒给照,以儆盗卖而保利权,无任感祷。湖北省议会叩。阳。

夏偕复致盛恩颐函

民国七年二月二十一日(1918.2.21)

泽承副经理台鉴:

顷接绍三来函谓:得亲友信,有某国人运动某总长等,不使公司得有鄂城、象山等矿开采权利云云,请转达盛副经理,在京就近密访,如果有其事,应向政府申明,以期破彼阴谋,而维大局等语。查所称某国人必系指日本而言,想未必有此阴谋。惟绍三来信以为不谓无因,或另有别情。用将原信抄附台阅。此颂

台祉

总经理　夏

季厚堃致夏偕复、盛恩颐函

民国七年三月十二日(1918.3.12)

总、副经理钧鉴:

前日省议员胡海琴君来局,据云:官矿局开采象鼻山无力自炼,售砂外人,省议会反对颇多,金代督办亦不以前事为然。现议员中有人拟开采后售砂公司,胡君已经赴沪,拟以私人资格先向钧座接洽,再由会提议,嘱为介绍等语。胡君铁山巨姓,该族中与矿素来联络,感情甚好。胡君到沪,尚求钧处稍加优待是幸。专肃。恭叩

崇安

季厚堃谨启

农商部批

民国七年三月(1918.3)

原具呈人时象晋等呈三件。

汉冶萍公司所欠鄂省官本,迭请饬令填给股票,并认缴铁捐由。三次来呈均悉。并迭据湖北省议会电称,汉冶萍公司请求扩充鄂冶矿权,并闻该公司擅将鄂冶矿产指押外人,请查究拒绝,并将所请填股票、缴捐一案,迅予批示等情到部。查汉冶萍接办之初,承受官本既如此之巨,该公司自应负相当酬偿之义务,所请填股票一节,言之成理,于情事亦属允协,候转行该公司查照办理也。此批。

林权助①致农商部觉书

大正七年四月九日(1918.4.9)

本年二月九日帝国代理公使与农商总长会见之时,曾经声明,以汉冶萍公司首先提出湖北纪家洛和象鼻山采矿权之申请,虽以湖北人发出与之对抗之同样请愿,但以顾及汉冶萍之立场,对该公司应予以两矿山采矿权之许可。当时总长答称,此案中国政府尚在慎重查核中,对申请者任何一方,都还未许可,全然属于一未决问题,此则言犹在耳。然汉冶萍公司对我方负有三千万余元之债务,履行此项债务之一法,就是对日本制铁所陆续供给矿石。但至民国九年以后,以现有矿区供应预定矿石数,实不可能。且以该公司对纪家洛、象鼻山二山,过去历有关系。根据此点,帝国公使确信,中国政府不会忽视我方屡次声明,而将汉冶萍公司请求置诸不理,反而对他方予以该二山采矿权许可之事。

---

① 林权助(1860—1939):时任日本驻华公使。

吴健致夏偕复函

民国七年四月十日(1918.4.10)

经理钧鉴:

鄂人谋与湖北官钱局合办大冶象鼻山矿务,闻彼现急急于欲完注册请照手续,以便进行开采,不日当有人来鄂与官钱局商议接洽。日昨晤省长秘书长金君煦生,据云官钱局颇主延宕,不遽令成熟。金言为我公司谋,亦以延宕此事为得计。健因闻副经理将为矿事入都,用特肃此奉告,应否于都下谋所以延宕,勿遽令成熟之处,仍候尊裁。专肃。祗颂

公绥

厂长　吴健谨肃

汉冶萍公司致农商部函

民国七年四月(1918.4)①

敬启者:

前准贵部第五九号公函,以迭据鄂省时象晋等呈请饬令汉冶萍公司填给股票并认缴铁捐一节,言之成理,于事情亦属允协,除批示外,抄附原呈、部批嘱照办并复,以凭转知等因。当即照抄附件,函达上海公司董事会查照速复。去后,兹准复称:查湖北代表所请填股之理由,大致藉口于财权、地权,及厂矿改为商办公司之三端,不知此三端,在前清有奏案为凭,在民国亦有部函为证,档案俱在,岂容推翻。谨查案详细陈之。

查光绪二十二年湖北铁厂招商承办时,张文襄原奏内曾声明,从前用过官款五百数十万两概由商局承认,期限从宽,免权子母,按厂中每出生铁一吨抽银一两,以资归还,俟官款还清之后,每吨仍抽捐银一两,以伸报效,地税均税在内,并无另外捐款。又民国二年四月一日《工商部复国务院咨鄂转告孙上将函》内云,汉厂自前清光绪十七年创办至二十二年改归商办,

---

① 原件无时间,此系据内容判定,似在 4 月 13 日之前。

计费官款五百余万,并无减半折算之事,此五百余万之款大半由张之洞奏拨应解中央之款项,并非纯粹鄂款,可指为鄂款者仅盐库之六十余万。商办之始议定出铁一吨提银一两,陆续偿还,并无作股之说。汉厂至宣统三年已共缴银一百三十余万两,是鄂款久已加倍收回,无复财权之可言;即以地权论,汉冶萍关系鄂、湘、赣三省久已成为事实,不仅鄂有,故地权之说绝对不能成为理由各等语。引证详明,足为铁据。是公司对于官款早已负有相当酬偿之义务,而于地税亦已包括在一两铁捐之内,自无改填股票之理。此财权、地权之说,本公司照案不能承认变更,即大部亦早已认为毫无理由者也。

至改为商办公司之说,系指光绪三十四年注册而言。查张文襄光绪二十二年奏交盛前督办时,原奏即系招商承办,并非官督商办,只彼时农商并无专部,公司注册章程亦尚未颁行,所以迟至光绪三十四年始行奏请咨部,此不过将厂矿并为一公司,遵章注册而已;原奏内并曾声明与前后任张、赵两鄂督会商,非悉照张前督原奏,招商承办各章程钦遵商律合股公司各办法赴部注册,不足以坚通国之信,且复将每吨一两铁捐归还官款,并纳地税之案重言以声明,何得谓为变更成案,更何能以改归商办公司为藉口强分时期。

总之,农商部对于此次鄂呈谓为言之成理,本会则谓民国二年四月工商部复国务院函持理更为确实,幸蒙刊入政府公报,几于玉律金科,断不敢因前后抵触冒然承认,致大部益复为难。所有公司实难遵照情形,理合据实查案声复,尚祈俯赐据情复部,实为公便等语。相应据情函复,请烦查照转达为荷。专复。

农商部训令

民国七年四月十三日(1918.4.13)

令时象晋等。

前据该绅等迭次呈请饬令汉冶萍公司将鄂省官本填给股票,并认缴铁捐等情,当经批示,并转行该公司各在案。兹准该公司复称,公司对于官款早已负有相当酬偿之义务,而于地税亦已包括在一两铁捐之内,自无改填股票之理等语。合行抄发原函,仰即知照。此令。

王占元致汉冶萍公司函

民国七年四月十七日(1918.4.17)

上海汉冶萍公司鉴:

鄂省上年用兵,复经土匪扰乱,全省有三十州县急须抚恤,情形极惨。所有上年铁捐及连同本年预支,请速筹款十五万两,克日汇鄂。疮痍满目,待赈孔殷,此款已经指用,如稍迟缓,即拟派员守提。先此奉达,诸希鉴谅,并希赐复。

王占元

盛恩颐致李经方、夏偕复函

民国七年四月二十一日(1918.4.21)

于二十日早车平安抵京,笠原亦已到京见过。据云:二十二日"调人"与鄂代表会议。现在恩颐拟先不出面,且俟"调人"与鄂代表所议事理相近,再行与之会议。

王占元致公司董事会函

民国七年四月二十七日(1918.4.27)

敬启者:

日前本署电提铁捐一事,准台电由夏总理来鄂接洽,当已电复在案。兹准陆军部来电,以兵工厂取料一事,仍在铁捐划拨等因,复由本署酌勘办法电复,大致每年所缴铁捐分六成计算,以一成划兵工厂取用料价,以五成仍缴省署,盖按之铁厂所欠官本总数计算也。所有来往电稿,抄送查照,希将六年份应缴铁捐及兵工广划抵取料之数,迅开清单寄鄂。至本署所提十五万两,系为兵灾急需,即使铁厂此时应缴铁捐并无此数,亦应设法预缴,本署并可照认利息,俟划抵铁捐若干,即可减除预缴之数若干,此系特别通融办法,务希酌核见复。总之,救灾如救火,既有所求,万祈勿过延宕,不独

官厅感荷,即省绅亦同为感念也。此致
汉冶萍公司董事会

王占元

夏偕复致王占元函
民国七年五月十一日(1918.5.11)

督军麾下:

顷谒崇阶,畅承渠论,欣幸奚如。钧商款项十五万两一节,顷接敝公司董事会电,如数遵缴,拟备函奉复四月二十八日赐函声明办法,兹将复函略稿另录手折呈鉴,大致与适间面陈者相同。倘蒙钧允,祈赐复音,以便照办。不胜感幸。专肃。祗颂
勋绥

夏偕复谨启

[附件] 复函节略

查兵灾后亟须抚恤,承商款项十五万两,遵当如数垫奉。惟铁捐一节,现经麾下电商陆部,将来必能定办法。未经解决之前,敝公司所垫十五万两,拟请暂作为借款,大函可照认利息,拟请以长年六厘计息。此项借款,如照大函所订铁捐分成划拨办法,自可在应缴铁捐项下陆续扣抵本息。倘有变更,不能以铁捐扣抵之时,应另筹归还办理。官厂移交铁厂商办时作存官款五百六十万两,除历年由铁捐缴还,尚有余款,现方与鄂省代表商议提先归还之法。此项借款十五万两连息届时自应作为提先归还官款余款。以上所陈,业由敝公司夏总理面陈台座,仰蒙允行。兹特复函声明,乞准立案,并赐复音,不胜祷幸。

孙宝琦致公司董事会函
民国七年六月七日(1918.6.7)

董事会诸位先生钧鉴:

顷准陆军部函开:前准贵公司函开,奉武昌王兼省长电提铁捐,请主持

核定，从速解决等因。当经本部与王兼省长一再电商，兹已议定，自七年起将该项铁捐分为四成计算，以一成分还汉阳兵工厂旧欠抵取料价，以三成归省署核收。假如该年捐二十四万两，汉阳兵工厂应得一成，可收六万两。现在双方同意照此划分。除电复王兼省长请按照分知，并由部训令汉厂遵照外，用特函达查照，转知照缴为荷等因。查此项铁捐，今部、省既以双方议定照四成划分，公司自当按照规定办法分别照缴。相应函达，请烦查照办理并希就近转知总、副经理接洽为荷。专此。即颂

台安

王占元致公司董事会函

民国七年六月十一日（1918.6.11）

敬复者：

接准六月五日台函，藉悉一是。查铁捐分成划拨办法，现在陆军部已经解决，按照每年应缴铁捐，分四成计算，以三成解署，以一成划作兵工、钢药两厂取料抵价，业经本兼省长于六月三日函致汉阳铁厂暨兵工、钢药两厂照办。并以本年应缴铁捐若干预先约计，自本年一月起至五月底止，兵工、钢药两厂已经取料抵价若干，请由铁厂迅速一并查复各等因在案。现以本年铁捐约计，如果进行有法，每年能出铁二十万吨，则所有暂借十五万两，在本年份即可抵清，即或稍有不足，预计明年二三月间亦可抵完。兹按照来函陆续扣低本息办法，自应每月出铁若干，即扣低本息若干，其办法应由铁厂每至月底将出铁数目、兵厂取料数目并扣抵本息数目，开列清单函送本署查核，以凭结算。至夏经理前次面交节略，本已函复，候贵公司复函寄到，自当核明立案。但本署现既与陆军部明定办法，则前项垫借之款十五万两，自应照原议在应缴铁捐项下陆续扣抵本息也。相应函复立案，即希贵公司查照，并行知汉阳铁厂遵照是荷。此致

汉冶萍公司董事会

兼署湖北省长　王占元（印）

吴健致夏偕复函

民国七年六月二十七日(1918.6.27)

经理钧鉴:

潘毓翁回汉,承交到尊寄鄂省长与黎绅大钧往来函件印底,嘱阅完即便代探黎氏究竟是何意旨,拟趁此即另筹拨还官款办法。遵经往访金煦生君,据言黎氏大约以鉴于我公司股票向无价值,恐填股吃亏,故不赞成。此君已年老,似无实在能力足以控驭侪辈,告以即乘此机会与鄂官绅取销一切前议,不惮另起炉灶何如。金言:无论如何,象鼻山矿看来总难谋得到手。健言:若以健与君两人出为极力联络运动鄂绅中坚人物,不惜金钱,可能达到目的否? 金言:火候似尚未到,容再从缓代为仔细寻思,筹议良策。(下略)

湖北省议会呈农商部文

民国七年六月(1918.6)①

为呈复事。

象晋等于本年四月十三日接奉大部第一九四号令开:前据该绅等迭次呈请饬令汉冶萍公司将鄂省官本填给股票并认缴铁捐等情,当经批示,并转行该公司各在案,兹准该公司复称,公司对官款早已负有相当酬偿之义务,而于地税亦已包括在一两铁捐之内,自无改填股票之理等语,合行抄发原函,仰即知照等因。当即分别征求省议会及京鄂清理处多数意见,咸谓该公司复函毫无理由,本无答辩之价值,但既经部转,不得不就该函一一指驳,以明其奸佞。

查该公司函称不外两种根据,一则截引光绪二十二年张文襄招商承办奏案中之附带声明,一则藉口已失效力之民国二年四月《工商部复国务院咨转孙上将函》,此外敷陈不过引申其义。兹就斯二者历辟其非,其余不攻

---

① 原件无时间,此系据内容判定。

自破。查光绪二十二年招商承办原奏计办法十六条,别其性质不外事权、财权、地权三者,第一条即曰招集商股,官督商办,第十条及十一、十二、十三等条系规定官督商办之权责,所谓事权是也。该公司乃谓为招商承办而非官督商办。原奏俱在,岂容任意变更。第二条注明由官本所置产业数目,所谓地权、财权是也。第四、五二条乃还款方法,亦财权之一证。三权显然不可抹煞。该公司乃断章取义,截引财权之中附带之一段,而其他重要条件则从而弃之,且仅驳财权、地权而不及事权,尤显见词穷理屈,不知奏案及其联订章程为契约之一种,成立契约即承认全部,绝不容当时承认全部而事后截取其一部,权其利害以定从违。如曰光绪三十四年改为纯粹商办时曾有吨铁两银抽还官本之声明,殊不知改官督商办而为纯粹商办乃该公司一方私意,并未得鄂省之许可。自宣统元年鄂咨议局否认至今,犹为悬案,就令如该公司所云系遵章注册,非变更成案,何不于注册之时将原奏中主要事一一列入,以符成案,而仅于自改章程中提出吨铁两银抽还官本之一项,谓非自利而何? 总之,该公司若根据原奏,则奏中鄂省事权当然继续,若根据章程,则鄂省官款自不能仍以吨铁两银为词。盖吨铁两银缘官督而发生,恃官督而存在,官督既经取消,吨铁两银抽还官本之规定自连带而变更,何得既根据原奏又据章程,利己损人,巧于趋避? 至民国二年四月部函于同年八月已失其效力。查工商部八月复湖北民政长咨开:查汉冶萍厂矿于前清光绪二十二年由鄂督张之洞奏交盛宣怀招商承办,折价五百余万两作为官本,此项应缴之款或照数缴还或填给股票,已饬汉冶萍公司再与鄂代表妥议,呈部核办,至大咨所称矿税余利等项,除出井、年租两项亦已饬该公司照章缴呈湖北实业厅,以重国税各等因。是此咨行之日即四月部函消失效力之时。法律原则,后法律成立,前法律当然消灭,法律尚且如斯,而况前函后咨乎! 该公司抹煞后之部咨而恃已失效力之部函为金科玉律,自欺欺人,莫此为甚! 是官本非纯粹鄂款之说已不成为理由,且此款无论如何该公司终无过问之理,譬之甲营商业招乙承顶,将所有货物议值交乙,乙既承认,则此后只有照议还债之义务,不能于履行数年之后中途抵赖不肯偿还,反问甲当年本金实从何来。该公司对于鄂款事虽不同,理则如一。况当日招商承办之奏案其第一条有曰官局用款及各项欠款截至商局承办之日止,以前用款及各项欠款均归官局清理报销,是当时创办厂矿各款早经报销,该公司更无置议之余地。前奉大部批示谓:官本填股于法理事情均属允协,饬令该公司遵照办理,可谓洞澈本源,该公司无可逃避。

奉令前因,谨再据驳复,伏乞大部仍饬该公司遵照前批办理,并照缴砂铁各捐,以重地方公产,实为公便。谨呈。

孙宝琦致李经方函

民国七年七月十六日(1918.7.16)

大冶新炉,美政府允许出口,诚堪欣幸,惟矿山尚未解决,煤焦亦未确定,不无可虑。灵乡事,正金调停,进行甚慢,又以芳泽参事回国搁议。濒行时云:砂价事,当向政府切实疏通,而王督军又有取消填股之函,可见内容复杂,不可究诘。农商部诘问王督军,闻有复函认错,但谓填股必须慎重等语。是否果能打消,虽不能断,但鄂绅方面,似属气馁。倘芳泽回京后,再行提议,当易就范。在公司志在得砂,自不愿决裂,致伤感情,尊见当以为然。

孙宝琦致农商部函

民国七年(1918)①

敬启者:

顷接上海汉冶萍公司董事会函称:湖北代表要求将官办汉厂时用款填给股票一案,兹接湖北王兼省长来函,并抄送与武昌鄂产清理处黎绅大钧来往函稿四件,闻黎绅对于汉冶萍交涉非但无具呈之事,抑且毫未与闻,请将前呈商填股票之案撤销,王兼省长则以部批凭何游说而来,殊可疑虑,复令黎绅转告同人,仍本张文襄公原案办理,并以黎绅前呈既已取消,所有本署三月十二日公函自应一律作废各等因,函请查照前来。查此案前奉部

批,当经切实驳复,请仍遵照张文襄公奏案办理,兹王兼省长抄录黎绅来函,填股之事既已根本取消,自应仍照原案办理。兹将原函附件一并抄奉尊览,并祈转致农商部查照等语。

查鄂代表要求填给股票一案,黎绅既不承认,王兼省长复令黎绅转告同人取消,仍查张文襄公原案办理,根本解决,自应遵办。相应抄附往来稿四件录送贵部,请烦查照为荷。专此。专颂
勋安

孙宝琦

农商部致王占元函
民国七年(1918)①

径启者:

准汉冶萍公司董事会长孙宝琦函开(原文具见前函)等因到部。查鄂省代表请求汉冶萍公司填给股票一案,本出于地方公益之观念,前迭具呈,历陈理由到部,列名者计有六十八人之多,不止黎绅大钧一人。是原案中列名之人,既未必人人尽如黎绅之毫未与闻有断然者;且查原呈列名各绅或曾居显职,或卓著乡望,操行信用诚亦不在黎绅之下,其中有来部谒见者,亦以事关公益,代表群情。本部当以汉冶萍公司接办之初,既承受绝巨官本认为应负相当酬偿之义务,所请填给股票不过是为一种相当酬偿之方法,衡以情理,按之职权,均不容默视;并续据鄂省议会电请迅予批示,尤足证明鄂省绅民心理之所在。节经批示,并转行该公司查照,随准该公司转据董事会意见声复,又经令知该代表等知照各在案。

本部对于此案毫无成见,一则为全国实业命脉之所在,一则为阖省公共利益之所关,厂矿固应维持,与情亦难过拂。现既两方相持不下,正自乐有圆满解决之法。贵省长于六月九日致黎绅函指称,利弊所在,自当切实研究一节,本部甚表赞同;惟查内有部批凭何游说而来,殊可疑虑等语,深

① 此系据内容判定,似应在6月中旬之后。

滋诧异。查前此接见之人皆有姓名可指,绝无干以私意者,而选呈必须批示,亦属行政之惯例,本部酌中核拟,坦然大公,诚不自知有疑虑于其间。夫疆吏之于中央,要各有其权限,岂能以毫无影响之事,辄以疑似之谈陈诸简牍。况汉冶萍鄂产清理处之设立,既系诸绅呈明贵省长有案,黎绅亦自承列名其中,此项请求填给股票之交涉,亦经贵省长公函转行该公司有案,此次黎绅函称并无具呈之事,是为该绅对于一己并未具呈之声明,列名者尚有多人,能否因该绅声明一己之未与闻即将原呈中人名一律抹煞,并将原呈取消,诚属疑问。如果该绅能提出确未与闻之相当证据,则达部之原呈内自可准将该绅原名取消,惟贵省长前此将此项交涉转行该公司之际,必认此案为有当行之必要,必不因原呈有黎绅列名其中而始认为当行也。是原案应否取消另属一事,于黎绅一人是否与闻毫不相涉。如因该绅列名之有无视为全体舆情之向背,恐贻削趾适履之讥。

本部筹思再四,此案前经本部先后分别批示转知各在案,倘未经原具呈人全体正式具呈声请取消原案,则部案俱在,法律上仍应认为有效,似与贵省长办法不无两歧。又按照例定手续亦有碍难通融之处。兹准公司董事长函称前因,本部无凭核办,兹并将原案中列名各绅姓名另纸录送,相应函请查照见复,至纫公谊。此致
湖北督军兼省长

农商部

孙宝琦致公司董事会函

民国七年八月五日(1918.8.5)

董事会诸位先生钧鉴:

前接午字第二十六号来函,以铁捐划解办法,自民国七年起分为四成计算,以一成分抵兵工两厂取用料价,倘于一成外,仍须取料,应先电部请款,嘱转函陆军部核准立案,并令行兵工、钢药两厂遵办等因。经函致陆军部立案,并请转饬照办去后,兹准复函开:查此项铁捐办法既经规定,自应按照核算,该两厂取用料件倘于一成铁捐外取料,应需价款自应由厂照付,

归入料件项内开销,以昭划一。除训令外,相应函复,查照转知等因。

查此项铁捐办法,陆军部既承认该两厂取用料件于一成铁捐扣抵外,所需价款由厂照付,相应函请查照,转饬汉厂照办为荷。专复。即颂
台安

孙宝琦启

公司董事会致夏偕复、盛恩颐函
民国七年八月十四日(1918.8.14)

总、副经理均鉴:

案查铁捐分成划拨一案,前准来函,饬据汉厂预估七年份约可缴捐十二万五千两,并查明兵工厂取用料价,截至五月已几及银六万两,鄂省前借之十五万两扣抵本息,应请按年结算各等因。当经函致湖北王兼省长查照在案。兹准王省长函开:查本年铁捐何以较前去两年为少,自应请将按月报单送署复查,但姑以十二万两左右计之,兵工厂本年取用料价只能以三万两为限,今甫及五月,取料抵银已至六万两,自应由贵公司饬汉厂向该兵工厂索取现银,不能在应缴省署铁捐三成项下划抵,以符原案。至每月出铁若干吨,即抵收垫款若干两,此一定办法,仍希于按年汇结时照此计算,以昭平允,相应函致贵公司查照办理等因到会。除函复照办外,相应抄录复稿,函请查照转致汉阳铁厂遵照办理。顺颂
公绥

董事会启

公司董事会致王占元函
民国七年八月十四日(1918.8.14)

敬复者:

接奉八月八日公函,一是祇悉。查本年铁捐,较前去两年为少,系因汉厂停炉,出铁短少所致。溯自湘省开战以来,萍矿焦煤不能下运,燃料断缺,不得已以重价购用开滦焦炭,而道远运艰,仍难济急,于是将四号化铁

大炉压火停炼,计自三月七日起至四月十五日止,停炉至四旬之久,以致生铁出数所少实多。现在截至七月底止,本年只共出铁七万七千余吨。若从此军事不再发生,煤焦能可源源运济,或可达到预估本年出铁十二万五千吨之数;否则,能否如估出足,殊无把握。前已饬令汉厂按月开单呈报贵署,容再转饬遵照报查。至垫款扣抵本息一节,既承贵省长一再谆嘱,遵当饬厂俟年终汇结时,按照每月出铁若干吨,即抵收本息若干两,以副雅意。惟兵工厂本年于一成铁捐外已经取用料价,虽经饬厂向索现款,仍应恳请贵省长转饬兵工、钢药两厂遵照办理,以资接洽。除函致敝公司总、副经理转饬汉阳铁厂遵照办理外,相应备函奉复。即祈贵省长查照施行。谨致
湖北督军兼省长王

汉冶萍公司董事会孙等谨启

王占元致公司董事会函
民国七年八月二十四日(1918.8.24)

径复者:

　　准八月十四日公函,以兵工厂本年于一成铁捐外已经取用料价,虽经饬厂向索现款,仍应恳请转饬兵、钢两厂,遵照办理等因。准此,查本年铁捐数目既准预估只有十二万五千两之数,则兵、钢两厂取用料价以一成计之,万不能溢出三万二千两之数,今截至五月底止已及六万两,计算截至八月底止,当又有加无已。似此情形,前与陆军部所商分成办法,岂不全成泡影?本督军兼省长万难允行。现应一面请由贵公司饬汉厂,以后兵、钢两厂取料,悉凭现款办理,无款即不付料;一面并由贵公司饬汉厂,径向兵、钢两厂核算,除三万二千两外,其余应速拨还现银,以符原议。总之,此案本署前与陆军部电商,积牍盈尺,若贵公司与兵、钢两厂均不照办,本督军兼省长亦决不承认也。除咨明陆军部,并行知兵、钢两厂外,相应函致贵公司,即希查照办理。幸勿有误,实纫公谊。此致
汉冶萍公司董事会

林权助致农商部觉书

大正七年十一月二十六日（1918.11.26）

关于湖北矿山开采问题，为了使湖北方面与汉冶萍公司之间，订立圆满解决方案，经农商部许可，与湖北省矿务有关方面代表曾屡次协商，延至最近，因湖北方面内部意见未能一致，所以会谈遭到挫折。

农商部当局对于本案之调停，当初曾经表示好意，声明对矿区开采权之争议，无论湖北省方面或汉冶萍方面，均不予以许可。兹除将上述会议经过通知贵部以外，现在会谈既然遭到挫折，湖北与汉冶萍两方纠葛，暂时不能解决，则应有考虑其他适当办法，予以解决之必要。为特奉达，希贵部按照当初声明，将矿区开采权，仍然保留，无任盼祷。

夏偕复致公司董事会函

民国七年十二月七日（1918.12.7）

董事会公鉴：

前在东京接盛董事电告：承贵会公推偕复代表赴京，随同会长磋商铁矿三方合办之事，即星夜趱程，于十一月十四日到京，并奉会长交阅贵会转致之电，遵即秉承会长与农商部田总长暨鄂赣两省官绅，先后会晤，一再磋商。兹先将与鄂省官绅会商大略，另纸记录，并附酌拟官绅商三方合办鄂城铁矿及官款填股、缴捐办法两则，寄请察览。所事能否照此解决，俟有复音，再行报告。至城门山矿事，虽亦会商数次，尚无具体办法，容俟议有端倪，另再详细奉闻。专此。顺颂

公绥

夏偕复

附记录及酌拟办法三件

［附件一］ 与鄂省官绅会商矿照等事大略情形记录

十一月十四日到京后，先见农商部田总长，据云：灵乡矿照既难发给鄂

省,亦不能给予公司,部中并无成见,惟必须公司与鄂省商定办法,方可发给。嗣见湖北王督军,据云:矿照必须给鄂,将来可与公司商酌妥善办法,总期两益。当答以既需商酌,请即委派代表在京商办。王督军云:湖北官矿局会办曹宝江在京,鄂绅在京者亦未可抛却,可就鄂绅与曹君商议。旋晤曹君及鄂绅夏仲英、马海饶、余明卿等,告以矿照应给与三者之公司,此公司由鄂官绅及汉冶萍合组而成,工程归汉冶萍承办。据复:承办一节,不能承认;公司合办一层,当商督军或有办法等语。嗣后屡有接洽,马、曹诸君均谓督军仍坚持照须归鄂。当答:似此即无商量余地,矿照两不能得,徒令弃货于地。而去年所议还款等项,亦遂因之耽搁,殊非两利。兹正式提出办法大纲,矿归官绅商三方合办,官股四成,商股四成,绅股二成(并密告马君,如绅股一时不能招集,公司可为先垫),此项办法大纲确定后,其详细办法及还款办法,可以同时解决,请先就绅界研究,如同意后,希往商督军,如亦能同意,再行进一步商酌。当由马君等召集同乡会议研究此项办法,尚能同意,马君等随报告王督军。督军答称:还款办法如能议结,灵乡矿事鄂省亦可牺牲一部分之利益等语,似口气已趋于合办。当经报告会长,嘱拟具灵矿办法及还款办法,当会商笠原顾问拟稿,陈由会长核定,于十二月五日送交马君,俟得复后,再行续报。

[附件二] 官款缴捐办法

一、汉厂移交商办时,官局用款五百余万,除历年已由一两铁捐缴还外,其余之款填给股票二百万元。

一、前项官局用款,除历年以铁捐归还及此次填给股票二百万元外,其余尚有若干,应结清日期,查明实在数目,分四年缴现归还,不计利息。

一、铁捐现在汉阳厂所出生铁,暂照每吨一两缴纳,俟大冶新炉告成,每年汉、冶两厂所出生铁过三十万吨,即永远统照减半缴捐(即每吨纳铁捐五钱,连地捐在内)。

一、砂捐除自用矿砂外,凡售与日本者,按照矿业条例附刊特准探采铁矿办法第四条,每吨缴捐银元四角。

［附件三］ 合办灵乡铁矿公司办法

一、灵乡铁矿由湖北官厅及绅界与汉冶萍公司组织一公司，三方合办。所需资本，湖北官厅、汉冶萍公司各认四成，绅界认二成，矿照即归公司请领收执。

一、矿局经理或总办，由湖北官绅方面选任，总工程师由汉冶萍公司方面选任。

一、铁砂售与汉冶萍公司，在矿局火车码头交货，由汉冶萍公司自运，所有价值照实需生产费（指工程费、事务费、借款利息、折旧等项），其赢利每吨至多不得过一元。

一、鄂城至大冶铁路，由汉冶萍公司自行修筑管理，以归一气。

一、官矿局及广仁堂地主权，应照矿业条例第五十九等条使用他人土地之规定办理。

以上粗具大纲，如能三方同意，另再商订详细条款。

鄂城县署布告

民国七年十二月二十三日（1918.12.23）

代理鄂城县知事伍为出示严禁事。本月二十日奉兼省长皓电开：灵乡矿山为鄂省所有，已咨农商部请发矿照，近闻有周、闵、贺数姓，暗中勾卖国有铁矿情事，仰即传谕，严行禁阻，倘有私卖，定行查究，仍将遵禁办法，电复为要。又奉效电：查湖北官矿，系准国务院会议议决，由官钱局开采，藉以维持票本，所有该县各矿应归官矿署购置办理，此时无论何人私相买卖，县中皆不准税契；即有零星小矿可由民人采办，亦应由县绘图贴说，呈候发交官矿署复勘，倘无窒碍，始准税印。官矿为湖北命脉，诚恐有人勾串诱卖，致发生将来枝节，是以特电切属该知事等，慎勿稍涉大意也。仍将遵办情形具报各等因，并奉官矿公署电同前因。奉此，卷查吴前知事任内，奉令凡灵乡三山相连之闵姓大汪山、周姓玉坪山、柯姓对面山以及闵姓大包山、周姓神山、胡姓广山后吴铁子山、贺姓刘岱山等处已遵部章将各该山划作官矿区域,并缮谕分给该乡各里绅胡锡圭、吴瑞臣、闵兆鲤、闵仁则、周家瑞、贺云甫、柯荫华、柯仲宾、张电岩等,饬其会同委员马中骥、技士左得新等,向各山主妥为开导,遵章协议,给价收买,嗣因地方莠民勾通外人来县采购,饬即禁止,并以曾经拟价代购者,无论为广仁堂,为汉冶萍,既已自失机会,致与官矿所划之区有所抵触,当然认公署所办官矿为公家正当营业,不生障碍。此外,尚有各山主贪图重利,私自他售,发生种种诉讼,迭经吴前知事从严示禁在案。

兹本知事接篆奉电前因,合再出示严禁。为此示仰该乡各山主人等知悉,尔等须知,该乡业经官局指划,各矿山均须由局收买给价,或妥议圈购相当办法,以杜利权外溢。无论何处何人,如有暗中勾卖国有铁矿情事,不问已未成交,概作无效,不准税契,并须查拿卖主,从重究办。即有零星小矿,亦奉电指明一定手续,不许违章私擅采办。从前该乡保卫团及各里绅胡锡圭等,曾经分别谕饬知照,倘该各矿山有人私自他售,既不力阻,又不报告,定当与卖主一同严究,其各凛遵毋违。切切特示。

民国七年十二月二十三日

夏偕复致公司董事会函

民国八年二月六日(1919.2.6)

董事会公鉴:

灵乡铁矿及还款缴捐等事,前在北京与鄂绅会商情形并所议条件业经报告在案。偕复于一月十七日由京赴汉,当将条件面呈湖北王督军,并抄送湖北官矿公署阅看。据云:容与官绅斟酌。嗣因日久无复,探闻在京鄂绅所举代表余德元等四人亦已到汉,即经函催王督军饬令从速开议。旋订于一月二十七日在官矿公署接洽,当于是日前往。据官矿公署金总办、曹会办及实业厅魏厅长面交重拟条件两折,一为还款缴捐之事,一为合办灵乡铁矿之事。核与在京与鄂绅所议者多有出入,当即逐条驳辩,并告以鄙人因值旧历年近,总公司尚有急须清理之事,本订于年前回沪,容即一面报告敝董事会核议,一面亦请诸君再与督军商酌,今日只可作为交换意见,俟阴历明年再来会议。此到汉后与鄂省官厅晤商之情形也。兹将湖北官厅开来条件照录清折两扣，并将偕复与之辩论各节逐细签注，送请查核。此事关系重大，究应如何与之磋议订定之处，尚祈贵会公同核议，详加研究，酌示方针，俾便遵行。专此。敬颂

公绥

夏

附抄件

［附件一］ 湖北官厅所拟灵乡铁矿办法及夏偕复签注

灵乡铁矿办法拟议九条如下：

甲、本公司定名为湖北灵乡铁矿股份有限公司。

乙、本公司以经营采矿冶铁各事业为宗旨。

丙、本公司采矿区域以湖北省鄂城县所属灵乡各铁矿山为范围，即以呈部核准之矿区图为标准。

夏偕复签注：矿区一条，当告以将来呈部矿区图应稍放大，须将灵乡附近各矿山包括在内，以保利权。

丁、本公司设于武昌官矿公署。

夏偕复签注：公司地点一条，当告以目前不妨暂假官矿公署，将来公司组成，自应另行设立，以免嫌疑。

戊、本公司股本定湖北官矿公署四成，部股一成半，湖北绅商股本二成，招商股二成半，但商股以本国人为限。

夏偕复签注：股份一条，当告以前者在京未闻农部有索股之意，恐部中亦未必准有现款附股，将来似可在余利项下提成报效，以为部中利益。伊答云：部中确有索股之说，已由督军与部函商。鄙人又告以汉冶萍必须占股四成，倘部中必欲附股，应由官绅商各提半成匀给，俾昭公允。

己、本公司设董事若干人，监察二人，除由省长按照股份比例派董事人数及监察一人外，余由股东选举。

庚、本公司设正经理一人，副经理一人，总工程司一人，均由股东拟议，

呈请湖北省长指派,经理本公司工务事务事宜。

夏偕复签注:办事人一条,当告以正经理可由官选任,副经理可由绅选任,总工程司必须由汉冶萍公司选任,若工程师不归汉冶萍选任,敝公司断难承认。

辛、本公司运道应由公司选择适宜地段自行修筑管理。至工程一节,须按照投标办法择工价最相宜者,许其承办,如有须与官矿公署及汉冶萍铁道相接之处,由本公司再行商订办理。

夏偕复签注:铁路一条,当告以路归谁筑,敝公司本无成见,然修筑费非三百万不可,如官股财力充足,不妨归新公司筑造,但必须接通汉冶萍之冶矿局铁路。因冶矿系大铁路,且有现成码头运卸,均极灵便故也。又告以开矿经费不过二百万元,官股四成只合八十万元,若连筑路共需股本五百万元,官股四成便须筹集二百万元,部股一成半亦须筹银七十五万元,未知有此财力否?伊答云:八十万尚可筹措,若二百万,则恐筹之难矣。鄙人当又答以然则不如路归汉冶萍造,则官股只筹八十万足矣。

壬、官矿公署及广仁堂地面业主权应照契载原价移转于公司,其余属于民有者以后即由公司备价购买,以归划一。

夏偕复签注:地主权一条,当告以广仁堂之地主权不能照契价移转,必须按每出砂一吨提给银若干,以为该堂充作善举之用。

附:买卖铁砂条件

本公司所采铁砂,除售与国家外,得许售与汉冶萍公司十成之五,其价值按照时市减让百分之五,以示优异。其余铁砂五成仍由本公司自行酌量售卖或作冶炼之用,惟如遇国家须将公司出铁全用之时,应即全数售与国家,其汉冶萍公司及其他公司均不得售与。

[附件二] 湖北官厅所拟汉冶萍还款缴捐办法

汉冶萍还款缴捐办法拟议三条如下:

一、汉厂移交商办之奏案,共计官本银五百五十八万六千四百十五两。查照章程第四条,出铁一吨提银一两,按年核计共出生铁若干,共应提银若干,汇数呈缴,以还官局用本,其煤与熟铁钢件应免再提,俟官本提清之后仍提捐一两,以伸报效,地税均纳在内等语。此次既作结束,应照前案清算。所议筹还六百万元,即请全拨现金,以清款目。

夏偕复签注:还款一条,当告以敝公司于填股还现本无甚分别,惟款巨难筹,前议现款四百万分作四年,现在六百万既须统还现款,应分作六年摊还。伊答云:将来或分为三年,可再商酌。

一、铁捐应照案每吨捐银一两,以后出铁若干,均照此例纳捐(地捐在内)。

夏偕复签注:铁捐一条,当告以论理既已还本,便不应再行缴捐。敝公司希冀事之速成,所以于前开条件允先照缴,俟出铁过三十万吨时再行减半,已属格外退让,务请照允。

一、砂捐除自用冶铁外,凡售出者均按照成案吨铁两银之例,每砂一吨,减半缴银五钱。至部章砂捐每吨四角不在此内。

夏偕复签注:砂捐一条,当告以敝公司本无完纳砂捐之必要,只以希望从速解决,故勉副鄂省之要求,照部章每吨缴捐四角,请与部中商酌,如部中之一半可以不收,将来即全数解缴鄂省。

附条:

查此案与原案已有变更,所有存本既扣回一百四十万两,则其余之本金应即酌算利息,以昭公允。

夏偕复签注:利息一条,当告以追索从前利息,敝公司绝对不能承认,上年即因此未能解决,请勿再提。伊答云:此层可以不提,但前项六百万分期以后未还之款自应认付利息。鄙人答以此说似尚近情,容报告敝董事会酌夺。

公司董事会致夏偕复函

民国八年二月十八日(1919.2.18)

棣山总经理台鉴:

前接本年二月七日董字第十四号来函,并附抄湖北官厅重拟合办灵乡铁矿及还款缴捐等事条件两折,逐条签注,送请核议等因。兹于本年二月十五日董事常会提出,公议:官款五百五十余万结至民国七年止,除还过外,约尚余银三百九十余万两,约合银元五百四十一万之谱。另编收支统计表备带鄂双方核算。此项官款既议分次拨还现银,应分十年摊还,万一汉厂营业顿挫,应届还本之年提款不出,请展至下一年拨还。官款未还清以前,铁捐仍照每吨一两全缴,还清后减半,其拨本之年仍缴全捐者,即是贴补利息之意,更无再行认息之理。灵乡铁矿以售砂供给汉厂为要键。原文"售与汉冶萍十成之五",设灵乡公司采砂过少,则汉冶萍所购五成断难济用。采砂工程极为简单,非煤矿之比,汉冶萍应将下一年用额估计定妥,于上一年先行知会灵乡公司,签据订定,彼此不得增减。运砂铁路可由灵乡公司自造,惟仍须与本公司大冶铁路接轨,以资便利。原文如遇国家全用时,不得他售之三十九字,应请一概删去,免致汉冶萍无砂可得,庶合官商合办灵乡互相辅助之旨。此外,各条悉照总经理在鄂所商办法进行,并将此次续行赴鄂按期会议情形随时电致本会核夺云云。相应函知,即希查照办理。顺颂

台绥

董事会启

湖北要求还款缴捐及灵乡铁矿日本之最后条件

大正八年三月五日(1919.3.5)

关于湖北要求还款缴捐及灵乡铁矿日本方面之最后条件:

甲、关于湖北要求之事项。

一、官本全部认以现款付本利,但不得短于四年。

二、对于官本以前利息不能承认。

三、铁捐,偿还官本以后减半。

四、矿石税,按照矿业条例及铁矿探采特许暂行办法每吨四角允缴纳,不能照五钱缴纳。

乙、关于合办灵乡铁矿之事项。

一、公司股份及湖北绅商股份合计不得少过五成。

二、总工程师由公司保举。

三、铁路允归新公司筑造，而除买地外，其余工程及完成后之管理，于事实上由公司办理。

四、购买矿石条件：

（子）政府优先购买权，合同上可以不必提明。

（丑）灵乡公司每年售卖矿石数目即系公司所要之数目，至少五十万吨。

（寅）价值按照时市减让百分之五之事情不能承认，应由公司再加审议后与日本方面协议。

备考若乙种条件交涉可以达到充分目的，则甲种条件尚有斟酌之余地。

笠原致公司董事会函

大正八年五月八日（1919.5.8）

昨奉面谕，以灵乡矿事对于鄙人前送条件所有顾虑，嘱拟一详细说帖，开明照此计划需款若干，日本方面能贴补若干，再行商议云云。鄙人对于公司矿石不敷之事，照公司以前议定之方针，有两项意见：

一、须与湖北交涉合办灵乡铁矿。

二、须购买象鼻山矿石。

关于合办灵乡铁矿之事，今年正月间夏总经理代表本公司与湖北省交涉，正月念七日已得该省之对案。该对案与总经理意见及董事会议决之希望不符之处甚多，鄙人二月间告假回国之时，曾将此事报告正金银行，并以正金、制铁所及其他关系各方面对于此事之意见如何询问正金，因此，由关系各方面于三月五日开一全部会议，大家意见亦与公司相同，均以按照湖北省对案，公司所受负担太大，所得太小，公司应当要求湖北让步，所以遂有前次所开之条件。

前次所开条件本当由正金银行函致公司，因鄙人回沪，于三月二十二日就便代其提出报告于总经理,并且说明日本关系方面盼望公司审查之后,赞成该条件。

该条件虽与二月十五日董事会议决之案不甚相同,然日本方面系以此备为公司最后让步之条件。

至与新公司议订购买矿石之条件,因与制铁所已定之价值有关系,所以日本方面会议时均说应请公司将此事于决定以前,先与日本方面协议。

兹将照日本方面条件公司损失及担负之款开列于左:

甲、变更奏案之损失

欠湖北款结至民国七年止,除还过外,约尚余银三百九十余万两,约合银元五百四十一万元。

照新合同应交矿石一千五百万吨及生铁八百万吨,分四十年交清,此款亦分四十年照长年六厘息摊算,每年摊还本利三十五万九千五百六十五元。

铁捐减半所得之数目,照出铁四十五万吨算,每年洋例银二十二万五千两七十一钱,合洋三十一万六千九百元。

两抵每年损失四万二千六百五十六元。

乙、开采灵乡铁矿之负担

此项担负须视将来订定公司股份若干及灵乡开办实在需款若干,方有准数,总可作为生产费计算。

总而言之,以上所说之公司新负担应该加在生产费数目之上,日本关系各方面将来须加以相当之考虑。所以鄙人甚希望于公司与湖北交涉将妥之时,先与日本商酌后,再行签字,以留他日与日本方面交涉之地步,更盼望公司早日与之交涉,以期双方均有利。

至于购买象鼻山矿石之事,虽不在前开条件之内,然日本方面甚盼望公司与湖北官矿局一并交涉,若因此须变更从前已经订定之矿石价值,制铁所并无不允之意,庶可与其协议,所以此事亦请与灵乡矿事一并与湖北相机交涉方好。以上各节,敬祈会长查核。

公司董事会致夏偕复函

民国八年五月二十三日（1919.5.23）

地山总经理台鉴：

本公司与湖北交涉灵乡铁矿等事，前据笠原顾问拟具条件，当于本年五月第八次董事常会公同核议，以笠原贴补之说仅属口惠，照此计划需款若干，尽量贴补之后能收回若干，应令拟一详细说帖，再行商议各等语，转致在案。兹据笠原顾问函复前来，复经本会于本年五月二十二日特开临时会，公议：日本方面已于三月五日会议既称灵乡铁矿新担负总可加在生产费之上，若因此变更从前已定之矿价，制铁所并无不允之意，则是将来制铁所必可加价贴补。惟与鄂省所商铁捐减半各节能否一一如愿，尚无把握，应请夏总经理赴鄂阅厂之便就近磋商，一俟议有端倪，再嘱由笠原与制铁所、正金双方商酌，将如何贴补之法切实答复，再行签字云云。用特专函布达，并将笠原来函附抄奉览，即希查照。此颂

台祺

董事会启

李经方致白仁武函

民国八年十二月十八日（1919.12.18）

制铁所白仁武长官阁下：

敬启者，敝公司按照合同应供给贵所矿石及生铁吨数额，计算大冶铁矿所产，不敷尚巨，于是有开办灵乡铁矿之议。嗣因中央及地方之问题发生，进行未果。厥后中央政府并无阻碍之意，而湖北官绅要求变更奏案，提前归还官本。敝公司之意，如湖北官绅对于开办灵乡矿不生阻力，归还官本一事可以酌允。迭经磋议，始有合办灵矿及还本缴捐办法。正金银行对于湖北对案，公司所受损失甚大，所得太小，公司应要求湖北让步，并由正金银行提出甲乙两项最后条件。前月敝会委托夏总经理复赴湖北及北京与鄂官绅重行提议，即依据交来条件事项办理，虽因湖北官绅意见未洽，尚

无成议,然将来总可希望协议就绪。但敝公司因合办灵矿而蒙受变更奏案之损失,添加开办新矿之负担,此时虽未能确定数目,然约略计之如下:

一、变更奏案之损失。欠湖北款结至民国七年止,除还过外,约尚余银三百九十余万两,约合银元五百四十一万元。

照新合同应交矿石一千五百万吨、生铁八百万吨,分四十年交清,此款亦分四十年照长年六厘利息计算,每年摊还本利三十五万九千五百六十五元。铁捐要求减半一层,将来如可议妥,前项损失自可照减。

二、开办新矿之担负。此项担负,须视将来订定公司股份若干及灵乡开办实在需款若干,方有准数。

以上两项,均须加入将来矿石、生铁之生产费内,即与贵所合同所订之价格极有关系,自应于湖北协议可望成立之先,特函与贵所商酌,即请熟加考虑,对于敝公司将来生铁、矿石之生产费因而加重,合同所订之价格就有变更,先行承诺,俾敝公司对于鄂议得以积极进行。此外尚有两事,并以奉陈:

一、敝公司归还湖北官款及合办灵矿所需成本,拟向正金银行商借银币,作为往来透支,现已另与正金银行函商,务请贵长官俯念敝公司困难情形,切商正金银行务必鉴允照办。

二、象鼻山矿山事,前托大岛、笠原两顾问询问贵所内意,旋接回答已开具条件函致湖北官矿公署照办订购。务请贵所对于所购矿石,全数加给价值。

以上各节,敝公司本难启齿,惟处此困难之时,非蒙援助,则无以履行合同,应请贵所俯念敝公司二十年来遇事无不推诚相与,此次务请格外维持,至深感祷。专此,祗颂

勋安

并候赐复。

李经方致梶原函

民国八年十二月十八日(1919.12.18)

横滨正金银行头取梶原仲治先生阁下:

敬启者,敝公司因供给制铁所矿石、生铁吨额,预算冶矿所产不敷尚巨,前拟开办灵乡铁矿,以资接济,迭与湖北官绅商议,未能解决。前月敝会委托夏总经理与湖北官绅重行提议,虽因湖北官绅意见未洽,尚无成议,然将来总可希望协商就绪。但敝公司因合办灵矿,即须变更奏案,提还官款,并须增加开办新矿之负担,虽现时未能确定数目,约略计之如下:

一、欠湖北款至民国七年止,除还过外,约尚余银三百九十余万两,约合银元五百四十一万元。

一、开办新矿预算约需资本银元三百五十万元,敝公司认股四成,合银元一百四十万元。

共六百八十一万元。一经定议,即须实行。阴历本年年终之前,或需先用七十万元之谱,自应早为筹备,以免临时支绌,有碍进行。民国六年盛副经理,民国七年夏总经理前赴贵国之时,曾与贵银行前任头取井上先生协议,荷蒙慨允。敝公司近两年遭逢时会,虽饶余利,然弥补前亏,扩充营业,已无余存。迨至本年铁市疲滞,经济仍形困难,似此巨资,力难筹措;惟有商恳贵银行为之协助,俾得成全此举,新合同获以履行,终始维持,感荷曷既。兹提出问题四端,特以奉商:

一、上言六百八十一万元,拟请贵银行准予特别透支,仍以从前之抵押品为抵押。

二、此六百八十一万元,系指银币而言。

三、此六百八十一万元,如敝公司需用之时,拟请贵银行随时支付,不限数目。

四、归还本利,即在新合同四十年所交矿石、生铁价值内陆续扣还。

以上四项,尚乞鉴允,至深盼祷。

再,此项之新担负六百八十一万元,应照新合同交矿石一千五百万吨及生铁八百万吨,分四十年交清之限,匀摊本利,加入生铁、矿石之生产费用内,业经函商制铁所,请其准允变更合同所订价格,俾对于鄂议得以积极进行,合并奉闻。专此。祗颂

台安

并候赐复。

夏偕复、盛恩颐致凌善昭①等函

民国九年一月十日(1920.1.10)

径启者:

前据汉厂函报,民国七年份应缴铁捐十三万六千七百五十六两七钱九分五厘,照案以四成之三计银十万二千五百六十七两五钱九分六厘,划抵鄂省新旧欠款,开单陈请转报。又据称,兵工厂七年份取用料价共该银六万三千一百四十七两二钱七分,除以一成铁捐三万四千一百八十九两一钱九分九厘划抵外,尚欠银二万八千九百五十八两七分一厘各等语。当经照录来单转请董会陈报湖北军民两署核准划抵,并陈陆军部饬还欠款去后,兹先后奉董会函开:兹准湖北军民两署公函复称,核数相符,应准划收,下欠银七万八千七百六十三两二分一厘,仍归八年份核结扣抵。准陆军部函复,现因积欠该厂经费甚巨,以致拖欠各处料款多数未能清还,良深抱歉。除即转令该厂外,复请转知商酌办理各等因函知到处。当以兵工厂欠款陆军部既未拨还,复以商酌办理,只有仍以铁捐划抵,函据汉厂查复,该厂八年内取用钢铁较七年份为省,八年份铁捐四成之一抵料价,约可余银一万两左右,结帐时当以余数扣收前欠等语。相应一并函知,即希查照转饬汉厂会计处知照。此致

会计所凌所长,赵、金副所长

总、副经理

---

① 凌善昭(1873—1923):字潜夫,广东宝安(今深圳)人。时任公司会计所所长。

何佩瑢①致公司董事会电

民国九年二月十七日(1920.2.17)

上海。汉冶萍公司董事会鉴：文电敬悉。铁捐二万两已由吴任之厂长送到。惟鄂省待款甚急，无论如何，请再汇解五万两，如按之扫解之数尚有透支，即照预缴借款办法，现在八年铁捐总数大致尚可查报帐册，稍缓无妨。需款实属至急，特再电恳，务希鉴允为祷。何佩瑢。洽。

公司董事会致何佩瑢电

民国九年二月二十八日(1920.2.28)

武昌。何省长鉴：洽电敬悉。查八年份铁捐除旧欠本息及昨解二万两外，所余无几，正在清算，刻值敝公司经济困难，筹措实在不易。惟叠承尊电谆商，谊难固却，仅再勉拨银二万两，仍汇由吴厂长呈解。一俟结清细帐，所有多余之数，即遵函电，按照预缴借款办理。知注奉复。汉冶萍公司董事会。勘。

白仁武致李经方函

大正九年五月五日(1920.5.5)

汉冶萍公司董事会副会长李经方先生阁下台鉴：

敬启者，关于湖北官本偿还资金及灵乡铁矿开办资金借款并附属事项之上年十二月十八日咨函并嘱笠原顾问提议之事，敬悉一切。贵公司拟与正金银行商借前两项资金，嘱由敝所帮忙协助一节，敝所为贵公司便宜起见，已与正金协议，该行允为借给。详细情形，请照该行回信接洽可也。而对于因两借款发生之关系，协议决定如左，请贵公司查照：

一、关于偿还官本之新负担，应请贵公司支配于自采及收买矿石总数上，敝所只能承认照收买之数量加价。

① 何佩瑢(1880—1942)：字韵珊，湖北建始人。时任湖北省长。

二、贵公司因用收买矿石炼出生铁所增加之生产费,应请贵公司支配于所产生铁总数量之上。其加价一层,敝所只能照收买之数加以考虑。

三、灵乡开办资金借款,应以贵公司可得灵乡新公司之余利偿还,不能因此增加供给敝所矿石、生铁价格。

敝所同情贵公司因履行敝所之合同,致贵公司汉、冶两厂化铁炉所用铁矿缺少,想念贵公司要合办灵矿取得有力之关系者,一面系为贵公司用料可以永久无缺,一面是为容易履行敝所合同,所以关于湖北及灵矿问题,敝所无不竭诚援助,故敝所此时亦不敢专照合同主张对于贵公司购买之矿石,敝所允照下开之条件,以补充之意,收买贵公司他处购买之矿石,请贵公司鉴谅敝所之诚意:

一、贵公司应交敝所之矿石,先须以大冶矿石(照现在合同价值)供给至少须在大冶所产总数之一半以上;对于其他不足之数量,敝所特承认贵公司以他处购买之矿石补充,但不得过于供给本所总数之一半。

敝所虽以诚意允以他处矿石充补,然希望供给矿石之事,照合同以大冶矿石充当为原则。务望贵公司努力开采,总以多数之大冶矿石供给为盼。以上所说,敝所因知以后大冶矿石采掘数量可照大正九年一样,每年在八十万吨之上,所以承诺,请贵公司查照。至于象鼻山矿石购买之事,请贵公司照以上所述了解。一切细情,统与笠原顾问接洽,并请其转达矣。

专此,敬颂

台安

再者,因偿还官本之新负担发生之矿石,生铁加价一层及补充矿石收买价值,届时更要协定。又,本信以外,仍照大正八年三月五日决定关于纪家洛问题交涉之甲乙两项最后条件,并请查照。

梶原致李经方函

大正九年五月二十五日(1920.5.25)

汉冶萍公司董事会副会长李经方先生阁下:

敬启者,接中华民国八年十二月十八日大函所示,贵公司因供给制铁所矿石、生铁额吨不敷，拟另组织公司开办湖北省灵乡铁矿，以资接济，其缴纳新公司股份所需资金及偿还湖北要求之官本所需资金，共计银元六百八十一万元，商借之事，敬悉一切。敝行当经与关系方面详细协议，虽现值银价昂腾，以银币借给之事于敝行为最大之苦痛，本难照允，然鉴于此两项资金之用途及贵公司与敝行多年交谊深厚，故拟按照左记条件允借。应请贵公司鉴谅敝行之苦衷。

一、偿还湖北要求之官本所需资金银五百四十一万元，一俟现在贵公司与湖北省交涉之湖北省要求问题及合办灵乡铁矿问题能如敝行之希望解决后，贵公司需用之时随时以银币支付。

一、此五百四十一万元，应请贵公司于大正四十九年以前本利如数还清。其归还本利方法，即在贵公司供给制铁所矿石、生铁值内每年陆续扣还。

一、贵公司缴纳灵乡铁矿公司股份所需资金银一百四十万元以内，允以银币借给。

一、此银一百四十万元，应请贵公司于大正四十九年以前本利如数还清。其归还本利之方法，即在贵公司所得灵乡铁矿公司红利之内每年陆续偿还，并盼勿因此项借款增加贵公司供给制铁所之矿石、生铁价值。若其红利过少，或无红利之时，即在贵公司供给制铁所之生铁、矿石值内扣还。

一、此两项借款，贵公司欲照透支之形式借用，利息付给长年六厘，敝行可无异议。此两项借款担保品除以从前抵押品为抵押之外，缴纳灵乡铁矿公司股银借款之担保应请贵公司以该公司股票为抵押，而该公司与贵公司之购买矿石合同亦当为此借款之一部分之附件。凡此等详细之处，届期协议订定合同。专此。敬颂

日祉

横滨正金银行头取　梶原仲治谨启

梶原致李经方函

大正九年五月二十五日(1920.5.25)

汉冶萍公司董事会副会长李经方先生阁下：

敬启者,接到中华民国八年十二月十八日来函,为偿还湖北官款资金及合办灵乡铁矿所需资本请借给一事,敝行对于此事,虽已另函承允,尚须请贵公司对于制铁所大正九年五月五日调第三十三号致贵公司信所载各节,完全承诺,方生效力。即请查照,此颂

日祉

公司董事会致夏偕复、盛恩颐函

民国九年六月三日(1920.6.3)

总、副经理均鉴：

前因合办灵乡铁矿、归还湖北官本,需款至巨,担负太重,当经函商横滨正金银行,以透支式借用银币六百八十一万元,并商请日本制铁所将此项担负损失加入矿铁价内。兹先后接准制铁所、正金银行函复照允,当于本年六月一日第十一次常会提出,公议:制铁所及横滨正金银行两函极为平允,非笠原、大岛二君竭诚往商不能有此结果,应即复函道感。此事为与鄂省交涉之基础,应俟鄂来邀议时,仍请夏总经理代表与之磋商。至来函所请照八年三月决定甲、乙两项条件,尤请代表注意云云。合将来往函稿一并抄奉台览,即希查照。此颂

均绥

董事会启

夏寿康①致汉冶萍公司函

民国九年十二月(1920.12)

径启者:

查接管卷内,何前省长因筹办本省堤工灾赈,在在需款,函致贵公司,解缴铁捐银十万两,以资接济等因。并准贵公司于本年先后缴银四万两有案,其余尚有六万两未及缴到,本省长下车伊始,办理各项要政,需款尤急,应请查照前案,将未缴之六万两如数缴解,俾资应用。如所缴银数按之八、九两年铁捐尚有透支,即照七年预缴借款前案办理。事关要需,相应函请贵公司查照,务即备齐缴署,并希见覆为盼。此致

汉冶萍公司

湖北省长　夏寿康

公司董事会致刘承恩②函

民国十年四月三十日(1921.4.30)

敬启者:

前奉青电,以鄂省要政需款,嘱将八、九两年铁捐扫数汇解,并将细帐结报等因。当经函致敝公司总、副经理查明报解去后,兹据复称:八、九两年份应缴鄂省铁捐,除扣抵预支及已解缴外,结算至民国九年底止,尚存洋例银二万八千一百十四两一钱六分五厘,请备函扫数解缴前来,除细帐先已结清开单、另函陈报外,合将前项铁捐洋例银二万八千一百十四两一钱六分五厘备函报解,并祈查照兑收,见复备案为荷。谨致

湖北省长刘

汉冶萍公司董事会　孙宝琦等谨启

附解洋例银二万八千一百十四两一钱六分五厘。五月十二日收讫。

---

① 夏寿康(1871—1923年):字受之,湖北黄冈(今属武汉市新洲区)人。时任湖北省长。

② 刘承恩(1863—1922):字浩春,湖北襄阳人。时任湖北省长。

夏偕复、盛恩颐致公司董事会函

民国十二年四月十一日(1923.4.11)

董事会公鉴:

案查本公司应缴湖北省铁捐,业经解至民国九年止在案。兹据会计所查报,十年份一月起十二月底止,汉厂出铁共计十二万四千三百六十吨零五百二十千分,照案鄂省应得四分之三,每吨捐银一两,计应解洋例银九万三千二百七十两零三钱九分,本应早日报解。因是年八月以后,湘鄂军事发生,两湖巡阅使署、湖北督军公署暨各军队在汉在岳租用轮驳应给租价并取用煤价积欠甚巨,事后屡请发还充解捐款,迄未照给。因思铁捐固为公司应缴之捐,而轮租煤价亦为鄂省应发之款,以之抵解,在鄂省免发现金,公司即可清兹悬欠。饬据会计所查开上项轮租煤价清单,自十年起截至十二年二月底止,除已收回不计外,尚结欠洋例银八万六千三百两零六钱,以之全数抵解十年份铁捐洋例银九万三千二百七十两零三钱九分,尚不敷洋例银六千九百六十九两七钱九分,兹已如数筹足找解,则十年份铁捐即可清讫。又据会计所查报,十一年份全年汉厂出铁共计十四万八千四百二十三吨八百千分,应缴鄂省铁捐四分之三,计需洋例银十一万一千三百十七两八钱五分,只以经济困难,一时难筹巨款,拟请先解洋例银六万一千三百十七两八钱五分,下余五万两俟财力稍裕时再行补解。理合陈明,并将抵解十年份之鄂欠轮租船价总清单二纸分清单十三纸一并呈请贵会查核,备具解函,请将十年份抵解找清尾数及十一年份分解各情叙入,附以清单交下,即便交由会计所汇厂赍解,实为公便。肃颂

公安

总、副经理

时象晋呈萧耀南文

民国十二年五月(1923.5)

为根据成案设局抽捐,拟具办法,恳请鉴核立案,转令施行事。

　　窃查汉冶萍煤铁厂矿有限公司于前清光绪二十二年由鄂督张文襄交盛宣怀接办时，收有湖北官本五百六十余万两，奏定每铁一吨抽银一两，陆续缴还官本，还清后永远照抽，作为公司报效等语。不意该公司接办后，即破坏奏案，改官督商办为完全商办，每年应缴铁捐并未付给现银。查阅旧卷，自商办起至民国五年年底止，除拨付丝麻局、汉阳提岸各工程银两及兵工、钢药两厂取用料价，共计一百余万两外，其自六年至九年，由王、何、夏、刘各省长经收二十七万八千余两。查自商办日起至民国九年年底止，其出钢铁吨数与所付银两，据报两相比较尚无短欠。惟查所报出铁吨数均系该公司自报自销，向来未加考查，殊难核实，即以该公司售砂日本一千五百万吨计，已漏完铁捐九百万两。本清理处前呈农商部已申明此理可证。查民国三年鄂代表魏景熊与该公司磋商官本换填股票时，调查大冶出砂吨数，除售砂不计外，实运汉厂炼铁者不下四百余万吨，迄今已阅八年，近年出砂较前更旺，其出铁吨数以两砂一铁计算，亦不下四百余万吨，其捐自应缴四百余万两，而所较捐数相差甚巨，若不特设专局，派员监视抽收，何能得其确数？根据民国八年京代表与该公司磋商，认定每铁一吨捐银一两，每砂一吨捐银六钱成案，拟具征收汉冶萍铁矿捐局简章，恳请鉴核立案，并惟转令汉冶两厂，查照施行，实为公便。谨呈
湖北督军兼省长萧

公司董事会致萧耀南函

民国十二年五月十日（1923.5.10）

敬复者：

　　接奉贵省长实字第五十六号函开：鄂产清理事务所以敝公司对于前拟改抽砂捐理由未曾分辨，仍请变更奏案，不抽铁捐改抽砂捐等因。查鄂产清理事务所前后两函所持改抽砂捐理由，撮其要不过隐匿漏捐与违反成案两层，其所据以为隐漏之证者，谓为股东会查报汉厂年可出铁二十四万吨，不知该会系按从前炉未造成预计四炉齐开之约数而言。其实汉厂第一、二号两炉年久损坏，早已不能开炼，即第三、四号两炉原订机件本系每日出铁三百吨，炉成开炼每日至多出铁不过二百数十吨，又复常有修理停炼之时，

故历年以来，四炉总未齐开，即使一齐开炼，而矿砂焦炭之成分不能一致，即产生之数量自有参差，亦断难限定年必出铁二十四万吨毫无短少，此足见该会报告显与事实不符。况此次尊函亦曾明言清理事务所调查汉厂常年矿数总在二十万吨以外，以两吨砂炼一吨铁计算，年出生铁十余万吨，数正相符，又何隐匿漏捐之有？

该所原函又谓，以帐略证其隐漏。查七、八、九三年汉厂出铁并无五十余万吨之多，而铁捐系照前王兼省长与陆军部商定以四成之一划抵兵工厂料价，以四成之三解缴鄂省，故三年并计以旧欠本息及现款，合共实解交贵省银行三十一万一千五百余两，并无隐漏情事。

该所原函又谓，从前魏代表查复运汉矿砂不下四百余万吨，以两砂一铁计不止出铁一百余万吨，此次复函仅云不符，不列实数，遁词知其所穷云云。查魏代表系民国三年春间来沪调查，其所查报止能及于民国三年以前之数。查自光绪二十二年汉厂改归商办起至民国二年年底止，汉厂共运矿砂一百四十余万吨，共炼生铁八十余万吨，核与两砂一铁之数不相上下，并无运砂四百余万吨之多，亦未出有一百余万吨之铁，其为所查不实可想而知。前函以档案俱在，诚不愿多所置辩，故仅以不符答之，今该所既以未列实数目为遁词，不得不查明原案详细答复。

又，其据以为违反成案者：一则谓奏案只准炼铁不准售砂。查张文襄奏案虽只有制炼钢铁之语，然实无不准售砂之明文，何得谓为不准售砂？一则谓改官督商办为纯粹商办。查张文襄光绪二十二年奏案，其开宗之首义即系招商承办，嗣后奏准将厂矿归并为一公司，实为改良组织，并不违反成案。此外，如原函所云贿属金秘书运动各长官秘收铁捐，不令京鄂士绅与闻各节，尤属无稽之言。

总之，敝公司只知抱定张文襄原奏，售出生铁一吨缴纳捐银一两，地税一切均包在内，并无另外捐款之案，缴纳铁捐，永远奉行，今鄂产清理事务所所请改抽砂捐，敝公司万难承认。为此备函复陈，敬祈贵省长俯赐鉴察维持，至深感荷。谨致

湖北督军兼省长萧

汉冶萍公司董事会孙等谨启

公司董事会致萧耀南电

民国十二年六月八日（1923.6.8）

　　武昌。萧兼省长钧鉴：敬电并续函简章奉悉。鄂产清理处违背成案改抽砂捐，前经敝会将不能承认理由两次陈复，兹奉前因，查汉厂缴纳吨铁两银捐款原为归还官办时所用部款及借拨枪炮局经费，经张文襄奏准，并声明此外别无捐款。民国七年复经前王兼省长与陆军部商定，以四成之三解缴鄂省，以四成之一备抵兵工厂料价，先后奉有部省函知遵照在案。兹鄂产清理处忽欲改抽砂捐，不特违反前清奏案，即七年份部省商定分成解缴办法亦一概推翻，而于兵工厂之料价如何抵补，尤未筹虑及之，若竟设局照每吨六钱征收，敝公司万难承认。务求台端俯允主持，饬令清理处取销设局改抽砂捐之议，以符成案而维实业，不胜感祷之至。汉冶萍公司董事会。齐。

公司董事会致农商部函

民国十二年六月九日（1923.6.9）

敬启者：

　　本年二、四两月叠接湖北萧兼省长令函，以据鄂产清理处呈，汉冶萍公司缴纳吨铁两银捐款历年自报自销，多有隐漏，请变通成案，在冶设局，改抽砂捐，先拟按两吨砂炼一吨铁之比例每砂一吨抽收捐银五钱，嗣又拟照含铁成分每吨矿砂改抽捐银六钱各等因，先后转知到会。当以汉厂历年缴纳铁捐从无丝毫隐漏，按售出生铁一吨缴纳捐银一两，系汉厂改归商办时张文襄奏定之案，且曾声明一切均纳在内，并无另外捐款，敝公司只知遵照奏案报解铁捐，鄂产清理处今欲推翻成案，改抽砂捐，敝公司断难承认各等语，两次据案驳复。旋又接萧兼省长以鄂产清理处组设董事会，拟具收捐章程，聘任经理、干事，拟于六月中旬在大冶石灰窑设局开征各等语，函电知照前来。敝会复查汉厂之有铁捐原以官办时用款五百数十万两，厂商接办时经张文襄奏明吨铁两银以还官本奏案中声叙官本多系拨自部款及借拨枪炮局经费,并非鄂人自行投资。故民国七年间湖北前王兼省长议将铁捐分成解缴,经与陆军部商定,自民国七年起,铁捐以四分之三解湖北省署,以四分之一解兵工厂,备抵该厂购用钢铁料价,奉部令省函饬知遵照在案。是尚知官本中有中央款项在内,手续上虽略有变通,与成案初不相背。兹鄂产清理处忽欲违背前案改收砂捐,而核其办法,组设董事,公举经理,驻省驻局,分任其事,其权不属于行政长官,则所谓归还官本完全背谬,而兵工厂之应得四分之一亦同归无着,不特违反前清奏案,即七年份部省商定分成解缴办法亦从而推翻,敝公司万难承认。除再电萧兼省长详切驳拒外,理合抄录历次来往函电备函奉陈,敬祈大部俯赐毅力主持,电咨湖北萧兼省长转饬鄂产清理处取消设局改抽砂捐之议,以符成案而维实业,并祈赐复,至纫公谊。谨致

农商部

汉冶萍公司董事会　孙宝琦等谨启

公司董事会致萧耀南电

民国十二年六月二十五日(1923.6.25)

武昌。萧兼省长鉴:马电敬悉。鄂产清理处推翻成案改抽砂捐,所持理由谓为帐略证明铁捐隐漏。不知股东联合会所称殊非事实,敝公司从不敢有匿报之事。惟解缴捐银内有抵扣兵工厂料价及利息等款,出铁数目内有回炉折耗等项,其中诸多纠葛,局外人或难明晰,兹已饬令清查,另行报告,以释疑虑。清理处谓为改抽砂捐并未加增公司担负,殊与事实大不相符。查税捐向系按值征收,未有不计货价之理。生铁售价随市涨落,欧战之时每吨最高售至一百七八十两,不必论矣,即按平常市价而论,每吨总在四十两左右,以每吨铁捐一两计算,抽捐至重之时不过四十分之一。今矿砂每吨售价不过银元三元,竟欲抽捐六钱,约合银元将及一元,实计收捐三分之一,需加捐数十倍之多,天下亦无如此重税。敝公司经济奇窘,何能担负?无如厂矿均在鄂省范围之下,清理处若必欲如此,商力亦何能抗?倘至不得已停止采运,厂矿必致牵连俱倒,非但实业败坏,工匠众多,一旦散

而为匪,恐于地方亦有关系,遑论砂捐无从改收,即铁捐恐亦难以恢复矣。是以敝公司一再考虑,不敢不直言陈明。尚祈台端鉴谅下情,解此危局,商业幸甚,地方幸甚。再,分拨兵工厂之款,鄂省与部中如何办法,敝公司未便过问,惟该厂所欠敝公司料价自当于铁捐内扣抵,以免无著。至时议员所称秘商运动等情,实属诬蔑。铁捐、地税两义字样,尤不敢承,盖地税纳在铁捐之内,早有文襄奏案,请嘱清理处重加考虑,收回成命。至深感祷。汉冶萍公司董事会孙等。有。

夏偕复致公司董事会函

民国十二年六月二十六日(1923.6.26)

董事会公鉴:

奉二十号台函,以鄂人要求改收砂捐一事,公推孙会长暨盛董事赴鄂协商,嘱将此案从前所议条件及经过情形备具节略送备会长暨盛董事带往考核等因。遵将前与湖北交涉经过情形开具节略,并民国八年湖北官矿署开来条件暨贵会签注一并另纸录呈,即祈鉴核。肃颂
公安

总经理　夏偕复

〔附件〕　湖北交涉节略

查汉阳铁厂从前官办时用过官款五百五十余万两,改归商办时经张文襄奏准每出生铁一吨提缴捐银一两,以还官款,俟官款还清仍抽捐银一两,以伸报效,地税一切均纳在内,并无另外捐款。此汉厂之有官款及缴纳铁捐之原案也。改革后,鄂省要求将官款改填股票,缴纳铁捐砂捐,及公司要求开采灵乡铁矿,从前历次会议经过各情形可分为三大时期,谨详述之。

先是民国二年四月,湖北军民两长因孙上将之请,委派时象晋、丁立中两代表以事权、财权、地权三问题来沪,要求将官办时用款五百五十余万两填给股票,先议以前项官款除已缴捐银一百余万两外,以四百万两合洋五百四十余万元,按汉冶八炉岁出生铁吨数分期十二年摊填股票,其余俟十

二年后或换股或缴捐,届时再议,并将大冶官山归冶厂采用,业经双方签约。后因为湖北省议会否认,鄂省复派代表李钟蔚、丁立中来沪,一再磋议,股票一起预填,免缴铁捐十年,股息亦免十年。签订后,因鄂省未能呈请中央核准,故未照行。此第一时期在沪会议之经过情形也。

迨至民国六年九月间,湖北省议会复公举代表李宗唐等五君来沪续议,开交条件:于官款填股外仍须按吨照缴铁捐,并索砂捐,一再辩论,未能解决。适夏总经理赴部请领鄂城县属灵乡铁矿矿照,而鄂代表亦以前事呈诉于农商部。其时田公文烈新就农商总长之职,会谈数四,总以须将官款之事解决再议矿区之事,俾免鄂人反对,不得已由孙会长暨夏总经理与在京鄂绅会议多次,由填股而改为还现。嗣鄂绅因悔还现之议而发生须自商办日起算给官款八厘息之难题,且有汤君化龙等呈领灵乡矿区以为抵制,部中亦甚为难,遂有由鄂绅与公司合办灵矿之说。孙会长为救济公司根本危急计,与田总长面商,双方让步,和平解决,于是拟具公司最后让步办法六条。大致为:官款除以铁捐缴还外,余分六年还现,此项分年未还之款认付年息五厘,停缴铁捐六年,砂捐俟开新矿再照矿章办理,所有鄂城、象鼻山两铁矿均归公司开采各等语,面交鄂代表商酌。距[讵]料送来答复条件非但全不承认,且又格外要求将汉厂地基议给时价,愈趋愈远,议遂停辍。此第二时期在京会议之经过情形也。

民国七年十一月间,因矿区亟须请领,由董会委托夏总经理赴京续商,适湖北王督军亦因公到京,当与农商部暨湖北官绅叠次会商,于是有官绅商三方合办灵乡铁矿之议。先与在京鄂绅商订大纲,计官款填股二百万元,余分四年还现,不计利息;铁捐,汉厂暂照一两缴纳,俟汉冶两厂年出生铁过三十万吨时永远减半;砂捐,凡售日者每吨缴银元四角;灵矿股份,官厅与公司各认四成,绅认二成;砂价照生产费每吨加一元。经鄂绅取得同乡会同意后,复持赴鄂省请督军阅核,磋议至再,于八年一月由湖北官矿公署另拟还款、合办两项条件面交前来,因过于苛刻置未与议。是年八月间,王督军、何省长来电催复,当由董会将条件详加斟改,大致官款约合五百余万元,分六年全数还清,未还清前铁捐照缴,还清后每吨缴捐五钱,砂捐除自用外,售出者每吨缴洋四角,其灵乡铁矿则由湖北官绅与本公司合办,本公司至少占股十成之四,矿砂至少每年售与本公司五十万吨,价照生产费酌加余利,每吨至多不得过一元。逐款签明,由夏总经理于十一月间携赴鄂省面交督军省长,迟之日久始由省长公署将条件重复签注交来一阅,仍即带回。大致对于董会所签虽未全允,而据云仍有磋商之余地,只以鄂省官绅意见未能融洽,是以官署一时未能答复,遂致停搁,总未提议。此第三时期在鄂会议之经过情形也。

本年二月以来,叠接湖北萧兼省长函电,鄂产清理处以汉厂缴纳铁捐证以股东会报告年可出铁二十四万吨疑有隐漏,而公司售与日本矿砂多至一千五百万吨,更无捐可收,故拟于六月中旬在大冶设局改抽砂捐,仍以吨铁两银为比例,照矿砂含铁成分订为每砂一吨抽收捐银六钱,以后或炼或售再不过问。虽经董事会迭次据案驳复,而鄂省业已组设董事会,拟具收捐章程,聘任经理、干事,竟将砂捐一事单独进行。查砂捐本为原案之所无,而为鄂省后来要求中之一端,既与合办灵矿、归还官款各问题有互相联带之关系,自当根据原议将各项条件一同解决。兹将民国八年末次湖北开来条件及董会与鄂省往复签注各条照录附呈,以备考核。此外,尚有须请注意者为日本方面,盖归还官款、合办灵矿需资甚巨,自不能不藉正金之借给,而因此所增之新担负又不能不于售与制铁所矿铁价内请益,以次弥补。故为公司利益关系计,此事之进行必须随时探询日本方面之意。合并附及,至希鉴察。

孙宝琦致公司董事会函

民国十二年七月九日(1923.7.9)

董事会诸位先生均鉴:

鄂省拟抽收砂捐一案,曾将致吴使、萧督电及吴使复电抄寄在案。顷接吴使电开:陷电计达,顷接萧鄂督微电云:陷电祗悉,汉冶萍应由鄂省铁矿每吨抽银一两偿还厂本,系根据前清张文襄督鄂时奏交原案办理。惟查该公司自借用外债,订立条件分年售砂偿还,近年以来迭据鄂省清理汉冶萍官产处报告,大冶铁厂常售铁砂与外人,约计二、三十万吨以上,一切矿税地捐概行避免,若再不设法整顿,将来售砂日多,炼铁日少,于鄂省捐款减收更巨,鄂省议会及地方绅董迭次提议在冶设局征收砂捐。耀南考核前案,该公司售砂外人,与张文襄奏案显相背驰,自应照准施行,刻下派员开局,势在必行。现拟每砂一吨抽银六钱,比较铁捐毫无增加。即希据情电复慕韩先生,请其转饬照章履行,勿怀疑虑等语,即祈查照为荷。吴佩孚。阳。等因。

查鄂省拟征砂捐虽不合奏案,倘能停止铁捐,比较似无甚出入。此事鄂省既坚持设局征收,势难再为抗拒。鄙见只有向日本方面酌量设法,以冀补救。究应如何对付,相应函请查核,公议决定办法,即饬经理处遵办为荷。专此。即颂

日祺

孙宝琦启

孙宝琦致公司董事会快邮代电

民国十二年七月二十四日(1923.7.24)

上海。董事会诸公均鉴:据经理处箇电报告吴任之厂长赴鄂交涉砂捐情形,现鄂官厅已设局征收砂捐,势难取消;主张彼方强制执行,以停顿为对付,并须与官本、铁捐、灵矿各问题同时提议解决,单独及此,断不承认等语。查鄂省设局征收砂捐,一再交涉,既无效果,鄙意与其空言无补,徒增恶感,何若就彼范围,以冀易于磋商,如果铁捐照征,则厂用炼铁矿砂自应要求免税,以避重征。至出售矿砂,倘每吨纳四角之税,较纳矿产税不相出入,似应委曲求全,以冀先行解决。至于官本、灵矿各问题,即提议接续双方协定,但不必要求同时解决,究应如何办理,即希查照提议公决,转饬经理处遵办为荷。孙宝琦。敬。

盛恩颐致公司董事会函

民国十三年十一月二十四日(1924.11.24)

董事会公鉴:

前接汉厂赵署厂长两次函报,奉派磋议砂捐投函及与时绅接洽各情,

均经转达在案。兹据该厂长十一月十五日函称:昨日鄂产清理处柬邀餐聚会议,时骧下午一时到会,五时始散。与议者:省长代表政务厅长韩觐侯,实业厅长杨爱唐,商埠局长杨筱麓,水利局长屈春波,堤工局经理胡智千,自治筹备处主任郭炯堂,省公署顾问万文甫,办理学校黄翼生、范允生、程桂森,砂捐局坐办周海门,鄂产清理处坐办时樾阶。在座诸人大半为省议员及清理处董事。

始由时骧陈明公司意旨,照议案第一层大致为:汉阳铁厂,张香帅经手建筑,费银五百余万两,虽已奏销,奈成效未见,颇难支持。清光绪二十二年四月商由盛宫保招商承办,奏定吨铁两银。无如我国制造未兴,仍难发达,截至光绪三十四年亏累银二百余万两,加招新股,商部注册为汉冶萍公司,添造炉座,出铁加多,迄今扩充之款已达数千万。虽以前之化铁炉及炼钢炉完全拆废,经济万分困难,敝公司仍照吨铁两银缴捐,并未邀求核减,实欲联络地方感情,愚以为鄂省大有便宜。现在请诸君谅解,仍照奏定铁捐成案办理,免致纷扰。第二层:诸君如不能谅解,改变办法为砂捐,须与合办灵乡铁矿一同解决(公司本年十月三十一日议案仍照前议办法一语,查前议范围较广,时骧现未说出,留为后来转圜地步)。第三层:砂捐每吨只能捐洋四角,最高每吨不能过洋五角;填股还款当然取消等语。

彼方云:此次赵厂长来会,能否全权代表汉冶萍公司?时骧云:只能传达两方意旨,联络感情。此是公共事业,虽两方董事会长不能独自解决也。初似有拒绝时骧之意,继由时樾阶云:赵厂长既奉孙会长委托,当能磋商办法。接云:第一层从前官督商办铁捐之案,现既改为完全商办,性质不同,且砂捐局已设年余,铁捐万不能再成问题。第二层众议合办灵乡,另为一事,此时公司欲与砂捐并议,是故意延宕。经时骧再三陈说,若望公司发达,先须原料充足,合办灵乡两有裨益。磋商复磋商,始允合办也。又云第三层,砂捐六钱是根据吨铁两银,并未加添。时骧陈说公司困难,不能加此担负,非大为减轻不可。最后让为五钱六分。填股还款另议。众议金同,词甚坚决。时骧云,砂捐若照普通定例,少数缴捐,则填股还款犹有可说,若五钱六分,是仍似根据吨铁两银归还官款,又再填股还款,万无此理。时骧亦鄂人,也愿多得进款,但事不得其平,非徒与事无济,反惹外人非笑。议至此,众言复杂,不得要领。时骧执此宗旨百方解说。众答云:填股还款,双方早有议案,不能今日以赵厂长一言轻轻注销,我等少数人亦万难作主,只要贵公司有诚意解决此事,砂捐并填股、还款尚有磋商余地。此昨日会议情形也。

时骧之意,此事相持十余年,两方均感困难,迁延日久,大伤感情,最好趁此股东会时由公司函请彼方派员到沪就近解决也。专肃具陈,即请转陈董会,并祈示复,以便转致前途等语。合亟转陈,即祈贵会迅予核议示复,以凭饬遵。肃颂

公绥

副经理　盛恩颐

鄂产清理处致九州制铁所电
民国十三年十二月二十四日(1924.12.24)

日本。九州制铁所鉴:为申明主权请烦查照事。窃查汉阳铁厂及大冶铁矿虽现属汉冶萍公司经手承办,考其原来,实系前清鄂督张文襄以鄂款经营创办,厂矿著有成效后交盛杏孙书尚书以官督商办名义接收,奏定吨铁两银,永远照抽,作为填还官本及地亩等税,不得抗不缴纳。是汉厂冶矿营业虽属汉冶萍公司,地主权实在鄂人。我鄂人只能任该公司采砂炼铁,照案纳捐,不能以之抵押借款,此情此理不徒敝国人所共知,即贵国公使芳泽亦素所深悉也。昨阅报载汉冶萍公司有向贵所借款之说,恐贵所不明真相,特此申明,若系以汉厂冶铁作抵,我鄂人以地权所在,誓不承认。专此电达,并希查照。敬。(印)

盛恩颐致萧耀南函
民国十四年一月六日(1925.1.6)

敬启者:

前奉钧署上年十二月蒸电,以敝公司前解铁捐所缴期条不能作用,委派伍本炽来沪催提,饬即措齐交该员解署等因。奉此,旋于十二月二十日

准伍委员到沪会晤。恩颐迭催提解,以应解之款。因期条未能作用,致劳派员守提,实深歉疚。惟查前解十二年上半年铁捐时,适因经济困难凑不足数,暂具期条为信,满拟俟营业稍裕即缴现金,抽回期条,讵秋冬以还,时局多故,铁市滞销,金融已形杜塞。又以湘省军事征调扣车,萍运梗阻,以致汉冶两厂燃料不继,先后停炉,出货既无,益形艰困。沪上银行钱业不惟不能通挪分文,转齐来索欠,户限为穿,而冶萍两矿积欠工资及所负债款数达百万,势尤紧急,该矿长等催款救济之电日必数起,束手彷徨,无以应付。凡此窘迫情形,均为伍委员所目击,所冀东款进行已有眉目,惟成立尚需时日,伍委员在此守候,唇舌焦劳,时光坐废。思维再四,商请先行回鄂,报告实情,藉纾廑系,一俟东款告成即当首先汇缴,决不延误。夙蒙维护,当荷鉴俞,临颖不胜悚仄感祷之至。谨致

兼任湖北省长萧

汉冶萍煤铁厂矿有限公司兼代总经理　盛恩颐

鄂产清理处致萧耀南函

民国十四年五月(1925.5)

省长钧鉴:

敬启者,敝会接据钧委田委员炳堃报告书,略开:炳堃于本年三月奉令前赴大冶石灰窑汉冶萍厂矿办事处守提十二年砂捐,开局起至十三年年底止所查砂数算结银数及未开局前所欠铁捐与十二年上年出铁数目、应缴银数等因。遵即前往与该矿长季厚堃交涉。据称,厂矿对外交涉,厂矿长无权,只好将兼〈省〉长命令照转敝公司。炳堃谓自本年一月奉委至今,贵公司未见派员交涉,自系默认砂捐,即应照缴捐款,请即去电贵公司从速付款,以了悬案。自后迭次催促,迄无回复。嗣查该厂存有焦末二十余吨,将来开炉每日可有五六十吨,又片铁、模子铁,每日可出十余吨,均经该厂发卖有价,特去函请将所存焦末、片铁等截留,作抵偿砂捐之用,并请该矿长于开炉后所出焦末、铁片等,一律交由清理处照时价变卖作银,以完所欠捐款。旋准该矿长复函,承认截留焦末,照向来售价成例作银用资抵偿,并谓

片铁一项向系回炉自用等语。但查闻去岁丁姓向该厂买片铁、模子铁共一千吨，是片铁不必回炉即可变卖作银之铁证。炳堃拟请省长指令该厂不许片铁回炉，连同焦末一律按月交付，以便作价抵偿捐款，是否有当，尚祈公裁等情。据此，兹敝会于本月十六日召集董事会同人提出讨论，金谓汉冶萍公司对于砂捐一节毫无诚意，解决无期，自应截留该厂所存焦末、片铁两项，变卖作偿捐款，汉阳铁厂自应事同一体，反复会商，意见相同。拟恳钧座指令该矿长将现存焦末、片铁等及嗣后每月该厂矿所出焦末、片铁一并截留变卖，作抵偿捐款之用，并恳加委田委员炳堃、胡委员咸林，责成该两委径向该厂矿严重交涉，定为成案。

再，据赵厂长口称，汉冶萍总公司比派吴健来鄂谈判砂捐问题，倘其具有诚意，一经解决，固属幸事，万一仍持迁延故技，惟有恳请钧座将吴健实行拘留，务期达到解决目的而后已。为此函恳钧座鉴于本案解决之困难，俯赐维持，鄂中幸甚。

公司董事会致孙宝琦函

民国十四年十二月十日(1925.12.10)

慕公会长阁下：

湖北改抽砂捐一事，先接萧兼省长训令催解已经承认五角以内捐银，又接来电以鄂产清理处议决扣留煤铁抵偿捐款，令委专员会同汉冶两县及各该地驻军长官强制执行各等因，先后到会。当经公同议决电复湖北萧兼省长，恳饬地方文武停止强制执行，一面就五角之数定议解决，以便照议办理。讵此电去后尚未接复，而叠据经理转据汉厂赵厂长函电报告，县委已实行提货，并收管轮驳，连日查点废铁、焦末，又借去四码头煤栈一所，军、省加派蒋秉忠、恽畏三两员，警厅亦奉令来厂调查产业，并将军、省两长会衔训令内载清理处陈请扣货抵捐办法六条录呈前来。查湖北改抽砂捐已属推翻成案，于理不合，而捐额未定凭何解缴？今竟扣留货物，强制执行，厂矿处于强权之下实亦无可如何。兹据前情，理合照录来往函电等件备函奉陈，敬祈察核。此颂

勋绥

董事会谨启

萧耀南致高尾电

民国十四年十二月（1925.12）①

顷接来电内开：武昌萧督办鉴：兹接上海总领事来电云云。查汉冶萍公司开办之初，承受湖北动产不动产共计本银五百六十万两，经前督张文襄奏定吨铁两银缴纳铁捐，该公司早经履行在案。嗣因该公司卖砂与贵国九州制铁所，漏缴铁捐银至九百万两之多，并未经鄂省认可，本督办为吾鄂债权恐致损害计，始与鄂绅协商，于十二年七月设立砂捐局，以杜卖砂漏捐之弊，仍照吨铁两银计算。其实吨铁两银较之改纳砂捐尤重，该公司狡不完纳，本督办屡与士绅详议并函电该公司，极力开导者无虑数十次，该经理盛恩颐乃允来鄂议结前欠。讵九月到汉，彼此未及交涉，推言先赴萍乡开发工债，债了旋鄂再定鄂捐。不料二次莅汉，除已交煤矿工债外，又交还鄂官矿署卖砂银九万两，官矿署、萍乡工债俱交现银，独对于湖北全省公债置之脑后，殊属无理已极。至来电所云正金银行及安川等款项，与该公司固属债权债务问题，论时期则鄂在正金先，论权利则鄂省有优先创办关系。今鄂省所取于该公司者，首先不过废铁煤末，其次则该公司厂外之不动产业及未用之轮驳等件，与该公司营业决无妨碍，与贵国债权前途更不相涉。矧鄂省与贵国即同属债权者，鄂省欲该公司履行债务，彼即藉口不能营业，设贵国须该公司履行债务，彼亦藉口不能营业，致受莫大损失，不审贵国将何以对付？然则有债权者不能索债，负债务者不必履行，吾恐鄂省与正金等将同一受莫大之损害，中外古今决无此理。查民国六、七年间，旅京鄂绅曾经贵国前公使芳泽调解汉冶萍交涉，申明纯以友谊关系，不含国际臭味，今由贵领事转到驻沪领事提及该公司负有正金及安川等债务，殆非悉鄂省与该公司内容，自十二年迄今，该公司应纳铁砂捐银并未缴纳分文，所有萍

① 原件无时间，此系根据内容判定。此电由鄂产清理处代拟。

乡工债暨官矿公署欠款均经交现,鄂省应收之铁砂捐独令向隅,是为理之至不平者。似请贵领事转达沪领事开诚布公,警告该公司,俾速履行债务,此为正当办法,抑亦鄂省与贵国诸行商之大幸也。特此电复,诸维毫察。

公司董事会致萧耀南电

民国十五年一月十二日(1926.1.12)

武昌。萧兼省长钧鉴:奉艳电,砂捐定案后扣留煤铁即可取消,至感。敝公司历年受军事影响,营业顿挫,周转不灵,经济困难已达极点。比因扣留煤铁,市面摇动,颠覆之危即在眉睫,吴任之沥陈艰困委系实情,即盛总经理承允每砂一吨捐洋五角亦无非希冀早日定案,免致尊处疑无诚意解决。兹蒙属另派员接洽,遵当照办,惟求转饬印委先勿扣货,并准其照常装运,俾厂矿得以苟延残喘,不致全部牵倒,则诸事总易商量解决。若货料悉被扣提,不准装运,致两厂从此不能开炼,营运不能周转,势陷公司于绝境,必至破产,不但砂捐化为乌有,即铁捐亦从此销灭,是鄂省反无收捐之日也。敝厂矿久隶帡幪,夙承爱护,用敢披沥直陈,生死存亡,惟公实操之,临电不胜迫切待命之至。汉冶萍公司董事会孙等。文。

公司董事会致吴佩孚[①]函

民国十五年一月二十二日(1926.1.22)

子玉总司令麾下:

杨秘书长到沪,接奉惠书,一是敬悉。敝公司与鄂省虽有捐款纠葛,然不能即谓为欠缴砂捐,亦实无六百余万元之多。兹将其中一切细情谨为贵总司令查案详陈之。

查敝公司汉阳铁厂系承官办积亏力不能继,始由前清湖广总督张文襄公于光绪二十二年奏准改归商办,其原奏内声明,官局用款共银五百数十万两,由商厂按所出生铁每吨提捐银一两,按年汇数缴还,地税一切匀纳在

---

① 吴佩孚(1874—1939):字子玉,山东蓬莱人。时任两湖巡阅使、直军总司令。

内，并无另外捐款，此汉厂之有官款及缴纳铁捐之原案也。民国二年，鄂绅欲推翻成案，要求将汉厂所用官款五百五十余万两除历年以一两铁捐抵还一百余万两外，其余四百余万两，约合洋五百数十万元，改填股票，一总归还。民国六、七年间，复请以现款归还，并议将铁捐减半缴纳，另加外售砂捐及合办灵乡铁矿为交换条件，敝公司因厂矿处于鄂省势力范围之下，不敢不与之周旋。然前项官款五百余万并非全系鄂款，其间尚有中央及江苏拨款，中央有案可稽，自不能不陈候核准，而江苏亦闻风前来索还，因之磋商多年，议而未定。迨民国二十年春间，鄂产清理处忽又推翻前案，陈请湖北省长派员设局，自是年七月起改抽砂捐，不抽铁捐，坚索每砂一吨捐银五钱。敝公司因所抽砂捐近货价三分之一，较铁捐何止倍蓰，商力艰难，实属担负不起，故一再恳请减轻，始允照特税每砂一吨捐洋四角，最后认缴五角，鄂省迄未允准。此鄂省变更铁捐成案改征砂捐尚未议定之情形也。

兹奉尊函，谓敝公司拖欠湖北砂捐约计六百余万元，想系传闻之误，或系指从前汉厂所用官款而言。盖铁捐历经敝公司遵照奏案按年缴清，至民国十二年六月底止并无短欠。是月以后因鄂省不抽铁捐，故未续缴。其砂捐捐额尚未议定，既不能遽谓之欠缴，更无凭确定其欠数，即就清理处之意以每吨捐银五钱核计，照矿捐局报告自民国十二年七月设局之日起至十四年九月底止，共计出砂九十八万余吨，亦不过合银四十九万余两，实无六百余万元之多。敝公司历年因受军事影响损失已巨，加以工料昂贵，铁市疲滞，年年亏赔，经济奇窘，近竟连薪工亦积欠数月，若再加此苛刻砂捐，商力如何能胜？乃鄂产清理处不恤商艰，非但不肯减让，现竟陈请湖北督办省长派委专员会同营县赴汉冶两厂提扣货物，变价作抵，甚至已经装船之生铁不准运行，已经抵押之生铁不准付款，致押主反向公司索偿损失，市面因而摇动，群情至为愤激。从此两厂无款无料，不能开炼，营运不能周转，风声所播，银行钱庄分文不肯通融，存欠债户亦群来追索，已陷公司于绝境，必致破产而后已。敝会同人自接奉尊函，一再讨论，佥以军需紧急，理当协济，况杨秘书长传宣贵总司令恤商保民之德意，尤深钦感，倘可稍设法外之法，敢不竭尽绵薄？无如敝公司现被鄂省逼迫太甚，年关在迩，尚不知能否

渡过。焦思至再,委实莫展一筹。除恳托杨君面为转陈外,谨布下忱,敬祈鉴宥。祗颂

勋绥

  诸惟亮照,不备。

汉冶萍公司董事会 孙宝琦等谨启

公司董事会致萧耀南函

民国十五年一月二十八日(1926.1.28)

珩珊省长阁下:

  改抽砂捐一事,前奉艳电属即派员来鄂诚意接洽,以便早日定案,至于扣留煤铁,将来一经商妥立即取消等因。当以文电奉复,遵当派员,兹特委任敝公司事务课课长舒君修泰恭诣台前,竭诚候教,务祈拨冗赐见,示以维持办法,俾得早日解决。惟查此事之先决问题确有两端,一请先勿扣货,俾厂矿得以存在,方有捐可收;一请核定捐额,使商力能可担负,方可遵照筹缴。谨再恳切为我公缕陈之。

  查汉冶两厂自县委提扣货物以来,秩序紊乱,甚至已经装船之铁不准运行,已经抵押之铁不准付款,致厂矿工饷无出,押主反向公司索偿损失,从此两厂不能开炉,营运不能周转,风声所播,市面动摇,银行钱庄分文不肯通融,存欠债户亦群来追索,已陷公司于绝境,再逼必至破产而后已。果尔则中华硕果仅存之实业一旦破坏,不仅砂捐化为乌有,即铁捐亦从此消灭,于公司固属失败,于贵省亦实无裨益。此不得不恳请贵省长毅然独断先将强制提货命令取消者也。

  至于捐额,查民国十二年一月十日奉贵省长实字一百八十八号公函,即系每砂一吨抽银五钱,嗣清理处又请照含铁成分改为每吨抽银六钱,现该处所称减为五钱,仍是前数,何从云减?敝公司盛总经理在汉允加至每吨捐洋五角,已属委曲迁就,即按五角核计,较之铁捐何啻倍蓰。盖铁与砂之比例不能以重量成分相权,由砂变铁须加熔炼工料,而砂亦并非一概含铁五六成,故宜就铁与砂之价值为比例。铁每吨售价银三四十两,缴捐一

两,约合值百抽三;砂每吨售价以日金合银不过一两五六钱,课以五角之税,已合值百抽二十有强。若照清理处所请每吨捐银五钱,是抽货价近三分之一,恐环球各国无此重税。况敝公司因工料昂贵,成本加重,产销不旺,售价不敷,艰窘困难已达极点,若再加此苛刻之砂捐,商力实属担负不起。此不得不恳请贵省长毅然独断先将捐额即照每吨洋五角核定者也。

抑同人更有不能已于言者,敝公司历年受军事影响,积累已深,乃自欧战停后,铁市又一落千丈,以致售价短绌,年年亏赔,周转更不活动。近竟连经常之费苦无所出,薪水工食亦多积欠,厂则屡报被扰不堪,矿则飞告员工断炊。值此百孔千疮山穷水尽之时,无论数十万议而未定之砂捐巨款难筹,即按砂捐未定案以前仍缴铁捐亦筹解匪易。再四焦思,愧悚万分,然势逼处此,尤不得不披沥直陈,恳求贵省长格外维持,俯念商力一时实难周转,准予宽缓时期,俟商力稍苏能可周转,必当陆续尽先解缴,决不敢丝毫短欠。至于商力之能否得苏,尤在提货之命令能否取消,现在厂矿被提货逼迫已属朝不保夕,如清理处只图一时之快意,不顾永久之收捐则已,若欲永久收捐必先使厂矿立时回复秩序,得以永久保全,能于阴历年前定案,然后方有协商筹解捐款之余地,果能双方兼顾议而能行,敝公司无不竭诚奉商遵命办理。除将不尽欲言及捐额定后一切应有手续,统嘱舒君详切面陈并先电达外,理合肃函详切奉恳。敬祈贵省长俯赐洞鉴,允准施行。临颖不胜感祷待命之至。专此。祗颂

勋绥

诸惟爱照,不一。

汉冶萍公司董事会　孙等谨启

冶厂交鄂产清理处煤铁清单

民国十五年六月(1926.6)

计开:

十四年六月九日付焦末二百吨。

十五年一月三日付焦末一百六十九吨一百七十千份。

十五年二月十一日付焦末九十三吨一百九十六千份。

十五年三月三十日付焦末二百吨。

十五年五月十七日付焦末五百吨。

以上五次共焦末一千一百六十二吨三百六十六千分,每吨价洋十元,外加每吨力资一角六分四厘,共洋一万一千八百十四元二角九分,每元七钱,合银八千二百七十两。

十五年二月十一日付碎铁一百二十二吨零三十一千分。

十五年四月五日付碎铁二百吨。

以上二次共碎铁三百二十二吨零三十一千分,每吨价银念八两,共银九千零十六两八钱七分,外加每吨力资三角五分,合洋一百十二元七角一分,每元七钱,合银七十八两九钱。

总共银一万七千三百六十五两七钱七分。

詹大悲[①]致汉阳铁厂运输所函

民国十五年十二月三十一日(1926.12.31)

径启者:

案奉湖北政务委员会训令内开:案据委员黄崇庆呈称:崇庆此次奉令调查汉冶两厂,实查得该公司厂矿概行停办,经济异常困难,风闻拟将汉厂所存钢轨一万五千五百吨,又各种钢铁约计三千余吨(详数容日造册报告),又冶厂片铁约千吨上下,不日即行以运输所轮驳运沪销售。崇庆拟请钧座将该公司所存汉阳之各种轮驳于未收汉冶厂矿之前先将该所各轮驳概行收回,藉抵砂捐欠款。查鄂产清理处砂捐欠款结至十二年年底止,计欠银五十余万两,其在未设砂局以前所漏铁捐及十二年以后应缴砂捐(容日造册详报)银数约在三百万两以上,轮驳作抵,不敷甚多,明令收回应用,该公司自无异言。且即时收回可将该轮驳出租或设局自行拖运,所得进款可敷局用,并可作将来收回汉冶两厂之基础。是否有当,尚祈裁夺,批示施

① 詹大悲(1887—1927):字质存,湖北蕲春人。时任湖北象鼻山铁矿局局长、省政府委员兼财政厅长。

行等情。据此,当经本会提交会议议决,将该公司一切轮驳暂作收抵,俟付清各款发还。除委令黄崇庆前往办理外,合即令仰该局即便转知汉冶萍公司遵照。此令。等因。奉此,相应函达,即希查照。此致

汉冶萍公司汉阳铁厂运输所

局长　詹大悲

赵时骧①致盛恩颐、潘灏芬函

民国十六年一月二十二日(1927.1.22)

总、副经理钧鉴:

　　鄂省政府派员来厂保管焦炭一案,节经函电陈报在案。查厂存焦炭七千零七十吨,内有五百吨系十五年四月二十七号押于汉口庆丰钱庄,又六百吨系十五年五月十九号押于汉口上海银行,逾期已久,该两户急须转栈。又厂中积欠薪工甚巨,现另须转栈一千吨做押款,以资应用。又各办公室以及在事员工各住宅零购燃用月共约数十吨,均必须动用。当托黄委员转陈潘局长准予磅发。讵延不复我,经时骧往访催询,黄委员嘱备函代达,当照前情详函潘局长请求。准潘局长复函开:此次奉令接收保管此项焦炭系为抵偿公欠起见,刻已呈报政务委员会请示办理,承嘱各节碍难照准云云。以是员工愤极,工会开会谋所以对付,时骧再三劝阻勿得暴动,一面将前情详呈湖北政务委员会,恳予核准,尚未奉批示如何。前日朱少卿君突携有潘局长告示一纸前来,甫榜贴即被撕去,朱君见此情形即同丁役前往武昌。时骧诚恐伊等此去报告或至诬及我方面,随即邀同黄股长金涛往见象鼻山官矿局长潘康时,面陈一切。结果各办公室暨员工住宅燃用准予磅发,惟每日磅出若干吨须与朱少卿君接洽,登帐售价汇送官矿局核收。至保管期限,潘局长限二个月为期,公司如不赶紧来人清理,自有相当对付等语。急应函陈,尚祈迅赐派员来鄂交涉,以免变化更难理处。专肃。敬颂

崇绥

赵时骧谨肃

---

①　赵时骧(1875—1936):字步郊,湖北武昌人。时任汉阳铁厂代理厂长。

交通部批

民国十六年三月十六日(1927.3.16)

批汉冶萍公司代表孙河环等呈一件:恳咨湖北政务委员会即令象鼻山官矿局将没收轮驳发还并将武昌栈启封,俾利运输而维矿工由。

呈悉。候咨请湖北政务委员会查核办理可也。仰即知照。此批。

中华民国十六年三月十六日

部长 孙科

交通部令

民国十六年三月二十八日(1927.3.28)

令汉冶萍公司代表孙河环、盛铭。

为令饬事。

关于该公司积欠湖北政府之铁砂捐款,应由该公司直接与鄂政府处理清楚,不得藉词推诿。此令。

中华民国十六年三月二十八日

部长 孙科

孙河环致盛恩颐函

民国十六年八月二十日(1927.8.20)

经理钧鉴:

敬肃者,湖北官矿局因砂捐问题未决,扣用轮驳,强取轮驳所用材料,前经抗议并请交通部布告保存,均无效果。七月间,材料处司帐周鸿钧病故,本无须另行派人,而官矿局致函运输所坚欲派员接替,否则该局自行派员前来接管,并面称轮驳船只系鄂政府暂时收管,将来仍须发还,此时船只之修理以及行驶所需之材料若不酌予供给,船只即有损坏之虞,且以公司之轮驳取用公司之材料,情形自有不同,与前次保管公司物料之宣言并无抵触等语。揆其词意,若不照允,势必又将惹起强制执行之举动,一时意气,匪可理喻。最后河函约方科长来寓面谈,结果关于管理轮驳材料员司彼可通融不再派人,惟所存材料仍须继续取用。河观其词气既已和缓,而武栈所存材料凡轮驳日需之件早经用罄,所余之件大致系粗重之旧铁器、旧绳索居多,本无甚用处,似无所用其坚持,当即提出,但取用材料须先开单送由运输所转饬材料处照配,按照原值算价开票送核,所该料价即在应付砂捐项下扣抵,为交换条件,即经方科长面允。如此办理,既可保公司之主权,又不伤彼方之情感。嗣后复由官矿局用正式公函答复,认为可行,则更加一层保障,对于武栈材料当不致再有强制执行之发生。除函达运输所查照外,所有武栈材料处派员交涉经过情由,理合陈报钧察备案。恭请钧安

孙河环谨肃

孙河环致盛恩颐、吉川电

民国十六年十月二十日(1927.10.20)

经理、吉川顾问鉴:今日潘局长在武昌官矿公署召饮,河与盛运输所长、唐爱陆均到席,散谈及砂捐事,谓前议假定数公司应先履行,一方面再陈请政府减让,方是正办,乃公司一味迁延,可见毫无诚意,万难容忍,现须速照大冶磅见十三万砂数缴捐,不得迟延。河等再三解说,并请其照装船数纳捐。渠询何日缴付? 河等答以电请公司示再定。渠以此言仍属推托,遂大怒,即将盛运输所长扣留,在座十人讲情,均未允。此次之变,实出意外,现惟有速照已装船数缴清捐款,令盛运输所长早回,再商办法。查前议捐率,系每吨四钱二分五厘,附缴旧欠四角,务请速汇六万来汉照付,以免更生枝节,并乞电示机宜。再,河才短力薄,交涉数月,迄无效果,惭悚曷极,前已请辞去代表,尚祈迅赐遴员来汉接办,以免贻误为祷。河。哿。

孙河环致盛恩颐函

民国十六年十一月一日(1927.11.1)

经理钧鉴：

敬肃者，查盛所长被扣后，河连日奔走，与各方磋商，彼方坚持须将今年运日之新砂捐如数付清，方允释放盛所长，嗣与该局黄、李二科长极力交涉，先付洋一万元，即释放盛所长，俟盛所长出来再付一万元，其余四万元候公司有款汇汉，再陆续照缴。初一日晚本已议妥，讵至翌日忽翻前议，谓下余四万元之数如何担保，河答以此事须待公司接济，渠等以相距甚远，遂无结果，故又搁置。

再，河本拟每日函电陈报钧听，无如情形变化，时刻不同，故缮就之函搁而未发。兹将二十六日拟发之函附呈钧鉴，以资参考。现该事已托人向潘局长疏通，大约一二日内盛所长可望释回，惟砂捐事亦须早日解决，以免别生枝节。近日报载湖北省党部又将组织清算委员会，军事委员会又有派胡庶华为筹备汉厂厂长之事，兹将该报二纸寄呈钧鉴。至汉厂派厂长事，面托日领业已提出抗议，惟河才力短绌，办事不力，未能预防事先，致酿事端，至为心疚，尚乞予河相当处分，以惩戒将来，并乞钧座速另遴员来汉接办，以利进行为祷。恭请

钧安

孙河环谨肃

孙河环致盛恩颐电

民国十六年十一月三日(1927.11.3)

经理钧鉴：奉诵有电，惶汗无地，义之所在，责无旁贷。查汉厂黄厂长与农工厅长王祺及政府重要人员颇有交谊，昨宴邀诸人谈议砂捐结束，王君谓，官矿提出归束三点：甲、清理创办起之砂捐；乙、缴付新捐六万元，释放盛所长；丙、保障今后新捐不再拖欠。河以兹事体大，未敢擅专，惟最重要在先释放盛所长，所需六万如能付二千五百吨萍焦划抵，则所差无几，惟

前途坚索现款,立盼钧处火速飞汇六万,俾利进行。因须先将盛所长营救,方可徐议其余也。乞即电复。河。江

黄金涛致盛恩颐函

民国十六年十二月十九日(1927.12.19)

总、副经理钧鉴:

昨日卫戍司令部布告,共党重要份子詹大悲、李汉俊两名执行枪决。昨日报纸亦载,潘康时同在被捕中,报纸裁寄奉阅。詹、李均为前省政府委员之一,詹并兼财政厅长,潘其同类,以砂捐事无理取闹,我公司轮驳焦炭之被提取,以及公司所付现款,损失痛苦,言之可恨。最后盛所长之被扣勒款,尤属行同掳劫,舆论嗤之。我公司从此亦可谓除一恶毒也。专肃。敬叩

崇安

代理厂长　黄金涛谨肃

日人向鄂抗议索还轮驳交涉情形

民国十七年三月(1928.3)①

十七年春,日本驻华使馆附属财务官公森氏、正金银行正副总裁、三井洋行代表、八幡制铁所代表、驻汉总领事等共八人来鄂,声言奉其内阁决议案对我省府严重抗议,索还轮驳。当由我中央驻汉交涉员甘介侯、省政府主席张知本、公矿局长金梁园等与之谈判。客方诸人各就其所处地位发言,声势汹汹,若不可已。我交涉员答曰:诸君所言均不成问题,总之欠债还钱,须得算帐,算清数目,纷纠自解。主席曰:予以为甚大不了,原只钱债关系,严重云云,殊不可解。公矿局长答曰:鄂款为开办资本,自交盛氏至今已三十余年,总其数实应如此,毫无疑问。惟日方每称该公司所负日债四千余万,其确否,实待调查。以余所知清光绪时盛宣怀以其私份股票押

---

① 原件无时间,此系根据内容判定。此件原载清理汉冶萍湖北债捐处编印的《清理汉冶萍湖北债捐文件纪要》(1932年10月)。

借之款,岂得为公司所借。公司为众股东之公产,盛乃肯以其私产为众人作抵,大不近情,此其一也。又如民国七八年间,孙宝琦与日人合办九州制铁所,所借之款更非公司之负债,显然可知者,其二也。夫此宗款项出于私人授受,确否本已可疑,即令确矣,而盛、孙私人所借亦与公司无涉。欧战时,铁价飞涨,每吨由二十余两增至百余两,砂价亦至六倍以上,仅以砂言,战期中间该公司付砂与日约二百七十余万吨,以六倍计,约四千八百余万元,况平时砂价定限太低,亦有应酌加者。再退一步,即令公司所借日款〈数〉目属实,在此限间日人取偿于该公司之铁砂者实超过借款数目之上(据北京周刊所载竹内克已论文谓八幡于欧战期间用冶矿铁砂获利八千万元云)。鄂省与日人同为该公司之债权者,日本债权早于无形中偿还过额,吾鄂省现仅将其轮驳一部作为抵押,实与债权者之本息全额相差甚巨。本局长奉令清理,自当恪尽职守,岂能轻纵。若该公司仍前狡赖,省府当局或另有进一步办法,奉行者亦只有唯力是视。该公司自民二以来,即有日人为工程、会计顾问、监察员,而原有之工程师尚不在列,乃今竟以经营失败闻于世,日本方面不能辞责,尚何能以获利溢额之债权与我最优先之债权相抗耶!鄂省对于该公司之债权乃创立之资金,原宜列为股权,因该公司抵赖,不填股票,恐招损失,乃改为债权,要求偿还,故此项债权之发生实居最优先之地位,可对抗一切善意的第三者。日方之债发生远在其后,又无创办产地等特别关系,然则日方债权于该公司不能主张特别权利也。

日代表等云:公矿局虽依正式契约管理汉冶萍运输所轮驳,然有碍日本方面物权担保关系。金局长答曰:我方以特别关系居优先地位,日方与该公司私结契约,设定物权担保,实于我方权利大有妨害,若不知而为之,是自己疏忽,应受其损,不能责人;若明知而故为之,是直为恶意之企图,实侵害鄂省最优先债权者之权利,更无对抗第三者之可能,方当受责于人,奈何反责我省。

汉冶萍公司为解决砂捐事之条议

民国十七年五月十六日(1928.5.16)

一、捐率 查本案以铁捐改为砂捐,至十五年春,前鄂产清理处允每吨五钱六分征捐,敝公司认五角,最后清理处亦容纳五角定案,但须公司先付现银二十万两,当时公司以竭蹶万分,无法筹付巨款,而本案之商榷实可谓已妥洽矣。去年,公矿局潘康时局长与公司孙代表河环会议,潘局长拟每吨暂定捐银四钱二分五厘,公司之意请仍照五角定议,致未解决。此次公司之意拟请贵会准于四钱二分五厘予以减轻,公司则于五角之数亦略为增益,两相迁就,则久悬之案不难解决。曾托公矿局金局长以此意转达,贵会谓该项捐率已定,不愿再谈。此次公司原系竭诚前来,甚望于贵会体恤此意,提倡实业,不过事强迫公司以所难,早日解决悬案,庶双方均有裨益也。

一、缴捐办法　售日本之砂以装运之数为准,自用炼铁之砂以运至汉阳或大冶各厂之数为准,每月结算,在汉缴纳捐款一次。现在砂捐局派员在冶会磅,意欲按照矿山运至江边磅见之数征收,若照此办理,公司实在吃亏甚巨。盖砂久堆江边,陷入泥中及滚入江中者为数不少,且装海轮之砂数量均按水尺估计,船行为顾全自身,交货恐有短少,总不免苛刻,以多估少之积习。此外,并须加耗。凡此诸端,积少成多,数年前曾清堆一次,比较帐目亏短至三四万吨,此有事实可征者也。贵会体谅商艰,应请免公司受此损失,上定准则,实无遗漏也。

一、付缴欠捐　结算十二年七月起至十五年底止之砂捐,除公司已付现款、货物及轮驳租价、修理外,如有欠数,以后缴纳砂捐时每吨附带缴纳两角,至付清为止。

一、轮驳发还　以上诸端解决后,公司即先将去年度砂捐缴清,贵会即将公司全部轮驳发还。

汉冶萍公司代表　赵兴昌

湖北公矿局十六年度之报告(节录)

民国十七年(1928)①

改组砂捐局(略)

———————

① 原件无时间,此系根据内容判定,似在六七月间。

没收汉厂焦煤(略)

接管运输所

本局奉前湖北政务委员会令,接管该公司运输所。查该所原有拖轮十四艘,钢驳二十余只,木驳九十余只。本局接管时仅拖轮四艘,钢驳二十五艘,木驳七十五艘,其余均被军事机关借用。除拟设法请军事机关将借用之轮驳发还外,一面委派专员在汉设立管理汉冶萍运输所事务处,以利进行;一面将所收轮驳招商营业,由振兴公司立约承办,经呈请前湖北政务委员会第二十四次会议通过后,本年二月即将轮驳开驶,往来宜昌、沙市、武汉一带装运货物。始因土匪猖獗,行驶艰难,继因军差频仍,时被封借,不但阻止以后之营业,即已装之货亦因之不能达到目的地而致中途霉烂,商人损失甚巨。后经呈请省政府设法保护,始稍安全。未几,复因武汉煤荒,各路尽量运煤尚不敷用,国民政府军事委员会暨交通部令本局将所管轮驳,悉数交京粤两路军事运输委员会接收。又经具呈省政府申述轮驳不能移交之种种困难情形,请分别呈咨,并由局长会同省政府委员向交通部长面陈一切,甫邀谅解,又有战时经济委员会及萍矿管理委员会之索交,虽几经争辩,未被索去,而一年来之阻碍横生,已属官商交困矣。

解决铁砂捐积案

汉冶萍铁砂捐案交涉数载,迄无具体办法。本局奉令接办后,迭经催促该公司,始于六月初派代表孙河环由沪来汉,接洽谈判数次,仍不得要领。该公司并以昔时贿赂手段四出运动,经再三严重交涉,始承认先缴砂捐钱钞十万元,再议砂捐捐额及各悬案,除所缴十万元已经呈由省政府分别支配外,因于六月二十日邀请省政府代表刘鼎珊,汉口特别市党部商民部长唐爱陆暨本局总务课长方家耀、处长黄崇庆与该代表等在局会议捐额及悬案。其议决如下:(一)以银四钱二分五厘为每吨砂暂定税率,吨铁则以原案两银为准,自炼者抽铁捐,售卖者抽砂捐;(二)从前积欠捐款照帐清算,已缴铁捐者不算砂捐,未缴〈铁〉捐者照铁捐计算,未缴砂捐者照砂捐计算;(三)日前卖砂即须缴捐,以暂定税则(〇.四二五两)为准,在冶过磅在汉缴捐,并每吨附缴四角,以还积欠铁砂捐款;(四)每至一万吨缴捐一次,由孙河环携案报由总公司承认。讵料迁延数月,迄未照缴。既而该代表孙河环、盛铭复来汉,以贿品向局长尝试,经严词拒绝狡计未遂。又运动军阀硬欲将轮驳收回,藉以推翻原案。本局乃于十月二十日复请省政府派员莅局,与该代表等当面讨论。该代表等仍无缴捐诚意,并否认原案。不得已,将该代表盛铭留局,清算帐目。十一月十五日盛铭出具甘结,承认旧砂捐案未清算以前,该公司轮驳全部作抵新案,遵照议定税率陆续缴纳,先缴六万元,内现款一万四千元,余四万六千元以该公司锰矿二千五百吨栈单一纸作抵,并由汉口招商局长施子菁出具保结,本局乃呈请省政府准予开释。十余年之悬案遂得有相当之解决,旧欠新捐均有着落。非坚决主持不为威胁,不为利诱,则殊非易易也。

（下略）

盛恩颐致公司董事会函

民国十七年九月二十一日(1928.9.21)

董事会公鉴:

前据赵襄理拟送砂捐协议书提请贵会核议,旋奉函示会议议案并指示赵襄理真电稿,当经转函嘱其遵照去后,兹据赵襄理函称:前奉董事会真电并附下洋十万元照收,其电示要点除遵将十万元交清取具省政府收条注明砂捐容即寄奉外,其删除协议书第一条从前汉阳所用官款及十二年六月以前捐款并同时签定轮驳交还两项,兴昌再四交涉,委员会因自有困难之处,不能容纳公司之全部请求。该会于前月三十日例会后提出,协议第一条,债捐各款应于民国十八年四月以前派全权代表与委员会清算解决,第二条委员会所管轮驳应与前条同时解决,但在未解决以前公司因水浅运砂至芜湖需用轮驳得向委员会议定租借办法等语。是官款及十二年六月以前捐款删除,完全不能办到,而交还轮驳一项许予提前租借,可谓得彼方通融。该会于此两项不能体谅公司者,一债捐因鄂省人民皆注重,此点彼等少数委员不能擅专放弃;一轮驳如于解决砂捐同时交还,该会对于政府前呈既不能遽然推翻,又恐公司对于以前债捐搁置不议,以故坚持。前在砂捐局任事之田炳堃曾著有意见书载在五月三十一日《中山日报》,于债捐轮驳之坚持及攻击委员会之处尽情披露,鄂人心理可见一斑,特剪下寄陈。现在兴昌拟将该会提出协议书第一、第二两条更改,"十八年四月以前"改为"砂捐签定后一年内"数字,第二条但书改为"公司因营业上需用该轮驳运输时,得随时向委员会议定拨用办法"等字,向该会磋议。此次交涉之困难迭次函电陈明,探察彼方不能容纳我方全部之请求及我方终难达到完满之目的,均经早邀洞鉴。兹将近日交涉情形及拟改条款肃函并抄录该会提来协议书陈请钧鉴,可否之处,伏候核复示遵。再如蒙赐复,并祈电示,以便遵行等语,并附件到处。

经理查核此次鄂方提出协议第一条将前议保留者,限定年月清算解决,愈形逼紧,较前更坏;第二条公司自有轮驳需用时反向租借,是反客为主,显无收回之望。赵襄理所拟改者,第一条仅略延时间,第二条仅改"租借"为"拨用",于本条事实上仍无补救。明知强权之下抗议之为难,然似此迁就,窃恐大错铸成,更无挽救之余地。心所谓为危不敢不言。理合将附来协议书并拟改稿各一件一并陈上,究竟如何答复之处,伏乞贵会迅予核议示遵。肃颂

公安

副经理　盛恩颐

[附件]　协议书

立协议书,清理汉冶萍湖北债捐委员会(以下简称委员会)、汉冶萍煤铁厂矿有限公司(以下简称公司),协议交付湖北砂捐办法列左:

一、公司所欠湖北债捐各款,应于民国十八年四月以前派全权代表与委员会清算解决。

二、委员会所管之轮驳应与前条同时解决,但在未解决以前,如公司因水浅运砂至芜湖需用轮驳,得向委员会议定租借办法。

三、公司应缴砂捐先付次列两段交付,第一段民国十六年以后,第二段民国十二年七月至民国十五年。

四、第一段砂捐率定为每吨库平银四钱二分五厘,以后此项矿砂无论运输出口或运汉厂、冶厂自炼,均一律按照上率交付砂捐,但未经纳捐之砂径自炼铁者,仍应按照吨铁两银交付铁捐。

五、第二段砂捐,以公司所出之砂数按照本协议书第三条捐率附缴。

六、第一段砂捐按数即行交付。

七、第一段砂捐交付时,每吨附缴三角,以还第二段砂捐,如公司全年度运出之砂在四十万吨以上,所有超过四十万吨以上之数应照每吨四角附交。

八、第一段砂捐计算办法,以由石灰窑运输出口及运入汉厂、冶厂运单之数量交捐,其出口数量应缴出海船船主水尺计算证明书及制铁所收据,运厂数量交出详细磅单,但出口及运汉厂、冶厂之数须与参酌石灰窑磅房之数,不得相差过多,或百分之若干。

九、第一段砂捐交款方法,于每月终按已运数量由公司责成汉阳铁厂如数交付,并委托汉口正金银行代交。每届阳历四月结算至三月底为止之捐数,换取正式总印收。

十、公司每月应将砂之运售数目,照抄一份送交委员会备查。

十一、公司交付捐款应以银两为准,但缴纳通用货币时,得依第三条规定以库平七钱二分计算。

十二、本协议书自双方签定之日实行。

十三、本协议书缮写二份,各执一份为证。

拟改协议书第一、第二条文又第七条

一、公司与湖北省未经解决之债捐问题,应于本协议书签字后一年内派全权代表与委员会磋商解决。

二、委员会所扣留之公司轮驳,应与前条同时解决,但在未解决以前,如公司因营业上有需用该轮驳运输时,得随时向委员会议定拨用办法。

七、第一段砂捐交付时每吨附缴二角五分,以还第二段砂捐,除自用砂外,如公司全年度运输出口之砂在四十万吨以上,所有超过四十万吨以上之数应照每吨四角附交。

孙宝琦致李宗仁①函

民国十八年一月二十一日(1929.1.21)

德邻先生大鉴:

秋间台旗莅申,两次晤谈,畅聆伟论,佩慰良深。辰维党国宣勤,勋猷卓著,允符臆颂。

宝琦一生庸碌,无补国家,比更衰病侵寻,精神颓废,惟念中山先生三民主义全国当奉为金科玉律,而尤以民生主义为最关重要,亟当实力做去,既富方教孔子遗训正复相同。宝琦昔年奉使欧洲,尝研究各国注重铁路矿业之理由,不但为开发富源,实为养民之大政,不论路矿之为本国或外国人之资本,亦不论其获利与否,而劳工及其家属之得以倚赖生活者,每一路矿直接间接不下数十万人,少亦数万人,宜乎政府注意提倡路矿,竭力保护或予补助或予保息,实为民生主义之大端。我中国路矿方在萌芽,十余年来,战事频繁,几乎摧残殆尽,无庸为讳。现虽统一告成,而人心观望,欲图扩充路矿,断非近期所能实现,惟有就国内原有公司特别维持保护,俾得安心营业,希望恢复原状,庶日后中外资本家自能继起企业,开未辟之利源,养穷民之生计,救国良谟,莫急于此。我公宏量远识,必不汉河斯言。

宝琦于民国四年被推汉冶萍公司董事长,辞之不获,迄今十余年。公司自前清接办以来,缔造艰辛,千疮百孔,支持至不容易。欧战停后,铁业一落千丈,近复迭受军事影响,萍乡煤焦不能运载,化铁炉以致停炉,种种苦况,非可笔罄。兹查前清光绪二十二年由鄂督张文襄公奏准改归商办,原奏声明官办时用款五百余万两,公司接办后每出生铁一吨捐银一两,缴还官款,一切地税等项均纳在内,并无另外捐款。敝公司接办以来历经遵办,嗣因鄂省议请改抽砂捐,不抽铁捐,磋商多年,总未定议。兹就贵省债捐委员会所拟协议书条款将第一、二两条稍加修改,特派敝公司襄理赵丙生君携带往汉面与委员会诸君妥商议定,早日解决。素仰台端关怀实业,

---

① 李宗仁(1891—1969):字德邻,广西桂林人。时任国民革命军第四集团军总司令、国民政府预算委员会委员。

尚祈俯赐转饬该委员会体念敝公司近因鄂湘等省连年用兵,明亏暗耗损失不赀,困苦异常,凡有可以通融之处务予格外维持,即照此次修改条件克日签定,以结悬案而免再延。敝公司厂矿大半俱在台座管辖之内,务祈俯赐鼎力维持,俾得安心工作,以重民生,曷胜感祷。至敝公司在汉各项轮驳有为鄂省扣留者,有为海军拨用者,现在砂捐一案不日解决,军事亦已结束,自应一并发还,俾资应用,并请饬令主管机关将鄂省扣留者先行放还,并乞转商海军杨总司令及第一舰队陈总司令准予即日发还。至深感祷。专肃奉恳。敬请

台安

　　诸惟爱照不一。

孙宝琦

李宗仁致孙宝琦函

民国十八年一月二十六日(1929.1.26)

慕韩先生赐鉴:

　　顷奉大函,崇论闳议,钦佩莫名。所示各节,谨当遵照转达。惟仁现在服务中央,诸多碍难,请仍一面径向鄂省政府及海军当局接洽,以期迅速解决,是所企祷。专复不尽。敬颂

勋祺

李宗仁敬启

公司董事会致湖北省政府函

民国十八年二月五日(1929.2.5)

敬启者:

　　窃敝公司承湖北铁厂官亏之后接办以来,缔造艰辛,百孔千疮,支持至不容易。欧战停后,铁市一落千丈,近复迭受军事影响,以致厂矿停工,势成坐困,种种困况,非可笔罄。查自前清光绪二十二年由鄂督张文襄公奏准汉厂改归商办,原奏声明官办时用款五百余万两,公司接办后每出生铁

一吨捐银一两,缴还官款,一切地税等项均纳在内,并无另外捐款。敝公司接办以来历经遵办,嗣因鄂省坚欲改抽砂捐不抽铁捐,磋商多年,迄未定议。上年贵省组织债捐委员会,曾拟有协定书,兹就原拟条款将第一、二两条稍加修改,其余间有删润均属文字关系,无甚出入。特派敝公司襄理赵丙生君携带往汉面与委员会诸君妥商议定,早日解决。素仰贵省政府诸公关怀实业,恳祈鼎力主持,准予转饬该委员会体念敝公司近因鄂湘等省连年用兵,明亏暗耗损失不赀,困苦异常,凡有可以通融之处务予格外维持,即照此次修改条件克日签定,以结悬案而免再延。至敝公司在汉各项轮驳,有为鄂省扣留者,有为海军拨用者,现在砂捐一案不日解决,军事亦已结束,自应一并发还,俾资应用。敬祈饬令主管机关将鄂省扣留者先行放回,其为海军拨用者,并请转商海军杨总司令准予即日发还,至深感祷。除函杨总司令外,特此陈恳,伏乞俯念商困,迅予施行,不胜迫切公感之至。
谨致
湖北省政府委员会

汉冶萍公司董事会　孙等谨启

公司董事会关于解决砂捐问题协议草案

民国十八年二月(1929.2)

立协议书,清理汉冶萍湖北债捐委员会(以下简称委员会)、汉冶萍煤铁厂矿有限公司(以下简称公司),协议交付湖北砂捐办法于左:

一、本协议书仅就砂捐范围言,至关于其他问题,他日另案再议。

二、委员会所取公司之轮驳应全部提前交回,其不在委员会管辖之下,应由委员会设法收回,交与公司。

三、公司应交砂捐分两段时期。第一段,民国十六年以后;第二段,民国十二年七月至民国十五年。

四、第一段砂捐率定为每吨库平银四两二分五厘,以后此项矿砂无论运输出口或运汉厂、冶厂自炼,一律按照上率交付砂捐,不再缴铁捐。但公司若将上项矿砂未经纳捐而径自炼铁者,仍应按照吨铁两银交付铁捐。

五、第一段砂捐应即时缴纳。

六、第一段砂捐计算方法，以由石灰窑运输出口及运入汉厂、冶厂运单之数量缴捐，其出口数量应交出装矿海船船主水尺计算证明书及制铁所收据，其运厂数量应交出详细磅单，但出口及运汉厂、冶厂之数须参酌石灰窑磅房之磅数，不得相差至百分之五以上。

七、第一段砂捐缴款方法，于每月月终按已运出数量由公司知照汉阳铁厂如数交付，或委托汉口正金银行代缴。每届阳历四月，结算上年四月至本年三月底为止全年之捐数，换取正式总印收。

八、第二段砂捐率定为每吨库平银四钱二分五厘，其计算方法照公司所出之砂数为准，其缴纳方法随同第一段砂捐按吨附缴二角五分，以还清为度。如公司全年运输出口之砂超过四十万吨以上之数，所有附缴之第二段砂捐应照每吨四角计算。

九、公司每月应将矿砂之运售数目照抄一份送交委员会备查。

十、公司缴纳砂捐应以银两为本位，但缴纳通用货币时，得依第四条规定之数目，以库平七钱二分折合银元一元。

十一、本协议书自双方签定之日实行。

十二、本协议书缮写二份，各执一份为证。

清理汉冶萍湖北债捐委员会致公司函

民国十八年七月一日(1929.7.1)

径复者：

案查接管卷内准湖北省政府秘书处函，奉主席发下贵公司董事会函称，以解决砂捐在即，并请转饬各主管机关将所扣留各轮驳一并发还等由，奉谕函请清理汉冶萍湖北债捐委员会核办，并函复等因。准此，查贵公司自接办汉冶萍厂矿以来，所欠湖北汉厂基本金五百六十余万两，自前清光绪二十二年起，迄今三十六年之久，分文未曾缴还。至定案出生铁一吨缴银一两，历年拖欠本息，合计约需两千余万两；嗣因贵公司不炼铁而售砂，鄂产清理处改抽砂捐，贵公司迭派代表来鄂磋商，多方延展，毫无诚意，以致悬案未得解决。前次本会成立,贵公司赵代表兴昌来鄂,本会迭经会议,为提倡实业体恤商艰起见,于无可让步之中冀得一双方圆满结果,曾拟协定书交赵代表兴昌携交贵董事会征求同意,乃贵董事会竟将一、二两条擅自修改。

试就第一条讨论。本会所拟公司所欠湖北债捐,应于民国十八年四月以前派全权代表与委员会清算解决等语。本会认为一段、二段砂捐既先分次序交付,关于民国十二年以前所欠湖北债捐各款,年代既久,数目尤巨,当然双方清算解决,以期结束悬案,乃贵公司以其他问题他日另案再议了之。试问:“其他”二字范围宽泛,不切湖北债捐本题,似欲将湖北五百六十余万两之基本金一笔抹煞。推而言之,设湖北无五百余万之官本,则吨铁两银之条文何从发生?设无奏案铁捐吨额之根据,则按铁计砂之捐率何从发生?足见捐由债出。贵公司不提旧债,则现所承认之新捐又从何来?稍明事实者未有不返本求源,以表明证据之确凿。至“他日再议”四字尤属故意拖延之意。既系双方协定,何不确定日期,以免长时纠纷,反生枝节。此协定书第一条不能修改之理由也。再就第二条讨论。本会所拟委员会所管轮驳,应与前条同时解决,但在未解决以前,如公司因水浅运砂至芜湖需用轮驳,得向委员会议定租借办法等语,实因贵公司轮驳既经交由本会管理,原系抵押旧欠债捐之物品,载在前公矿局潘局长康时报告公牍中,铁案难移。贵董事会竟贸然修改为全部提前交回,未免与原案所定大相背谬。本会前次再三磋议,对于贵公司运输通融便利之处仅得允许租借办法,决不能推翻原案,消灭旧债之担保品,予吾鄂各界人士以口实。如先将轮驳全部交还,不惟本会各委员难任其咎,即贵公司对于轮驳抵押旧欠之原案亦未免自食其言。此协定书第二条不能修改之理由也。

现贵公司所派代表赵兴昌正值双方接洽,同促债捐之协定,业经出具支票十万元缴纳去岁砂捐少数,藉表定案诚意,忽又于悬案未定之际仓猝离汉,而所出支票反到期止兑,其狡诈行为更出本会意料之外。贵公司厂矿均在鄂境,吾鄂政府与人民佥认债捐重要,另有处分之法,贵公司不欲解决三十六年之悬案则已,如欲早期结束,应请按照本会前次所拟协定书迅派代表到鄂,双方签定,此本会开诚布公所最希望者也。准函前因,除函复湖北省政府外,相应详述理由函达贵董事会,请烦查照,迅予见复是荷。

此致

汉冶萍公司董事会

公司致清理汉冶萍湖北债捐委员会函

民国十八年七月二十九日(1929.7.29)

径启者:

据敝汉厂函称:湖北债捐委员会昨派代表交来公函,守提十六年十一月盛铭被扣,以二千五百吨锰砂栈单抵押砂捐款项一案,照录公函,陈请核示等情。查十六年十月间,湖北公矿局长潘康时藉请酒为名,将敝公司前任汉口运输所长盛铭强行扣留二十余日,提出砂捐两条件,强迫该所长签字,其他勒索现款一万四千元,又以汉厂所存锰砂二千五百吨作价四万六千元,勒具栈单作为抵押,当经声明本公司向章,对各方之条件,非经总经理签字,概不发生效力。潘康时既违法拘留本公司职员,又以威迫手段勒逼该所长签字,敝公司当然不能承认,已经刊登汉沪两埠各报通告在案。查砂捐一事,系贵省人士变更铁捐成案,要求缴纳,敝公司亦不得不尽此义务,将来厂矿既隶属贵省,必用合法之手续为正当之解决也。特此声明。即祈鉴察。此致

清理汉冶萍湖北债捐委员会

汉冶萍公司启

公司董事会致赵兴昌电

民国十八年十月五日(1929.10.5)

汉厂译转赵襄理鉴:函悉。希告鄂方本公司始终诚意,愿早议结,倘继续前议先将砂捐解决签订,除立即拨交前开支票之十万元,其余算至目前止,扫数于短期间交清,于鄂省财政亦不无小补。至债务问题,关系重大,即本会亦不能专断,必须从容商议,前拟协定书业经载明。又日本债权系

有契约,与鄂省不同,公司并非有意歧视鄂政府。诸公既深知公司困难情形,尚求格外鉴谅,使公司易于遵办,不胜至祷。董事会。歌。

公司董事会致赵兴昌电

民国十八年十月七日(1929.10.7)

汉厂转赵襄理:执事前请另派能员或吉川顾问前来一节,前拟嘱沈翊青赴鄂协助,不意伊患病久未成行。吉川顾问赴汉,恐前途易生误会。兹托大野先生前来与执事密商一切,星期一南阳丸行,但勿令前途知之。董事会。虞。

盛恩颐致公司董事会函

民国十八年十月十二日(1929.10.12)

董事会公鉴:

径启者,湖北砂捐案,前经贵会迭接前方催电议决,应请赵襄理即行前往,仍就上次原议范围与之妥商解决等因。奉经转请赵襄理遵照赴汉去后,兹接赵襄理九月十二日第一次函称:窃兴昌此次奉命赴鄂,三日晚附轮,七日抵岸,仍寓法租界非利饭店。九日即赴债捐委员会谒见常务委员,贺不在汉,彭则病假,独熊在会,延见之下,兴昌具道来意。熊谓:本会业经改组,从前各委均系聘任,现皆政府委员兼摄,所负清理债捐责任比前委较重。本会债捐并重,对于债权砂捐并光绪二十二年开办以后之欠捐,此后必须彻底解决,不得先解决砂捐将债款欠捐另议;且公司向无诚意,历次或是敷衍或是运动,拖延至今,终无结果。在前潘康时局长时议有办法,公司不能履行,殊属可惜。公司对于日本债权异常尊重,不肯任意,而于敝省债权独漠然视之,同为债权,两种待遇,甚为鄂人所愤慨。本会亦深知公司现状几濒破产,如果宣告破产,按照法律手续清理分派在湖北债权只管仅得片铁掏砂,亦无异议。惟现今既未若是,公司纵还不起总该得起,故须有具体的解决。贵董事会此次派代表前来,想亦定有办法,有何新办法亦不妨提出等语。兴昌答以敝公司此次派兴昌前来,并无新的希望,原竭尽诚意冀就从前与各委员所接洽敝公司议复之草案,先解决砂捐,将轮驳发还,以期结束而已。至于债权,不惟兴昌无此权限解决,即敝公司董事会亦不能专断,务必开股东全体大会,故仍请继续前案先解决砂捐,砂捐解决,轮驳发还。熊云:此次债捐务必同时解决。本会闻贵代表行将启程,曾开常会一次,已议定如此办法。上次与前会拟定协议草案,业经审核,认为不成问题。如公司不以本会所定宗旨为是,不能磋商,贵代表尽可即日离汉,不与本会开议,本会亦不勉强,自当另定办法耳。至于轮驳,并非本会一定要扣留,不过当时因债捐关系,不得不如此,债捐解决,轮驳当然发还。最后又谓,今日所言系属私人谈话,所有决定事件均须由本会全体公议,自后请与总务科长宋继成、经理课长向严、砂捐科长苏耀嵋诸君接洽,随时转呈开会核定云云。兴昌因往晤宋科长,将前言详细辩论。宋云:本会前提议办法即将通知,今日贵代表初到,暂勿深谈,容日当偕同向、苏诸君趋候,再作细谈可耳。兴昌即辞出。翌日宋等来寓,亦未有所议论。窃思此案债捐须同时解决,是董事会与钧座前提复案不能继续,在熊虽云非正式谈判,然其具体办法已可概见,委员既系省委兼摄,将来磋议由各科长转呈,与从前接近各委商洽更感困难,自维责重材轻,殊难独任,拟请加派能员以资臂助,抑或吉川顾问能来就近商办一切更为妥善。如何之处,伏候鸿裁。所有奉命抵鄂及与债捐委会接洽各情形,理合缕陈钧鉴,伏祈核复示遵。

又接九月二十八日第二次函称:十二日肃函计邀鉴察,未奉复示,不克进行。十九日债捐会债捐股股长苏宪民来寓交涉汉厂废钢钢坯交运出售事。据云,贵代表初到即发生此事,本会以贵代表显见债捐交涉或感困难,即命令汉厂将废铁兜售,此种行为似与本会为难,本会已知照江防局看守不能运行云云。兴昌答以此事出自公司,并非兴昌之意,公司亦非自今日出售,不过今日始命汉厂交运耳。且此系废钢,并非废铁,若废铁汉厂前因薪工支绌早已零星售罄,仅此废钢翻砂厂不能用,故公司觅得一钢厂售与之,贵会认为废铁,固属有误,认为与债捐交涉有关,更属误会。苏见兴昌言殊诚实,因言前据报告汉厂尚有废铁值数十万元,曾经奉命往查,经黄厂长引导指示,实在无有,兹复据报忽有千吨出售,实出意外,惟正在债捐进行中,贵公司亦不必趁此时售出,容俟债捐稍有办法再行出售可也。嗣阅二十四日《中山日报》载省政府三十次会议讨论事项第四案,债捐会呈请汉厂废铁应如何办理,决议推熊、黄两委员前往将汉阳铁厂废铁接收处理,抵偿债捐云云。似此政府迹近压迫,公司营业亦不能自由矣。以上各情,理合陈报,伏祈鉴核。至是日苏股长谈及债捐,兴昌答以未奉公司复示,并请先解决十二年以后之砂捐,其余债捐容后另议。渠因属先提一说贴,兴昌未允,以提出或徒受批驳,殊属无益,用并附闻各等语。

查湖北债捐委员会现因改组,推翻前议范围,债捐须同时解决,态度至为强硬。至汉厂出售废钢事,本系赵襄理未赴汉以前由吉川顾问在东时商售制铁所,乃亦被牵涉,失其自由。事关重大,应如何应付之处,理合转陈贵会迅予核议示复,俾得转行遵照。肃颂
公安

总经理　盛恩颐

孙宝琦致何成濬[①]电

民国十九年十二月十一日(1930.12.11)

武昌。省政府何主席钧鉴:俭支电悉。砂捐事磋商多年,议而未决,故各项帐目均未核定,兹大略约计敝公司于十六至十八年间,曾缴过现款约三十万元,鄂省提取汉冶两厂料价约二十万,加以扣留轮驳租费,专抵十六至十九年砂捐尚属有余。窃念敝公司因受时局影响,停工已久,加以共匪蹂躏,厂矿受伤已深,经济极为困难,素仰钧座提倡实业,体恤商艰,务祈俯赐鉴谅,转商清理处诸公先将砂捐条件解决,发还轮驳,俾敝公司得以凭此转商借款,解缴砂捐,并请体念敝公司之成败与鄂省民生大有关系,准将官款等项条件免再列入此次砂捐条件之内。除径电清理处外,谨电奉复。汉冶萍公司董事会孙宝琦等。真。

---

① 何成濬(1882—1961):字雪竹,湖北随州人。时任湖北省政府主席,兼武汉行营主任。

何成濬致公司董事会电

民国二十年三月十六日（1931.3.16）

四川路二十九号汉冶萍公司董事会公鉴：前接径电筹缴之五万元，顷准湖北债捐处函，以此款虽已兑出，但系赵丙生十八年在汉所出期票早应照兑之款，该公司对于大府电提之五十余万两不维延不缴解，据此次径电竟欲一款两付，以图抵赖，不知五万元与五十余万两巨细既殊，而一系三年前已缴到期未付之款，一系十六、七两年已缴未完及十八、九两年完全未缴从新划拨决定用途应缴大府之款，性质尤异，应请严电催索，务期将此划拨之五十余万两捐款从速如数遵办，以符原案而免蒙混等语。查贵公司欠缴砂捐计五十六万余两之巨，既已全数拨作清乡剿匪用途，曾经迭电催缴在案，乃径电筹缴之五万元尚系前次应兑期票，竟欲一款两付，藉图搪塞，殊属不合。现在剿匪部队需款万急，务速将历年欠缴捐款一并提前拨汇，否则本府惟有取断然处置，决难任期再延。至赵襄理是否来鄂，仍迅电并复为要。何成濬。铣。

公司董事会致盛恩颐函

民国二十年四月四日（1931.4.4）

总、副经理均鉴：

迭接湖北何主席来电催缴砂捐，并以债捐处对于筹兑期票谓为一款两付各等因。兹于民国二十年三月二十三日第三次临时会提出，公议：此次筹兑期票之五万元原系归还砂捐旧欠，归省归府，无分彼此，在当时本会自应双方陈报，今据何主席来电谓，债捐处认为一款两付，未免近于锻炼，且本公司所缴现款及鄂省提用料价、轮驳租费等项专缴砂捐足可相抵。应电何主席解释误会，一面俟赵襄理赴鄂将砂捐条件解决，再行清算筹解，并函经理催赵襄理早日起程云云。除来电曾经先后抄送外，合将去电一件录稿函达，请烦查照转催赵襄理早日赴鄂洽商一切为荷。顺颂
均绥

董事会启

公司致清理汉冶萍湖北债捐处电

民国二十年十二月十一日(1931.12.11)

汉口。清理汉冶萍湖北债捐处诸公均鉴:据上海四明银行函称:贵公司于民国十四年七月间以汉厂所存钢轨一万五千吨向敝行订约押借规元三十万两,截至本年十一月底止,除已还外,尚欠本息银三十六万六千三百一十三两另三分,其抵押钢轨尚存一万二千吨,并有提单十二纸,由敝行存执。乃顷据敝汉分行报告,湖北财政厅现拟以该项押在敝行之汉厂存轨向汉口各银行抵借款项,一物两抵,显系侵害敝行之抵押权,请即郑重抗议禁阻等语。查敝公司久庇宇下,素承维护,银行来函所称各节为情理所无,当系传闻之误。况此项钢轨除经抵于四明之外,又为公司所欠各债之担保品,倘财政厅果再以之抵借,则四明及其他各债户势必立责公司偿款,引起法律问题,公司且有破产之虞。为此,迫恳诸公俯念敝公司处此阽危之时,转商财政厅中止进行,至感维护。汉冶萍公司董事会叩。真。

公司董事会致盛恩颐函

民国二十年十二月十二日(1931.12.12)

总、副经理均鉴:

接第十一号来函,以据四明银行函,汉厂所存钢轨早经押在敝行,乃鄂财厅拟以此项钢轨作为抵押向汉银团借款,一物两抵,显系侵害敝行抵押权,请即郑重抗议禁阻等由,转函前来。除经分电何主席、吴厅长、债捐处免予再作抵借外,相应录电函达,即希查照转复四明为荷。顺颂
均绥

董事会启

清理汉冶萍湖北债捐处致公司董事会快邮代电

民国二十一年一月五日(1932.1.5)

上海。发董事会公鉴:真代电悉。查扣押汉厂所存钢轨,实因贵公司

对于敝省积欠债捐为数至巨,逐年拖压,不为清理,复将汉厂所存各种钢料不时私自运售,危害敝省最优先债权,去年五月更私运该项钢轨,爰请省府执行扣押,是此项处置实贵公司有以启之也。在扣押当时,贵公司及该银行并不闻有何种异议,厥后敝省清乡需款,敝处乃划拨最近数年欠纳砂捐银五十余万两,以充省府清乡经费,经双方多次电催亦置不照解,致省府有暂提一部钢轨出售于平汉路局及今次之抵押处分,此均由贵公司之应付不诚意有以招之也。当省方数批交货平汉路局时亦未见有若何之声明,今忽准电前因,其为别生枝节,无裨实际,事实至为昭然。且来电中前后亦多矛盾,如云一物两抵有侵抵押权云云,虽系银行之语,在贵公司固已承认,始据为辞;乃后段又云此项钢轨除经抵押四明外,又为公司所欠各债之担保品,然则此项钢轨一物固不止两抵矣。贵公司既自认以之作抵押担保多次,何独于敝省而靳之?且敝省序位在前,权利优先,即此自认之多次担保实于敝省益有侵害之嫌。微此电告,敝省岂遂受害于不觉,徒以顾念实业政策及彼此关系之密切,期于共荣交利,故不肯辄以法律相绳,乃贵公司从来不虞法律问题之发生,今忽于敝省财厅之举遽矜慎至此,劫以危言,聒以甘语,似诸违曲尽在我方,然者岂其然乎?殊为贵公司不取也。今特郑重声明:此种扣押,以法律言,敝省最占优先,即可以对抗一切善意的第三者;以人情言,贵公司与敝省乃不可脱离之关系,前有甚长之过去,后有无限之将来,合则双美,离则两伤,非谋一正当解决不可,固非目前些小策术所能济事也。敝处直接受省府之委托,间接受省民之指视,接准真日代电,颇抱爱莫能助之惭。除将电文转函省府外,更就私心不安之处略为据理抉发,聊附忠告之列,并盼从速派员前来解决积欠旧案,倘能推诚相与,虞亿胥捐,俾数十年之悬案一旦纾解,又岂徒敝处一方之幸也哉。清理汉冶萍湖北债捐处。俭。(印)

公司董事会致何成濬代电

民国二十一年一月二十一日(1932.1.21)

武昌。湖北省政府何主席勋鉴:前据敝公司汉厂代厂长黄金涛报告,连日鄂省府勒将厂存钢轨及配件提去三百余吨,又狗头钉二十万枚,商止无效。正骇异间,复据续报,财政厅又提去钢轨等件一百余吨各等情前来。查此项钢轨早经敝公司押与四明银行,曾于真电详陈在案,乃不蒙谅察,迭以雷霆万钧之力加诸无抵抗力之商人,诚恐风声所播,全国实业界闻而寒心,未免为先总理民生主义前途之障碍。敝公司际兹残局,即此硕果仅存之钢轨亦经早押与人,彼瓜已稀,奚堪再摘?务乞贵主席本政府维护实业之至意,曲赐矜全,无任感幸之至。除电吴厅长外,谨此电恳。汉冶萍公司董事会叩。马。

湖北省政府批

民国二十一年一月三十日(1932.1.30)

具代电人汉冶萍煤铁厂矿有限公司代电一件,为汉厂钢轨早经押与四明银行恳请维护由。

马代电悉。查此案前据该公司真代电呈到府,当经明白批示在卷。该公司积欠本省债捐,迭经令催,迄未遵缴,本府为执行债权计,对于汉厂钢轨自应予以处分。兹据电称各节,强词夺理,殊属不合。除函达清理汉冶萍湖北债捐处查照并令知财、建两厅外,仍仰遵照前批迅派代表来鄂清了债捐,毋渎。此批。

主席 何成濬

公司董事会致夏斗寅①代电

民国二十一年四月二十日(1932.4.20)

武昌。湖北省政府夏主席钧鉴:据敝公司汉厂黄代厂长报告,三月二十一日鄂省府又派员持训令并驳船来厂提取钢轨八百六十根及各配件,价约三万二千两,强迫点交,无法阻止,请示办法等情,闻讯之下不胜骇异。查此项钢轨早于民国十四年间押与四明银行,曾经迭电详陈请免处分在

---

① 夏斗寅(1886—1951):字灵炳,湖北麻城人。时任湖北省政府主席。

案,乃竟不蒙鉴谅,不恤瓜稀,三摘四摘,钧府似此压迫有加无已,厂商不惟惶惑失望,且将无所措手足矣。虽哀鸣屡作,观听难回,敝公司丁兹艰危,仍不得不呼吁于贵主席之前,万恳俯赐矜恤,勿再提取,为中华实业稍留一线生机。无任迫切感祷之至。汉冶萍公司董事会。叩。号。

湖北省政府批

民国二十一年四月三十日(1932.4.30)

具代电人汉冶萍公司董事会代电一件,为汉阳铁厂钢轨早经押与四明银行,请毋再提取由。

号代电悉。查接管卷内此案前据该公司先后电呈到府,均经明白批示在卷。该公司积欠本省债捐为数甚巨,迭经催索,迄未遵缴。汉阳铁厂纯系本省官股创办,本省债权实居优先地位,此项钢轨本府自应予以处分,藉资抵偿。据电前情,仅主张一方利益,而对于本省债权绝不顾及,殊属不合。仰即遵照前批迅速派员前来清了债捐,俾免久延为要。此批。

主席 夏斗寅

清理汉冶萍湖北债捐处致夏斗寅函

民国二十一年五月七日(1932.5.7)

敬复者:

案准大府谋字第五六四号公函内开:径启者,案查本府委员会第八次会议讨论事项(云云至),相应函达,即希查照,将贵处所辖轮驳事务所经管事务及其款项一并移交,见复为荷等由。准此。当经召集临时董事会公同讨论,佥以汉冶萍公司积欠吾鄂债款本息及捐银共计已达二千数百万两之巨,在前清光、宣之时,官中以迁移不恒,十寒一曝,地方士绅又无从过问,该公司遂得乘间施其舞弊延宕之计,于此时期几同丧失。迨民国元年中日合办该公司问题发生,首由临时参议院鄂籍议员发起反对,并邀同湖北省议会推举代表赴申催索。二年秋,又由在北平鄂籍同乡开会再举代表会同鄂省议会代表联往交涉,无奈该公司狡狯,百计拖延,旋议旋悔,未得结果。

至六年,始由在平同乡向农商部及警厅立案,成立汉冶萍公司鄂产清理处,并分设事务所于武昌,内外呼应,同向该公司严重交涉。八年,迁清理处归并鄂事务所,集全力与争。该公司知不可赖,乃始承认,并派员来鄂商定偿还完纳之法。讵彼阳虽承认,又阴令日人出面干涉,初犹甘言云以友谊参加,后且悍然以文书抗议。公司更遣其爪牙入军省两署充当要职,为彼间谍,以阻挠我清理。当时王占元兼握两权,受其蛊惑及贿赂,竟思以暴力消灭清理处,交涉因之几于中辍。赖鄂平两地诸同乡先辈抟心并力,几经周折,始戢其谋。十二年,萧督来鄂,经鄂绅联请,设砂捐局于石灰窑,厂中人复诡辞抵赖,抗不肯缴。乃缩小范围,随时查记运砂数量,以杜偷漏隐匿,而为征收之根据。十五年,武汉会师,诸绅多避难他往,时绅固经理其事,亦以衰病退休,乃由省府保管附入公矿局。十六年,潘局长根据成案与之交涉,该公司代表盛铭、孙河环来汉,馈遗殊腆。潘君讶之,据报省府,省府责其不应公行贿赂,遂将其该代表等扣留,欲治其罪。盛、孙等情虚恇惧,始诚意商洽,签定协订十三条,当缴捐银一万四千元,别以锰砂二千五百余吨提单抵押四万六千,并将彼运输处所有轮驳之在汉者悉数交出,作抵押旧欠之用。此接管轮驳之所由来,亦吾鄂债权由无担保进而为有担保,权利加强之一端也。

及潘局长以嫌疑被收,该公司遽翻前议,登报否认协订。十七年春,复有日人公森财务官等头脑八人随从若干来鄂,声言奉其内阁决议对我省严重抗议,索还轮驳,当由中央交涉员及省府主席、公矿局长与之据理抗争,幸未屈辱尔。时当局颇觉身当其冲,终少回旋,于是有债捐委员会之设,仍聘士绅任之。当唐军去鄂之际,各方军队任意强拉,故由公矿局划出移交,仅有四轮、十五驳。在十七年一年中,向各方索还及寻获者共十二艘,至方代主席莅鄂,欲收归省府,则有十二轮十九驳,惟海军陈绍宽司令占去者始终不还,其复省府公文竟目为战利品,今且改名变色矣。方代主席接管之时,李财政厅长欲以此为基金,发行公债,未及三月,遂推之于常委,不复过问。三常委中贺、彭两位复不莅会,而专推于熊委员载乾。熊掌之八阅月,仍坚欲辞去会。前主席何雪公亲政,乃提议改组而成今日之局。此敝处成立之由来也。

观其辗转授受之经过，则其所以成立之故亦可思矣。盖在十七年以前，江路平静，似有可为。而军差为苦，十八年以来，专恃总部交通处军运给予租金，勉敷工饷。迩来军运渐少，租金停付，江路既梗，商货将辍，前途辽远，来日大难。敝处同人尸素两载，进展毫无，正深彷徨，惧无以塞乡人之望，适承大府来函，以政务会议公决改组债捐处，接管轮驳事务见示，拜命之辱夫复何辞。惟是敝处为绅士团体，前政府当局隆之以礼聘，美之以公正，非独为敝处同人宠异也。盖士人一行，惟政治是务，然欲悉数入官，势所不能，故必为留此伸缩进退之地点，亦安定社会之一途也。是故机关之阔狭，资给之丰约，均可为改组之议题，而此种精神似宜继此存之。至其所掌，实为地方产业，其初虽出自官，然自交盛氏，俨同放弃。由元年至十五年，全属绅士之奔走号呼，始得此有名无实之结果，若一旦并入省库，将前人十余年之努力悉归泡影，从事地方公益者，宁不短气？现在官绅同是鄂人，原无疆界之分，万一长官别籍地方人，竟无丝毫之藉手，不亦大可怜乎？吾鄂不幸生于适中之区，为有事所必争，鄂人不能得志于中枢，实无扬眉吐气之日，即此区区俾作慰情之具度亦非过。况款归官用，实仍在官，不过留此一名，以应爱礼存羊之喻，倘亦宏达君子之所许乎！轮驳与债捐本为联事，实以不分为善，若为便宜起见，别作经营，亦须作特别会计，于将来清理上大省纷琐，例如工饷、修缮、购置等费，皆为公司求善良之保管而支出，则清理之时，此款仍应归彼负担，不能作债或捐收受也。倘与省库收支混合，则将来从何分清名实，两方终必受其暗亏矣。轮驳以来原曰抵押旧欠，旧欠若无相当解决，不可轻易令彼甘言诳去。诸公知虑兼人，本无俟庸愚之过计，惟是公司乃废官黜佥之集团，益以日人为之主使，诡谲多端，防不胜防，君子可欺，以其方青年策士激于功名，保无有揽其利而遗其害者，一着落秤势不可悔，彼实素无信义，非敝处同人好作杞忧也。

函准前由，除已令行管理所克日移交外，相应将历来与该公司交涉债捐经过及管理轮驳各情形，并以后应行注意之点，略贡一得之愚，以备刍荛之采，复请查照为荷。此致
湖北政府主席夏

湖北省政府批

民国二十一年六月九日(1932.6.9)

径代电悉。查此案前据该公司先后电呈到府,迭经明白批示,并饬迅派代表前来清了债捐在卷。乃阅时已久,该公司迄不遵办,本府为执行债权计,对于此项钢轨自当予以处分,藉资抵偿。来电仍以钢轨早经押与四明银行为辞,而于本府迭次批示则一字不提,似此蓄意狡赖,殊堪痛恨。除令财政厅知照外,仍仰遵照前批,迅派代表前来,早日清了债捐,毋再玩渎为要。此批。

湖北省财政厅致清理汉冶萍湖北债捐处函

民国二十一年八月三日(1932.8.3)

径启者:

案准汉冶萍公司董事会七月鱼日代电开:查砂捐一案,前年派敝公司襄理赵丙生君与清理处会商,曾经议有协议书十一条,只以清理处须将债务同时解决,致未成立。敝公司经济久处困难,于矿产税而外复纳砂捐,已属万分支绌,若再责以债务,委实担负不起。兹遵尊嘱,仍派敝襄理赵丙生君来鄂与清理处继续洽商,约本月半后启行。务祈贵厅长俯念商艰,商令清理处将债务暂予宽缓,俟敝公司财力稍裕,另案提议,目前仍就砂捐范围协议一切,俾可遵办,实深感恩等由。准此。

查此案去年七月奉省政府平字第六零七九号训令,以准贵处函为接汉冶萍公司铣电,拟先定砂捐等由,请查照见复一案,饬核议具复等因。当经以该公司既允派员来汉会商,似可即由贵处复电,促其迅派代表来汉开议,呈复鉴核。本年四月复奉省政府国字第三三二六号训令,饬会同建设厅将该公司各欠债捐案切实调查,拟具清理办法呈复核办等因。复经先行派员前往轮驳管理所查明轮船、钢驳、木驳、趸船数目及状况,并拟具整顿办法,呈请省政府转呈行政院分别令行军政、海军两部饬由使用各该轮之各军长官一律发还在案。至于清理该公司全部债捐办法,自应俟其代表来鄂再行

商定。准电前因，相应函达，请于该公司代表来鄂时即行函示，以便会同商议，至纫公谊。此致

清理汉冶萍湖北债捐处

厅长　沈肇年

清理汉冶萍湖北债捐处对大冶矿厂历年出砂及应解缴砂捐统计

民国二十一年九月（1932.9）

年别	矿砂吨数	捐额两数	说明
光绪二十二年	15 931.800	9 559.080	上项捐数按吨砂抽捐银六钱计算，后仿此。
二十三年	20 093.900	12 056.340	
二十四年	29 119.000	17 471.400	
二十五年	24 980.700	14 988.420	
二十六年	57 293.000	34 375.000	
二十七年	109 289.800	65 513.880	
二十八年	89 327.300	53 596.380	
二十九年	107 819.100	64 691.460	
三十年	113 032.785	67 819.671	
三十一年	151 168.500	90 701.100	
三十二年	185 612.023	111 367.214	
三十三年	178 487.100	107 092.260	
三十四年	230 675.400	183 405.240	
宣统　元年	306 599.300	183 959.580	
二年	343 076.400	205 845.840	
三年	359 467.000	215 680.200	
民国　元年	268 685.000	161 211.000	
二年	416 340.000	249 804.000	
三年	488 258.100	292 954.860	
四年	544 577.900	326 734.740	
五年	571 203.900	342 722.340	

续表

年别	矿砂吨数	捐额两数	说明
六年	541 699.200	325 019.520	
七年	628 878.600	377 227.160	
八年	686 888.146	412 132.888	
九年	824 490.768	494 694.461	
十年	346 316.453	207 789.872	
十一年	384 284.676	230 570.806	
十二年	490 690.163	294 414.098	
十三年	496 192.192	297 715.315	
十四年	358 631.203	215 178.722	
十五年	101 453.913	60 872.348	
十六年	158 300.000	94 980.000	
十七年	136 390.000	81 834.000	
又	262 140.000	157 284.000	此系稽征所所长查得漏报之数
十八年	350 658.358	210 395.015	
十九年	379 702.534	227 821.520 4	
二十年	314 359.643	188 615.785 8	
二十一年一月至八月	223 361.846	134 017.107 6	
总计	11 295 355.703	6 777 213.421 8	

吨砂抽捐银六钱原本吨铁两银之比例规定,嗣后因该公司营业失利,要求减轻,民国十六年由湖北公矿局长潘康时改为吨砂抽捐银四两二分五厘。

张文襄创设汉厂冶矿,计动用湖北官款五百六十八万七千六百一十四两,自光绪二十二年移交该公司起至民国二十年年底止,计三十六年,仅作单利年息六厘计算,计欠息金一千二百二十八万五千二百四十六两,本息共欠一千七百九十七万二千八百六十两。若依复利计算,尚不止此。

债捐两项共欠银二千数百万两。历年以来,该公司缴纳之款暨本省扣卖所获,统计不过二百余万两,两抵仍欠二千余万两,计合洋三千余万元。为数之巨,实堪惊异。

湖北省政府致清理汉冶萍湖北债捐处函

民国二十一年十月十八日(1932.10.18)

径启者:

案奉豫鄂皖三省剿匪总司令部秘总字第四三五号训令内开:案据党政委员会监察处主任张难先呈称,查清张文襄公督鄂时创办汉冶铁厂,后以经营不易改交商办,即令之汉冶萍公司原定条件,该公司陆续偿还湖北官本外,并永远抽捐,以为报酬。乃该公司接办以来,积欠湖北债捐达二千余万元之巨,仅以在汉之轮驳作为抵制品。民国十七年,由湖北士绅组织清理汉冶萍湖北债捐委员会,清理该公司积欠之债款及管理抵押之轮驳营业。十九年,湖北省政府将该委员会改为清理汉冶萍湖北债捐处,设董事及主任等职,仍以湖北士绅任之。本年五月,湖北省政府将该处管辖之轮驳事务所拨归建设厅管理,并于该处增设董事长一人。前据湖北公民江文川等呈控该处人员朋比为奸,伙分公款等情到部,经令据湖北省政府查复在案。旋据江文川等复请彻查到会。经由职处派员查明,自有清理汉冶萍湖北债捐委员会及清理汉冶萍湖北债捐处以来,对于债捐之清理毫无成绩,每年二三十万元之轮驳收入概以开支薪工、修理轮驳,报销净尽,浮滥无可讳言。现在该处预算全年五万三千余元,并规定不折不扣,而主任、董事长、董事并不到处办公,其他职员亦多不到处,实亦无事可办。际此财政奇绌之时,此种赘设浩费之机关应予裁撤,以节公费。所有汉冶萍公司积欠之债捐为湖北公产之一种,应由湖北省政府督同财政厅负责清理;至抵押之轮驳,既由建设厅接管,应于营业切实整理,以增收入而纾省困,不得仍陷从前浮滥之弊。拟由钧部令饬湖北省政府遵办等情。据此,查清理汉冶萍湖北债捐处既据查明确系毫无成绩,徒糜公帑,自应立即裁撤,以杜浮滥,并不得另用他种名目变相设立机关,所有汉冶萍公司积欠之债捐及抵押之轮驳均应依照张难先所陈办理。除分令财建两厅外,合亟令仰遵照。

又，查此次财政厅所送该省二十一年度新预算书，此项清理汉冶萍湖北债捐处经费五万余元，并未专目开列，究竟包括于何项何目，应由该省政府迅即查明具报，并将裁撤该债捐处遵办情形一并具报，以凭查核，毋稍延缓。此令。等因。奉此，当经提出本府委员会第四十五次会议决议，遵令裁撤，并将历来经过情形详细呈复等因。除呈复并分令财建两厅遵照外，相应函达贵处查照，即希将经管印信、文卷、公款、公物等项一并移交财政厅接收办理，并见复为荷。

主席　夏斗寅

清理汉冶萍湖北债捐处致湖北省政府函

民国二十一年十月二十二日(1932.10.22)

径复者：

接准大府国字第二七零八号公函内开：案奉豫鄂皖三省剿匪总司令部秘总字第四三五号训令内开云云，并希见复为荷等因。准此。敝处同人服务桑梓，未能为地方公益竭尽绵薄，深滋惭悚，然敝处为索理债捐、维护债权者之资格具有深长历史，对于江文川等捏名诬控各点有如骨梗之在喉，不得不缕列事实，为大府一一陈之。

查汉冶萍公司积欠湖北债捐款项二千余万两之巨，历时二十余年，搁置不理，因在北洋军阀执政时期，地方官厅对于该公司参加日债畏缩不敢过问。当时吾鄂绅耆为索理债款、维持债权者资格及地权计，自动组织鄂产清理处，奔走号呼，文电交驰，迭经严厉交涉，该公司始稍稍缴纳捐款。迨我国民政府统治武汉，鄂产清理处债捐事宜交由政府办理，此时该公司资本破产，私借日款补充，即该公司对外交涉亦悉由日人作主，是汉冶萍之实利实际上已为日人所劫持。政府以交涉债捐常感棘手，且直当外交之冲，殊少回旋余地，乃决定仍委托地方绅耆办理，较可以尽量力争，政府悉为后援，俾能自由伸缩，故民国十七年遂有清理汉冶萍湖北债捐委员会之设立，所聘委员悉属地方绅士，中间虽经一度由省府委员兼理其事，但仍以委员本身之绅士资格从事清理。盖汉冶萍所负湖北债务关系全省利益，凡属绅民,胥有督索债捐之义务,矧当军阀秉政时期,债权直等放弃,使无一般绅耆挺身交涉,则该公司所负湖北债捐其数目果为若干,恐至今尚无人得以知其究竟,至不为该公司之贿赂所动更属士绅主办时期所有之特点。计自十七年成立委员会之始,仅有四轮十一驳,迨几经交涉,先后收回七轮八驳。同年与汉冶萍公司代表赵兴昌谈判债捐问题,费尽周折,赵兴昌允予商榷协议书,并先缴捐款二十万元,由委员会送交省政府。嗣以十八年鄂政府改组,赵兴昌私逃,此议遂寝。十九年,该公司拟以存放汉厂之铁轨设计变卖,并勾通四明银行谓此轨曾经抵押,敝处力与抗议,比请省府代为扣留,全权处置。去岁,大府售出两批,得银十余万两,此次总司令部已将此轨全部卖出,约估计尚可值洋百余万元。此皆有案可稽,绝非虚造。同人等奉职无状,虽无伟大之成绩可言,然对于债捐主权初未尝丝毫松懈。此敝处保持债捐之历史特为约略言之。

（中略）

相应函达查照,即请转呈豫鄂皖三省剿匪总司令部察核,俾明真象,实纫公谊。此致
湖北省政府主席夏

主任　董尧封

公司董事会致蒋介石^①快邮代电

民国二十二年四月十七日(1933.4.17)

南昌总司令行署。蒋总司令勋鉴:接敝公司汉厂兼摄厂长韩鸿藻报告,鄂财厅奉总司令令,厂轨扫数提清分交陇海、平汉、津浦各路等情,不胜惶急。查上项钢轨系公司资产,早经押与四明银行,迭电鄂省府厅,呼吁请免售卖,以维商本而重债权,未蒙亮察,鄂省所藉口售卖者曰公司不理欠捐。查砂捐一项,据鄂省清理处自行结算亦止积欠五十余万,而鄂省清理处所扣去之轮驳一项价值已逾二百余万,加以船租及提用料价并历缴现

---

① 蒋介石(1887—1975):名中正,字介石,浙江奉化人。时任国民革命军总司令。

款，敝公司所受损失不可胜计，鄂方未将前情上达，致蒙电令复将敝公司所有百余万元之钢轨扫数提清。公司既丧其所有权，受押银行亦被牵累，处兹情形之下，商人实无所措其手足。伏维钧座渊衷明察，用敢谨陈下情，恳请令行鄂财厅遵照结价收买，以恤商艰而广仁政，不胜企祷感戴之至。汉冶萍公司董事会叩。篠。

公司董事会呈实业部文

民国二十二年五月十九日（1933.5.19）

呈为大宗钢轨经做押款，被湖北省政府暨总司令悉数提卖，损失不堪，迫恳俯赐维持，以维商本而重债权事。

　　窃公司汉厂所存钢轨及各配件数约一万五千吨之谱，曾于民国十四年间向上海四明银行押借款项三十万两，计至去年年底止约欠该行本息银三十九万余两，原待售得此项轨价一并归还。讵鄂省府藉口公司欠缴砂捐，初则强制扣押，继则实行售卖，迨至本年四月间总司令令鄂财厅将厂轨扫数提清，分交陇海、平汉、津浦等路，历经请求顾恤商艰免予提卖，卒无效果。查前项钢轨系公司资产，早经抵押与四明银行，产权质权均有专属，他人何能任意取携，不顾一切。至公司欠缴砂捐，前据鄂省清理处自行结算亦止五十余万两，而该清理处所扣去之轮驳一项价值已逾二百余万，加以船租及提用料价并历缴现款，公司所受损失不可胜计，彼所取得公司者则置而不论，公司欠彼者则苛责严追，揆诸情理，岂得谓平。总司令受其朦蔽，致令将价值百余万元之钢轨扫数提清，公司蒙此巨创，对于四明押款之追索固无从罗掘应付，其影响于经济全局者尤重且大，为此吁恳大部俯鉴下情，赐予维持，分别咨请给还轨价，俾维商本而重债权，无任迫切感祷之至。谨呈
实业部部长陈

汉冶萍公司董事会谨呈

大冶铁矿运交制铁所矿砂吨数及应付湖北砂捐表

（自民国十二年七月起至二十三年三月底止）

民国二十三年三月（1934.3）

（砂捐每吨四钱二分五厘计算）

年份	运日冶砂吨数	应付湖北砂捐银数（两）
民国十二年七月起至十二月底止	211 250	89 781.250
民国十三年份	257 200	109 310.000
民国十四年份	232 960	99 008.000
民国十五年份	102 500	43 562.500
民国十六年份	140 300	59 627.500
民国十七年份	398 530	169 375.250
民国十八年份	381 330	162 065.250
民国十九年份	392 640	166 872.000
民国二十年份	273 895	116 405.375
民国二十一年份	330 370	140 407.250
民国二十二年份	351 130	149 230.250
民国二十三年三月止	26 120	11 101.000
共计	3 098 225 吨	1 316 745.625
		六九四合洋 1 879 327.99 元

盛恩颐致公司董事会函

民国二十三年四月十八日（1934.4.18）

董事会公鉴：

敬陈者,前以鄂省砂捐问题遵委赵襄理兴昌前往代表会议,旋据赵襄理于四月四日函称,兴昌自三月十三日启程,十七日抵汉,十八日系星期,十九日即走谒贾果伯厅长,将砂捐事作非正式谈话。据云此事非财厅一方面可了,省政府及清理汉冶萍湖北债捐处均有关系,须会同各方面,方能接洽。至二十一日贾厅长招宴,在座有该厅第二科科长李俊夫、湖北省银行行长南经庸、债捐处副主任喻育之(现任市党部委员),当时谈话均以为此次债捐当可解决,现在蒋总司令催缴砂捐甚急,总须有一解决办法云云。兴昌因云,前年债捐处提出十三条,去年敝董事会曾有回复,须公司开股东会提议,嗣该会因种种关系迄未能开,以致该条无从答复,如贵方能仍根据从前四钱二分五之前案继续磋商,则昌从命商量,作一段落之解决。公司之意,贵省政府提去钢轨及已付现款并轮驳租金,抵消十二年以后砂捐,尚超过甚多,公司经济困难,仍愿迁就办法,以副贵政府希望。公司之意,于六角中先付现款三角,定期起征,其余三角以贵政府提取各件超过之帐抵算,清算期另定之。债捐处代表之意,须将债的问题了清。贾厅长谓,债的问题与轮驳交还,此项从前尚未接近,公司现在以轮驳问题待后解决,先将砂捐作一段落解决,已属让步。最后,渠等约再商量之后,订期与兴昌会商。二十四日贾厅长来访,告以省主席委南经庸代表,财厅委李俊夫,债捐处委喻育之,俟不日正式公事办就之后,即当通知兴昌到省银行接洽。嗣候至一星期未有消息。至本月一日,债捐全体董事约兴昌二日晚到省银行会议,该处主任董尧封仍唱从前高调,以前年所提十三条为言,兴昌仍以前言答之。昨日又与省府、财厅、债捐处各代表到省银行商量,代表之中李、喻二君事前已由李顾问祖桢接洽,得相当之谅解,所以当日会议,仅就事实谈判,至须发行争执及难解决之问题,暂行搁置不谈。该代表等当时决定原则三条:一、债额砂捐率均保留;二、定每月缴款若干;三、关于第一项订明期限清算。此三条交由兴昌请考虑,于下星期一(九日)再行会议。至于第一条内有砂捐率之列入,昌以前年债捐处又复提出每吨六钱之条,如此反复无常,故此次亦提出谓现在财部征收矿产税,公司负担加重,要求四钱二分五尚需减收。该代表等为避免争执,旷日持久,所以保留,作以后之解决。关于第二项,照去年出砂三十六、七万吨,以三角计算每年亦需付款约十一万元。渠等因捐率未定,计算不便,所以要公司订一笼统交款之数,现在渠等要求以后每月一万五千元。兴昌之意,拟每月付其一万元,则与我所提出之三角一吨数目相去无几,如今年采四十万吨,合之每吨仍旧三角。关于第三项,各该代表以公司每月付款一次之后,若不定期清算,公司即就此作为各事解决，不再来鄂磋商各项未结悬案，是无异争执许久，至今仅仍收到捐款三角，将其余问题完全放弃，势必受人攻击。兴昌之意，清算之期过迟彼方必不克应允，拟订明于两年内清算。以上拟复各节，是否可行，抑钧座别有意见，统希迅予电示，或以航空快邮于下星期一以前寄到，以便届期遵照与彼方接洽。该代表等郑重申明，此项砂捐迭奉蒋总司令命令，着即征收，而南经庸代表又奉张主席面谕，务须克日解决，故限期下星期一再行会议，此节祈留意焉等语。

经理筹度至再，于九日电复，文曰：函悉，捐允每年以十万为至高数，债允两年内开议，不可用议结字样，慎重至要等语。去后，复据四月十一日函称：佳电奉悉，此电于星期一午后由汉厂转到，以致是日不能会议。至昨日与各代表洽商。兴昌以每月七千五百元开议，继称公司最高限度只能年增至十万元，每三个月交付一次，计二万五千元。该代表等不允，据云，自去年商请贵公司派代表来鄂接洽，迄今将近一年，在蒋司令与张主席对于贵公司原抱有最大希望，及贵代表来鄂述明贵公司困难情形，敝代表等亦转陈张主席谅解，于是只需每月交付一万五千元，敝代表等以为公司纵不能交付一万五千元，而每月交银一万两总可办到，今只数千，是无异苏州人之还半价。李科长云，据债捐处报告，去年贵公司出砂三十六万吨，以三角计算，亦需十万八千元，即贵代表云，去年运砂三十五万吨，亦有十万五千元，兹无论出砂多少，每月最低限度至少交付一万元，且贵公司每月不过再加担负千余元，想力量亦可做到，若十万之数，每月不过八千余元，敝代表等对于蒋总司令及张主席实无以复命。兴昌因云，十万系一整数，按季交付，在敝公司实为竭尽能力，再不然，仍照采运数量按吨缴款，两不吃亏。李科长又云，财厅因有预算关系，每月收入皆有定额，若按砂缴款，月份当有多寡不等，难办预算，故必须得一确数，今贵公司月缴一万元，后一年采运四十万吨，即多至四十五万吨，我方决不在数量上来计较，若为摊轻捐款计，不妨尽管多多采运等语。兴昌再四与各代表争执，渠等坚持每月一万元为最低限度，看来此数殊难再减；至清算期限，兴昌遵示主张两年内开议。该代表等以为不妥，改用"清算解决"字样。据喻代表云，订期两年内，贵公司又似近于拖延,任何帐目公司于一年内总可整理就绪。最后争至民国二十四年以前,较之两年相差不过三阅月。兴昌复主张二十四年底以前,载明清算及磋议解决办法。喻代表复云,凡事至期限解决不了,当然不能解决。鄙意清算解决,即是清算与磋议解决办法,明眼人自知之。而南行长复对兴昌云,现在张主席、贾厅长均能明白公司情形,公司能于短期内派人再来商议,诸事尚容易解决,当兹时局多变,政府用人如易棋,日久张、贾去职,敝代表等亦均易人,贵公司重新接洽手续,或不免繁难,故最好趁此时机,解决较易,此节贵代表将来回公司请转贵总经理斟酌之。该代表等拟定两条:(一)民国二十三年三月底以前汉冶萍煤铁厂矿有限公司所欠湖北之债捐及砂捐率,定于民国二十四年底以前清算解决;(二)在未清算解决以前,暂由公司每月缴款一万元于湖北债捐处;缴款手续于每月月底直接缴付湖北财政厅收。该代表等云,该两条如得公司同意,请备一正式公函列入该两条,交财政厅作为定案,不再另行签订契约或协议书等,以省手续。所有交涉各情形及各代表等拟定两条,理合转陈钧鉴,如蒙核准,除一面知照兴昌外,请另以正式公函交由兴昌转陈湖北财政厅定案。如何之处,仍候迅赐定夺示遵,因彼方甚盼速了也等情。

　　查所开一、二两项条件关系甚巨,是否可以遵办,经理未敢擅专,为特具函陈请鉴察核议示遵。敬颂

公绥

总经理　盛恩颐

汉冶萍公司与湖北省砂捐结算表

民国二十四年十月(1935.10)

本公司欠鄂省砂捐

年份12—23　砂捐总计　2 187 585.75元(每吨银 425 694 合洋)

鄂省欠本公司各项

　　年份9—16　轮驳租费　195 974.48

　　　　13—22　煤焦生铁等价款　370 940.01

14—20　砂捐局等领取现款　372 073.12

16　诊治象矿工人医费　42.00

20—22　提去钢轨等件价款　1 538 612.10

共计　2 477 641.71元

两抵鄂省尚欠本公司　290 055.96元

自十六年以后鄂省应偿还本公司损失

全部轮驳成本利息　4 072 689.52(息按八厘)

全部轮驳七年租费　12 123 475.00

取去船上所用料价　3 158.71

共计　16 199 323.23元

连上实结欠本公司总数　16 489 379.19元(复利未计)

汉冶萍公司资产清理委员会呈工商部、资源委员会文

民国三十七年十一月十三日(1948.11.13)

案查汉冶萍公司与湖北省政府债捐问题,自民国以来,迄未解决,本会成立后,迭准湖北省政府来函,以汉冶萍公司省有产权,嘱会商解决办法,本年八月间,并由该省建设厅厅长余正东来京洽商,本会为清理此项悬案,曾于有关各方面之档卷及资料中详细查核,经拟就清查节略,除上送该省政府查核外,理合备文检呈一份,仰祈鉴核。谨呈

工商部、资源委员会

附呈清理汉冶萍公司与湖北省政府债捐节略一份。

汉冶萍公司资产清理委员会兼主任委员　孙越崎

〔附件〕　公司与湖北省政府之债捐问题节略

关于汉冶萍公司与湖北省政府债捐一案,汉冶萍资产清理委员会前准湖北省政府三十六年五月十六日省建三字第一一七七六号及三十七年六月二十五日省建三字第一九七二八号公函,以汉冶萍公司省有产权函请会商解决等由,兹先将来函要点分段照录如下:

一、"汉厂原为前清鄂督张之洞于光绪十七年创办,计动用省有官银约一千一百余万两,复经奏准于光绪二十二年委交盛宣怀招商承办,原议折作股本五百六十八万七千六百一十四两,但股票并未给予。"

二、"当时为收回股利,以为补偿本省经费之用,经订定每两年息六厘,自光绪二十二年至民国二十六年,计四十二年,应欠息银一千四百三十三万二千七百八十七两二钱八分。"

三、"又省办大冶铁矿亦经订定铁砂每吨抽捐银六钱,自光绪二十二年至民国十一年,共产砂八百零二万三千四百七十五吨八百四十六启罗,应缴捐银四百八十一万四千零八十五两五钱零八厘。再,自民国十二年至二十六年,共计产砂四百一十一万零五百四十四吨六百六十三启罗,经该公司邀准减为每吨钱二分五厘,应缴捐银一百七十四万六千九百八十一两四钱八分二厘,除先后共收捐银二百零六万二千七百八十二两九钱七分六厘外,下欠捐银四百四十九万八千二百八十四两零一分四厘。"

四、"统计该公司共欠本省股本利息砂捐银二千四百五十一万八千六百八十五两二钱九分四厘(连前未经作股之五百三十一万二千三百八十六两,约合银四千一百四十三万二千零四十三元四角六分)"。

兹就上列各点分别查复于后:

(一)查"动用省有官银约一千一百余万两,折作股本五百六十八万七千六百一十四两"一节,经在工商部存卷该公司移交档卷及湖北债捐处刊印《清理汉冶萍湖北债捐文件纪要》等有关来往函电文件及张之洞奏折,查核均无此项记载,兹将张之洞奏《查明煤铁建厂各项用款》折中所列自开办之日起截至归商办之日止,历年所用各项官款,抄录如下,以资参考:

1. 户部拨银　二百万两;

2. 奏拨鄂省盐课厘银　三十万两;

3. 借拨盐粮道库银　四十万两;

4. 咨准截拨湖北省新海防捐尾数　二八五五一两;

5. 奏明拨用枪炮局经费　一五六四六二二两;

6. 奏明拨用织布局股本银　二七八七六二两;

7. 收铁厂自炼出钢铁价银　二四八二五两；

8. 借拨江南筹防局　五十万两；

9. 两淮盐票商捐银　五十万两；

共实收库平银（上列九项之和应为五五九六七六○两，谅系原奏细目内有误抄之处）五五八六四一五两。

实用库平银　五六八七六一四两

不敷之数（欠华厂洋厂各商号款）　一○一一九九两。

上列各项官款五百六十八万余两，均系经奏准拨用，除部拨二百万两外，其余大部分系枪炮局经费、织布局股本及江南、两淮借拨之款，即鄂省盐厘、盐粮道、海防捐等七十二万余两，亦系内销部款，而与鄂省地方收入款无关，且此项全部官款业经张之洞奏准由兵户工三部核销在案。是则汉阳铁厂并未动用省有官银，鄂省方面亦未参加股本。

（二）关于"当时为收回股利，以为补偿本省经费之用，经订定每两年息六厘"一节，鄂省既未参加股本，自不应计算股息。

（三）汉阳铁厂包括大冶铁矿，经张之洞奏准招商承办，嗣改组为汉冶萍煤铁厂矿公司，实非"省办大冶铁矿"。

查张之洞奏折及《议定商局承办铁厂章程》内载明："商办之后，每出铁一吨，须提银一两，以还官本，煤与熟铁钢件免提，俟官本还清之后，每吨仍提捐银一两，以伸报效，地税均纳在内，并无另外捐款"，是为"吨铁两银"之由来。惟汉冶萍公司不但未遵约按期缴纳吨铁两银，抑且出售铁砂与日本，为防其漏税，故改抽砂捐，自光绪二十二年至民国二十六年，照湖北省政府文中计算砂捐数额，除先后共收捐银二百余万两外，尚欠捐银为四百四十九万余两。

民国二十三年四月，湖北财政厅与汉冶萍公司关于砂捐问题曾有协商办法（见民国二十三年六月六日湖北财政厅亨字第一○一九四号致该公司公函）除积欠部分另行商议外，自该年四月起，每月缴款一万元作为砂捐，直至二十六年抗战开始止，该公司均已按月缴纳入帐。

查该公司移交帐册内所列铁捐砂捐数额，自光绪二十二年起至民国二十六年止,应缴吨铁两银及砂捐,共计汉口规元银五百零一万六千三百一十一两六钱二分二厘,在此期间,已缴纳之吨铁两银与砂捐及鄂省府提取煤焦、生铁、钢轨作价与现款等,共计合汉口规元银三百七十一万八千二百两八钱二分二厘,应尚结欠一百二十九万八千一百一十两八钱,以七一折合洋一百八十二万八千三百二十五元零七分。

又民国九年五月至十六年,鄂省政府结欠该公司轮驳租费洋十七万五千二百七十四元四角八分,及十六年一月起,全部被扣轮驳截至二十二年底止,七年间租费如依照鄂省政府自订出租之价计算,应共计洋一千二百十二万三千四百七十五元,又此项被扣各轮驳原置价目核计共洋二百四十四万六千一百四十七元一角三分,再加全部轮驳舱面用具,估计洋二十五万六千七百元,总计洋一千五百万零一千五百九十六元六角一分。

又查《清理汉冶萍湖北债捐文件纪要》内载有自民七年至十年,鄂省长王占元、何佩瑢、夏寿康、刘承恩等时期内,向汉冶萍公司提取现款共计二十七万八千一百一十四两一钱六分五厘,尚未计算在内。

关于以上查复各点,第一点,动用省有官银折作股本,及第二点,每两年息六厘,核与原奏折不符,所动用之官款大部分为户部拨款、枪炮局经费及江南、两淮借拨之款,即鄂省盐厘、盐粮道等款,亦均系鄂省应解缴中央之款截拨应用,自与鄂省地方款项无关,且已经兵户工三部核销在案,当未便视作为鄂省之股本。至于第三点,铁捐(即吨铁两银)及砂捐一节,湖北省政府与汉冶萍公司两方面之计算方法各有出入,兹将不同之点列下:

甲、鄂省府计算该公司应缴捐银,自光绪二十二年起至民国二十六年止,共计为六百五十六万一千零六十六两九钱九分,民国十一年以前亦全以砂捐计算,而不照吨铁两银抽铁捐。照该公司计算,应缴铁捐砂捐总数为五百零一万六千三百十一两六钱二分二厘,较鄂省少一百五十四万四千七百五十五两三钱六分八厘。

乙、鄂省府计算,先后共收捐银二百零六万二千七百八十二两九钱七分六厘,但历年以来向该公司提取之煤焦、生铁、钢轨、现款及扣留之轮驳均未作价计算冲抵。该公司计算,已缴铁捐砂捐及煤焦、生铁、钢轨作价共三百七十一万八千二百两八钱二分二厘,较鄂省多一百六十五万五千四百十七两八钱四分六厘。尚有扣留之轮驳作价及租费,共计一千五百万零一千五百九十六元六角一分。

丙、照鄂省府开列之数,该公司结欠砂捐银四百四十九万八千二百八十四两零一分四厘(凡提取之煤焦、生铁、钢轨、现款及扣留之轮驳均未提及)。

丁、照该公司缴纳铁捐砂捐帐内计算,包括鄂省府提取煤焦、生铁、钢轨价款及被扣轮驳原价、租费在内,除应缴之铁捐砂捐扣除外,鄂省府尚结欠该公司物料价款共计一千三百十七万三千二百七十一元五角四分(鄂省长提取之现款银二十七万余两尚未计算在内)。

复查张之洞奏折内所定"吨铁两银提还官本"之办法,实际上为汉冶萍公司对国家所用建厂款项应向中央负还本纳捐之责。民国以来,此项应纳之债捐皆由湖北省政府代中央征收截用,是以鄂省府历年向该公司提取债捐、物料款项等,均应缴还国库,以符原案。

(七) 工人罢工　员工索饷

吴健致夏偕复函

民国八年四月十七日(1919.4.17)

经理钧鉴:

化铁股炉前后长工忽于本月十一号下午四时四十分钟全体罢工,要挟加工价,当具元电呈报在案,奉寒电饬速和平了结。遵经多方开导,并示以加工价一层尽有商量余地,但不能于未开工前应允,设法劝令其赶即开工,该长工等遵于十五号晚七时一律上工。除业已电达藉慰厪系外,合再函详。祗颂

钧绥

厂长　吴健谨肃

吴健致夏偕复函

民国八年八月十二日(1919.8.12)

经理钧鉴:

按现今英国工人联盟罢工要求加工价,风潮已延至美国,其潮流趋势恐将汹涌外洋各国而及中土,我厂凡所以应行体恤优待工人之举,健拟立即次第施行,以期固结其心,庶事变之来不至旷日持久而易于结束,则所有损失自可望从轻矣。所谓体恤优待,有如建造工人住宅,为工人子弟设立学堂者类是,一面乞函知萍矿先时设备预筹。又外国工党暴动,现煤市已见恐慌,此自月甚一月,萍煤似当及今力求加多出数,以应市销,必获巨利。又外洋加重工价之后,其运华钢铁料件度必不能如前此之廉价,在我苟有出品,亦不患不足与抗也。以上数端,所当趁此未雨绸缪,不致坐失良好机会。管见所及,是否有当,伏祈训示祗遵。专肃。祗叩

崇安

厂长 吴健谨肃

公司考功课签注

民国八年八月二十日(1919.8.20)

遵议吴厂长陈请筹议优待工人办法,以防罢工,及萍矿应及时加增产额以应市销等由。伏查同盟罢工之举,处此世界潮流自必日甚一日,不惟欧美、日本为然,即我国上海一隅亦已发见数次,此后待遇工人势须妥筹体恤优待各办法诚有如执事所云,立即次第施行,以固结其心,庶几弭患未形,免受无端之损失。惟体恤优待其道多端,除为工人建造住屋及为其子弟设立学校外,尤莫急于代谋平价之粮食,免予食贵,生计自舒;他如工人保险法、工人储蓄法,均宜次弟举行,平时既教养有资,不致有身家之虑,而老病不测之际复能薄有积蓄,亦自可以相安。我国物价近今虽云腾贵,而一般小民生活终归低下,稍加优恤,便见裕如,力作既足安生,自无同盟罢工之事。惟以上所举仍属大纲,拟乞分由各厂矿长嘱令酌量各该地情形,

参照向例,就所具陈各节分别议一妥善之办法,呈由钧处采择施行,尤较切当。

至所称萍矿应及时加增产额以应市销一层,查该矿本系规定日产出三千吨,亦因合于该矿洗煤机之力量,若再加多,则机力不足。近年因军事关系,转运阻碍,不得已矿中减采。现在军事虽平,而洙萍路之车辆仍不敷用,萍矿纵能加增产额,仍无运出之方。愚见以为萍矿产额仍规复日出三千吨之数,不必再多;洙萍路既缺转运车辆,惟有由我公司自购拖重三百吨车头一辆、载重三十吨高边煤车三十辆,租与该路,则萍矿积存之煤既可早日运出销售,而以后永免不及运出之弊。虽目前购车巨款由我担负,然值此煤价昂贵之时,如能应时运出销售,获利亦必可观。若必待该路自行购车,诚恐敷衍牵延一年之后仍难见诸事实也。奉议前因,谨陈愚虑。是否有当,仍候钧裁。

考功课谨签

夏偕复、盛恩颐致吴健函

民国八年八月二十二日(1919.8.22)

径复者:

接一百二十号函,拟请优待工人之举次第施行,以为思患预防之计,并请加增萍产,以应市销各节,均悉。查同盟罢工之举(云云照签录至)仍属大纲,业经分函冶萍厂矿,酌量各地情形,参照向例,拟定实行办法见复,以便采择,次第举行。至萍矿应及时增加产额以应市销一节,查该矿本系规定日出三千吨,因限于洗煤机之力量,若再加多,则机力不足。近年复因军事儆扰,转运多艰,前已函嘱运输所设法多运,年内除供厂外,务须多运五六万吨,原为利用时机,藉以稍纾财力。前接该所来函,路运仍为军事牵制,不能尽如所期,而上游水又渐退,舟运亦复艰滞,殊棘手也。此复

汉阳铁厂吴厂长

总、副经理

孙天孙①致盛恩颐函

民国八年十一月十日(1919.11.10)

泽翁先生钧鉴:

　　敬启者,英、美、日三国自欧战告终后各种工厂罢工,时有所闻,皆因物价腾贵生活困难之故。美国近又煤矿夫罢业之举,较诸钢铁业罢工尤属危险,或因此减少生产额,则钢铁价稍可望其升涨耳。查中国日用品虽未及各国之贵,而较之昔日已相去甚远,将来各处罢工之事未免有之;况本公司汉、冶、萍三处所有工人不下万三四千人,互生连带关系,万一有此,即影响全局,斯时失损之大,恐难遑举,不若先事预防之为美也。至应如何办理之处,不外由衣食住三者着想,苟能平其心,乐其业,虽有风潮亦无患矣。其着手办法仍须采择各厂矿当局者之意见,俾得一致进行,以期收效。此以天孙一得之愚,不嫌谫陋,用敢直呈,诸希鉴宥。肃此。即颂
台安

晚孙天孙谨上

夏偕复致公司董事会函

民国九年六月三十日(1920.6.30)

董事会公鉴:

　　前接汉厂吴厂长六月十六日函称:化铁炉长工去年求加工资两次,已加至每名日给四百文,近以鉴于扬子厂工价每日五百,援例求加。当以该长工一年一度要求加价,理由实不充分,且风闻其他工人均注视该长工之请求得准,将群起效尤,关系尤巨,未便轻易对付。因拟准予酌加,但须将额数减少,炉前炉后,只要四班,每二班各五十人,每二班各六十人,工价则分四百四十、六十、八十不等,不愿者,即便离厂。先经商令冶厂包工人周筱泉预备此项工人,以为接换,九号到厂,即于是日宣布。该长工见未如

① 孙天孙(1887—?):字谓高,浙江奉化人。时任公司驻东京事务所所长。

愿,全体停工,以为要挟。当令一并更换,该长工因是与厂警寻衅冲突,互有损伤。至新来工人,一切未谙,上料迂缓,打风机不敢仍常速率,且令暂停一炉,数日以来,仍不熟悉,焦灼万分,于是有持将就仍用旧人之议。健为顾全损失,不敢固执己见,允予调停。惟若辈窥见在我之利害,乃益肆其要挟,非达到目的不止。现已由调人开导,苟有可以转圜之处,仍当迁就维持,不使决裂,远劳尊廑等语。正核办间,于次日接该厂长二十二日马电称:化铁炉工人调停今日已就绪,函详等语。兹接二十四日函称:健见相持旬日,损失实已不赀,新工非久加练习,不能如法,不得已只好仍用旧人,于二十一日仍照常工作矣。惟查化铁炉工次部署一切陈旧,以人代机,用人多而在在吃力,以视扬子厂及大冶新厂悉照新式,迥不相同,而扬子尤厚其工价,相形之下,不无见绌,后此要求恐尚未艾,应如何善后改良,容当悉心审察,条陈请示等语前来。

查近年生活程度日见增高,劳动罢工,几成习惯,矧扬子厂近在咫尺,同工异值,相形见绌,尤易效尤。该厂长对于该长工要求之时,减人加价,并预备工人接换,自属抵制之法。讵人非素习,转误工程,迨至相持,仍复迁就。来函仅云照常工作,而于加价一层,是否悉如所请,及所招新工是否一律遣去,抑酌留练习,均未叙明。除函饬声复并将善后方法妥筹具报,另再转陈外,理合报明,即祈鉴核。祗颂

公绥

总经理

吴健致夏偕复函

民国九年七月六日(1920.7.6)

经理钧鉴:

接奉六月三十日第七十五号公函,诵悉一是。查化铁炉长工炉前炉后共八班,炉前每班原七十六名,炉后每班原六十三名,此届允予加工资,炉前每班拟减去十六名,炉后每班拟减去三名,均以六十名为一班;嗣只得于五个月期内,炉前减去六名,以七十名为一班,炉后减去三名,以六十名为一班。工价一层,彼等原要求每名日五百钱,现炉前每班只有五名日五百

钱,余概日四百八十文;炉后每班只有二名日五百钱,八名日四百八十文,余概日四百六十文。旧工人停当上工后,新招之工人即一并遣散。辱荷函询,理合详报,仰乞垂鉴。

至所有困难,缘因良由于化铁炉工次当日部署未善,以人工代机器已嫌吃力,而部位又极狭窄,施工不易,所以新易之工人诸不如法做成,受彼旧人要挟局面,言之犹有余痛。善后补救之策,非及早改良办法不可,但改良即需款项,故甚欲于钧座前面详一切,俾速得裁决。未审钧座何日有便莅厂,抑允许健来沪一行熟商。统祈示悉,是为盼祷。专复。祗叩

崇绥

厂长　吴健谨肃

夏偕复批:时局紧要,请暂缓来沪。

郭承恩①致夏偕复函

民国九年九月二十三日(1920.9.23)

经理钧鉴:

制钢股拉钢厂一部分工人于昨日罢工,自系以米粮日贵,现有工价不敷,但未有若何要求,颇不好处置,只得暂且任听之。照现今工程情形,拉钢厂暂停,尚无甚损失;至尚有之轧钢厂、炼钢厂、钢条厂,则仍常工作,并已先事防患,责令各领工多方开导工人,冀免此风他延也。相应函报,仰祈鉴察训示为幸。肃颂

崇安

厂长吴健谨肃　郭承恩代

黄锡赓致大冶县公署函

民国十年一月二十三日(1921.1.23)

敬启者:

案查敝厂物料起卸夫头由四堡里绅公举云焱南、袁宝臣承充,所订起

---

① 郭承恩(1884—1946):字伯良,广东潮阳(今汕头)人。时任汉阳铁厂代厂长。

卸章程、所定力钱价单，均经该夫头在敝厂具有切结，并经敝厂将前项章程、价单及结批等，具函陈准贵署立案在案。前以该夫头屡次借端延误起卸，敝厂为维持厂务进行起见，另月给夫头工食钱十五串文，特造房屋，以便工人寄宿，并时常开导，或有所商请，尽可先行开诚相商，万勿临时误公，致干究办。敝厂如此额外优待体恤夫头工人等，实已仁至义尽。讵知该夫头不识好歹，一味延误，近且罢工，有意鼓激人心，希图扰乱公安。是该夫头等不特违背契约，损害厂务，抑且涉于过激行动，谨分条详陈如左：

一、该夫头承办起卸，订有章程，无论何故不得擅停，今不先请取销承办俾敝厂另招人接替，突然停工，硬索加价，实属违背章程，破坏契约。

一、敝厂未经该夫头事前通知，没□电止驳船来冶，今时近年关，煤焦驳船已到之后，突然罢工，纯系有意损害敝厂，使受重大损失，照商业契约例，应责令该夫头赔偿，除耽误民船不计外，共搁驳船八艘，前后历半月之久，照章每艘每天须赔偿洋五十元。

一、起卸力钱价格订有定章，十年期内不容更动，如果亏损亦不得有异词，且敝厂无不可先行情商之处。乃该夫头擅自定价，胁逼工人非加到此数不得开工。此等挟制，既误敝厂之要公，又不顾工人之生计，与过激党派之行动何异？

一、锰砂到□有五、六十号船户，有四百余人之众，因起卸耽误日久，食用俱尽，本月二十一晚聚众来厂，要求借款度日，几起风潮。敝厂方力图挽救，而该夫头竟于二十二日故意罢工，激令船户生变。此不独破坏工人之生计，妨害敝厂之要公，且将扰乱地方之治安，更非过激党之举动而何？值此冬防戒严，敝厂一方面治安，前经贵署及当地各机关议定由敝厂巡负责，又值政府一再训令严防过激党之际，该夫头云焱南、袁宝臣胆敢出此不轨行为，难保不受过激党之煽惑，亟应函请贵署立予差传，严行究办，以保治安，追缴耽误驳船之赔偿，以维定章，并令克日开工，以维要公。曷胜迫切感祷之至。专此。谨致
大冶县知事方

副厂长　黄锡赓

黄锡赓致夏偕复、盛恩颐函

民国十年一月二十四日(1921.1.24)

总、副经理钧鉴:

谨查本厂起卸夫头屡屡耽误公务,敝处一再容忍,实为维持厂务进行起见。现值大批煤焦到埠,锰砂亦涌到之际,该夫头等复藉口加价突然罢工,故意激逼锰矿船户生变,不独破坏本厂章程事业,犹且危及地方治安,势难再事宽纵,亟应送究,以资整顿。斯时尚在建筑,将来开炉之后,起卸攸关炉需,万一停迟,必遗误大局。幸目下官厅与本厂感情融洽,办事尚称联络,逮此时机请官严重究办,洵属维持现状杜绝后患之要图。兹除一面将锰砂码头小夫头谢开文就近送请黄石港县佐公署看管,一面函致大冶县公署,请传夫头云焱南、袁宝臣严行究办,并令赔偿本厂损失外,理合陈报,并将致大冶县函底附奉,仰祈鉴核。惟兹事体大,更属迫切,除已就近办理外,所有管见不及之处,仍乞指示方针,以便遵行而期周妥。专肃。敬叩
钧安

黄锡赓谨肃

夏偕复、盛恩颐致黄锡赓函

民国十年一月二十八日(1921.1.28)

径复者:

接七号函,以冶厂起卸夫头藉口加价胁众罢工,送请官厅究办,报请核示等情具悉。查该夫头等不守定约,又不先事情商,突于煤焦、锰石涌到之时辄敢自定加价数目,胁众罢工,以为要挟,致使厂受损失,情形至为可恶,假于开炉时发生此举,更将贻误要工。此次送请官厅究治,庶可儆戒将来,办理甚是。仍望将此案如何发落情形,具报备查为盼。此致
冶厂黄副厂长

总、副经理

吴健致夏偕复函

民国十一年七月二十三日(1922.7.23)

经理钧鉴：

汉厂工人组织俱乐部，前经递有禀件附章程，健以急于赴冶未予批答。当传化铁股领工袁功佑与言，此事须得明白人经理，并无反对。迨十七日该俱乐部开成立大会，先期遍发请帖，邀请兵工厂工匠帖子有数十份，为该厂稽查所统收，先夜呈报杨总办电告武昌督署派军队当夜前来弹压，是日不惟不克开会，而且被军警将该俱乐部查抄封禁，营长借驻我渣砖厂，队伍有驻扎我伯牙台洋房者。翌日有许多工匠不上工，如是者数日，颇感困难，即商乞营县会衔出示晓谕，除发起人钟兆南、马东阳、杨贵荣三人外，概不查究，所有连日不上工之工人，其各照常到厂工作，以安工业等语。并由各工头劝令其即日上工，方以为可以相安矣。不意不上工之工人竟诱挟化铁炉长工一并于昨日罢工，其宣言书抄奉尊阅。查悉此次主动者为外省来代表，我厂工人俱乐部封禁后，工人多为诱附，汉口江岸京汉铁路工人团体，集会开议演成此剧。健昨得电即于今晨赶回，随即传令化铁股领工袁功佑并各领工副领工等同集总公事房，首语以工人俱乐部之设我并无反对，曾与袁领工言，但必须得明白人经理，武昌派兵封禁实非由于我厂之请，幸勿误会。至罢工应预先提出条件要求，如不得圆满，准于某日罢工，此为应有之手续。今事前并无请求之件，忽然停罢，殊令我痛苦不堪。惟工人方面若长此亦同一痛苦，既有人主持，应请派代表提出条件前来磋商解决。一面将与袁领工等所言缮发布告，咸使闻知。此件度非顷刻间所能了，化铁炉已令暂且停闭，惟无长工，极形棘手。所有属厂工人于昨日全体罢工情形，除专电陈报外，合再函详，仰祈鉴察，余容续告。此叩
崇安

厂长　吴健谨肃

盛恩颐致吴健电

民国十一年七月二十六日（1922.7.26）

汉阳铁厂吴厂长：漾电并西文电，均悉。厂工全体罢工，至深诧念。如一时无解决，应先将两炉闷火，一面调查原因，剀劝工人，实业与政治无关，设法回复原状。近日情形何似，希时电示。颐。宥。

吴健致夏偕复函

民国十一年七月二十七日（1922.7.27）

经理钧鉴：

二十三日函报，属厂工人全体于二十二日罢工，健赶回处理情形，当蒙鉴及。二十四、二十五两日多方解释迁就，似已就绪，仍复反悔，直至昨日下午始平复上工。其条件系允其代为请求地方官准立工人公益会，化铁炉长工每工加工食钱一百四十文。现两炉已照常出铁矣，请释注怀。化铁炉性命操之长工，殊非长策，健前迭言之，应予变更，只以经济问题未克改良，致累次受其要挟，良堪浩叹。除电达外，肃颂

钧绥

厂长　吴健谨肃

汉阳钢铁厂全体工人罢工宣言

民国十一年七月（1922.7）①

各界同胞们，全国工友们：

我们所受的压迫和痛苦不知从何说起啊！我们内感生活的艰困，外受时代的潮流，随全国诸工友之后起而组织俱乐部，以谋联络感情，互相辅助，事前已通知工厂及警署，并请各界参观成立会。哪知残毒无良心的厂内当局，怕我们有团体，不能任意营私，虐待工人，所以诬陷我们是匪徒，运

---

① 原件无时间，此系根据内容判定。

动警察禁止开会,抄查部所,收没一切物件,封闭房屋,并开来大批军警,严行弹压,按照部册索拿工人,完全以强盗土匪相待;厂中更行残暴的手段,将俱乐部公举之职员七十余人开除,并严加追索,交军警惩办。

同胞们,工友们,我们犯了什么法?把我们当强盗土匪对待,约法所定的人民有集会结社的自由在哪里?唉,我们处在强压之下,一切失了保障,痛苦万分,生命莫保,呼吁无门。只有在此炎威烈日之下忍饥耐饿,停止工作,要求下列最低限度的条件六则,静候解决。如不能达到目的,誓死不愿入厂作工。同胞们!工友们!我们处在水深火热之中,发出这种悲哀沉痛的呼声,望你们主持正义,力加援助啊!

要求本厂当局最低限度的条件六则:

(一)解除军警压迫,恢复俱乐部及部内所备一切什物、文件,并以后不得干涉工人的团体。

(二)恢复被开除的工人原职,偿还其停工时工资。

(三)赔偿俱乐部被解散及工人停工的损失。

(四)须厂内免除化铁股长陈次青的职务,并须登报洗涵,恢复工人名誉。

(五)化铁炉长工每日工资增加为大洋四角。

(六)工人因工受伤不能工作时,须照原数发给应得工资;如因工死亡,厂内发给安葬费一百元,并按工作年限发给三分之一的工资,作为抚恤金(如在厂工作一年者发四月,工作三年者发给一年,余类推);如在工作期内病死,则照上类发给应得抚恤金。

汉阳钢铁厂全体工人

吴健致夏偕复函

民国十一年八月三日(1922.8.3)

经理钧鉴:

谨陈者,此次汉厂罢工风潮实被外来工党煽动而起。窥其计画之第一步在遍设俱乐部于武汉,先各厂而后兵工厂,查已成者计有八处。一俟各处成立,若遇兵工厂稍加阻力,即可以各厂同时罢工为要挟,而在督军亦将无所施其权,至既得兵工厂入其彀中,则将来一声号令能使全省或全国同时罢工,即善战如吴巡阅使亦将无如之何矣。故其谋甚深,而其计亦甚狡者也。工党明知此次之兵非由我请,而实由兵工厂,然既有此良好机会得以藉口,何乐不利用汉厂以达其本来之目的,迫使代呈督军以成立其团体乎?前得钧电,属暂时封闭化铁炉,诚属对付善策。所苦者,众工同时罢工,竟不能作封闭之手续。时值冶炉危险万分,为公司计,不得不出柔软手段,勉应其要求之一部,俾不致陷公司于一炉无有之地位;且窃以为假使冶厂顺利出铁,彼党势力已成或竟能使冶厂相继罢工,因思时势潮流既如此,苟无力抵抗,当以暂避其锋为得,此当日迁就之苦衷也。至公司厂矿从此多事,诚意中事,似宜急筹善后提防之策。汉厂最弱之点,若此旧式之化铁炉每炉需用苦工三百之多,前曾试减数人,几酿罢工,或欲重办一长工而彼等不愿,亦只好敷衍而已。至改良之法,前严冶之在外时,曾嘱其至德国厂家讨论办法,该厂家亦已具承揽来厂,容将来详细陈请酌夺也。至冶厂如早成特别警区,或能制止罢工之举。盖好在厂基独立,有事时可断绝闲人,工人闹事不过少数不逞之徒,而大半究属安分,我苟能实力保护,安分者仍可照旧工作,然此时已不能办矣。国家多故,宁独工潮?政变迭兴,冶厂风鹤之惊每较甚他处,现经举办港窑军警联防团,人心稍为安辑。厂地既处偏隅,负山临水,为自卫计,倘能购备机关枪两架,以资防守,虽当大乱,军匪不敢潜窥,窃谓计无善于此者。可否施行之处,并希卓裁,虔请

崇安

吴健谨肃

吴健致夏偕复函

民国十一年八月七日(1922.8.7)

经理钧鉴:

　　谨陈者,据车务处陈称:该处工匠等要求每人每月加给工食洋三元,健以公司经济困难,暂未批示,然揆其势,似不酌加不能,加则恐各处又将继

起,此亦一棘手问题也。健昨在冶对于前次工潮曾缕陈工党计画及我厂勉为迁就各情,上渎聪听。横流未已,来日大难,侧闻汉厂工人俱乐部将来成立,首议三条:一、化铁炉长工每年一、六两月另加给全月工食;二、老长工头三名开除;三、长工由该部支配。按其中第三条又最甚,化铁炉主权几全操该部掌握矣。传闻如是,不欲上闻,然既所闻不妨上达,现正预筹防备,将来果发生此举,即为封闭之手续,将炉底铁设法放出,使炉座不坏,可以复开,即封闭一二月,亦可以资对待。尊处如以此举为然,即希示复,以便届时遵行,不烦再电陈也。专肃布陈。虔请

崇安

厂长　吴健谨肃

李景昌①签注

民国十一年八月十四日(1922.8.14)

遵谕研究吴厂长函陈工党作难,对付棘手,如有不测,是否将化铁炉先行封闭,请核示等因。查近时工党潮流动辄要挟,拒绝则同盟罢工,承认则难填欲壑,应付之难,固无待言。惟权害取轻,只有勉维现状之法,若将化铁炉封闭,藉以抵制,不特公司自绝来源,且工人迫于生计,必致发生其他枝节,或构成极大祸患,此种应变办法似属非宜。景昌之愚以为公司营业,工党要求无非各谋利益,调和消弭不外两端:治标之法,设使不幸聚生事变,惟有动以感情临时疏解,断不宜参以意气,浸成僵局,致遭两败;治本之法,似宜效法萍矿设备餐宿所,凡无着工人悉予收容食宿,由厂供给,仍在工资项下扣回,并由常驻巡警随时注意巡察,则外界声息难于接近,即鼓吹煽惑之人亦无从蝨混,若工人一旦罢业,则食宿均将失所凭依,似亦不敢轻于尝试。现在冶厂工人均系新来,似可设备试行,究竟能否援照办理,拟请函知吴厂长会商各管理工人职员,详具意见,陈候核夺施行。是否有当,伏候钧裁。

李景昌谨签

---

① 李景昌(1878—?):字慕青,江苏上海(今上海)人。时任公司考功课课长。

公司技术课签注

民国十一年八月十四日(1922.8.14)

遵核预筹对待汉厂工人将来罢工方法。查工党为中国新颖之物,立足既未大定,摧除尚非甚难,对付之法似以下列各点次第进行。

一、待以公道。如苦力小工工资往往七八年以前定价,并系钱数。当时大洋兑钱一千二三百文,米价六七元,今则洋价一千七八百文(轻质铜元充斥之地尚不止此),米价则近十元,亦有在十元以外者。此我公司急应自动改革,藉彰公道,及至罢工要挟,事已嫌晚,且其结果亦难免加价乎!

二、参照李课长条陈,与工人以住房,如有家眷者带来共居。古人云安居乐业,而安居为先,可知无安居即不能乐业也。惟本班或本县人须与他班或他县人杂居,藉以破其物质上及精神上之结合,距离远则声气不通,技能异则阶级自分,两者均为团结之阻碍,而我公司所应利用者也。但公司经济困难,住房不能普及,只能先尽化铁炉工人,亦先其所急耳。

三、如以上两法施用之后尚无效果,则我公司应取严厉态度,拒绝让步,虽至停炉亦所不惜。

对付工人系人众心理学之一部分,厂矿之当事者如将此学研究再稍加试验,必有奇效。是否有当,仍候钧裁。

技术课谨志

公司董事会致夏偕复、盛恩颐函

民国十一年八月三十一日(1922.8.31)

总、副经理均鉴:

据汉阳、大冶全体工人禀称:工人等在汉阳铁厂工作十有余年,受公司恩赐深矣,工人等无不竭尽牛马之力报效公司。所因吴厂长为人刻薄,阳善阴恶,营私肥己,苛待工人,实令工人等苦无可忍,以致屡次罢工。察每次罢工,公司受损不少,岂工人等与公司有仇,实工人与吴厂长不能两立也。工人等于工作余暇时成立俱乐部,经费出自工人等,名誉文明,以免工人等余暇时在游荡,吴厂长以兵势压力解散,工人等以致有此次罢工。惟求总公司另委贤能厂长,速停吴厂长职,工人等无不欢迎。如仍不更动吴厂长,工人等再有长久时间罢工,以达到去吴为止。伏祈诸位董事大人仁心仁意,慈念工人等之苦,派员到厂暗察,以评虚实。伏恳恩准等情。查阅此禀虽迹近匿名揭帖,本无查办之必要,然刻值罢工初平,究竟吴厂长是否与工人生有恶感,抑系他人捏词挑拨,应请总、副经理随时留意查察为要。专此。顺颂

均绥

董事会启

安源路矿工人俱乐部致李寿铨函

民国十一年九月一日(1922.9.1)

萍矿矿长钧鉴:

工人等为提高工人知识涵养工人德行起见,组织俱乐部,成立已经数月,并已陈明行政官厅出示保护在案。乃近日谣言迭起,传闻萧镇守使欲封闭俱乐部,工人等异常愤激。各处传述以为此次谣言起因皆由路矿当局欲借外力破坏俱乐部,工人等势不承认。今将全体部员提出最低限度之要求如左:

一、请矿长会同株萍铁路管理局局长陈请行政官厅明白出示保护俱乐部,严禁造谣。

二、俱乐部所设互济游艺学校等项,现每月开支预计约二百元,请路矿两局按月各津贴一百元。

三、请于七日内将从前积欠工人存饷一律发清。

以上三条,请于十二日午前十二时以前完全答复,以息众愤。如至期未蒙满意答复,工人等迫不得已当为最后之对付。不胜迫切待命之至。

敬祝

公安

安源路矿工人俱乐部全体部员同启

安源路矿工人俱乐部之条件

民国十一年九月(1922.9)①

一、俱乐部改为工会,路矿两局承认工会有代表工人向路矿两局交涉之权。

二、以后路矿两局开除工人须得工会之同意。

三、从本月起,路矿两局每月例假,废止大礼拜,采用小礼拜。

四、以后工人例假、病假、婚丧假,路矿两局须照发工资。

五、每年十二月须发给夹薪。

六、工人因公殒命者,路矿两局须给天字号棺木,并薪资三年,一次发给。

七、工人因公受伤不能工作者,路矿两局须营养终身,照工人工资多少按月发给。

八、路矿两局从前积欠工人存饷一律发给。

九、罢工期间工钱须由路矿两局照发。

十、路矿两局须指拨火车房后之木围及南区警察所前之大坪为建筑工会之基地,并共拨一万元为建筑费,每月两局各津贴二百元为工会常月费,从本月起实行。

十一、以后路矿两局职员、工头不得殴打工人。

十二、窿工全体工人须加工资五成。

十三、添补窿工工头,须向窿内管班大工照资格深浅提升,不得监工私行录用。

十四、窿工餐宿处须切实改良,每房至多不得过三十八人。

十五、洗煤台须照从前办法每日改作三班,每班八小时,工资须照现发给,不得减少。

---

① 原件未署时间,此系根据内容判定。

萍乡矿局、株萍路局致安源路矿工人俱乐部函

民国十一年九月十三日(1922.9.13)

径复者：

顷接来柬，备悉。兹分条答复如左：

一、现由两局会衔出示保护，至行政官厅告示约明日送到。

二、津贴从九月起支，事属可行。

三、工人欠饷分五个月发还，从十月起每月发十成之二。

特此会复。此致

安源路矿工人俱乐部

萍乡矿局、株萍路局同启

路矿两局与安源路矿工人俱乐部协议

民国十一年九月十八日(1922.9.18)

一、路矿两局承认工人俱乐部有代表工人之权。

二、以后路矿两局开除工人须有正当理由宣布，并不得藉此次罢工开除工人。

三、以后例假属日给长工，路矿两局须照发工资。假日照常工作者，须发夹薪。病假，须发工资一半，以四个月为限，但需有路矿两局医生证明书。

四、每年十二月须加发工资半月，候呈准主管机关后实行。

五、工人因公殒命，年薪在百五十元以上者须给工资一年，在百五十元以下者给一百五十元，一次发给。

六、工人因公受伤不能工作者，路矿两局须与以相当之职业，否则照工人工资多少按月发给半饷；但工资在二十元以上者，每月以十元为限。

七、路矿两局存饷分五个月发清，自十月起每月发十成之二，但路局八月份饷须于本月二十日发给。

八、罢工期间工资须由路矿两局照发。

九、路矿两局每月须津贴俱乐部常月费洋二百元,从本月起实行。

十、以后路矿两局职员、工头不得殴打工人。

十一、窿工小工工钱每日一角八分,大工每日二角八分;矿局应饬工头在原包价内发给,倘工头不愿充当时,俱乐部应负补充之责。

十二、添补窿工工头须由窿内管班大工照资格深浅提升,不得由监工私行录用。

十三、路矿工人每日工资在四角以下者,须增加洋六分;四角以上至一元者,照原薪加百分之五。

第十一条改为窿工包头发给窿工工价,小工每日自一角五分递加至一角八分,大工自二角四分递加至二角八分,分别工程难易递加。

民国十一年九月十八日协订。

盛恩颐致李寿铨、舒修泰①电

民国十一年九月十八日(1922.9.18)

安源煤矿李、舒矿长:寒电悉。窿工处罢工近状何似?该处积弊本多,藉此机会重行整顿亦是一法,但机窿重要,千万须派重兵保护,免致疏虞是要。颐。啸。

盛恩颐致公司董事会函

民国十一年十月十一日(1922.10.11)

董事会公鉴:

上月接萍矿李矿长、舒副矿长寒、勘两电,报告窿工处工人罢工。正在核办间,兹据该矿长等函称:此次安源路矿罢工风潮(云云全录至)统乞亮察,不胜迫切待命之至等语。并附抄件到处。查近年劳工风潮已成趋势,莫可制止,此次安源罢工又系路矿同时并起,其解决方法自不能由矿一方主张。查核协定十三条,其间条款殊觉宽假,然事急治标,容有不得不然之

---

① 舒修泰(1876—?):字楚生,湖南长沙人。时任萍乡煤矿副矿长。

势。嗣后究应如何对付之处,理合据情转陈,并照抄附件,送请核夺示遵。
肃颂
公安

副经理

安源路矿工人俱乐部致株洲转运局函
民国十一年十月十二日(1922.10.12)

局长台鉴:

安源此次罢工后,路矿总局全体工人工价无不增加,而独贵处工人使之向隅,因之工人愤激特甚。日昨敝部特派人前来接洽,皆未得有结果,工人益加愤激。敝部为息事宁人计,为减少工人痛苦计,特代表该处工人向局长要求如下:

一、转运工人每吨上堆一角,下运一角一分。

二、起卸工人大箱三角六分,小箱一角八分。

三、链钯工人每月工资六元。

以上三条系请局长加给工头者,至工头与工人之涉,敝部另行负责办理。□[①]

安源路矿工人俱乐部启

潘国英致盛恩颐函
民国十一年十月二十三日(1922.10.23)

经理钧鉴:

敬肃者,窃株洲转运局转运煤焦所用小工甚多,向有上堆下河及卸车之分。从前夫力系上堆每担钱六文半,下河每担七文,卸车大车每车钱四百二十文,小车每车二百十六文。自民国以来,其中因洋价涨落叠有变更,至民国七年仍复原定价额,另行酌予津贴,计上堆、下河各津贴钱三文,卸

---

① 以下内容残缺。

车大车津贴六十文,小车津贴二十四文,叠经陈明钧座在案。本年九月下旬,接株局来函转据工人代表刘云生等公禀,以钱贱物贵,生活增高,各工人工资微薄,难资事蓄,环求代为请命,恳予酌增津贴,以苏涸困等情。时值安源路矿工人罢工之后,胡局长察酌情形,万难坚拒,拟请上堆下河每担再增给津贴一文,卸车大车增给四十文,小车增给二十文,合之原额及津贴,共合上堆每担钱十文半,下河每担钱十一文,卸车大车钱五百二十文,小车钱二百六十文,是否可行,函陈请示到所。国英查民国七年恢复株洲夫力原额之时,洋价系一千五百文,现在洋价已涨至两千有零,较之从前约加四分之一,钱贱物贵,工人生计维艰,确属实情,胡局长所拟加给津贴,以钱计虽较从前为多,以洋计仍属有减无增,于预算数目并未超过,即经函嘱该局长准予所拟照加,以示体恤而安众心去后,兹接胡局长函称:所加津贴业经宣布自十月一日实行,各工人均无异言。不料安源路矿工人俱乐部派人来株勾引,株洲车站、采木处、转运局各工人均被煽动,一致向俱乐部挂号,本月十三日该俱乐部由安源来函,提出条件三项:一、转运局工人挑力上堆每吨一角,下河一角一分;二、卸车,大车每车三角六分,小车一角八分;三、链钯工人每名每月工资六元,须于三日内圆满答复。应如何对付,照抄该俱乐部原函派员来汉面请核示等情到所。

国英查株局各工人历年请加夫力均由该工头陈恩,随经察酌情形,分别转陈照允,对于各工人并非不加体恤。乃此次甫经宣布加价,工人均相安,并无异言,忽该俱乐部横加干涉,代为要求,其条件加价有较前增出十分之四。值此公司经济异常艰窘,何能增此负担,且一经该俱乐部要求,便予照准,将来难保不得步进步,甚或无理相加侵及主权,故该俱乐部要求各条未便承认。盖工人求加工价须按照前例出于工头之请求,不能由该俱乐部干涉也。目下劳工潮流遍及全国,大都系有人出而煽惑,此次未遂所欲,难保伊等不怂恿工人罢工,以图挟制□。现在汉冶存焦尚多,又有武长车运,株洲转运并非急务,且水势已涸,此时本无装运之事,即使工人被煽停工,亦毫无妨碍,已就国英愚见函嘱胡局长坚持矣。除此后情形如何俟得株局续函另再函陈外,所有安源路矿工人俱乐部代株局工人要求加增夫力

难以照允业嘱株局坚持情形,合先胪陈,并抄呈该俱乐部致株局函一件,伏乞鉴核,指示机宜,俾资遵循。恭请

钧安

潘国英谨肃

汉阳钢铁厂工会陈汉阳钢铁厂文

民国十一年十月二十三日(1922.10.23)

具陈人汉阳钢铁厂工会。

为死伤枕藉生活高昂拟具改良条件,陈请允准实行事。

缘工等在厂作工虽有数年或数十年不等,而所受厂中之待遇,一言以蔽之,曰干枯冷冰奴隶牛马而已。譬如工等因工受伤,论理医药费固应由厂供给,工资亦应照原额发给,庶工人家属不致冻馁流离。乃本厂对于因工受伤之工人仅给半薪,虽间有给原薪者,纯任员司之爱憎以为转移,毫无一定之标准,以致受伤工人呻吟床榻,受伤者家属啼饿号寒,既受重伤又感悲惨,因而不应死而死者不知凡几。死亦不过给棺木费五十串,死者之能否安葬弗顾也,生者之能否生存弗问也。人世间之残酷冷冰孰有甚于此者?倘长此不设法救济,窃恐数年或数十年后将无续起为工者矣。然则工厂主之数万或数百万资本岂不同时付诸东流耶?是以工等为救工人灭亡兼救工厂资本消灭计,特要求工厂,嗣后对于工人因工受伤者以卫生股验单为凭,在医期间应照给原工资。如因工受伤不能工作时,应照原工资予以相当职业,否则照原额工资按月发给半数,但工资在二十元以下者每月以十元为最低额。如因工毙命者,应给安葬费一百元,以在厂工作年限为标准,三分之一年限照给原得工资,作抚恤金(如工作一年者四月,三年者一年,余类推),但病故者仅照例有抚恤金。此应请厂长速予允准实行一也。

星期例假工人休息期间仍给工资,在东西各国早已注载工厂法律,即在我国京汉铁路亦于前日实行。乃本厂工作整年整月川流不休,虽每两星期有所谓大礼拜日,而休息期间扣发工资,是休息等于未休息,且休息一日

反减少工资一日，即不啻冻饿工人一日，然则不休息而精力有限，非休息不能恢复，欲休息而衣食无着，愈休息而愈难生活。此情此景，如厂长易地而处，当亦为之寒心。且工等由经验中所得每逢休息后之工作力必速于不休息工作力之三倍，而其休息后工作所产之出品亦优于不休息者三倍，是定期休息不独于工人有益，亦于厂主有益。故工等又要求工厂，嗣后对于星期例假(增加端午、中秋、元宵)应停工休息，照给原额工资。如休息日作工者应发双薪，每年年底须发双薪一月盖所以弥工人年终之积累，即所以增工人年初之精力。此应请厂长速予允准实行者二也。

近年来米珠薪桂，生活高昂，较之前三年不啻十倍，所以各地各业工资罔不随物价增加，独本厂虽久有加薪之传闻，迄今未见实行，仿佛非工人要求甚或非停工要求而不准者，岂知停工乃工人所最不愿为之举动，厂长又何苦靳而不加，定欲激其停工耶？若谓经费不足，然则冗员为何如是之多？若谓厂中无赢余，然则技师以上人员之薪金为何如是之重？劳心者高楼大厦，劳力者贫无立锥，甚或不劳心而亦不劳力者，每年亦得坐领干薪数百元或数千元不等。揆之天理，衡之人情，岂得谓乎？是以工等又要求全厂一律增加工资，凡月领三十元以上者加日薪五分，二十元以上者加八分，十五元以上者加一角，十五元以下者加一角二分；化铁炉工资一律改为洋码，以后每年全厂增加一次。盖物价既日渐增涨，故工资亦不得不按年增加也。此应请厂长速予允准实行者三也。

至于厂内各部机件遇有停修时，工人因其停修而失业，则失业期间之工人生活自应由厂负担，理固然也。不过为减轻厂中负担计，亦不得略加限制，是以工等特定如停修在一月以内，应照给原额工资，三月以内给半额工资，三月以外给三分之一。此系准情酌理之折衷办法，应请厂长速予允准实行者四也。

本厂升补工匠向不以成绩经验为标准，而以员司之爱憎为标准，员司之爱憎又以贿赂之有无为转移，或以面子之大小为升降，以致在厂作工十余年而未补得工匠者有之，不识技艺为何物而突然取得技师者有之。工等见穷年累月终不过一徒手工人，毫无升迁希望，因而对于技术多乏研究兴味，以故我国工艺虽效法欧美数十年，迄今仍无起色，未始非工厂对工人无奖励之所致也。是以工等为奖励研究工艺计,特要求工厂嗣后升补工匠,须由旧工人中按级提升,添补工人须由工会介绍,裁退工人须得工会同意,一则以资鼓勉,一则以免滥竽。此应请厂长速予允准实行者五也。

工人工作能力之高低,全赖智识之高低为转移,所以工等组织工会第一步要做之事业即是工人教育,但工等之困穷状况何能为此,恳请拨给房屋一所,作工开办补习学习之用,工会常用电灯及按月焦煤半吨,在工厂不过九牛一毛,在工等实全体公益,想我厂长必不吝此区区。此应请厂长速予允准实行者六也。

前述六条要求,在工等实认为合理平允,务祈厂长当机立断,迅速实行,幸勿延岩迟疑,以致反感丛生,工人幸甚,工厂幸甚。谨陈
汉阳钢铁厂吴厂长钧鉴

　　　　　具陈人　汉阳钢铁厂工会全体工人谨呈

吴健致盛恩颐函

民国十一年十月三十日(1922.10.30)

经理钧鉴:

本月二十四日函呈汉厂工人要求各条件,当蒙鉴及。按该条件,若一经应允,即在我所加之担负甚重,一并否认,又虞有风潮,殊非厂长所敢轻易作主。应如何酌夺对付之处,尚恳迅赐示下,以凭答复。再,风闻冶厂工人当于开炉冶炼后亦有所要求。附告。并颂
勋绥

　　　　　　　　　　　厂长　吴健谨肃

魏允治①致公司董事会函

民国十一年十月三十日(1922.10.30)

董事会钧鉴:

敬肃者,窃以各处工党要求加工风潮甚烈,安源设立路矿工人俱乐部,

---

① 魏允治(1870—?):字贞度,湖南宝庆(今郡阳)人。时任永和煤矿矿长。

代表萍矿工人要求条件,相持五日,卒至让步,始得和平解决。永矿近在咫尺,工人来往结合,已非一次,屡欲有所举动,因允治未回,主持无人,致未实现。允治到山后,各工匠等即要求加增工价,经允治告以经济困难,原有者正拟裁减(据监工云,有最不安分者七人,当去之),更无加工之言。不料,十月二十五日下午,各工匠竟聚众恃蛮,擅将锅炉停歇,机件拆卸,将窿口用煤桶堵塞,声称我等皆安源俱乐部注册工人,其势汹汹,不可理喻。二十六七两日,安源俱乐部连派代表前来接洽,允治鉴于各处风潮恶劣,且为保全产业计,勉与磋商,嗣择其近理者,允许数条,始得双方解决,各工匠随于二十九日一律上工,幸机器、公物皆无损失。允治计到永矿一年以来,毫无建树,此次罢工又未能先事预防,殊深惶愧。除仍认真督饬保管外,理合据实陈明,并将条件抄呈,仰乞俯鉴为难苦衷,准予备案,是所至叩。专肃。

敬请

钧安

魏允治谨肃

[附件] 永和矿局协订条件

一、工人龙华生等七人,即恢复原有工作。

二、矿局承认安源路矿工人俱乐部有代表永和煤矿工人之权。

三、以后矿局开除工人,须有正当理由宣布,并不得因此次停工开除工人。

四、从前原有例假,以后须照发工资,假日照常工作者,须发夹薪。

五、工人因公受伤不能工作者,矿局须与以相当之职业,否则照工资多少按月发给半饷,但工资在二十元以上者,每月以十元为限。

六、此次停工期间,工资由矿局照发。

七、以后矿局职员、工头,不得殴打工人。

八、窿工处由工人公举工头,自作分帐,从下月起实行。

九、窿工工头不得由监工私行录用。

十、安源路矿工人俱乐部前与安源路矿两局协订之十三条件中,矿局现在尚未履行之处,一俟开大工后履行(十三条中第七条与永和矿局无关系,第九条可再议)。

安源路矿工人俱乐部全权代表　李涤生　蒋先云

民国十一年十月二十九日协订

盛恩颐致李寿铨、舒修泰函

民国十一年十一月二日(1922.11.2)

径启者:

前接五十号来函,报告安源路矿工人罢工经过情形,并与工人俱乐部协定十三条,录请核夺等情。当以路矿同时罢工,其解决方法固不能由一方主张,然承认该工人俱乐部及与协定十三条,殊觉过于宽假,据情抄件转陈董事会核办。兹奉董会函开:此案于民国十一年十月二十日第八次临时会提出,公议:查核所订十三条,多所迁就,实属窒碍难行,于公司前途损害殊大,本会断难承认,应仍责成该矿长等设法挽回,勿稍诿卸,即请经理查照饬遵等因。合亟函知,希即查照董会议案办理,是要。此致

萍矿李矿长、舒副矿长

副经理

盛恩颐致潘国英函

民国十一年十一月二日(1922.11.2)

径复者:

接九十一号函,以株局转运煤焦小工于酌加津贴后,安源路矿工人俱乐部忽代要求加增工资,难于照允,已饬株局长坚持,报请核示机宜,并附抄件,具悉。查株局小工以现时钱贱物贵,要求酌加津贴,经该局长体察情形,酌拟加数,函由执事核准照加,均无异议。讵安源路矿工人俱乐部事不干己,出头干涉,代求加价,较前增出十分之四,恃众横行,情殊可恶。□①

---

①　此处残缺七八字。

安源路矿罢工,与该工俱乐部协定十三条□业饬该矿照□,惟株局与萍矿不同,此种刁风断不可长。执事已函株局长拒绝请求,所见甚是,尚望坚持到底,遏此颓流,是为至要。此复

运输所潘所长

副经理

公司董事会致黎元洪电

民国十一年十一月十八日(1922.11.18)

武昌。黎副总统鉴:大冶火车匠要挟罢工事,蒙派张知事会同纪监督弹压解散,分别惩罚,至深感谢。汉冶萍董事会。啸。

安源路矿工人俱乐部致公司电

民国十一年十二月二十八日(1922.12.28)

汉冶萍公司鉴:萍矿年终夹薪,恳速发给,工情愤激,难保意外。速复。路矿工人俱乐部叩。

汉阳铁厂工会与汉阳铁厂订立条约

民国十一年十二月(1922.12)①

汉阳铁厂工会与汉阳铁厂双订条约如左:

(一)戴正富、韩受礼两工头任其自行告退。

(二)全厂一律每月逢大星期日照给原工资,作工者给双工,从十一年十二月三十一号起(即大星期日)实行。

(三)前陈六条,等候厂长回厂再行定夺。

第二项包工,星期例假,归包工头自理,与厂无责。

汉阳铁厂代理厂长

汉阳铁厂工会　许显廷　谢必超　余九皋　陈春和　马冬阳(签字)

---

① 原件无时间,此系根据内容判定。

陈廷纪^①致盛恩颐函

民国十二年一月一日（1923.1.1）

经理钧鉴：

　　化铁炉工人于十二月三十一号下午二时罢工，昨夜开工，均经专电陈报，当荷鉴及。查此次风潮系为前此所要求之六项日久未予答复之故。适三十一号大星期，各领工聚焦化验股拍照（并未报经厂长核准），因以领工是日休憩仍得工资，工人不得工资，待遇不平为藉口，提出条件，大致与前此相同，另单抄览。商允予工人月一并得两大星期之休憩，到工者双工，电乞公司核准，一面开工。与工会领袖磋商一日夜，告以前所要求六项已代函转公司，现夏总经理未回，当然无答复，劝令先行开工，月二大星期，到工者双工，此一项可代电求公司认可。迄无效，改提三件：（一）开除炉次工头戴正富、韩受礼；（二）工人一律月得有两大星期之休憩，到工者得双工；（三）前要求六项限二星期答复。当具东电分电钧处及东京请示对付。两炉虽尚封好，惟停久恐冷结为患，焦灼莫名。嗣奉夏总经理冬电饬速为和平解决，遵与工会领袖磋磨，第一款戴、韩二工头改为自行告退，第二款允予工人月得两大星期休憩，到工者得双工，第三款前要求六项候厂长回日定夺，另单抄览。即于昨夜开工，照常出铁矣。除电达外，合再函详，藉纾廑系。戴、韩二工头在厂多年，并无过错，特平日管束工人认真，即为彼眼中钉，必欲去之而后快，幸该二工头尚顾全大局，允暂去厂，求另予派事。附闻。

　　再，工人率无程度，每次罢工均得胜利，窃恐横逆之来，有加无已，在我虽欲委曲求全，而终有难于迁就之一日。鄙见应由钧处函请孙会长与中央政府妥商，电行湖北督军，请其出示晓谕，化铁炉工程重要，不堪停闭，以后工人如敢罢工，请求事件是为要挟，应即处以极刑，此乃资本家要求以法律

---

　　① 陈廷纪（1885—？）：字次青，浙江镇海（今宁波）人。时任汉阳铁厂化铁股长。

为保障也。未审尊意以为如何？肃颂

崇安

厂长吴健谨肃　陈廷纪代

盛恩颐批：对付甚为得宜，除密禀会长外，要求六项断难承认。

夏偕复致盛恩颐电

民国十二年一月二日(1923.1.2)

盛经理鉴：汉厂东电报罢工，电码多讹，不甚了解，已电复赶速和平解决。际此千钧一发，如采严厉手段，而竟停工，既无财力足保财产，借款亦将绝望，必至一败涂地。务祈和平将事，至恳至要。偕。冬。

李寿铨、舒修泰致夏偕复电

民国十二年一月八日(1923.1.8)

东京事务所。夏总经理钧鉴：卅一、江、鱼电，亮鉴。昨无款发工资，数千工人环围事务所要索，势甚汹汹，急向市铺凑借数千元，每名发两元接济日食，以待东款，仍属朝不保夕。瞬届十五日发窿工资期，窿工七八千人，无款必出意外，危险已极，毫无办法，苦求钧座火速设法急筹三十万两，赶十五前由沪汇长济急。立盼电复。铨、泰。庚。

李寿铨致夏偕复电

民国十二年一月十一日(1923.1.11)

东京事务所。夏总经理钧鉴：大借款究竟如何，祸迫眉睫，用敢密询，乞电示。萍矿最吃重，工众费巨，又处僻境，又迫年关，呼吁罔应，借贷无门，聚万余索欠工资之矿工日日哗噪，愈激愈烈，请公设身处地如何办法。铨衰病苦支，不忍坐视糜烂，务乞大发慈悲，法外设法，只要来一有期款电，亦可稍解围困。祈钧裁速复，引颈盼待。铨。真。

黄锡赓致盛恩颐函

民国十二年一月十三日(1923.1.13)

经理钧鉴:

敬陈者,冶矿工人竟于今午罢工,本厂工人表面虽尚安静,但闻从中鼓动者不乏其人。值此时间,适据工人口头要求照汉厂例,凡大礼拜均给工食,赓当以汉厂如有此先例,本厂自可照办等语答之。现已飞函汉厂,请其电复。总之,工人方面如有不稳之象,赓当竭力消弭,但能否不受冶矿之影响,未敢必也。谨此驰陈,仰祈察核。敬叩
钧安

黄锡赓谨肃

季厚堃致盛恩颐电

民国十二年一月十三日(1923.1.13)

经理钧鉴:工潮沿及冶矿,昨下陆机车两部工人要求条件有失主权,万不得已承认,致蹈汉萍复辙。如果罢工,拟将下陆暂停重组,照汉口水电公司办法或稍优胜,一方面请军队布置,以保沿途。谨先电闻。堃。元。

李寿铨等致夏偕复电

民国十二年一月十四日(1923.1.14)

东京事务所。夏总经理钧鉴:文电奉悉。正在危急,十五号工资亦无发,远水不救近火,窿工哗噪,更不可当,即闹到罢工,现时原无顾忌,而无款仍不能遣散,势必糜烂。经工人俱乐部再四要求,路矿暂以矿票发年终加工半月之半数,接济工食,余归三四两月补发,至十二月工资,请催款到即发,一月工资必在阴腊月二十四日前发清。当商路局并与各首领及官绅、商会叠议,舍此别无办法,不得已从权擅允,务乞俯亮苦情,切实筹款救急,以免失信破裂,不可收拾。除遵电径商外,谨陈,盼复。铨、泰、祐。寒。

李寿铨致夏偕复电

民国十二年一月十五日(1923.1.15)

东京事务所。夏总经理钧鉴:寒电亮鉴。急难暂纾,年关紧逼,二十外续议借款,务求提早筹备六十万两,在阴历年内分批指汇到矿,方能脱险。否则诸债紧逼,更有万余穷苦矿工,索饷逼命,糜烂不堪设想。衰朽不足惜,矿与同人身家性命何辜。目下人心惶惶,首领已有去者,言之痛心,如此大矿,零用将断,险到万分,苦求矜怜,密示方针,稍有把握,千万叩祷。铨。咸。

夏偕复、盛恩颐致吴健函

民国十二年一月十五日(1923.1.15)

径复者:

接一号函陈报,化铁炉工人罢工,及暂予调停,次夜即行开工各情形具悉。查此次炉工罢工要求三项,已将辞退两工头及月予两假期休息、到工者给双工两款照允,得以暂时平息。而前次六条仍在要求之中,核其条件,不仅加给工资,并干涉管理权,本公司万难承认。除函恳会长商部从严取缔,以资保障外,仍希善为开导,妥事防维,以弭后患而重厂务为要。此致汉厂吴厂长

盛恩颐致孙宝琦函

民国十二年一月十五日(1923.1.15)

慕公会长钧座:

查近年民气本已嚣张,而提倡劳工神圣者又复不遗余力,以致罢工风潮愈演愈烈。本公司萍矿罢工而后,汉厂工人继有要求六条,于增加工资、受伤抚恤而外,并设立工会,侵及管理权,据吴厂长转陈请示,当以请求过当,万难承认。适值召集特别会议,吴厂长来沪未归,化铁炉工突于阳历除夕罢工,提出三款,要求答复:(一)将平日管理认真之戴、韩两工头开除;

（二）全厂工人于每月两休息日，仍给工资，到工者给双工；（三）前次六条，一律照允。经陈代厂长廷纪多方劝导无效。以化铁炉非同他项工作，停顿过久，危险极大，不得已将第一第二两款暂行照准，以解目前之危。至前求六条允俟吴厂长回厂定夺，始得暂时平复，于一月一日夜间开工，照常出铁。但前项问题尚在，固虞再起风潮，即使如其所求，而工人率无程度，见其每次胜利，则横逆之来，窃恐有加无已，似此资本家转无法律保障，危及实业前途，所关匪细。除函该厂长善为开导妥事防维外，为此仰恳钧座可否商请政府，电行鄂督出示晓谕，化铁炉工程重要，不得停工要挟，违则究惩，俾得有所儆戒，以维实业而挽颓风。不胜感祷之至。

再，此次汉口租界英商纸烟公司工人亦同行罢工，该公司已采取严厉手段，以兵力解散。我汉厂资本大于烟公司什佰倍，且邻近兵工厂，设有风潮，必牵动政局，若萧督能援例严办，必可弭悉于无形，乞于致萧督函中述及此节为叩。肃颂

崇绥

副经理

李寿铨致盛恩颐电
民国十二年一月十六日（1923.1.16）

盛经理钧鉴：寒电亮鉴。急难暂纾，擅专宜惩。事虽经夫众议，咎实在于一人，分应自劾。乞即转陈董事立将寿铨免职，以示严惩而儆效尤。威令厉行，群情慑服，总任得人，犹可挽回，万勿顾惜一人以误大局。寿铨罪比邱山，心同皎月，用敢直陈，乞赐俯允。拟请即派金正矿师暂兼矿长，免致延误。迫切待命，至为盼祷。寿铨叩。谏。

吴健、黄锡赓致盛恩颐函
民国十二年一月十七日（1923.1.17）

经理钧鉴：

敬陈者，冶矿于月之十三日发生工潮及本厂工人口头要求，援汉厂例，

照给大礼拜工资各节,业经函陈。至冶矿罢工经过情形,谅已由矿长详细具报。惟本厂工人中,有智识者,深体公司困难,除前项外,并无条件要求,且有人将此等工潮,设法调解,乃未邀矿长容纳。嗣经本厂厂巡处探悉各工人之主张,只期矿长有相当之表示,即可藉以转圜,否则必扩张风潮,先及于水泥厂,次及于本厂,以为后盾云云。传闻若此如果成为事实,势必延误开炉,殊属可虑,所幸本厂工人目前尚无举动,只声言求公司以待汉厂之法待遇本厂而已。至大礼拜给予工资一节,查悉汉厂、冶矿均有此项办法,本厂可否援例之处,已径电请总经理核复。谨陈梗概,并附电底,仰祈察夺为祷。敬叩

钧安

吴健、黄锡赓谨肃

赵时骧致夏偕复电

民国十二年一月十七日(1923.1.17)

总经理钧鉴:四号炉砖统尽坏,月前电沪总事务所请予停修,迄未奉复。该炉日汩烂穿及底部,自以停修为正当办法。惟停修需款,解散炉工须款,本难奉允停电示,现陈股长令少下料,预备压火,用钢版电旱隔顿修理,约须停出铁三五日,冀或稍可耐久。冶矿罢工又将延及此,奈何二十一日发工价乏款,祈电沪会计所长迅赐电拨,以资应付,否则难维持。健。篠。骧代。

夏偕复致盛恩颐电

民国十二年一月十八日(1923.1.18)

篠电悉。冶厂长工其性质与汉厂长工相同者,准照同等待遇,大星期给原工赀,作工者给双工。偕。啸。

季厚堃、盛渤颐①致夏偕复函

民国十二年一月二十日(1923.1.20)

总经理钧鉴:

武汉工潮日形扩大,近已波及大冶,本月十三日下陆一部工匠自行罢工,当饬将机厂、车棚、煤院、料栈,一律封锁,以便保存,并断绝上下交通,使若辈不得任意行动。汉阳总工会及萍乡、轮驳各工会均派代表来冶,散布传单,以为恫吓。堃、渤因该工人等所递条件,丧失主权,始终拒绝,不为所动。查此次工潮,含有别种作用,不仅为加工资,意在各处响应,以助声援。如政府不加抑制,将来蔓延全国,祸更烈矣。现相持已近一星期,拟就要求工资一条酌量允加,以为转圜,其余各条概不承认。一则生活日高,确然困苦;一则冶矿工价向以钱计,目下每元兑钱二千零数十文,较之冶厂均用洋码实难比例。正在磋商入手,如能就范,即令开工,若再坚执非达到条件目的不可,惟有全矿暂停,一律遣散,以遏浇风,再行重组。愚昧之见,是否有当,伏乞裁夺示复为幸。除函陈副经理外,专肃。恭叩
钧安

季厚堃　盛渤颐谨启

[附件一]　工人要求加薪条件

第一条　工食六串改洋六元;七串至十串每串改九角;十一串以外每串改八角;十五元以内每日加二角;十六元至二十五元每日加一角七分;二十六元至四十元加一角三分。

第二条　公司津贴俱乐部工人补习夜课校费一百五十元。

第三条　工人待遇与员司同等。

第四条　学徒满三年者,应考手艺优劣,照大工给价。

---

① 盛渤颐(1880—?):字我公,盛宣怀之侄。时任大冶铁厂、铁矿厂矿长。

第五条　添补工人由俱乐部介绍,以杜弊端。

第六条　工人犯过三次,通过俱乐部查实开除。

［附件二］　工会传单

敬告我们最亲爱的下陆全体工友们:我们从在汉阳得了下陆的电报,非常愤怒,恨不能飞到此地,与我们最亲爱最痛苦的下陆工友同甘苦,一致勇敢前进,拼死力争,务达美满目的而后止。今日已到了贵部,承蒙我同胞似的工友亲爱我们,我们很觉惭愧,未与我们的工友办一件有幸福的事,但此次既来到此地,诸位莫错认了,我们不是来调解的,我们是来帮助我们求不能的最痛苦的工友等筹画作战的,上前敌的。我们工人没有武器,何以作战呢? 换一句话说,我们罢工,就是我们作战。不是已经罢了工吗? 又何必再要罢工呢? 不是的,我们是送武器来的,已经预备三年的战品,与资本主义鏖战。我们战品什么东西? 就是钱银粮米,使我们痛苦的工友,不致冻饿,永久停亦无妨害。实在下陆一部分战不胜资本,我们安源路矿哪,汉阳钢铁厂哪,新厂、轮驳哪,一齐作战起来,定以美满效果,方始罢休,更望诸君万众一心,努力奋斗。顺候进步!

汉冶萍安源路矿工会全权代表　马冬阳　孟骏愚

汉冶萍汉阳钢铁工会全权代表　杨桂生　陈树生

汉冶萍大冶钢铁工会全权代表　李能至　梁定国

汉冶萍轮驳工会全权代表　张金山　谢必超

十二年一月十六日

李寿铨致夏偕复电

民国十二年一月二十一日(1923.1.21)

东京。夏总经理钧鉴:巧电谅鉴。万余苦工眈眈待饷,赊欠之米油木到期无款,争吵斗殴层见叠出,不忍闻见。机料多脱,各铺索欠均是救急之款,再不还必倒,四面紧逼,一处劝慰,允于十日内陆续归还。目下万分吃紧,苦求火速筹备六十万两,在十日内分批指汇到矿,解此难关。本月已过二十天,全是空手支持,倘再无款到,矿与同人身家性命俱不得保,我公主持全局,应发慈悲速救危亡。如何分批汇济之法,乞先电示,以慰忧焚。铨。箇。

季厚堃致夏偕复电

民国十二年一月二十一日(1923.1.21)

经理钧鉴:汉冶萍厂矿、轮驳工人暗潮已成一致,近来恐吓函件日必数起,条件是名,革命是实。各工会遍布传单,有专向资本家宣战等语,意在推翻,悖谬已极。政府如不严办,恐祸及全国。愚见值此潮流,公司金融既窘,莫如仍照委员会议暂停重组,况新厂工势汹汹,将来非用外权不能开炉。务祈体察时局卓裁是幸。堃。密。箇。

潘国英致夏偕复电

民国十二年一月二十三日(1923.1.23)

总经理钧鉴:昨接汉阳本所转来株洲转运处电,该处工会因要求加价未遂,于号日罢工。现在水涸,株运本停,该处罢工尚无妨碍,所虑者,蔓延武汉。且轮驳工役,现亦成立工会,闻已有种种要求,专候国英回汉,即行提出,其中不仅加薪问题,并涉及用人行政,甚难对付。国英目睹危机已伏,终必发动,自维才轻责重,深恐办理不善,有误公司大局,钧座何时可以回沪,俾国英得以面请机宜,伏祈电示。国英。漾。

孙宝琦致夏偕复、盛恩颐函

民国十二年一月二十六日(1923.1.26)

径启者:

接长字第二号来函,以化铁炉工人罢工要挟,已经平复,恐风潮再起,请商政府电行鄂督出示谕禁等情。查近来工党势力澎涨,危及资本,所关自属匪细。除分函陆军、农商两部请其转电鄂督维持外,根本解决办法仍应责成该厂长善为劝夺,妥为防维,若专恃压迫手段,揆时度势,恐不济事。

专复。此致

经理处

孙宝琦

盛恩颐致夏偕复电

民国十二年一月二十七日(1923.1.27)

　　东京。夏总经理鉴：安源上年路矿同时罢工，要求十三条，公议每于年终加发半月工资一款，矿一方面允转报候经理示遵，当陈经董事会议复不准，转函饬遵在案。至本年一月以来，迭据李矿长等电称：工人聚众要索应发工资，否则请年终暂停工半月之事，当谕以不候经理电示，碍难擅允，盼速复云云。正核办间，据李、舒矿长、金正矿师寝电称，工人逼索工资，愈激愈烈，势将糜烂，工人俱乐部再四要求，路矿暂以矿票发年终加工半月之半数，接济工食，本矿约三万五千之谱，余归三四两月补发，十二月工资请催款到即发，一月工资必在旧腊二十四前发清，当商株萍铁路并各首领及官绅、商会迭议，除此别无办法，不得已从权擅允，宁受责备，不忍糜烂，务恳亮察。旋又接李矿长谏电略谓，急难虽纾，擅专宜惩。引咎自劾辞职，请以金正矿师暂兼矿长各等语。李矿长从权允加年终半月工资，自出维持苦衷，但工潮日烈，月需巨款，长此以往，其何能继。前奉阳电悉，急款已无望，而售煤抛铁又卒难办到，目前即有不了之势。如何支持，请示机宜，至深感盼。恩。沁。

盛恩颐致黄锡赓函

民国十二年一月三十日(1923.1.30)

径启者：

　　据冶矿季矿长报告：本月十四日下陆一部工人罢工，军队防范，尚属安静，山厂及江边预先布置，均未响应。十五日冶厂忽来火车拖载工人八、九十名驰赴下陆，经石灰窑拦阻，告以须候厂长通知方可放行。内有徐姓为首不服指挥，火车扬长进去。厂矿地界各有主权，下陆正在商议，可望收束。冶厂工人忽尔越境，事前若不劝阻，恐酿绝大风潮等语。查此次冶矿局部罢工，尚属易于消弭，冶厂工人较多，品颓不齐，应由执事设法严禁拦入冶矿界内，以杜纠煽而免蔓延，是为至要。此致

冶厂黄副厂长

副经理

季厚塈、盛渤颐致盛恩颐电

民国十二年一月三十日（1923.1.30）

经理钧鉴：下陆工潮，督军电令大冶知事调解，前日到窑传集工人代表，晓喻呈复督军指令办理，应静候解决。今午冶厂火车忽拖载工人二百余名来窑，声势汹汹，幸军警拦阻尚力，未肇巨祸。窃思冶厂正在工作，如此捣乱行为何以屡次无人过问？上次已于寒电陈报，如该厂不赶紧压制，致令全矿财产糜烂，塈、渤不负责任。合再声明，并恳迅饬黄厂长明白电复是幸。塈、渤。卅。

李寿铨致夏偕复电

民国十二年一月三十一日（1923.1.31）

东京。夏总经理钧鉴：卅电亮鉴，事机万急，刻不能待，前奉阳电饬总事务所速售煤铁，徒成空愿，又奉个电，总须阴腊二十左右方有款，能早得若干，先指汇等因。现已阴腊十五日，尚未奉有确切电示，设到阴腊二十左右无着，以积欠八十万一文不名之矿，对此万余穷苦哗噪索饷索欠之人，如何得了。查株武汉冶约存煤焦十余万吨，拟乞飞电商务所赶紧押款汇矿，先平工愤与急债，以免坐视糜烂。立候电复。铨。卅一。

黄锡赓致盛恩颐函

民国十二年一月三十一日（1923.1.31）

经理钧鉴：

敬陈者，昨日午前十一时有武汉、安源等处工会代表来见，询其来意，

金谓此次下陆工人罢工,矿局并无解决之诚意,如再愆延不决,各处工会势将取一致行动云。赓即反复劝导,并告以此事曾据矿长表示,自阴历元月一日起酌加工食,请勿误会,并盼转劝各工人静候矿长解决,迩来公司经济困难万分,维持现状已属不易,幸勿使风潮扩张,俾免际此年关各方面均感痛苦等语。正谈论间,有工人百余名麇集公事房前面,声言矿局不以摇车相假,请由厂借用火车,以便送各工会派来之代表前往下陆。赓当告知各代表,以由窑至下陆铁路系矿局所辖,本厂不能擅自通车,务各守界限,当力请矿局假以摇车云云。斯时火车已由工人自由开出,人众言庞,乏术弹压,颇近罢工之状态,赓即嘱蓝处长赶赴冶矿接洽。旋经商连长解释误会,并允代借摇车,遂将火车折回,而本厂仍得照常工作,尚属幸事。惟潮流所播,声势汹汹,控驭无方,深滋愧悚。谨陈梗概,仰祈鉴察为祷。敬叩
钧安

黄锡赓谨肃

吴健、黄锡赓致季厚堃等函

民国十二年一月三十一日(1923.1.31)

冠山、我龚先生大鉴:

昨奉四号台函,以敝厂工人于一句钟时乘坐火车突然到窑一节,鄙人控驭无方,深滋愧歉。惟其中原因不得不详达清鉴。缘是日午前十一时,即有敝厂工人集于公事房门首,人数众多,未审何故。旋据敝厂工人俱乐部代表声称,该工人因未能借用冶矿摇车送各代表前往下陆,故要求借用火车云云。赓因人多决难遏制,当向该代表申明火车万不能开往下陆,如需摇车可力请冶矿照借,但切勿轻举妄动等语。乃言未毕而火车已被工人开出在外。当嘱蓝处长赶赴尊处接洽。斯时敝厂工人颇近罢工之状态。赓因约束无方,既极愧悚,亦深焦灼,幸经商连长解释误会,并允代借摇车,未致酿出事端,赓于愧疚之余方以为幸。惟潮流至此,赓不特艰于对付,抑且无法阻拦,应请饬知车站或请军警阻止,勿任火车通过为祷。特此布复,务乞见原是幸。敬颂

台安

黄锡赓谨启

汉冶萍总工会致夏偕复函

民国十二年一月(1923.1)

上海总公司经理先生均鉴：

敬启者，大冶下陆矿厂工友为维持生活要求增加最低之工资，被贵属运务股长周楚生横加压迫，致酿成罢工等情，连日武汉各报均有详载，先生等量无不详知者也。查下陆工友有每月只洋钱五串六百者，有只洋钱六串者，试问近日生活程度如此其高，此区区之工资果足以供一人之饮食费乎？抑且更足赡养家属乎？此不待详查皆知其有所不能也。人孰不贪生，下陆工人处此困迫之下，不得已而向厂中要求足备生存之工资，稍具仁心者当无不慨然而允许也！乃贵属运务股周楚生徒逞意气，不顾营业前途利害，施其阴谋，上下蒙蔽，不但不允工人之请求，反横加压迫，致激成罢工之举，使工人日益穷困，而公司营业亦受莫大损失，长此以往，势必至两败俱伤。推其原由，则周楚生一人之咎也。先生等均为明达，为维持公司之营业，减少工人之痛苦，务宜早撤此造祸之元恶，而允许工人一切请求，则工人幸甚，公司幸甚。否则，本会所属之汉阳、安源、新厂、轮驳四工会为维持正道计，为维持同等阶级利益计，自当采取一致之行动，不幸而酿成大变，则周楚生及贵公司等宜任其咎，而敝工人等不能负此责也。此致
公安

汉冶萍总工会(印)

盛恩颐致公司董事会函

民国十二年二月五日(1923.2.5)

董事会公鉴：

安源上年路矿同时罢工，要求条件，萍矿当与协订十三条，陈奉贵会议复驳斥，业经转饬遵照在案。查协订十三条，内有每于年终加发半月工资

一款,至本年一月以来,迭据李矿长等电称,工人聚众要索应发工资,牵及年终加工半月之事,当谕以不候经理电示决难擅允,请即速复云云。正核办间,据李、舒矿长、金正矿师寒电称:工人逼索工资,愈形激烈,势将糜烂,工人俱乐部再四要求,路矿暂以矿票发年终加工半月之半数,接济工食,本矿约二万五千之谱,余归三四两月补发。十二月工资,请催款到即发。一月工资,必在旧腊二十四前发清。当商株萍铁路并各首领及官绅、商会叠议,除此别无办法,不得已,从权擅允,宁受责备,不忍糜烂,务恳谅察。旋又接李矿长谏电称:急难暂纾,擅专宜惩(云云照谏电全录至)至为盼祷各等语。查李矿长从权允加年终半月工资,即系贵会否决条款之一,兹据引咎自劾,应如何办理之处,理合提请贵会公议示遵。肃颂
公安

副经理

张翊六致季厚堃、盛渤颐函

民国十二年二月七日(1923.2.7)

径启者:

案准贵矿长函称:下陆工人罢工日见激烈,请速为解决等因。准此,敝知事于月之二日亲赴下陆开导各工人代表静候调停,不许暴动。次日会同刘营副、商连长召集该代表余江涛等赴矿局面为开导,所有加薪各节,经敝知事会同营副、连长予以仲裁。当承贵矿长当场允诺,该工人代表亦经满意签字,所有从前风潮概行解释,并布告工人等于月之四日一体开工。除将情形呈明督军外,合行抄录解决条款函请贵矿长查照备案,实为公便。此致

汉冶萍矿局矿长季、盛

计抄条款并呈文稿各一纸。

大冶知事 张翊六

[附件一] 大冶下陆工潮解决办法

大冶下陆工潮解决办法如左:

一、工资　六千文者每月加六成，六千一至十千者每月加四成，十千以上者每月加三成，十五元以下者每月加二成，十五元至二十五元者每日加四分，二十五元以上者每日加三分。自阴历元旦实行。

二、教育　下陆小学改组为国民小学及附属工人夜课补习学校，教员归下陆工人俱乐部介绍，薪水等项归矿局担任，应由矿局咨请县公署备案。

三、假期　工人有病时，经医生验明准假，不得扣薪。

四、学徒　满三年者分别艺术优劣给予工资，以十元为起码。

五、在停工期限内以十八天发薪，并不得因此次停工开除工人。

六、原有第五、六、八条暂从缓议。

汉冶萍总工会代表　余江涛

下陆工人俱乐部代表　唐芳　章海波

汉阳钢铁厂工会代表　马冬阳

［附件二］　下陆工人呈大冶县知事条件

第一条　加薪现得工资六千者改为六元，七千至十千每千改为九角，十千以上者每千改为八角，工匠应得洋码者如十五元以内者每日加二角，十六元至二十五元每日加洋一角七分，二十六元至四十元者每日加洋一角三分。

第二条　公司津贴俱乐部每月教育费洋一百五十元，俾创工人子弟学校及工人补习夜学。

第三条　工人待遇婚娶死丧例须与司员同等。

第四条　凡学徒满三年者分别艺术优劣给予工资，最少者以十元为起码。

第五条　添减工人须得俱乐部之同意。

第六条　每年应加薪一次，每年终照安源例发给双月薪一次。

第七条　在停工期间所有损失及月薪均归公司赔偿补发，并不得因此次停工开除工人。

第八条　俱乐部有代表工人之全权。

大冶铁矿俱乐部主任　赫惠林

广东代理主任　唐芳

宁波副主任　邱庭芳

连署人　蒋桂生　谭关煦　胡文光　李流　陈和进

安源路矿工会代表　余江涛

汉阳钢铁厂工会代表　马冬阳　谢必超

轮驳工会代表　孟敬愚　郭厚安

大冶钢铁工会代表　欧阳芳　杨桂生

汉阳钢铁厂工会致汉阳钢铁厂函

民国十二年二月八日(1923.2.8)

敬启者：

京汉铁路江岸全体工友被万恶军阀非法杀戮，尸横遍野，血流成渠，我全体工人决以死力反抗。今接奉湖北全省工团联合会总同盟罢工命令，即日停工，所有交涉全权已交本会最高机关——湖北全省工团联合会，所有厂内一切损失概与工人无涉。特此申明。

汉阳钢铁厂工会启

赵时骧致盛恩颐、吴健电

民国十二年二月九日(1923.2.9)

经理、吴厂长：本厂昨午被京汉铁路路工牵动，仓猝罢工，炉座暂为封闭，当经呈报督军及营县，约营县会同劝导，现尚未就范。特闻。祈转知总经理。骧。佳。

季厚堃、盛渤颐致夏偕复、盛恩颐函

民国十二年二月十日(1923.2.10)

总、副经理钧鉴：

下陆工潮业经历次函电陈报，当时并经电呈湖北督军，蒙派第四旅军

队及大冶知事竭力防护各在案。张知事于二月三日会同刘营副、商连长来局，当传集工人代表再三开导，议定办法六条，即于四日照常开工，业由支电报告钧处。现张知事正式函送办法到矿，特另纸录呈鉴核。

查此次工潮纯受外界影响，一则洋价飞涨，生计日艰，一则不逞之徒利用时机到处煽动。下陆工人本属少数，外来代表均以冶厂为集中，谋为秘谲，其意叵测，若任其蔓延，不早解散，将来患在肘腋，防不胜防，此不得不先行陈明者也。惟大冶各厂工资均用洋码，冶矿独以钱计，近日洋价飞涨，每元已兑二千二百文，尚有逐步增高之势。如工资每月六千者，虽加六成，仅合四元三角有零，而大冶各厂工资最少数均系六元，仍难相比，若不乘此机会将凡用钱码者酌量稍改，恐激成反响，转令公司日后吃亏。好在洋价既高，本位亦涨，核之预算，所加有限。再矿价及码头下力均用钱数，此次亦拟酌量稍加，合并声明。所有下陆工潮解决及工资一切酌量增加缘由，理合函陈，伏祈垂察是幸。专肃。恭叩

钧安

季厚堃　盛渤颐谨启

赵时骧致夏偕复、盛恩颐函

民国十二年二月十日（1923.2.10）

经理钧鉴：

顷奉青电开：厂工被牵制罢工，甚念，近状何似，有无解决希望，希电告等因。当经复上一电文曰：昨营县到厂一同劝谕，即于昨午后勉强开工，余函详，当荷鉴及。查此次罢工原受京汉路工之影响，工人有致厂声明书一件，兹特抄览。昨早寇旅长派邓副官及汉阳县陈知事到厂一同劝谕，以京汉已开车，已无一致行动之可言，如有所请求，营县亦可代为调停，限令其赶即开工。化铁炉工人乃乘此又有所要求，开列六款呈营县，因令务各先行上工，即于昨午后开工。其所开列六款另纸抄阅。当分函营县，告以此次罢工全为京汉影响，有工人致厂声言书为证。至所开之六款，大致与前要求者相同，工人已签字承认，静候厂长回日裁夺，自不成问题。本日早间

往司令部晤寇旅之参谋长及副官长面商,其所要求之六款完全否认,一面严厉晓谕,如再有任意罢工情事,当予拿办不贷,并派军队梭巡茶肆酒馆,不准其集合聚议。该参谋长、副官长云,寇旅长对于兹事非常注意,诚恐波及兵工厂,扰乱治安,惟必经回明督军,然后方可放手做去。窥其意,视我尤主严格以绳,所望从此不有风波,如其不然,我厂或不免重大之损失,潮流所至,亦只有从而牺牲之耳。或经此一度以后,得以相安,则亦幸矣。再,昨日开工炉座尚好,照常出铁,并以奉闻。专肃。祗叩

崇安

厂长吴健谨肃　赵时骧代

［附件］　化铁炉八班工人要求

一、承认工人聚会结社。

二、加薪资　工人等每人每年加工资一次,每月礼拜日作工者双工,例假照给原工资。

三、因公受伤照给原工资;因公毙命,恳求补恤费酌量情形;因公成废者,酌量工作,照给原薪。

四、年假　年一月双薪。

五、不得因罢工无故开除工人,停炉报修不得开除工人。

六、开除之工头不得复职。

十二月二十四日

孙宝琦致夏偕复、盛恩颐函
民国十二年二月十日(1923.2.10)

径复者:

接长字第四号来函,以近来各厂矿工潮日形扩大,资本家受累无穷,应如何处分以期允协,祈核示等因。查近来工党气焰嚣张,系潮流所趋,或含有别种作用,预防方法惟有责成各厂矿首领平时待遇工人宜采取宽大主意,不但为工资一事,总以开诚布公,俾期弭患于无形。如仰仗政府以强力

抑制,虽能平息于一时,而恶感日深,一旦暴动,更难办理。即希查照转知各厂矿照办为荷。此致
总、副经理

孙宝琦

潘国英致夏偕复、盛恩颐函

民国十二年二月十四日(1923.2.14)

经理钧鉴:

敬肃者,株局工役罢工一事,国英前接该局胡局长电,即经转电呈报在案。查此事发生虽因铜元价贱生活程度增高,然其中实为安源路矿俱乐部指使所致。按株局工人挑煤卸车,本系包工性质,由夫头承包,卸车分大箱小箱,每箱钱若干,挑煤每担钱若干,均有定价,数月前该夫头以铜元价贱要求加价,即经胡局长议定量予增加,并由国英转陈核准。自加价后各工役已表示满意,并无违言,乃安源路矿俱乐部强代出头,要求株局另改洋码。国英以株局工役工价加增未久,即使所加不足,亦应由工头直接请求,不必由安源路矿俱乐部干预,故嘱胡局长婉复该俱乐部,并陈明钧座,奉示坚持亦在案。乃该俱乐部见要求不遂,即耸令工人罢工。夷考该俱乐部此举实□□株局工人收罗入会,为澎涨势力起见。查安源路矿俱乐部自成立后,萍矿已受其种种挟制,今株局工人若为其收入串同一气,则声势更大,必为公司之患,故国英不欲与其直接磋商条件,以增长其声势之原因也。

惟日来胡局长函电交驰,谓地方军警绅商均以治安相警告,出为调停,按俱乐部原提条件四项:一、挑煤每吨一角一分;二、卸车大箱四角小箱二角;三、长工每名月加一元八角;四、年节均发双薪。

现地方调停拟:一、挑煤每吨减为一角;二、卸车大箱减为三角八,小箱减为一角九分;三、长工十二元以下每名月加一元八角,罢工期内照给。又从工人罢起,赔偿工人损失五百元,延长再加。

据胡局长之意,拟再磋商如下:一、挑煤现每吨钱一百四十七文,拟照民国八年洋价一千五百文作洋九分八厘;二、卸车大箱现每箱钱五百二十

文,拟照民国八年洋价一千五百文,作洋三角四分六厘,小箱现每箱钱二百六十文,拟照民国八年洋价一千五百文,作洋一角七分三厘;三、长工六元以内者四十六名,每名每月拟加洋一元五角,十元以内者三十二名,每名每月拟加洋一元,十二元内者每名每月拟加洋五角。至赔偿损失,除工食照发之工役不计外,约共工人二百三十名,每名每日津贴洋一角五分,以十天为限,共计洋三百四十五元。

窃思劳工风潮虽为时势所趋,然如该路矿俱乐部之横加干涉,此风似亦不可长,惟胡局长现以地方治安为言,应否饬令与该俱乐部磋商之处,伏候训示祗遵。恭请

钧安

潘国英谨肃

白仁武致夏偕复函

民国十二年二月二十二日(1923.2.22)

径启者:

贵铁厂工人近来受外界同盟罢工之影响,以致同情罢工,幸赖贵公司出以镇静,从速解决,不胜欣慰。惟是此种风潮贵公司及敝所均难保今后不再发生,若依照工人之要求办理,必影响于将来生产费不小,此实现时及将来制铁业所视为寒心者,万一不幸上项工潮仍再发生,贵公司暂时不能照契约数量交纳,其不足之数究应如何处理,可尽与敝所商酌,庶贵公司对于工潮可得适当之解决。特此函达,以备参考,并申慰问。此致

汉冶萍公司总经理夏偕复殿

制铁所长官 白仁武

夏偕复、盛恩颐致白仁武函

民国十二年二月二十四日(1923.2.24)

制铁所长官白仁武阁下:

接奉台函,以敝铁厂屡次罢工,远承慰问,并虑以后续有此项风潮,影

响交额,准予商酌处理,冀得适当之解决等因,足征本察商艰,莫名感谢。查敝公司工潮,始发生于安源煤矿,继以汉厂,再及于冶矿局部。探原所在,固受外界之鼓动,亦由于生活之程度日高,要求条件莫不以减少工作时间及增加工价为唯一之词。洵如来示所虑,影响于生产费者不小,刻虽粊平,而潮流所趋,嗣后能否不再发生,殊难逆睹。惟有设法销弭,尽力防维,万一续有风潮,至产数不能按约交足之时,自当奉商台座减少交额。敝公司奉此明示,嗣后对于罢工之举可以为适当之处理。感荷关垂,曷其有极,专复道谢。祇颂

勋绥

汉冶萍公司总、副经理

夏偕复、盛恩颐致萍矿函

民国十二年三月七日(1923.3.7)

径启者:

据汉厂吴厂长函称:汉厂工会此次被京汉路牵动罢工,地方营县为保卫治安计,主拿办不良分子,以是颇呈无形解散之象。惟闻该职员有少数潜赴萍矿,图于安源方面大肆活动,阻碍汉冶萍大局,亟应函陈等语。查该工会现因武汉严防,志不得逞,因而潜赴安源,勾结为患,自在意中。用特函知,务希加意防维,并密陈营县设法销弭,以保治安,而维矿业,是所至嘱。此致

夏偕复、盛恩颐致孙宝琦电

民国十二年五月十九日(1923.5.19)

北京。孙会长钧鉴:拟请取消萍矿工人俱乐部事,顷接李矿长巧电称:持函面商萧使,据称,非奉督令未便取消,因蔡督对于路矿工潮屡嘱和平,一旦取消,设有反抗,牵及地方,不可不虑,必奉令乃能遵办,只要会长电蔡督转饬到萍,必竭力维持云云。乞钧夺速电会长等语。鄙意电商恐难收效,拟请钧座致函派人持商,派往之人能与蔡督接近者尤有把握。如无合

宜之人可派,恳将致函寄下,即派黄君绍三前往面投,并酌带礼物致送,以联情谊。可否,乞裁夺施行,并盼示复。复、颐。效二。

孙宝琦致夏偕复电

民国十二年五月二十日(1923.5.20)

夏总经理:会密。迭奉效电,均悉。可以琦名义致蔡督函,请与李伯老商酌妥善,礼物似可不必。此函缮好即嘱绍三持往谒投。现在多事之秋,蔡督主张和平,能否达到目的,恐无把握。琦。哿。(印)

夏偕复、盛恩颐致黄锡赓函

民国十二年五月二十八日(1923.5.28)

径启者:

萍矿自上年工潮发生后,路矿工人设有俱乐部,遇事干涉,妨碍进行,经费亦因之增长,实为管理上之莫大障碍。商经会长致函江西蔡督理,恳其令行营县设法取消,以便着手整理,但无人将命。恐赣省当局视为寻常函件,不甚措意,用特致函送请执事刻日赴南昌,持谒蔡督理,将萍矿艰困情形及请取消原因面为陈述,恳予容纳施行,至为感盼。此致
黄绍三副厂长

总、副经理

夏偕复、盛恩颐致李寿铨、舒修泰函

民国十二年六月一日(1923.6.1)

专复者:

接十六号函,以路矿俱乐部商向该矿在新菜场复窑坡地方租地建筑工会,转请核示等情,具悉。查该地无论对于工程上将来需用与否,断不能出租出借,请即严词拒绝可也。此复
萍矿李矿长、舒副矿长

总、副经理

李寿铨、金岳祐①致公司董事会、总副经理电

民国十二年六月二十日(1923.6.20)

董事会诸公、总副经理钧鉴:近来工人骄横已极,不受管束,货不足额,硬要加钱,动辄围逼首领,且聚众来总处喧嚣,牵动全矿普加工资,极力以公司困难劝解不听。经工人俱乐部调停,除每月两假期外加两假期,免得风潮扩大等语。计算两假期须月加七八千元,如何能行?坚持旬日,万语千言,复经该部商改将工人认该部月捐约九百元由矿代出,体恤工人,平此风潮,不得已勉允。惟来日大难,后患靡已。似此情形如何节束,各首领痛心大局,虽忍辱无力维持,全体辞职。铨、祐督率无方,疢心更切,应付已穷,脑经全坏,万万支持不住,只能维持现状至本月底止,过期不敢负责。乞速简能员来此接替。如果矿长矿师得人,不难重整规模,力图挽救。迫切上陈,伏祈鉴谅。迅赐电复,盼切祷切。铨、祐。号。

夏偕复、盛恩颐致李寿铨电

民国十二年六月二十日(1923.6.20)

安源煤矿李、舒矿长:解散工人俱乐部事,陈经会长致函蔡督理,派绍三持函谒商。兹接绍三电称:昨谒蔡督帅,奉面谕,目前正值多事之际,矿工事未便过严取缔,俟大局平静再行设法。萧镇使处当饬知维持,倘工人有不轨举动,自可按法惩戒。孙会长处,另致复等因。特电闻,余面陈。赓。篠。等语。督理既饬萧镇使维持,并有工人不轨时按法惩戒之谕,应即从速整顿,倘工人敢有阻挠,希即商请镇使按惩,仍将办理情形随时报核。至盼。复、颐。哿。

李寿铨致夏偕复、盛恩颐电

民国十二年六月二十五日(1923.6.25)

总、副经理钧鉴:漾电奉悉。顷发径电,亮鉴。现在俱乐部及工人刻刻

---

① 金岳祐(1881—?):字湘生,浙江诸暨人。时任萍乡煤矿正矿师。

起衅。租地事前奉复函,其时工潮已起,不知钧处筹备如何,搁未发表,免至牵动激变。照径电无理要求,竟有不允则罢工之势,蛮横至此,令人发指。鄙见如钧处有准备,即乞电复拒绝,任其决裂。此间已商军界防备。否则,拟请先行电复派专员来矿,会勘地段能租与否,以宕之:一面赶请会长速电赣督立饬萧使取消该部,以绝根株。到此地步,非猛剂不能起沉疴。惟此事重大,铨已卧病五日,此间人才缺乏,乞速选能员并带帮手来矿,会同主持一切。顷哿电已奉悉。蔡督虽有目前为难之谕,而工人无理要挟若此,出货自由更不能问,矿何能开?仍乞转商会长将近日情形加电蔡督,立饬萧使严厉取消该部,方能有办法。立候电遵。铨。径二。

李寿铨致夏偕复、盛恩颐电
民国十二年六月二十六日(1923.6.26)

总、副经理钧鉴:径二电亮鉴。照今年出货之少、经费之重,比较去年上半年每月损失在四万元以上,再加年终半个月加工,通年损失约五十余万元,其何能支?矿与地方关系密切,矿不能支,地方受害。该部无理要挟,其为有心破坏实业扰乱秩序,即是不轨举动。乞据此切商会长,再电赣督立饬萧使严厉取消该部,以除矿害而维治安。再,此毒不除,矿无办法。近来军队苦极,倘以一个月损失之半数犒赏,必能用命,亦尚合算。统乞钧夺密示,并乞派员速来会同主持,至祷。铨。宥。

夏偕复、盛恩颐致公司董事会函
民国十二年六月二十七日(1923.6.27)

董事会公鉴:

萍矿号电具报工人骄横,矿长及各首领辞职,业具五十三号函陈请议示方针在案。顷又接该矿李矿长径日两急电,以工人俱乐部请租矿地建筑俱乐部房屋,并要求矿助建筑费一万元,限日答复,不允则有罢工之势等情。除据情电恳孙会长电商赣省当道外,理合照抄两电陈请贵会迅赐指示

机宜,俾有遵循。肃颂

公安

总、副经理

魏允治致夏偕复、盛恩颐函

民国十三年一月二十四日(1924.1.24)

经理钧鉴:

敬肃者,本月二十三日奉复电,敬悉。查工人要求于十二月另加半月工食,此事之发源实根据于萍矿,此例之开始亦自十一年十二月份起。本矿工人要求补发十一年十二月份七天半之数,盖源十一年十二月份,本系半月之数,因当时该俱乐部要挟之时,治多方解说,允先给七天半,仍存七天半,容待缓发。用意所在,一则以便依萍矿办法,一则欲静待该部或有根本之解决,是此项支数可以打消。不期该部至今仍旧存在,则此七天半存而未发之数,连带要挟。然夹工之事,虽例于十一年,而为数不赀,治不能不先陈明,请求俯允准向萍矿借拨款项,以便支给。前电陈数一千六百元,十二年十二月份半月实占一千二百数十元(人工与工食均增于十二年),十一年十二月未发之七天半只占三百余元。兹再备函详陈,敬祈批准备案。

查萍矿被工人之包围,提夹工于正工之前先发,萍矿行之于前,永矿安能独异?治为势所迫,无可如何。肃此。敬请

钧安

魏允治谨肃

公司董事会致魏允治函

民国十三年二月十四日(1924.2.14)

径复者:

接一号函,陈明矿工要求十二年十二月另加半月工食,并补十一年十二月夹工七天半情形,请于核准等情,具悉。查十二年年终半工,萍矿既开先例,该矿工要求自难峻拒,姑予照准,以期宁息。至十一年十二月夹工七

天半,已时隔年余,事过境迁,断无再行追补之理,为数虽少,不能开此恶例。务希严予驳斥,以挽颓风是要。此致
永矿魏矿长

董事会启

舒修泰致夏偕复函

民国十三年九月十五日(1924.9.15)

总经理钧鉴:

前上真电,计邀钧察。兹查本矿窿用木料,凡木头木梢以及换下之撑柱,均作为废木,一律发售,行之已久。月前,赓至车站,亲见废木两车中含有色泽鲜明质地坚固者甚多,显有舞弊嫌疑。赓适因公赴申,即嘱泰会同金矿师及马稽核严密彻查,此废木案发生及交办之梗概也。旋令管帐司事袁桂芬呈缴帐目,即由马稽核亲往调查,乃查得检柴工头黄仁喜、锯木所管理人吴大义、郑之昶均涉嫌疑,经稽核处径函矿警局传讯,适郑因病未到,即于次日病故。该家属即以被传受惊致死为由,带领妇幼至总公事房坐闹,不服劝解。而同人俱乐部首领萧鹏(外段监工)、李寿鼎(西平巷总监工)亦未诘责,并开全体会议决,与马稽核为难,致酿出本月七日窿工员司全体罢工之事。此废木案风潮发生之始末也。当未罢工之先,曾由泰及各管首领劝导,终未见效。罢工之后,复央请镇署管参谋长出而调解,以期息事宁人。在调解者当劝马稽核让步暂不到公,静候赓驰回解决。马君亦承诺,而一部分同人非马君登时离萍不可,管君随卸去调人责任。泰知此事非用强硬对付不行,且幸镇军旅长知此事屈在同人,亦主严办,泰乃一面派人分赴窿工程处发给油米木等料,并严嘱各首领照管一切,以维工作,一面布告被胁各同人一律到公,否则即照章办理。布告甫出,即于十日早全体到公,但表面上虽然平静,而外间谣诼仍多,足征萧、李二人实为捣乱之中坚分子,并可证明同人俱乐部亦非纯粹之俱乐机关。当将各项手续预备完妥,即以迅雷不及掩耳之手段于九月十日立将萧、李开革驱逐出境,一面饬令矿警局立将同人俱乐部发封。此风潮结束之大概情形也。除已迭陈沪

总公司外,理合摘要具陈,仰祈鉴核为祷。敬叩

钧安

舒修泰谨肃

[附件] 布 告

为布告事。

照得此次罢工风潮,同人中被胁不到公者甚多,业经剀切布告在案。兹查各同人已于本日早晨一律到公,足见维持矿业,深明大义,至堪嘉慰。惟本矿同人俱乐部何时组织,其宗旨若何,规则若何,均未据陈明核准有案。该部首领萧鹏、李寿鼎遇事生风,藉端要挟,不一而足。此次罢工亦系该首领从中主持,即可证明该部为捣乱之枢纽,应即发封,并将萧鹏、李寿鼎二人撤退,以维风纪而儆效尤。除函令矿警局刻即将同人俱乐部封闭,并分别陈报函行外,合行布告,仰全矿同人一体知照。此布

黄锡赉　舒修泰

夏偕复、盛恩颐致黄锡赉、舒修泰函

民国十三年九月三十日(1924.9.30)

径复者:

接七十号函,具报查究废木舞弊,发生同人罢工案内,查有主动员司王大伦等十二人,业经开除,胁从罔治,报明备案等情具悉。查王大伦、周传谟、周传焕、周菊秋、陆振翘、陈瑞恩、乐道熙、陈有安、李同揆,工长饶靖国、韩筠台、杨敬之等十二人,此次鼓动罢工,其平日不安本分,已可概见,应即开除,以示儆戒。惟查该员等职务均属不甚重要,应就各部分人员支配分任,不得另再添人,藉资搏节。除分知外,复希查照。此致

萍矿黄监理兼矿长、舒副矿长

总、副经理

舒修泰致盛恩颐函

民国十三年十二月八日(1924.12.8)

经理钧鉴:

　　查本矿近两年来每于年终加发工人半月工资,值此亏累甚巨困难已极之时,本不应有此举,泰曾与金正矿师及马稽核商议,金谓应即停止。适奉第七十八号钧示,自今年终起不准再加发半月工资,即由矿布告等因,即遵行并经陈复在案。乃奉示未久,布告待发之际,赣西倏起风云,其变幻情形迭经先后具报。刻下萍乡驻军大半开赴前线,留驻萍安各处者不过数百人,值此地方空虚人心不定,若果另生枝节,或至酿出意外,不可收拾,即如日前萍城越狱之事已可概见。泰亦曾将此举向李旅长表示,旅长谓局势如此,现状尚不易维持,自不宜多有举动云云。故由矿布告一节迄未敢行,以免未能得利而反蒙其害也。刻下萍安兵力仍极单弱,而矿警杨局长又奉旅长派赴南昌接洽军务,故此时尤不便于布告。鄙见应俟大局底定驻军回防,方可实力奉行。然犹虑人心初定,最易鼓惑,届时仍难保不生意外,泰实难负其责,应恳钧座先期指示机宜,庶事有办法,即不敢辞劳怨也。除已具歌电请示外,理合再陈,仍乞核夺示遵为祷。敬叩

钧安

舒修泰谨肃

　　盛恩颐批注:此事若代矿长奉到公文即行发表,其时赣省尚未用兵,现已坐失时机,是以后如何布置,应由该代矿长负责。

舒修泰致盛恩颐函

民国十三年十二月二十三日(1924.12.23)

经理钧鉴:

　　敬密启者,本月十二日奉蒸电,略示赣局并无若何变化,于取消年终加发半月工资一节仍应遵办等因,敬悉,道具歌、元、寒等电陈复在案。查十月三十日接奉第七十八号钧示,泰即决意奉行,故立具密字第四号函陈复,

并请于大借款成立后勿以充分款项接济,而免各方之藉口。奈其时赣局已生变化,樊军扰乱赣西,方意不久可定,即可实行。乃日复一日,赣西方面噩耗频来,业于十月二十八日、十一月十七日、二十三日及卅日先后具密字第三、五、六、七等号函,并十一月二日冬电、十八日巧电、十二月十七日霰电,先后陈报军事情形,计已均邀察阅。窃维矿欠工食自本年下半年起接连约欠三月,人心摇动,维持已感艰难。且其时距年终为期尚远,当时樊军又窜入萍乡,深恐预为布告将予好事者以蛊惑之机。泰为郑重起见,未敢冒昧从事。且前奉钧示后即与马稽核、金正矿师等商议,旋又与地方官绅及本矿各首领磋商,金以不先布告为宜,故即据以请示。此为经过之实情,当蒙钧座之曲谅。刻下布告虽仍未发,泰业已托绅商领袖向工会疏通,仍一面从容布置,待时而行。惟工人索取欠资每在年终,日前已有围逼之事,所幸尚未布告,否则值此时局藉事生风,更难收拾。泰承重任,总以体察情形妥慎从事为要义,自不敢过于操切,致误事机。所有停发年终半月工资一节,既经迭奉谕示,决不敢擅行加发,理合详陈,乞纾廑系,并祈鉴察为祷。敬叩

钧安

舒修泰谨肃

马载飏^①致盛恩颐函

民国十三年十二月三十一日(1924.12.31)

经理钧鉴:

谨肃者,工人围索欠饷不止一次,惟昨日为尤甚,初则仅有俱乐部主任代表到场,继则各工人愈聚愈众,几有二三千人之多。维时适矿长召集各主任会议,飏亦在场,被各工人围困,至晚间八时始散。所尤荒谬者,飏出后门小便,被各代表拦阻,几同犯人遇解差,失其自由。窥各工人之意,名虽索饷,实则含有两种用意:(一)年终加工,舒矿长虽未正式发表,第各工

---

① 马载飏(1880—?):字笠散,浙江嵊县(今嵊州)人。时任萍乡煤矿稽核处长。

人早有所闻,藉此以图抵制。(二)各工人杯弓蛇影,时疑俱乐部有解散之谣,不免集众以示威。基此二因,在矿局一方以为工人索饷理由正当,不能用以压力;在工人一方以为矿长及各主任无法应付,不能不低头迁就。此征之往事有工人俱乐部十三条(十一年九月订)与七条(十二年七月订)之协约,皆迭次被围之成绩,言念及此,尚有余憾。目前就财政而言,山穷水尽,无法维持,各工人围索胁迫日甚一日,无可以理喻言晓。舒矿长无总持实力,各主任皆谈虎色变,萍矿瓦解已在眉睫。为今之计,惟有一方恳请经理速筹巨款接济,一方赶派干练矿长以镇持之,否则发生变故,虽欲救济亦未能也。临颖迫切。祗颂

钧祺

马载飏谨上

马载飏致盛恩颐快邮代电

民国十四年一月八日(1925.1.8)

经理钧鉴:各工人迭次围索欠饷,其意仍在年终加饷,业经函电陈明在案。本月七日工人俱乐部发出通启,并工人连日围索加饷甚烈,且已工作停顿,异常危急。代行镇守使职务管参谋长暨萍乡县夏知事及商会沈、张两会长出为调停,对于此事颇有异议。其主张理由如次:(一)工人年终半月加工(工人谓之夹饷)根据协约已发两年,今年忽然取消,似觉理由不正;(二)积欠工资已有数月之久,平时发给矿票每元贴水亦属实情,即不发清欠饷又欲取消恩饷,殊非体恤工人之道;(三)各工人无知识者居多数,如骤予取消加饷,不特聚众哄扰,于地方治安堪虞,抑且窿内外工作停顿,于公司暗中损失不知凡几;(四)商会昨日开会公决,如萍矿因取消加饷而发生事变扰及市厘,则地方之损失应由萍矿赔偿云云。此官厅与绅商之主张,本届加饷自应仍予照给,现已联电总公司矣。征以驻矿军警各长官之意见,亦以时机不当,理由不充,不宜用以压力为词。在矿长与各主任更因受逼,不能自主。阴历年关在迩,究竟此款应否照发,稽核任重款巨,不敢擅专,务乞克速电示祗遵。萍矿稽核马载飏叩。庚。

附陈工人俱乐部印刷品三纸。

[附件一] 快邮代电

各报馆转全国各公团鉴：

我们安源矿山万余工人，日夜辛苦工作，所得工资甚少，按月发给，养家活眷，尚有不敷。乃自去年七月以来，矿局（汉冶萍公司组织之一的萍矿）对于我们工食继续停欠，我们生活十分痛苦。近月所发每人矿票一元，后因不能兑现，每元须低水二百四十文，又不能购买食米，且须五人具领五元一张之矿票，我们所感痛苦，所受损失，实不堪言！但我们见矿局经费困难，犹复忍饥耐寒，勤苦工作，迨至现今天寒岁暮，而矿局所欠工食尚有三月。查吾国习惯，所有各项债务均须年内结清，况我工人辛勤劳苦，所得活命少数工资，岂能度过年关，而不结楚。现今我等万余工众，衣食均无，饥寒交迫，矿局不独不将欠饷发给，反要取消年终夹饷半月。查矿局每年十二月发给夹饷半月，载在协约，业已发给两年，本非红利性质，不能藉口公司损失而取消。萍矿开支每年二百八十余万，此区区五万元之夹饷，为数甚微，且以前矿局欠发工资数月，我们所负利息与矿票补水之损失已足数万元，矿局不但不赔偿我们此项损失，而又取消夹饷半月，我等万难承认。现在我们已群起向矿局索取夹饷，结清积欠工食，非达到目的不止。但我等一方严守秩序，绝无轨外行动，以保我工人自治之精神。万众饥寒，群情愤激，势逼处此，痛苦万状。特此宣言，尚祈各界怜恤我等痛苦，与以有力之援助是幸!!!

安源萍矿全体工人一万三千人同叩

一九二五年一月七日

[附件二] 萍矿工人同萍矿算算帐

我们一天到晚的做工，所得的少数活命工资，养家活眷常是不够。近来矿局屡次欠饷一个月，一个月一个月的积压下来，已积有两个多月的工资未发了。现在天气奇冷，年关又到，饥寒既迫，债主又追，我们万余工人，日在此痛苦之中，还忍饥耐寒，替矿局辛苦作工。但矿局不但不顾我们的痛苦将欠饷发清，还要取消订在条约而又实行了两年的"年终夹饷"。唉！这真是如何的不合理，不近人情呢?!

我们的痛苦，我们在欠饷中受的损失，我们不讲大家自难知道，我们现在讲几件把大家听听，以前的不讲，只从去年(阳历)七月份起：矿局自去年七月份以来，每月欠饷，拖延月余，尚不能给清，除八月份欠饷已做三次发清，九月份做六次发清外，十月份发了五次还未发清，十一、十二两个月的饷尚毫无着落。这样零碎的发给，我们无形中又不知受了多少损失。我们每日所得的工资仅仅只能顾日常生活。现矿局不能按期发饷，我们为饥寒所迫，势不得不向外借债。安源借款的利息，除有许多十扣一以外，普通都是每月七分。总计我们每月所得工资有十万元，以七分利息计算，欠饷一月，我们须出利息洋七千余元。现从去年七月份起，拉扯每月的饷延迟一个月发(当然不止，现在十一、十二两个月还未发)，已有六个月了，统共算一下，我们在利息上之损失已有四万余元了。

还有一方面的损失，矿局所发的矿票，至少要低水八十文，多至二百余文(现在市面上矿票要低二百四五十文)，矿局自七月份起计发矿票三十余万元之谱，每元我们所受损失只作一百二十文算，我们已损失四万余之谱，合洋一万四千余元！

从去年七月份起(以前所发之矿票计算亦有几十万，饷亦时欠)，只此两项，我们所受之损失，已有五万四千余元。我们受了这样的损失，并未向矿局要求赔偿，而矿局反取消年终夹饷(关于不能取消夹饷之理由另有说明)，人之情理，无道已极吧！

安源萍矿工人二千人同叩

(安源路矿工人俱乐部)

一九二五年一月八日

［附件三］ 萍矿工人告各界父老兄弟书

各界父老兄弟们,请看萍矿要取消我们工人年终夹饷之理由:

(一)夹饷为红利性质,汉冶萍公司近年亏本,当无给年终夹饷之理由。

(二)俱乐部成立时和萍矿所订之协约十三条,此条(夹饷一条)并未正式承认。

我们不能承认的理由:

(一)工人俱乐部十一年九月成立时和萍矿所订之协约第四条说:"每年十二月须加发工资半月,候呈准主管机关后实行。"自订此协约后,萍矿已实行发给年终夹饷十一、十二两年,则此项协约事实已正式成立,自无待言了。

(二)据第四条协约载明,十二月须加发工资半月,这个"须"字已含必发之意,而此条文更未说及夹饷为红利之事,所以夹饷自非红利性质。

(三)如果说汉冶萍公司本年亏损不能发给夹饷,但是十一、十二两年公司何曾不是亏损,何以能发给?

(四)况且萍矿并不亏损。查萍矿近日出煤每日生煤数额近二千吨,此两千吨之生煤在安源售价每吨可值四、五元,照此计算,每月萍矿产煤可抵三十余万元,而萍矿开支每月不过二十一万元,两比每月尚可剩余八九万元,何能说萍矿亏损呢?至若说公司每年亏损,乃是办理公司者之不善,何能因此而殃及辛勤困苦的安源工人?

(五)汉冶萍公司开支,每年五百余万元,萍矿开支每年亦须二百八十余万元,何在此区区五万元之夹饷?且近年来,只大冶、汉阳、安源因误举工程之损失亦所不赀,在这些处所不打算,何苦要在我们工人血汗工资上打主意!

(六)汉冶萍公司近来之困难人人所知,其救济的方法要在根本设法,而公司现不从根本着想,徒欲在我们万余贫苦工人身上敲剥膏血,于事又何有济!

（七）各界父老兄弟们，看了上面的列举理由，矿局所□的是如何勉强，如何无理，而且是根本不能成立的啊！当局所以出此，其所含阴谋路人皆知吧！我们的理由是如何正确，如何合理啊！我们为正义而奋斗！为生活而奋斗！！誓死非达到目的不止的！！！

各界父老兄弟们，与我们以正义的援助啊！！！

安源萍矿工人万二千人同叩

一九二五年十月八日

马载飓致盛恩颐函

民国十四年一月九日(1925.1.9)

经理钧鉴：

谨肃者，送上函电并庚日快邮代电，谅邀台察。年终取销加饷系矿长奉经理特令执行，乃工人轻听谣言，指飓与易电机师从中主动，遍发匿名揭帖，信口雌黄，且对于飓尤为注意。稽核处平日对于工人本无直接关系，大半因同人俱乐部之解散发生疑惧，加以上次同人俱乐部解散后尚有少数败类趁此闹饷，勾结工人，计图报复，亦属显而易见。此种捕风捉影之谈，本可置之不理，无如工人半无知识，吠声吠影，积非成是，滋为可虑。现已由飓向工人俱乐部刘、陆二主任切实说明，嘱其转告各工人万勿因疑惧而生误会，因误会而酿成巨变。现该主任等虽面允力为劝导，而此后萍矿万不能改革一事，一举一动，均集矢于稽核一身，岂不危乎殆哉？若果于事有济，虽牺牲一人亦无足惜，第环境恶障，荆棘满丛，实非一二人所能挽回。至于年终加饷之给否，尚其小焉者耳。谨再驰陈。祗颂
钧祺

马载飓谨肃

舒修泰、金岳祐致盛恩颐电

民国十四年一月九日(1925.1.9)

经理钧鉴：取消年终加饷事，曾托管参谋长及绅商各界向工会再三疏

通,毫无效果。而工人日肆围逼,致令各项紧要工作无形停顿,危险堪虞。泰、祐等计穷力竭,办理无方,殊深愧疚。谨电陈明。泰、祐。佳。

盛恩颐批注:此项额外加饷早已有明文取消,该矿长等一再耽误,坐失时机,如果擅发,应责令赔偿。

盛恩颐致公司董事会函

民国十四年一月十七日(1925.1.17)

董事会公鉴:

萍矿工人年终加发半工一事,始于十一年十月间安源路矿罢工,要求协定十三条件之一,本经转奉贵会议驳饬矿遵照,其时李前矿长以工潮正烈,不可理喻,若坚持不下,势将决裂,乃从权照发,引咎自劾,亦经据情转陈在案。经理窃以此项要求本属出于常轨,李前矿长为纾一时之难,究非正当办法,况近年该矿出煤减少,灰分过多,已极腐败,有何奖励可言!因于上年十月间函饬舒代矿长、金正矿师,声明从本年年终起不准再发加工,应即由矿布告周知,倘仍故违,即向主张擅发者追赔等语去后,旋接复函谓即遵照奉行。讵至上年十二月间,该代矿长舒修泰歌电称:停发半工,前以时局不靖,未便发表,现在赣西既趋紧急,变化无定,尤不便布告,恐有意外之虞云云,当以十月间去函时,赣局并无若何变化,该代矿长匿不发表,坐失事机,严电驳斥,仍饬遵照前函办理。嗣后函电往还,总以时局关系为言,并称工人围索欠饷,岌岌可危。兹复迭接萍乡县夏知事暨绅商文笃昌等来电,设此项加工业已实行,一旦取消,工人誓不承认,现届年终,又值政变之时,工人万余,倘被奸人藉端煽惑,势必酿成巨祸,仍请照发,以弭剧变等语。事关重要,理合转陈,究应如何办理之处,即恳贵会迅予核议,示复遵行。肃颂

公安

兼代总经理

舒修泰、金岳祐致盛恩颐函
民国十四年一月十七日(1925.1.17)

经理钧鉴:

窃自奉谕取消年终加饷后,始则托绅商各界疏通,继则请军政要员开导,原冀坚持到底,和缓施行,乃各工人以欠饷数月又停加饷群起要求,各机关屡被围困,劝导不行。且萍地防务空虚,李旅长所部均赴前敌,驻萍鄂旅二营又分散四处,若不解决,隐患堪虞,各首领无法对付,遂群集总公事房开紧急会议。当时公事房前后围数千人,声势汹涌,大有一触即发之势,计无可施。金以局势如此,万难操切,且各项工作均已无形停顿,相持一日即多一日之损失,兼以各项紧要机器屡被停止进行,若再坚持,尤为不堪设想。遂经公议,一面允其发给,一面签名电陈钧座听候处分在案。现在索加饷之风潮虽平,而围索欠饷之事仍是风起云涌,极盼速汇巨款,俾便维持。惟是泰、祐未能压服工人,以及办理不善,愧悚莫名。用敢函陈颠末,自请议处。另附陈签名电底一份,并乞鉴察为祷。敬叩
钧安

舒修泰　金岳祐谨肃

盛恩颐致季厚堃函
民国十四年一月十七日(1925.1.17)

径复者:

接二号函,陈报发现汉冶萍总工会传单,并防范情形,附送传单查核等情,具悉。查时局变幻,工气又复嚣张,殊为实业之障碍,但既有见端,亟宜妥筹防范,希即转嘱各股长向各领工随时开导,并注意拊循,遇有开会集议等事,设法打销,是为至要。仍望将防范情形随时见告。此致
冶厂矿季厂矿长

兼代总经理

季厚堃致盛恩颐函

民国十四年一月十九日（1925.1.19）

总经理钧鉴：

前由萍矿俱乐部派代表来冶散布印刷传单，业经陈报在案。窃思如果蔓延勿戢，后患何堪！萍矿可为殷鉴。当与水泥厂周君、富源煤矿陶君秘密会商，此事非呈报督办饬县迅速拿办不足以绝祸根，即会同具呈粘附传单，并电恳派军照常驻扎，以资镇慑。谨将呈文及电稿抄呈，伏乞垂察是幸。专肃。恭叩

钧安

季厚堃谨启

盛恩颐阅批：所办极是，并望以后仍须严加注意，勿蹈萍矿覆辙。

［附件一］　季厚堃等致萧耀南电

武昌。督办萧钧鉴：石灰窑一带厂矿林立，自驻军奉令他调，迄未派队接防，近有外来工人意图煽惑，散布谣传，干涉政治，若不防患未然，燎原可惧。仰乞迅派陆军照常驻扎，以资镇压，迫切待命。余文详。汉冶萍公司大冶厂矿长季厚堃、湖北水泥厂管理周谦、大冶富源煤矿公司总经理陶相同叩。巧。

［附件二］　季厚堃等呈萧耀南文

为呈请事。

窃维大冶县属石灰窑一带，厂矿林立，工人数千，向有军队驻扎，以资镇慑。自陆军他调后，宵小即潜思蠢动，前日有外来工人多名，以汉冶萍总工会名义散布印刷宣言，语极背谬，殊骇听闻，且纯粹政治问题。在桐梓包地方普安寺内设立机关，召集多数工人宣讲所云主义。盖因大冶地居偏僻，工厂又多，易于号召，以为渊薮，若不早为铲除，蔓延所及，后患何堪设想！非但有关实业，并且贻害地方。惟有仰恳督帅迅赐布告严厉禁阻，并

电饬大冶县知事及该地方军警随时查拿严办,以遏乱萌而保良善。一面仍恳饬派军队照旧常川驻扎,以资防范,不胜迫切待命之至。谨呈

督办湖北军务善后事宜萧

汉冶萍公司大冶厂矿长　季厚堃

湖北水泥厂管理　周谦

副管理　张宝华

大冶富源煤矿公司总理　陶相

协理　刘寅熙

中华民国十四年一月十八日

盛恩颐致季厚堃函
民国十四年二月二日(1925.2.2)

径复者:

六号函陈筹戢工潮,与水泥厂、富源煤矿公司密商,会呈鄂督饬县查拿散布传单工党,并请派军照常驻防,附抄呈电各稿等情具悉。查该厂矿前函发现工潮传单,深虞煽构为患,当复令防范抚循,以资销弭在案。兹据所陈,曲突徙薪,所办极是,至深佩慰。仍望精密注意,设法防维,毋蹈萍矿复辙,是所企嘱。如有开会演说等事,尤宜禁止,鄂督处是否得请,并希见告。此致

冶厂矿季广矿长

兼代总经理

公司董事会致盛恩颐函
民国十四年二月三日(1925.2.3)

兼代总经理台鉴:

接第三号来函,以萍矿工人年终加发半工早经饬令停止,舒代矿长延不遵办,坐失事机。今接萍乡官绅商来电,遂以实行为言,请仍照发,以弭变端等语,应如何办理,请核示等因。兹于民国十四年一月三十一日第四

次临时会提出,公议:萍矿工人年终加发半工,业经经理函陈本会从上年年终起不准再发在案,此次舒代矿长等于奉饬以还不即遵办,致数月后事机迁变,乃以时局紧急为言,仍行擅发,未免措置失当。惟本届既已实行,姑免置议,仍应由兼代总经理转知该矿长等,嗣后不得援以为例云云。相应函达,即希查照转饬舒代矿长等遵照办理为要。顺颂

台祺

董事会启

盛恩颐致公司董事会函

民国十四年二月四日(1925.2.4)

董事会公鉴:

　　前以停发萍矿工人年终加饷事,舒代矿长、金正矿师不遵函饬先事布告,迨至时局变化发生工潮,函请仍予照发,并接萍乡官绅来电,请为顾念治安,取消前议,当将此案经过情形及应如何办理肃具三号函陈,请迅予核示遵行在案。讵前函缮送后,接该代矿长、矿师及全体首领电称:年终加饷事,经军政绅商各界调处无效,工人日肆围索,不可理喻,工作已无形停顿,兼之时局不靖,伏患堪虞,迭集会议,金为顾全大局及免无形损失,惟有仰祈俯允发给,以免暴动等语。正核转间,又据该代矿长、矿师函称:工人数千人围索加饷,声势汹涌,大有一触即发之势,金以局势如此,万难操切,且各项工作均已无形停顿。相持一日即多一日之损失,兼以各项紧要机器屡被停止进行,若再坚持,尤为不堪设想,遂经公决,一面允其发给,一面签名电陈钧座,听候处分。现索加饷之风潮虽平,而围索欠饷之事仍风起云涌,极盼速汇巨款,俾便维持。泰、祐未能压服工人,办理不善,愧悚莫名,自请议处,并将各首领具名发电签名电稿附呈。又接马稽核代电称:加饷,全矿首领会议照发,飏一人无力抵抗,计半月加工洋五万数千元,发矿票一半,其余一半暂出存条,俟沪款汇到再发各等语。理合一并转陈,即祈贵会并入前案核议示遵。肃颂

公绥

兼代总经理

季厚堃致盛恩颐函

民国十四年二月十六日(1925.2.16)

总经理钧鉴:

前以外来工人以汉冶萍总工会名义煽诱厂工,散布宣言,成立大冶工会,呈请鄂政府派军队来冶弹压等情,业经陈明在案。嗣奉督办训令派兵一连来冶填防,并饬地方官及军警切实禁阻,拿办首要。窃思此事必须官力维持方能着手,大冶工会以出铁场工人最居多数,即将此种工人共一百六十余名一律解散,每名给薪工二十天,以作川资,限令三日全行出境。普安寺设立大冶工会,业由地方官厅撤去牌子,严行封闭,并令该庙具结永远不准租与工会,以杜后患。此次雷厉风行,工潮虽已潜行消灭,仍当随时留意,以绝根株。所有办理情形合行具函呈报,伏祈察核是幸。恭叩
钧安

季厚堃谨启

盛恩颐致季厚堃函

民国十四年二月二十四日(1925.2.24)

专复者:

接十五号函,以外来工人在大冶普安寺设立大冶工会事,奉鄂政府派兵弹压,地方军警切实拿办,得以一律解散,并令该庙具结永远不准租设工会等情,具悉。此次对付工会以敏捷手段出之,不蹈萍矿覆辙,殊深嘉慰,应即记功一次,仍希随时留意侦察。开除工人有无潜回勾结情事,务期尽绝根株,毋使萌动。至为企盼。此复
大冶厂矿季厂矿长

兼代总经理

季厚堃致盛恩颐函

民国十四年三月七日(1925.3.7)

总经理钧鉴:

接奉十六号钧函,以工会封闭,谬蒙奖励,曷胜惶悚。窃思星火燎原,古有明训,奈当局往往为地盘起见,利用工人致于不可收拾,可胜浩叹。此次冶厂工会复设,全是萍矿党徒潜来煽动,幸鄂政府严厉禁阻,故能迅速封闭。一面由厂将化铁炉工人解散一部,共一百六十余名,继又解散长工四十余名,目下各工人皆知敛迹,仍当随时防范,勿使故态复萌。除工会一切牌匾旗帜等物经地方警察拆去解案并发封庙宇外,兹将督办指令布告文牍各件,抄呈钧处饬令备案存查是幸。恭叩

崇安

附呈抄件五纸

季厚堃谨启

[附件一] 湖北督军公署指令

令汉冶萍公司大冶厂矿、湖北水泥厂、大冶富源煤矿公司。

呈一件,为外来工人以汉冶萍总工会名义散布印刷宣言,请严禁范防由。呈及印件均悉。该工人等擅以汉冶萍总工会名义散布印刷宣言,意图鼓动工人遂其作用,殊堪痛恨。除布告严禁并令大冶县知事及该地军警随时查拿究办外,至请派军队常驻一节。前已令饬湖北第四旅拔队前往驻防矣。仰即知照。布告四张并发。此令

中华民国十四年二月四日

督军 萧耀南

[附件二] 督办湖北军务善后事宜公署布告

为布告事。

案据报告大冶县属石灰窑一带,近有外来工人多名,以汉冶萍总工会

名义散布印刷宣言,并在桐梓包地方设立机关,召集多数工人宣讲所云主义等情。查该印刷宣言语极背谬,当此时局多故,地方治安关系至重,况石灰窑一带厂矿林业,工人众多,若不严行禁止,一旦发生事故,贻害何可胜言。合行布告,嗣后无论何项人等,不准擅在地方散布非法宣言及私自集会等事,倘敢故违,即行严拿,从重究办,决不姑宽。除令驻在军警及地方官遵照外,仰该厂矿人等一体懔遵勿违。特此布告。

督办　萧耀南

中华民国十四年二月四日

[附件三]　湖北省长公署布告

为布告事。

案据大冶县知事石山俨呈:据该县警察分所长呈称,汉冶萍大冶厂矿工人日前因接有武汉工会传单,内中纯系关涉政治,该工人等即欲开会响应,经该所设法制止,惟该厂工人众多,仍恐被人煽惑临时发生意外,有碍治安,请转呈军、省两署出示布告等情,理合呈乞鉴核,迅与施行等情到署。查武汉工会前因行动不法,业经本督办严厉布告禁止开会在案,兹据前情,除指令并随时派人密查外,合行布告,仰该厂全体工人一并知悉。尔等服务工厂,自有相当工价以资事蓄,亟应安心操作,勉为良工,毋轻听谰言,逾越轨道,倘敢不遵,仍有聚众开会种种不法情事,一经发觉,定即严拿究办,毋谓言之不预也。其各懔遵毋违。切切。此布。

督办兼省长　萧耀南

中华民国十四年二月二十日

[附件四]　大冶钢铁厂工会通告

通启者:

为改期选举以重职责事。于元月八日接准汉冶萍总工会函开:请速恢复工会,共策进行等语,当经召集职员、代表特开联席会议,一致议决恢复。遵照本会章程第二十六条暨三十二条、四十九条之规定,职员等六个月期满另行改选。查第一届职员等民国十二年十二月三日成立以来截至今日，逾期已久，照章改选，以重职责，即于是日到会代表转知各工友，并由本会通知全体会员另行组织十人团，选举十代表，填具名单，送交文牍处编辑成册，原定本月十七号投票选举，近因日期急迫，十代表名单少数未到，亦选举前途未便进行，惟有暂缓从权改期选举，缉齐名单再行定期选举，通告在此。筹备期间本会应兴应办一切事宜暂缓进行，俟第二届负责有人，继续办理。为此通告会员诸君一体知照，恐未周知，合行公布。

大冶钢铁厂工会启

中华民国十四年元月七日

舒修泰致盛恩颐函

民国十四年三月二十日（1925.3.20）

总经理钧鉴：

　　窃本矿各项积欠已达百余万元，木商因欠款过巨不肯交货，工人因饷压数月迭次呼号，多方应付，始达今日。奈因失信过多，各方不能谅解，木料已无来源，只敷三日之用，停工待料即在目前。日昨更接工人俱乐部来函谓，工人迫于饥寒，群请于十日内将欠饷发清，否则现存之煤焦须一律停运，存证欠饷，无法制止，祈急设法解决云云。除已具篠、效两电请速汇款外，窃维情形如此急迫万分，力竭计穷，无法负此重责，理合将原函抄奉，仰祈电汇巨款，俾便维持，是所切祷。敬叩

钧安

舒修泰谨肃

［附件］　安源路矿工人俱乐部致萍矿局函

径启者：

　　贵局对于在矿工人工食，自去岁七月即累月拖欠，在贵局之困难，敝局固深为洞悉。在矿之万余工人皆为赤贫，所迫来矿作工，每月所获少数工资，仅能对父母妻子作最低度之赡养。去岁欠数月，工人所受苦痛与损失已不堪言，然敝部素知萍矿存尚有一啖饭之所，否则同归于尽之密切关系，

竭力向工人解释,以候大借款成立。于是工友忍饥耐寒,以待至阴历年底,虽仅领到少数工饷,亦强度年关。焉借款已于去岁底正式成立,至今已逾三月,而拖欠工饷之情形如故。总计五次所发之工资,多者十一元,少者仅六元,此区区之数,何济于事?而且贵局三次承认发清旧岁欠饷,然皆一次未践前言,此种情形固令工人莫明真象,而敝部亦实无词向工友解释。工人忍饥耐寒已至十月之久,现皆债台高筑,借贷无门,今为饥寒紧迫,刻不能缓,故群向敝部提出谓,贵局若不急为设法将欠饷发清,则安源现所存积之煤焦,须一律停运,存证欠饷,以待解决。矿工工饷皆仰给公司,公司若谓停运煤焦有碍汉冶之工程,而公司亦当体恤工人之难艰,早为设法发清欠饷。对此,敝部实无词再为解释。故除电达公司外,并据情转达贵局,祈贵局即于十日内设法清发欠饷,否则,十日后工人停运煤焦,敝部实无法制止也。特此预告,并祈急为设法解决,以苏工困,而息纠端,是为公便。
此致
萍矿总局

安源路矿工人俱乐部启
十四年三月

盛恩颐致舒修泰、金岳祐电

民国十四年三月二十五日(1925.3.25)

安源煤矿舒代矿长、金正矿师:迭电均悉。矿事现定治标治本两法。刻正筹有巨款,备清工饷,一俟手续完备,即可拨汇,是为治本;一面与株萍局长商妥条件,赎车加运,焦供冶炼,煤供汉销,是为治标。难在一时,收效在后,若工人停运煤焦,则不啻自杀,务望剀切开导,设法制止至要。颐。有。

盛恩颐致公司董事会函

民国十四年四月三日(1925.4.3)

董事会公鉴:

公司近因经济支绌,萍矿经费不克按月接济,致积欠工饷三月,即拟以新借款内扩充工费项下汇率增高盈出日金二十七万余圆,作清欠饷之需。前接该矿长来电,工人要求限十日发清欠饷,否即停运煤焦,以为抵制。当复以现正筹迉款,备清欠饷,惟须手续完备,方能拨汇,饬即设法劝导,勿走极端。讵昨接矿长等卅一电称,已于昨日停运,疏解无效等语。查欠饷既在筹措,不过时间问题,一旦停运,在公司固蒙不利,在工人亦自绝生计。除电请萍乡李镇守使派员会同矿长等剀切开导,并电该矿长等仍设法劝慰,以冀转圜外,理合据情转报贵会鉴核。肃颂

公安

兼代总经理

舒修泰致盛恩颐函

民国十四年四月八日(1925.4.8)

总经理钧鉴:

有、冬、鱼各电,先后奉悉。工人停运煤焦,当据其预告时即具函电奉陈,并一面设法制止,乃上月三十日,果实行停运(工人不肯挑煤焦上车)。惟粤汉路及湘币厂所需煤焦,均极重要,而株萍路拨给车辆不予装运,亦足引起交涉。因向工人代表苦口劝导,始允日运煤二百三十吨,内以百吨交粤汉路,五十吨交湘币厂,八十吨归轮驳应用。又以沪款未到,本矿不能坐困等情,向前途说法,遂又允运池焦煤泥赴长销售,独于二焦坚不肯运,其意实欲牵制炼炉。前奉有电,欣悉已筹标本兼治之法,当即苦劝前途务须觉悟,切勿自杀,乃谆之谆谆,而听之藐藐。及奉冬电,又与李镇军切商,其意以为欠饷过巨,直在彼方,且非阻运,遽用官力,倘不收效,则以后办事益难云云。不得已,仍向前途劝逾,并动之以利害,尤不肯信,但最后表示非于本月十五号前发饷一月,不能开运,其言甚为坚决。所有先后情形,节经电陈在案。兹奉鱼电,除仍遵示劝谕外,恐非口舌所能奏功。用特胪陈颠末,务恳迅汇一个月工饷,计洋十二万元,俾资应付而免久停,至切感祷。

敬叩

钧安

舒修泰谨肃

盛恩颐阅批:非先开运二焦,公司无款可拨。

舒修泰、金岳祐致盛恩颐电

民国十四年四月十四日(1925.4.14)

总经理钧鉴:镇署副官长原向工人许以遵电公司,于两星期内发饷。顷据工人代表声称,只能以八日为期,万难久延等语。再,米价飞涨,当地禁卖,迄速汇款,以便向株洲采办,否则必至绝食,尤觉危险。泰、祐。侵。

舒修泰致盛恩颐电

民国十四年四月二十四日(1925.4.24)

总经理钧鉴:日前日宾及赵所长等抵萍,工人误会以为必携有巨款,以清欠饷。及见无款,群情愤激,遂至每日围索,工作无形停顿,今日尤甚,兼之木米各料均罄,无法续办。泰忍辱耐苦固不足惜,为公司前途计,实不能再事因循,应请迅定政策,并委贤能接替,俾挽危局至盼。泰。迥。

马载飏致盛恩颐函

民国十四年四月二十五日(1925.4.25)

经理钧鉴:

兹有数端,报告如次:

一、此间工人因欠饷不发,工作已全部停顿。本月二十一日平巷直井共出毛煤九百四十八吨;二十三日仅出三百五十七吨;二十四日不出,每天损失不堪言状。

一、日本顾问与吴、赵二君于月之二十一日晚间抵萍,次日参观紫家冲、高坑等处,舒代矿长陪同前往。不意甫抵紫家冲即被工人围索欠饷,且有泼粪汹涌攒殴,幸经警察劝阻,而舒帽已被殴落矣。如此举动荒谬,实属不成事体。

一、二十三日下午,约有工人千余围绕总局(即盛公祠,日本顾问与吴、赵二君均住此),其结果由赵所长与吉川顾问允诺于五月十日以前汇银六万两,预备发给一个月欠饷,而工人迫不及待,言次日再来围索,然散时已七句半钟矣。

一、日本顾问本拟有六日勾留,惟经工人两次围扰,大不愿意,已提前于二十四日清晨遄返矣。此次贻笑于外人,实为我公司之奇辱,为之喟然。

一、日本顾问启行后,各工人仍向各主任索闹,而主任曾有被工人关禁于公事房者;有不能归家午餐者;有被工人当面辱骂者;丑态不一而足,各主任群情忿激,□不久即瓦解。

一、最近各主任意旨有二:(一)拟本矿自行运煤至株州售卖,以救眉急,沪款何日汇到何日停售;(二)一方面请军政绅商各界出而维持,如各界无维持办法而煤又不能运售,各首领惟有全体离矿,以听工人之自由行动。

一、目前最危险者为食米告罄一事。本地无米可购,乞济于邻省,非现款莫办。油与木料亦均用罄,即便沪款六万不日汇到,而油木不继,工作仍属无形停顿。肃此。祗颂
钧祺

马载飏谨上

舒修泰致盛恩颐函
民国十四年四月二十七日(1925.4.27)

总经理钧鉴:

矿工围索欠饷甚烈,工作全停,不得已由全矿首领议决,暂售煤焦济急,军政绅商一致赞成,业具有、宥两电陈报在案。刻已与各方接洽妥协,即日开始发售,只限于三煤池煤及三焦等项,由矿收款,株洲交货。明知此法一行即无煤焦运汉,粤汉路以日运六百吨之关系势必要求运费,但该路运费每日虽二千元有零,而矿工停顿每日之损失当在八千元以上,既然兼顾为难,只得权衡轻重。现工人等得悉有售煤发饷之举,今日已有少数从事工作,并由工人代表允劝工人努力出煤。一俟钧处定有发清欠饷办法,即行停售,售得之款旬日一报,并收总公司之帐。理合报请鉴核为祷。

敬叩

钧安

舒修泰谨肃

舒修泰致盛恩颐函

民国十四年四月二十九日(1925.4.29)

总经理钧鉴:

窃矿工因围索欠饷工作全停,虽议定暂售煤焦,一时难集巨款。至所定下月十日发一个月欠饷,工人犹以为迟,故至今不肯工作者仍居多数。土炉炼焦完全停顿,该处工人约七百人,因系包工性质,既无煤炼焦,即不能得工资,又无款将工人遣散。迭经工人代表要求津贴,几经磋议,当允每人每日津贴伙食洋一角二分,以七百人计之,日需洋八十余元,俟工作恢复即行取销。受此损失,良不得已,犹幸自昨日以来每日尚可出煤数百吨,否则各处均无工作,凡属包工且将接踵要求津贴,损失之巨更不堪设想也。理合具陈,仰祈鉴核为祷。敬叩

钧安

舒修泰谨肃

舒修泰、金岳祐致盛恩颐电

民国十四年四月三十日(1925.4.30)

总经理钧鉴:工人停工索饷,经多方开导,每日仅出三数百吨,勉敷锅炉用。务请从速发清欠饷,免受无穷损失,并乞将赵所长允发一个月饷款提前汇寄为祷。泰、祐。卅。

盛恩颐批注:一面已与日本制铁所、正金交涉,放回工程垫款,并饬冶矿筹备开炉,先炼翻砂一万吨,售得款项接济萍乡,望速多运二焦,源源接济。

萍乡县署致汉冶萍公司函

民国十四年五月一日(1925.5.1)

径启者：

本年四月二十五日据安源新化乡保卫团团长方树人、安源商会会长张家骥等呈称：窃安源地方向系山僻，自矿务发达轨道交通以来，客民纷至沓来，五方杂处，人口达五万以上，昔日僻陋顿成繁华，是安源市镇附属于萍矿，其休戚相关非楮墨所能尽。频年来，安源矿局对于工饷不能按期发给，工人索饷日有所闻，然未有如今日之甚，现欠饷已至三月之久，数约四十余万之多。在工人仰事俯蓄全恃工资，丁兹米珠薪桂，更加困难，饥寒所迫，其索欠之举势所必至，亦情实可悯。而矿局方面则毫无把握，一味敷衍，今日明日迁延了事，且汉冶萍总公司对于萍矿今日调查明日稽核，不图根本之解决，不谋急切之补救，置号召数万苦工不安插、不遣散，糜烂萍矿，实为自取，影响地方，未审何心？兹值危如垒卵跃而未发之际，用特缕呈钧署，恳即转电上海总公司妥筹善后办法，一面迅饬萍矿矿长速给工饷，以救目前而维秩序等因。据此，查此案前据路矿工人俱乐部主任陆沉呈请转饬从速发清欠饷，以苏工命等情，业经敝署函达该矿局查照，迅速设法给发，免滋事端在案。兹据前情，相应函请贵总公司烦为查照，希即动放巨款，从速将工人欠饷一律给清，以免工潮而维治安，是所深企，并盼赐复为荷。此致
上海汉冶萍总公司

知事　张鹏翊

民国十四年五月一日

盛恩颐阅批：本公司连年受战事及工潮影响，亏损巨大，现已设法发清欠饷。将来整顿萍矿，对付工人时，应请贵知事帮忙。

马载飏致盛恩颐函

民国十四年五月五日(1925.5.5)

经理钧鉴：

谨肃者，上月二十日肃上一简，亮邀台察。萍矿欠饷虽巨，但阴历正月

以来陆续发给,每人已得二十余元,其工资多者每人积欠尚在两月以上,工资少者不过每人欠月余耳。观目前工人嚣张情形,即使欠饷还清,难以回复日出二千吨之原状,各主任威信尽失,矿长、矿师呆若木鸡,毫无办法。工人之在工厂者非做私货即闲谈游逛,办事人但求不围于愿已足,安敢稍加干涉。直井东巷近日出煤不过五六百吨,只敷本矿锅炉之需。日前邀集军政绅商各界会议,以在株洲售煤救急,但株萍路运输困难,仍无效果。吉川顾问与赵所长于本月十日以前允汇六万两,由陈事务股长当众宣布,各工人咸以为信而有征,引领而望,如果至期不发,不独工作全停,损失至巨,抑恐发生重大变故,全矿糜烂。日昨有工程上各主任已提出辞职书,定于月之八日不到公,惟飏与陈事务股长以坚忍自矢,决不擅离矿次,第大厦将倾,独木难支,敬请钧处筹巨款偿清欠饷,一方面停工改组,但改组责任重要,非具有魄力而有特权者不克奏效。董事或股东如有热心救济萍矿之人,可请其来矿主持整顿。盖因兹事体大,总须利害切己者始肯冒险以行,非现有之模棱畏葸者所能胜任也。掬诚驰陈,伏希察纳施行。肃此。祗颂钧祺

马载飏谨上

盛恩颐致公司董事会函

民国十四年六月五日(1925.6.5)

董事会公鉴:

前以萍矿积欠工饷,工人停运煤焦,亟筹觅款备清各欠,一面电请萍乡李镇使派员会同矿长剀切开导等情,于四月三日肃具十八号函陈报在案。惟自萍矿停顿以来,影响全局,金融枯塞,筹款愈难,幸芜交日铁五千余吨价款交到,始拨汇银七万两到萍,为发一月工资。工作虽渐有起色,而工人以积欠尚多,对于装运煤焦仍持消极态度。兼之江西米荒,安源受其影响,米木两项同时告罄,矿票无资应兑,商欠愈形逼迫。迭据该矿首领会议电告,暂售池煤三焦应急,以维现状,然收入有限,告急之电仍日有数起。上月下旬电饬舒代矿长、陈事务股长来沪,面询情形,矿长职务电派金正矿

师、马稽核会同兼代。嗣据该兼代矿长电称，当地军政绅商各界以矿工万余，欠饷久积，米木两缺，于地方治安有碍，拟订期开会集议，抛售二焦，公推临时矿长，名为维持，实系干涉。当电复该矿，以矿欠已巨，急切不易措手，现正筹备疋款，半月可集，准先售二焦五千吨，为济米木之用。并分电军商各界，先谢维持之意，继言本公司借欠外债甚巨，地方举措尤宜慎重，勿令外人有所借口，致生枝节，转非地方之福等语。此电去后，或可暂时销弭。第念萍矿积习已深，此次因欠饷停工后，工习固嚣，而内部亦实腐败，自应大加整理，惟非有大宗疋款（三十万两）发清工饷及酌还商欠后，不能着手，刻正在存焦存铁方面竭力设法筹借，一俟就绪后，即派干员携款前往，分头清理，或于必要时经理亲自赴矿，将内部改组，以祛积习而冀刷新。合将萍矿月余经过情形及现拟筹借疋款救急缘由撮要陈报，即祈鉴核。

肃颂

公安

兼代总经理

盛恩颐致孙宝琦函

民国十四年六月十五日（1925.6.15）

慕公会长阁下：

窃查公司年来经济支绌已达焦点，萍矿比较尤甚。恩颐去冬接手兼代时，该矿一处已负债百万，积欠薪工三月，油米木料亦无资续购，险象环生。年底大借款告成，除去工程及扣除小垫款外，仅收回日金一百六十万元，折合规元约九十万两，平均支配，萍矿约得三分之一，杯水车薪，焉能济事。本年三月间，据该矿舒代矿长、金正矿师电陈，拟将窿段洗煤台及炼焦炉一律停工，设法遣散工人，所留正窿风巷暂用本地木支持，俾出煤以维锅炉，倘无巨款按月接济，似此亦可稍纾急难等语。当奉董事会议，以萍矿为公司根本所系，电陈办法未便准行，责成经理与两顾问通盘计画，速筹整款接济，先顾目前之急，徐为久远之图等因，转行遵照。讵工人等因屡索欠饷不遂，工作放任，无形停工，至三月底竟停运煤焦，以为抵制。迭经电饬设法劝谕,并电请赣西李镇使派员会同矿长等开导,迄少效果。经此停顿后,影响全局,金融枯塞,筹款愈难。初以新借款内扩充工费一项,比成约时汇率增高,约可盈出日金二十余万元,商请制铁所及正金拨作工饷,日本顾问虽亦同意,而正金不允垫借,至今未曾收到。幸三月间,芜交日铁五千余吨,价款交到,始拨汇七万两到萍,为发一月工饷,工作虽渐有起色,而工人以积欠尚多,对于装运煤焦仍持消极态度,兼之江西米荒,湖南遏籴,窿木亦同时告罄,矿票无资应兑,金融陷于绝境。迭据该矿首领会议电告,暂售池煤三焦应急,以维现状,然收入有限,仍无解于困难,请款函电仍纷至沓来。上月下旬电饬舒代矿长,陈事务股长来沪面询情形,矿长职务电派金正矿师、马稽核暂行会同兼代。嗣据该兼代矿长电称,当地军政绅商各界,以矿工万余,欠饷久积,米木两缺,于地方治安有碍,拟订期开会集议,抛售二焦,公推临时矿长,名为维持,实系干涉。当电复该矿以矿欠已巨,急切难筹,现正筹备巨款,半月可集,准先售二焦五千吨,为济米木之用。并分电军商各界,先谢维持之意,继言本公司借欠外债甚巨,地方举措宜加慎重,勿令外人有所藉口,致生枝节,转非地方之福等语。此电去后,暂时可告宁息。

　　第念萍矿积习已深,此次因欠饷停工后,工习固嚣,而内部积习相沿,非常腐败,自应大加整理,惟非有大宗整款发清欠饷及酌还商欠后,不能着手。刻正在存焦存轨方面竭力设法筹借三十万两,已议有头绪,一俟告成,即派干员携款前往,分头清理,以冀刷新。不料事变忽来,出人意外,沪地又发生风潮,商业罢市,金融全停,对于押借一事,暂时无法进行。则前电萍矿半月可集又复愆期,加以阴历节关在迩,该矿来电告急,日必数至,若无以应,焦灼徒深。

　　以上系萍矿数月来经过情形及筹款困难缘由,除随时陈报董会外,兹再撮要具陈,敬乞钧座鉴核,指示方针,俾有遵循而免陨越,不胜感幸。肃叩

兼代总经理

盛恩颐致金岳祐、马载飏电

民国十四年六月十八日(1925.6.18)

安源。金、马兼代矿长:真电悉。前许半月发款,孰料变出非常,生此罢市风潮,现在银行、钱庄皆在休业期内,外国银行亦因钱庄不与往来,汇画不通,当此时期,即有通天手段亦难将款汇出。希即晓谕工人,开市后当即筹汇,非公司失信,实时局关系所致也。颐。巧。

盛恩颐致李鸿程等电

民国十四年六月二十四日(1925.6.24)

安源煤矿译送李镇守使、张旅长鉴:萍矿工饷上月间已汇款发清一月,嗣即续筹巨款,备清工商积欠。上月下旬电致该矿长允以半月可期汇款,不料沪案发生罢市,百业皆停,银行不做汇款,时局牵率,并非公司自失信用,俟开市后即可集款派员来矿清厘,恳乞麾下将以上情形布告工商,安心营业,并请饬属维持秩序,无任感祷。汉冶萍公司盛恩颐。敬。

盛恩颐致孙宝琦函

民国十四年七月一日(1925.7.1)

慕公会长阁下:

前因沪案发生,罢市罢工风潮蔓延长江一带,曾据大冶季厂矿长删电报称:长江各埠排日极烈,已有来此煽动,业请西泽君切嘱矿船约束水手,以防意外等语。当于漾日电复,以近日上海交涉停顿,工潮与排日风潮并列,嘱即加意防范,免生意外去后,嗣据季厂矿长敬电复称:漾电奉悉,近排外稍平静,石灰窑泊一日舰,厂矿照常工作,各工人欠薪均发清,惟米贵且荒,颇受影响,自当督率军警联络地方,以维持治安等情前来。理合陈报,藉纾廑系。肃颂

崇绥

并叩节禧。

兼代总经理

季厚墍致盛恩颐电

民国十四年七月五日(1925.7.5)

总经理钧鉴:昨三北轮船抵石灰窑,载有四川学生五十余人,到西泽门首演说排日,拦阻挑矿。其时码头苦力聚三四百人,设有误会,即成交涉。一面赶告泊冶日舰水兵,切勿登岸出事,一面派员劝导学生请速离境。今日幸已展轮,未肇事端。谨闻。墍。微。

盛恩颐阅批:一面函西泽,嗣后如遇有雷同情事,千万忍耐,以顾交谊。

马载飏致盛恩颐函

民国十四年七月八日(1925.7.8)

总经理钧鉴:

本矿因沪款接济不及,寻常发饷全恃矿票周转,乃自长沙汇票停兑后,矿票价格日落,迩来萍安一带每元比现洋约低四百文,醴陵一带约低五百文,株洲则全不收用。日前接株萍路局来电,请即兑现,否则减折收用云云,业经陈报在案。近闻路局及萍安商会均有拒用矿票之意,如果实行,势必濒于绝境。至于本矿工人,因米价太昂,生计维艰,屡索欠饷,而现款有限,不得不搭发矿票,因市价与现洋相差如许之巨,各工人一再要求发现。当定以矿票作铜元计算,每元折钱二千八百二十文,将来即照现洋三千一百文之数再行补足(实在矿票兑价仅二千七百六十七文,现洋价约三千一百五六十文),此亦万不得已之办法,若不及早维持,尤恐作价虽低亦难行使。用特据实陈明,务祈迅赐筹款兑现,以期矿票与现洋不分轩轾,则活动多矣。专肃。祗颂

钧祺

萍矿稽核代行矿长职务　马载飏

马载飏致盛恩颐电

民国十四年七月二十六日(1925.7.26)

总经理钧鉴:敬电计达。飏代理两月,罗掘既穷,欲辞不得,欲走不能,

索者盈门,无款对答,如一星期内无的款接济,饥工暴动,商号倒闭,踵接而来,则我矿千余万之财产不堪收拾,将来结果仍须偿款。故际此千钧一发之时,竭力设法先行电汇济急,一面祈钧座早临,俾得一切,否则各界疑我公司欺延度日,群情忿激,决非安慰所能寝事也。临电迫切,速即电复。飓。寝。

方本仁①致盛恩颐电

民国十四年七月二十七日（1925.7.27）

四川路汉冶萍总公司盛经理泽承兄鉴:顷据赣西李镇守使函称:赣西各处尚见安谧,惟萍矿财源涸竭已达极点,工人积欠饷款已逾数月,人数万余之众,一旦食米告罄,难免暴动,影响地方实非浅鲜。舒矿长去职数月,矿务无人负责,现据该矿稽核处长马载飓声称:该矿困难情形几有朝不保夕之势,迭向沪总公司电催汇款,迄无款到等语。复经职使代向沪公司电询汇款情形,而复电所称不日即当汇济,该矿望梅止渴,终竟杳然。刻下湘东永和煤矿业经停办,工人遣散,尚无何种风潮,安矿此时需款尤急,倘该公司终无办法,诚恐发生意外,扰及地方等情前来。除电复外,用特电达,务请赶速汇款到萍维持现状,并须亟派资望素著熟悉萍矿情形人员主持矿务,以免发生意外扰及治安。如何办理,盼即电复为荷。方本仁敬（印）。

盛恩颐致马载飓等电

民国十四年七月二十九日（1925.7.29）

安源。马笠散、金湘荪、凌子贞、陈伯涛及诸同人均鉴:沁电悉。萍矿积习之深,积欠之巨,几中外皆知。鄙人自去腊接任总经理以来,八个月中先后汇交萍矿已达一百万元,而萍矿所交与公司之煤焦不满五万吨,筹款之难,未蒙原亮,催款之电日至,今且有送交工人管理之说,即使不成事实,而闻者亦觉齿冷,言者独不心伤耶? 诸君子皆一时明达,多年共事,当此危

---

① 方本仁（1880—1951）:字耀迁,湖北黄冈（今团风）人。时任粤赣边防军务督办,兼任东南五省联防军江西军总司令。

急存亡之状,忽作此不负责之语,若设通电全国,悉候公评,尤属文不对题。鄙人受股东寄托,承董会委任,谬为经理,明知菲材,难挽危局,惟天良未泯,尚堪自信。目下款已筹到,除令盛稽核渤颐先携五万现款到矿,补发五月份工人欠饷一万五千元,尚多三万五千元,可择商款之至急者酌量先还外,其余迳款由鄙人于下月中旬亲自携来支配。在鄙人未到之前,保守维持,责在诸君,尚祈审慎将事为要。艳。

马载飏等致盛恩颐电

民国十四年七月三十日(1925.7.30)

总经理钧鉴:艳电奉悉。前陈沁电实迫于万不得已,意在危急时只得全体离矿,各工人自主,并非送与工人。承允由盛稽核携款到矿,迫不及待,务请即日电汇交长沙转运局转矿济急,并乞钧驾提前启行,俾奠危局。再,本矿艰险至此,固应遵示维持,惟工人不时围索,妨碍到公,商款逼索,购米无款,承允先寄之款实属杯水车薪,无济于事,际此四面楚歌,能否不生意外,殊不敢必。谨电陈明。飏、祐、永、凌及全矿主任叩。卅。

方本仁致盛恩颐电

民国十四年七月三十日(1925.7.30)

盛经理泽承兄鉴:前达敬电,亮邀台览,未承见复,殊深企盼。顷复据赣西李镇守使感电称:顷据萍矿马代矿长、陈股长等声称:萍矿艰险情形日趋紧急,沪款迄未到款,维持之力已穷,当于本日招集全体职员会议,结束联名,电催沪款。并声明只能维持至本月底止,至期沪款不到,惟有各职员均不负责,将矿务交与工人办理等语。查萍矿艰险情形已达极点,全矿工人万余,倘至月底沪款不能到萍,该职员等将矿务交与工人,则前途殊甚危险。除由职使代催沪款并仍面令各职员暂时设法维持现状,倘至期沪款不到,应如何办法请示遵等情前来。查该使所陈萍矿艰危情形,则近况已趋极端紧急,除电复察酌情况力加维挣外,亟再电达,即希查照迅速汇款到萍,以维危局,俾免发生意外,并盼电复。方本仁。陷。

马载飔致公司董事会电

民国十四年八月五日（1925.8.5）

董事会钧鉴：奉总经理卅电，敬悉。业经离沪，未知是否来萍。此间各工人因欠饷未发怠于工作，出产减少，昨具支电陈明总经理在案。今日出煤仅及一千吨零，再三开导，均以枵腹无力为词，将渐趋于无形停顿。所欠商款逼索益急，此次承汇五万元，款尚未到长沙已预备扣留一万余元。此间各商包围，要求支配，无以对付，且米仅敷五日之量，际此奇荒尤为危险。如总经理此行确系来萍，固足解此困厄，否则务请提前电汇若干济急，并乞促总经理速临为祷。飔。歌。

盛恩颐致李鸿程电

民国十四年八月十五日（1925.8.15）

萍乡。李镇守使勋鉴：灰电奉悉。弟准十九日启行来萍，已电饬马代矿长刻日回矿，仍祈惠予维持，至深感荷。汉冶萍公司盛恩颐。盐。

马载飔致盛恩颐函

民国十四年九月五日（1925.9.5）

总经理钧鉴：

奉第五十九号钧复，以本矿究有食指若干，并即将员司、工匠、夫役凡食是项米粮者，分别列表具复备查等因。奉悉。查窿内外工人共计一万一千余名，其在食宿房寄食者约六千余名。每月湘米二千四百担专供食宿房之粮，此外不在食宿房之工人暨全矿员司均系就本地自行购米，不在湘米供应之列。附开工人数目清单一份，敬祈察阅。

抑更有陈者，目前本地旱荒，无米可购，安源之米不到萍乡，萍乡之米不到安源。日前发生捣毁米店风潮，近且有军人截买，乡米均不上市，全矿恐慌，幸湘米办到，得以维持。但上月中旬所购湘米一千担，至今日止业已食尽。此次奉汇一万元复购米一千担，昨晚始购运抵矿，只能敷两星期之粮。食指多而购运有限,实感难乎为继。倘逢湘省奇荒,虽官厅准运而民禁綦严,当必不能丝毫通融。且察本地情形,即本年冬季已恐陷于绝食,固不能待至来春青黄不接之时。若果全矿绝食,则甚于欠饷之危险万倍。故趁此湘米价贱非购十万元存储,以备来春之粮,则后患不堪设想也。谨特陈明,并祈裁夺。祗颂

钧祺

　　计函陈清单一纸

马载飏谨肃

　　计开:

　　在食宿房之工人约共六千八九百名,每月约需食米二千四百担,直井修理处工人约八百余名,窿内杂工约七百余名,窿外工人约三千名,共计工人约一万一千余名。除在食宿房由本矿供给食米外,其余概在本地自行购食。

盛恩颐致沈庆圻[①]电

民国十四年九月二十一日(1925.9.21)

　　沈代所长:效电悉。裕庆和款可照拨。此间路矿工人俱乐部已由安矿呈奉方督令,准派队于本日拂晓实行封闭,内部首要正在搜捕,本矿同时宣布停工改组。安源临时戒严,军警防卫极密,秩序如常。请告家慈释念,并告襄理。恩。箇。

潘灏芬致盛恩颐函

民国十四年九月二十六日(1925.9.26)

总经理钧鉴:

　　本日商报载有《赤化蔓延赣西矿区》一则,系得南昌二十四日通电云云。工习嚣张,全系传播过激主义者阶之为厉,赣西军长为之查封拿办,不

---

① 沈庆圻(1891—?):字翊青,浙江杭县(今余杭)人。时任公司会计所代所长。

仅为实业策安全，实为地方除隐患。兹将该报所载截下，寄呈台阅为荷。
肃颂
大安

襄理　灏芬

［附件］　赤化蔓延赣西矿区　鼓动工人破坏路矿

本社南昌二十四日电，赣西镇守使呈方本仁，安源路矿工人俱乐部有共产分子宣传过激，以党部名义私发钞票，鼓动工人密谋破坏路矿物业，势将酿乱。经于箇（二十一）晨会同张旅率队将该部解散，抄获列宁遗像及违法印刷品多起，首要陆某在逃，请令协缉。

盛恩颐致方本仁电

民国十四年十月十五日（1925.10.15）

南昌。方督办钧鉴：恩颐前赴萍矿整理矿务，备荷维持，饬属援助，俾赤化扫除，工潮宁息，矿务得以进行，至深铭感。善后事宜，已办有头绪，设立考验工役专所，对于工头用铺保，工人用联环互保，完全仿照开滦、中兴，采用包工制度，并严戒监工以后对付工人严厉管束，公平待遇，以期一劳永逸。惟安源地方偏僻，土著少而客民多，目前过激潮流虽已过去，而首犯在逃，难免将来再肆煽惑，敬恳令行当地军队仍随时防维，并将捕获人犯饬速讯明，分别法办，以示惩儆，而竟全功。恩颐本拟在矿多留，嗣因沪电敦促，遂即遄返，于十三日抵沪。除将钧座维持盛意陈报敝董事会外，谨此伸谢，伏乞鉴存。汉冶萍总经理盛恩颐叩。删。

盛渤颐致盛恩颐函

民国十四年十月十五日（1925.10.15）

总经理钧鉴：

自钧座起节之后，瞬已旬日，本矿一切事务仍在停顿之中，除八、九两段每日出矿百余吨外，余事均未进行。工人尚有五千余人之谱，餐宿处约三千余人,目下既未予以工作,又不发清欠饷,公家损失颇巨,长此迁延,殊非妥计。应一面迅将欠饷发清,或全部遣散,另行招觅;抑或就此陆续开工,庶得少受损失。此为目前最要之计。前者窿内窿外被人放火二次,幸知觉尚早,随即扑灭。惟安地久旱无雨,食水维艰,一有火警,灌救殊感困难。渤已饬矿警整备器具,严加防范,总以不使发生为幸。运输方面前数日间,运出之数甚少,近来每日约运二百余吨,渤意拟在此停工期内将矿中存焦全数运出为要,故已商陈事务股长往醴局接洽办法,高坑(森顺、信顺)、小坑各分矿限以每月出售四境烧煤之价,作为该分矿经费,不得照昔日滥支,已由矿长饬令办理。刻下安地尚属平靖。此旬日来之情形,理合报告,伏希垂察为荷。肃此。祗颂

钧祺

盛渤颐

方本仁致盛恩颐电

民国十四年十月十九日(1925.10.19)

盛经理泽承兄鉴:删电诵悉。维持矿务乃地方军队应尽之责,辱承电谢,益佩谦光。所获人犯据李使电称,只黄静原一名情节重大,已令正法示儆。其余马俊三等二名,均讯无罪行为,经令其一律开释,以免拖累矣。此复。一切情形业饬李使、张旅始终维护,以副雅嘱。肃电布复,藉颂日祺。方本仁。皓。

盛恩颐致方本仁电[①]

民国十四年十一月二日(1925.11.2)

南昌。方督办钧鉴:敝萍矿工人俱乐部主任黄静原,传播赤化,扰害治安,业蒙饬属捕获,讯明法办,商民感颂。兹据萍矿长电称,黄之尸柩竟有人偷运赴醴。醴陵、株长一带,学生、工人执绋者不下千余人,沿途军队绝

---

① 此电同时致湖南省长赵恒惕。

未过问,更有数百人就俱乐部门首行刑地,鸣鞭焚纸,大呼打倒军阀,推倒资本家等口号,军警亦未干涉。似此情形,前途实为险恶,除就近面恳镇军旅长弹压防范外,电请核示等语。查工潮过激,传染已深,该矿长所陈情形,如防范稍疏,势将乘机思逞。敬恳钧座令行驻军严密查禁,妥事防维,以保治安而杜后患,至深感祷。汉冶萍公司总经理盛恩颐。冬。

金岳祐致公司董事会电
民国十四年十二月二十四日(1925.12.24)

董事会、经理钧鉴:矿次自十月至今,仅发工饷一个月四分之一,会计处一月之久库无分文,员司工人饥寒交迫,情极可怜。存米仅敷两旬,再迟即有款亦难办。马矿长赴沪多日,款事迄无消息,若再不火速接济,必至绝食。务请于月内电汇,盼切祷切。岳祐。敬。

盛恩颐致公司董事会函
民国十四年十二月二十六日(1925.12.26)

董事会公鉴:

恩颐前奉八月十八日大函,以萍矿积习已深,风气太坏,出货减少,用款增多,员司工匠行动自由,辄肆要挟,其中必有不逞之徒,希冀破坏,亟应扫除整顿,嘱即前往详细调查,报会备核等因。遵于八月二十一日附轮上朔。二十四日先抵大冶,察看袁家湖出铁场、得道湾采矿场及厂矿各项工程,并查得下陆机厂系属骈枝机关,仍旧设置,年耗巨费,当饬归并新厂机厂科管理,除酌留领工长工二十名修理车棚外,其余员司工匠二百余名,一律遣散。嗣于八月三十一日抵汉,巡视铁厂并考核运输所运务,实属万分腐败,轮驳锈漏者居多,当裁遣该所素有劣声之员司熊镜寰等五员,并将该所会计处并入汉厂办理。关于运输部分,刻正督饬王代所长文柏,妥拟改善组织,以期一轮一驳,皆能驶用,一人一手皆有所事。此周历治汉厂矿、运输所及裁并机关、遣退员匠,暨筹画整理运务之经过情形也。

萍矿存焦约数尚有三万吨,因株萍铁路揽运商煤,利益较本矿为厚,兼以车辆缺乏，桥工失修，对于本矿煤焦不肯积极装运，汉冶两厂焦供不继，即□此病。恩颐在汉，曾商准粤汉铁路局王局长，每日派直达煤车一次，行驶安源、武昌间，并预约株萍铁路局唐局长在长沙晤洽。恩颐即于九月六日乘车抵湘，随与唐局长商妥，承诺粤汉煤车假道株萍路线，一面并与唐局长磋订购车垫款合约，由该路先备现款一部分，向汉口慎昌洋行赎取机车，其余尾欠由本公司担认，每月垫付慎昌洋六千元，即在运费内结扣，并规定俟此项机车赎出后，应每日装运本矿煤焦以一千吨为额，矿次存焦，并于三个月内设法运清，以免壅滞。此与粤汉、株萍两路接洽运务并与唐局长订立合约之经过情形也。

萍矿工潮愈演愈烈。恩颐在湘谒见赵省长、唐督办等，声述矿工挟持、公司窘困实在状况，承允协助。一面并与江西方督办方面为同样之请求，信使函电，往复再三，亦允实力维护。适时驻萍张旅长亦由南昌公干旋萍，经过汉口、长沙，当派盛处长渤颐等沿途竭诚接洽。张旅长与方督办渊源极为密切，力任予以便利。各方接洽妥定，恩颐即于九月十四日驰赴萍矿，车抵安源站时，夹道人声鼎沸，为数不下一二万人，其间工人殆居多数，均手执红旗，大呼打倒资本家，罢工自由，欢迎财神诸口号，不伦不类，纷□难辨。恩颐到后，即驻总局，传见马代矿长、金正矿师及各段窿工总管并会计处长暨各股主任，询问各切，当日即将八月份欠饷发清。据金正矿师等报告，十二日窿内工人曾将东平巷出煤最旺之第五段纵火焚烧，并查悉路矿工人俱乐部内悬列宁遗像，所发各种传单及出版之工人学校教科书，均公然提倡赤化主义。恩颐到矿之第二日，适为该俱乐部成立之三周年纪念，门首高张电灯牌楼，缀以血洗河山，劳工神圣，罢工胜利等字样，其印刷品，如打倒资本主义，夺取政权等，满纸谬论，不胜缕举。是日并结合多人游行示威，分组化装演讲，背谬狂肆，不可名状。该党部并滥发钞票，强抽工饷，内部并有湘赣籍年少工人三千余名，号为青年铁血团，恐本矿对于彼党或有非常举动，因于每夜轮派团友数百，各挟短刀铁尺，散伏侦察，遇有警变，随拉汽笛号召，分头放火、决水、割电、毁窿，并拟绑劫高级职员眷属，以图挟制，阴谋险狠，气焰嚣张，骇人闻听。似此蓄意扰乱，劳资既无合作之望，实业且有断送之忧。且公司频年受其朘削，已濒破产，股东之血本有限，工党之欲壑无穷。恩颐于个中真相既已洞明，知非根本廓清，断无挽回希望。爰一面密电方督，吁恳主持，一面商由李镇守使、张旅长，将该俱乐部种种不法情形，电省请示办法，并密约李、张，得有省令即会派军警星夜到山，出以疾雷不及掩耳手段，俾工党猝难准备抵抗。九月二十日，李、张束邀到萍，出示方督饬派军队封闭党部，拘拿首要，如敢抗拒，准其格杀毋论之密令。恩颐随即于当夜九时回矿，于二十一寅初，密传马代矿长、金正矿师暨各段窿工总管、电机处长、矿警局长等，面授机宜，饬即严密戒备，并分派警队，扼守要隘，藉防暴动。是晚适有大雨，激烈工党均早散归，风声得以未泄。迨卯初，城内军队开拔到矿，即行会同矿警包围路矿工人俱乐部及工人学校，即予封闭，改作营部，当场并抄出议事录及共产党部印刷品甚多（重要证据已由镇署汇呈督署备查），并拘获副主任黄静原及干事等九人。比时餐宿处住有工人四五千人，闻变突围冲出，图劫防军枪刃，稍有格斗，当时中枪毙命者三人，受伤者七人。又东平巷早班窿工，自闻俱乐部被封之耗，竟将监工七人架去，幽禁于窄小巷道中，历二十小时之久，经派人反复开导，该工人抵死顽抗，不肯指出监工所在地点，并见有木片纱头，散置各处，似将纵火。初拟临之以兵，第恐一经开枪，则监工生命势且与之同尽。因遴选打手多人，后随军警入内，压迫劝诱，并准与监工一同出窿，不予深究，始得脱险。其他各处，因布置尚周，秩序未乱。该俱乐部主任陆沉，昔为留法勤工俭学生，为李隆郅（即李立三）死党。当恩颐在汉时，陆沉由萍到汉请谒，名为代表工团欢迎，实来刺探消息。恩颐恐深闭固拒转使发生疑窦，因阳为敷衍，卒未得有要领而去。迨恩颐抵萍，陆沉忽踪迹未至，似已具有戒心，此次竟被漏网，或谓已早避匿，当经遍贴赏格，购线缉拿未获。是日曾电株萍路局，停开客车一天，军警亦即戒严，检查邮电，本矿同时宣布，除发电厂、打风房、直井吊车及各种锅炉邦布外，所有窿内窿外，一概暂停工作，听候改组。其东平巷第一、二、九、十之四段煤量已尽，并布告永远停止开采，即与株萍路局商定，加派车辆，先将该四段工人及窿内外不良分子，自二十四日起，分批在车站发清欠饷，即令上车，不准逗留，免滋事端。凡赣籍工人由安源至老关,统由赣军随车弹压,沿途遣散;湘籍工人自老关起以迄长沙,并电奉赵省长复准,由湘军弹压,至醴陵、株洲、湘潭、长沙本籍遣散。嗣复将暂不开工之窿内窿外工人,大批裁汰,现正由驻在军队会同矿警清查户口。该俱乐部副主任黄静原并由镇署讯明,奉方督办电饬,押送至俱乐部门首枪决,其余情迹较轻者,分别监禁保释。工人留矿者,并已几经别选,所留不过千余人,将来大部开工,新招工人尚属方便,不至因多数遣退感受若何困难。此与李镇军张旅长密约会派军警封禁俱乐部,铲除赤化之经过情形也。

矿次自经斯举,积年工患虽臻戡定,惟内部风尚习为委靡,亟应乘此革新,因即设立整理萍矿委员会,指派各部主任充任委员,每日召集会议一次,提出议案,各抒所见。计议决事件:一为制定职员统系,将事务、工务析为两部,于矿长下设事务、材料两股,及医院、警局;原任正矿师金岳祐改委为总工程师,仪同副矿长,下设窿内、窿外两工程股,窿内工程股下分置采煤、查工两科,窿外工程股下分置电机、机厂、洗煤、炼焦四科,明定职掌,以专责成;一为设立考验工役所,严订规章,嗣后全矿雇用工头工役,必须先经该所切实考验,并备具铺保、互保各项手续,方准录用,以明来源,藉杜杂进;一为裁撤管仓处及餐宿处,惟为优待窿工起见,仍备款采办米粮,由材料股照本平粜,每日每人限买一升二合,按月在工价内扣除,俾沾实惠,藉免虚耗;一为修筑围墙,严申门禁,以杜走漏;一为采用小包工制,限定工额,以便约束;一为取消窿工、职员向例奖金;一为修改医院工人就诊规则。至若预算按月经费,额定每日出货及其成分均经研究,大致定妥。恩颐当饬金总工程师先择数段开工采煤,藉定人心,并备供本矿及粤汉、株萍两路燃料之用。以上各节,均已督饬分别实行,刻正着手裁员减政,以期节流,并以工焰虽消,谣言仍盛,难保无奸人败类希图破坏情事,刻与张旅长协定,暂留驻军一营,藉资镇压,月饷由萍矿担任,并拟随后商请方督准予久驻护矿,垂为定案,以保治安。原有矿警量予裁汰。此与各同事会商筹办萍矿善后及改组之经过情形也。

矿事分□有端绪,恩颐即于十月七日由萍抵株,即换乘萍亨、萍丰轮,沿途考察长沙、岳洲、城陵矶一带水运运道,九日抵汉。对于砂捐问题,恩颐前由冶过汉时,曾几度访晤鄂绅,交换意见,兼与吴厂长健、赵厂长时骧同谒萧兼省长及鄂产清理处时君象晋,均未值。此次返汉,本拟与该省当轴开诚商榷,了此悬案,旋闻萧兼省长尚无成见,惟鄂产清理处方面包围甚烈,欲望甚奢,态度坚强,不可响迩。恩颐以董事兼总经理地位,身当其冲,兹事关于公司财政收入颇大,深恐谈判决裂,即无回旋余地。且彼时江浙战机正将发生,武汉警备亦极严重,萧兼省长筹画军事,日昃不遑,谒商未便,因留吴厂长健在汉,会同赵厂长时骧姑再与鄂产清理处竭力磋磨,相机对付,报候核办。此与湖北士绅接洽砂捐未能允洽之经过情形也。

以上事实,恩颐于十月十三日返沪当日列席董事会议,业经面陈各切,兹再肃函详报,仰祈贵会鉴核备案。

至萍矿内政,虽有改善之望,但所负债款,现除工人欠饷及紧要欠款由恩颐经手付还共计约八十余万元,尚该长沙、上海汇票,萍乡、安源商欠及定期、活期,往来储蓄、米木杂料、薪水各项,综计约近一百万元,催索频闻,未便久宕。现值经济困难,米源涸竭,委实无法应付,倘长此无所振济,则前途仍多障碍,此番整理,无殊枉费。应如何设法维持,以固根本之处,尚乞贵会核议施行。敬颂

公绥

总经理

雷炳焜[①]致盛恩颐、潘澜芬函

民国十五年三月十一日(1926.3.11)

总经理、副经理、襄理钧鉴:

奉读支电,敬悉。筹商进行大计,自应遵谕静候,无如本矿窘状日甚一日,商债或可婉词抵搪,警饷不能拖欠,况第九旅军队,业将全行调开,接防责任全在矿警,断不可使之有所藉口。且工役人等迫于饥饿,多有向该管

---

① 雷炳焜(1875—1956):字韵午,湖北襄阳人。时任萍乡煤矿矿长。

科长环跪求食,或求去而请清欠饷者。现闻工人代表纷纷潜来,倡言有俱乐部而工人可生,无俱乐部而工人将死,以今比昔,实无词可缄其口,而解其纷;加之前矿长任内,债不筹还,赊木不付价,售煤不交货,信用全失,即欲挪借极微小款,亦不可能。且所存只有焦炭一项,以其非普用之品,故难筹畅销之路,此时纵能尽售,后来又将何如。所欠商债将近一百万元,月息二分半者甚多,若再延长,赔累何堪。即前电售煤自卫计画,亦有困难之处:(一)株萍路运力不敷,兼以只知中饱,不顾公益,即如车路工人欠饷至七八个月,本月七日工人因饿极难支,自行压毙于轨道上,顷已全体罢工。对工人尚无体恤之恩,对本矿安望辅车之谊。况该路又复藉口修桥,将各种运费增加,将来代运煤焦,恐难仍照向章收价。(二)前矿长任内得价而未交煤者,尚有一万余吨,现已派人来起,倘知本矿挖煤自卫,势必更相迫索,必须多备基金,方望周转灵活,惟现为保护锅炉、矿窿及维持工人伙食起见,正与金总工程师等特别设法少出煤炭,免有意外之虞。炳焜谬奉委任,自当勉竭绵薄,有所建树。乃接事以来,寸功毫无,交谪日甚,午夜自思,实深惭汗,倘智尽法穷,俾锅炉、矿窿亦难保护,或工人亦蹈路局工人前辙,负疚愈难自宽。务恳我总经理俯念世谊,允予辞职,另委贤员,以拯残局,不胜感戴之至。炳焜现赴长沙与唐局长重加交涉,如有办法再行续报。肃此奉闻。恭请

崇安

　　伏惟谅察。

萍矿矿长　雷炳焜谨肃

黄训立①致盛恩颐函

民国十五年十一月二十九日(1926.11.29)

经理钧鉴:

　　敬肃者,接汉冶萍轮驳工会函称:敝会正式恢复前已函达贵运输所,兹

---

① 黄训立(1875—?):字补勤,湖北汉阳人。时任公司运输所代所长。

据全体代表大会议决案,敝会开第一次执行委员会,执行之情,因时事日非,百物高昂,大有米珠薪桂之概。敝会会员所得劳动代价,尚不足个人最下级伙食之需,为此,谨提出维持现状最低条件,除已呈湖北全省总工会批准外,理合抄具要求条件七条,并限于一星期具体答复,敝会不胜翘盼之至,专此函请汉冶萍运输所台鉴,并祈迅予答复等情到所。查核提出条件七条:(一)撤销运输所职员邬瑞征、张树生。(二)照定运输所待遇员司例加添工人伙食费六元。(三)添加工人须要汉冶萍轮驳工会介绍,公司开除工人须将正当理由通知工会,并不得因办工会及罢工开除工人。(四)现有未停轮驳一律阻止停班,如果停班,不准停工人。(五)现在武汉所停之轮驳照定湘浔一律待遇。(六)共济费应由公司提出,抚恤不在工人工资内扣算,如工人病故,归公司担任安葬费洋一百元。(七)胡理臣前任楚富大副,无故开除,应要公司自开除日起算补工资,并恢复原任。属所查该工会来函,系以生活程度不能维持为言,而条件多出此范围以外,若如所提条件七条全行照允,则属所轮驳管理调度之权完全丧失,洵属无理已极。但刻下武汉工会势力之大,有出意外,所提条件,断不能置之不问。除派人与该会激烈份子疏通,并拟与该会长作非正式之谈判,以期避免罢工风潮外,兹将条件七条逐一加注,先行另纸录呈,究应如何正式答复,理合函陈,伏乞察核,迅赐指示遵办。恭请

钧安

黄训立暂代

汉冶萍轮驳工会海员分部罢工宣言

民国十五年十二月十八日(1926.12.18)

国民政府中央党部;各省党部、湖北省政府、汉口特别市党各政治部;湖北全省总工会、各工会、农协会、商协会、学联会、妇协会;各报馆;全国父老兄弟姊妹均鉴:

我汉冶萍轮驳工人因饥寒交迫,欲求解放重重锁链,向资本家提出最低维持现状七条,除已函呈湖北全省总工会海员汉口分会审查批准后,于

十五年十二月三号正式向汉冶萍公司提出要求,并限一星期答复。至期满之次日,该公司派屠升阶、颜禹言二代表至海员工会,当有总工会委员长向忠发,海员总会代表朱宝廷,秘书张以明,汉冶萍轮驳工会代表胡理臣、孟敬愚等列席共七人,开始谈判。该公司代表颜禹言声称,此次认为非正式谈判,因不能擅操公司权利,如是不得要领而散。次日复正式函启催促该公司,并展限五日,务须具体答复。讵料该公司经理及其执事素以压迫工人为能事,竟置之不答,似此不独摧残我轮驳工人,实系藐视欺侮我总工会海员工会。情不得已,在严守纪律中召集全体会议议决,作最后之对付,最痛苦之奋斗,忍饥号寒,一致罢工,不达到目的不止。仰望各界予以援助,以解倒悬。谨此罢工宣言,即希垂鉴。

汉冶萍轮驳工会海员分部启

十五年十二月十八日下午

附录要求条件如左

一、撤销运输所职员邬瑞征、张树生二人。

二、照定运输所待遇员司例加添补每一工人伙食费六元。

三、添加工人须要工会介绍,公司开除工人须将正当理由通知工会,并不因办工会及罢工事开除工人。

四、现有未停轮驳一律阻止停班,如果停班,不许停工人。

五、现在武汉所停轮驳船照湘浔一律待遇。

六、共济费应归公司提出,抚恤不在工人工资内扣算;如工人病故,归公司担任安葬费一百元。

七、胡理臣前任楚富大副,无故开除,应自开除日起算齐工资,并恢复原任。

附加条件:此次罢工,系公司毫无诚意答复所致,其有工人及工会所受之损失,要求公司赔偿。

十五年十二月十八日下午发

汉冶萍轮驳工会海员分部罢工宣言（第二次）

民国十五年十二月十九日（1926.12.19）

各界同胞们啊：

我们是汉冶萍公司的轮船驳船上的工人。我们平时所做的工作真是苦极了，严寒的冬天，餐风卧雪，手皴足裂，简直冻得同虾子一般；酷暑的夏天，烈日晒着，机炉烤着，沸水蒸着，简直烤得象红皮鸭子一样。冻饿死的，疫瘁死的，不知多少。但是所得的劳动工资仍如六年以前所给发的，每月不过七、八、九、十元，或十余元不等。试思现在的生活程度，比前六年增高到几倍了，区区之数，个人尚难生活，况各人皆有父母子女，其赡养抚育更是不堪言语了。

公司的经理、所长、司员们，他们的工作是狐假虎威，做出官僚式的臭架子，大模大样成命令式的差遣呼骇工人，稍不遂意，便打骂相加，甚至无故开除工人，而任意补充私人或贿卖情事。他们的生活是很优美的，每月的薪水二百元数百元至于千元，他们的私有财产有数十万数百万，以至数千万。他们的这些金钱是从那得来的呢？都是由劳动的血汗被他们剥削吸吮而得来的。他们所住的房子，夏天有电扇，冬天有火炉，暖气带，总是几层洋楼，连梯子都不扒一步；他们要出外的时候，好象是瘫子一样，一步儿也不走，甚么汽车、马车、包车，呱呱的叫，丁当的响，多么大的威风！他们穿的是纱罗绸缎，摆的是羔鼠狐裘，绝不象我们工人狼败潦倒的痛苦状况。尤其是他们摧残工人的手段，是很厉害的。开口说工人是粗人，是浑人，简直说工人是奴隶，更可以说把工人当做牛马都不如了。

各界同胞们啊：

这是平等不平等呢？我们为我们的痛苦求解放，于十一月二十六日向公司提出最低限维持现状的条件，至今二十余日尚无答复，我们等候得不得已才罢工。在这罢工的时候，我们只好呼吁且希望各界同胞们啊，起来打个抱不平，说几句公道话，实际的援助我们，我们就感激不浅咧！

我们的罢工口号就是：集中罢工的精神！求工人阶级的解放！打倒资

本家的走狗！结合社会团体来用同情反对与抵抗！预备了牺牲和奋斗，以达到要求圆满答复为战争目的！

急求实际援助！

大声同呼：

劳工万岁！

十五年十二月十九号印发

罢工委员会名单

民国十五年十二月十九日(1926.12.19)

十五年十二月十八日奉海员汉口分会函准：敝部于十九日晨开始罢工，并饬当日组织委员会议决成案之委员会表列于左：

罢工委员长：胡理臣

罢工指导员：孟敬愚（总部特派来者）

宣传部委员：胡兴发、周海波、王则顺、戴昌礼、潘允歌、黄柏清

调查部委员：袁辅廷、赵义顺、黄明山、齐殿臣、江连升、张汉卿、杜春山、胡文卿、王才甫

侦探部委员：谭菊藩、胡宝山、刘道洪、胡少美、邓崇连

纠察部委员：彭楚材、陈汉林、吴汉卿、向东生、张海日、李云山、顾凤山、李天祐、曾菊生、王吉荣、彭玉胜

以上各部委员原议定每部十人分两组，每组五人，在急促组织中，未能尽情推拥，其补充人数当从再报续计之，以昭郑重。附白。

附属重要职务：

交通主任：张汉臣

庶务主任：杜云发、段湘发

会计主任：杜德芝

十五年十二月十九日晚付印

汉冶萍轮驳罢工委员会致轮驳运输所函

民国十五年十二月二十一日(1926.12.21)

径复者:

二十日接来函:迭电总公司请宽限,俟复上工事,按此次所提出条件,至属同意。讵料贵所任意推诿为无权解决,故意耽延时日,诳称多次函电总公司,尚未接复,用因此延迟,亦未可知之滑稽答言,且鉴于罢工有劳资双方损失之利害情事。但是敝会此次罢工日期,距提出要求在三次限期已逾二十三日,以限期过久,工友等愤恨万分,乃郑重报告湖北全省总工会转各机关各工会劳资仲裁会集议批准,认为正当罢工,案复奉海员总部汉口分会给予准备令,及实行罢工令,开始罢工进行,誓达到条件,圆满答复后始行工作,岂可随便由煽惑恫吓遽变方针? 若谋工作之解决,当早日答复条件,亦贵所应有责务,请毋再施此狡猾手段,希图破坏。工友等预备牺牲,宁可符合不谅解同归于尽等语。特此函复,尚希公鉴。此致
汉冶萍轮驳运输所

汉冶萍轮驳罢工委员会谨复

十五年十二月二十一日三时

盛恩颐、潘灏芬致黄训立函

民国十五年十二月二十八日(1926.12.28)

径复者:

迭接函电,以汉冶萍轮驳工会提出条件七条,限期答复,复经海员工会催开谈判,并于十九日该轮驳工人实行罢工等情具悉。查该工会所提条件,内有侵及用人管理各事,殊属无理要求。兹就七条中有可以通融商酌及断难承认者,逐条分列于左:

一、撤销职员,断难照办。惟运所员司,倘有过失,工会可提出证据,向公司告发,自当秉公办理。

二、运所员司,既无火食,此项要求,无例可援,即失其根据。惟工会如

要求增加工资,则宜予以相当考虑,视其职位高下,每名酌加工资一元至三元,但须俟厂矿开工后,方可实行。

三、用人之权在公司,此项要求,当然不能承认,只以顺应潮流,酌量容纳。对于用人一节,可由工会介绍,但须公司考验合格,始可录用。至开除工人,虽得通知工会,但无得其同意之必要,并以工会承认公司所定之工人规则为交换条件。

四、此项要求,殊属无理,我方宜将拒绝理由向工会明白解说。盖公司需用轮驳时,原不必停班遣散工人,其所以停驶者,实因无物可运,既因无运停班,则毫无进款,安能支给工费。

五、此条业经执事详细签注理由,即照此驳复。

六、取消共济会,可以赞同。如遇工人在服务时因公身故者,公司抚恤洋六十元;其积劳病故者,恤洋三十元。

七、胡理臣去职以来,楚富除开往芜湖运米一次外,久已停驶,今欲补算工资,断无此理。至复职一层,俟将来楚富开驶时,可以照办,但须经过以上第三条所规定之考验。

以上各节,即希执事本此论列,与该工会剀切谈判,以期解决,能否就范,即盼见复,再行核夺。此致
运输所黄代所长

总、副经理

汉阳钢铁厂工会致赵时骧函
民国十六年一月十日(1927.1.10)

敬启者:

敝工会于本月九号(即阴历十二月初六日)召集全体工友会议,所有议决各案条列于左:

一、本厂所欠各工友薪工,须于阳历元月十五号以前一律发讫;至元月份薪工必须仍照旧章按期发给,不得藉故迟延。

二、凡各工友于阴历年关须发给双份薪工一月,以解除痛苦,如工友有欠厂中房租等款者,不得扣除。

三、工友双份薪工,至迟不得过阳历元月十八号发给。

四、现在厂内变卖生铁、焦炭,对于本会议案各条款解决以前不得起运下河,须勒令即时停止。

以上议案四条,限令二十四小时答复,如不答复,即认为默许,本会即将厂存焦炭、生铁等件实行变卖。此致

汉阳钢铁厂厂长赵

汉阳钢铁厂工会谨启

十六年元月十日十句钟

赵时骧致盛恩颐、潘灏芬函

民国十六年一月十三日(1927.1.13)

总、副经理钧鉴:

本厂工会代表提出条件前来要求,昨经照抄该件函电陈报,当荷鉴及。时骧开导现公司经济困难实达极点,现在本厂尚未开工,给予双薪事实上实做不到,作为保存,俟开炉再议。但在会工友多数薪资微薄,家计不敷,自属实情,兹既经代表前来请求,当设法稍为资助,由每人数元,磋商往返数四,现结果每人资助洋十五元。至期限一层,连同所欠薪工许以赶于阴历年内尽力筹办。以限期短促不及请示办理,乞予恕罪。查此次资助工友之数约有二百六十人,估计须洋四千元。砂捐影响货难抵押,无法度此难关,惟有仰恳钧座续汇洋二万元,以解倒悬。年关迫近,伏祈迅赐汇寄,并希先期电示,俾便部署一切。临颖不胜盼祷之至。专肃。敬叩

崇安

赵时骧谨肃

盛渤颐致盛恩颐、潘灏芬函

民国十六年一月二十六日(1927.1.26)

总、副经理钧鉴:

窃以阴历年关逼近,通告准二十四日筹发一个月工资,即十二月份欠

饷,乃工会不能满意,来函请援汉厂之例务于年内发清欠资,并每人给年终津贴十五元。薪水积欠自三个月至八个月不等,工饷统欠两个月,约计共需洋七万元之谱。旋复一再函催,措词激烈。至昨午后一时由工会推举代表前来面索,工人愈聚愈多。当即宣言,如汉厂有例在先,自可援照办理,但须向公司请示,且一时无款可发。反复解说,舌敝唇焦,天色已晚,犹未解围,只得暂允每人先给十五元条据,群谓非发现不可。因无解决希望,只得徇群众之请亲赴工会解说。至则包围愈烈,人言庞杂,不可理喻,并要求于三日内发清积欠薪工。结果承认每人先发现金十元作为年终津贴,下余五元准于五日内发清。一面急电公司于三日内电汇二万元,以发工资。始于夜间十二时出会。此昨日被逼被围之实在情形也。

现下各工会大都潮流如此,应付无方,兼之各重要职员未能内外一致,尤难共同负责,不胜愧愤交集。除已具宥电请款外,谨特胪陈,敬祈鉴察。恭叩

钧安

附抄工会来函一件

盛渤颐谨启

[附件]　大冶钢铁厂工会致盛渤颐函三件

(一)

径启者:

昨奉贵厂长面嘱发给薪工问题,敝会当即召集全体大会讨论办法,均谓债务繁多而年关在迩,若果发给薪工一月,难免杯水车薪,无济于事。务请贵厂暂行缓发,设法维持,格外体恤,依照汉厂办法年内将所欠薪工一律发清外,每人给予恩饷十五元,以示优待而平公允,实为德便为荷。此致厂长办公处盛厂长大鉴

大冶钢铁厂工会启

一月二十三日

（二）

厂矿长台鉴：

今午所商发给薪工及恩饷事，当晚召集全体大会讨论办法，业经众工友议决在案。十五元恩饷为数既少，而且非本会额外要求，汉厂既有此举，本厂何独付之缺如，未免苦乐不均。兹查本会会员总共二百十九名，计洋三千二百八十五元，厂内既有存款，厂长何能故意把持，致令工友等饥寒交迫而等闲视之。兹特专函奉恳，限于本月二十五日午前十时答复，否则殿卿万难负众工友暴动之责。至于发清所欠薪工一层，稍迟两日再行筹商办法可也。专此。敬颂

台安

大冶钢铁厂工会启

一月二十四日

（三）

径启者：

昨晚送交一函，不能得圆满答复，致令众工友等均抱不平，刻已受工友包围，失个人自由。兹经大众公决推代表邹志齐、徐注东、高有才三人前来接洽，望速照昨函答复，以息公愤，是所切盼。此上

盛厂矿长鉴

大冶钢铁厂工会启

一月二十五日

李赐求[①]等致盛恩颐、潘灏芬函

民国十六年五月十八日（1927.5.18）

总、副经理钧鉴：

查外国工业发达，工党势力雄厚，与资本方面常有纠葛发生，是故外国政府特设劳工总长，专司国内劳工问题，负解决劳资间各种争端之责。现

---

① 李赐求（1879—?）：字惠之，广东清远人。时任大冶铁矿会计股长。

国民政府鉴于劳工问题之重要,亦有劳工部之设立,盖应潮流与时势之需要也。我大冶厂矿工人众多,工会共有四所,与厂矿方面发生问题日必数起,调查情形接洽办法,事既重要抑且繁多,在各处股长各有专责,固难过问,即厂矿长返冶综理全厂矿事务,对于此层亦难专一办理。求等愚见以为,应设劳工委员一人,专办厂矿一切劳工问题,其重要者拟具办法陈请厂矿长核夺。如劳资间不能妥协者,则请仲裁人解决,庶几责有攸归,事乃统一。惟事关用人,理合函陈,求并备有意见书一件,谨一并附呈。是否有当,伏祈核示是幸。敬请

钧安

各处股长李赐求等谨启

赵时骧致盛恩颐、潘灏芬函

民国十六年十二月十日(1927.12.10)

总、副经理钧鉴:

窃查近数月来,本厂矿对于员工警役办法,大概均系照前工会条件施行。然公司经济困难,出矿有限,冶炼久停,现状已觉难支,何能重加负担,除已将复工之失业工人从事遣散外,当于本月八九两号召集各处股长会议,对于在业之员工警役,酌中规定暂时办法。总期内顾公司之财力,外顺大势之潮流,凡普通优待员工之例,依照采用,计共十八条。惟值嚣张之后,人心未定,所议各条能否通行无碍,尚无把握。除一面通告实行外,理合陈报,并将拟定各办法,另纸抄奉,仰祈察核备案为祷。

再,查原条件中之年节费为数不赀,业已删去,现在新旧年关瞬届,而地方空虚,实无回旋余地,应有预备费三万元,方免临时束手。此款如不动支,开年即可抵作经常费用。除已与会计处接洽外,敢乞俯准如数筹备,尤为盼感。敬请

钧安

赵时骧谨启

［附件］　议定办法

总　　则

（一）每逢午节、秋节、双十节、阳历年节及总理诞生日,各放假一天,阴历年节放假五天。

（二）每逢星期日休假。

（三）薪水、工饷及矿价已加者,一律照支。

（四）房租减半,惟 B 字号房租,自十七年三月起,恢复原价。

员　　司

（一）办公时间每日定为八小时。

（二）请假及特别到公照公司现行请假规则办理,惟星期到公确系由各主管经派者,照给双薪。

（三）各处股科首领及工程师,无论星期及平常特别到公,只能照请假规则第十九条抵销例假。

（四）抚恤照公司现例办理。

工　　匠

（一）星期及休假日确系由各主管经派工作者,照给双工。

（二）工作时间每日规定八小时,倘有夜工由各主管派定者,每六小时作一工计算,掉班或二班工作者不在此例。

（三）抚恤,凡在业身故者,三年内抚恤洋一百元,三年至十年间抚恤洋二百元为限,按照年份例推。在工作时因公毙命,经各主管核实者,加倍抚恤。包工、散工及临时工不在此例。

（四）病假三日内不给工资,三日以后经厂医验明属实者,给半工,一个月为限。住本厂医院者,担任医药,不供伙食。因公受伤住本厂医院疗治者,医药、伙食均归厂矿担任。

（五）事假照扣工资,如系本身婚娶及父母丧,给假二十天,不另给路程。

（六）各股如有不适用或多余之工人,酌量裁减,裁工另给工资一个月,因故开除及自请长假者不另给工资。

(七)下陆车务科工匠、工人加工,仍照公司所定旧章办理。

巡　　查

巡查巡士具有特殊性质,与军警一律负保护安宁之责,不能一日间断,所有星期及节诞日均不休假,自应照军警通例,不另给星期等项加工,但逢双十节及阴历年节酌给犒赏,以示体恤。

杂役　更夫　厨夫

此项工食均系以月计算,凡遇星期、节诞日工作以及特别工,均不另给工资。

附　　则

右列各条自十七年一月施行。如有未尽事宜,得随时增改之。

吉川致中井函

昭和二年十二月十二日(1927.12.12)

敬启者:

关于大冶厂矿失业工人解散一案,曾向贵所留沪之山县嘱托报告。该失业工人,系本年四月冶矿开始恢复作业之际,当时具有左右武汉政府势力之共产党系总工会,于去年不知从何处招来公司解雇之剩余职工,约四五百名,自称为失业工人,强迫要求公司复职。最初,公司因缺乏录用之财力,且此等救济事业属于政府应负之责任,因而即将此意再三向武汉政府陈情,请求帮助,终于未得其允许。不得已最后决定:凡四月份录用工人,使用到六月后到七月底止;五月份录用工人,使用到八月底止,即以此为条件答应其复职。其后,当时大冶厂矿长盛渤颐不堪共产派工人之压迫,只身逃来上海。到七月上旬为止,共产派之横暴达于极点,大冶厂矿职员只能服从总工会要求。七月底总工会首领李兆龙虽然走往别处,但总工会依然继续存在。此等失业工人,由于有其后援,自不易应允按照最初协定条件解散。而公司亦无何等可利用之强制力,除暂时忍耐以等待好时机之到来外,别无良策。九月中旬,渐得大冶县知事谅解和支援,始决定实行解散。但当时,由于矿长不在,各股长等无法应付此种难局而任其拖延。其后时机成熟,十一月十七日新厂矿长赵时骧到任,遂着手此事。十一月三十日在大冶县知事援助下,终于解决此事,总计解雇四百零七名工人。关于解雇经过和条件等,由在大冶任职之波多野部员另纸抄呈详报,以供参考。关于上述失业工人解散一节,在公司收到有关前十六年度修正实行案蒙钧座认可之书信中,还有期待之点,只是不易照理想推行,实属遗憾。此者可能引起生产费增加之事,今后自应充分督察注意。最近中国形势常越出定规,此点务希亮察是幸。谨此敬具。

(八) 卫生教育

夏偕复致公司董事会函

民国七年四月二十四日(1918.4.24)

董事会公鉴:

昨接颜医士福庆洋文函称:萍乡煤矿扑灭勾虫一事,业已着手进行,其查验在矿员司工役及施治之法,均有头绪,惟有若干之卫生工程亟待兴修,方能杜绝病源,非有卫生工程师查察监督,不能合法,拟请速延卫生工程师一员来矿,俾便兴修此项工程。又勾虫之症欲其扑除净尽,不再发现,须俟一二年后,福庆等不能久居矿中,随时预防等事必须有人继续担任,方不致前功尽弃。拟请在矿设立卫生部,延致专门卫生医士,主持其事,以统事权,而为久计等情。据此,查扑灭勾虫一事,前经函奉贵会议决,准在萍矿学捐项下拨用二万元,以作经费在案。兹该医士请延卫生工程师并请在矿设立卫生部,以继其后。查卫生工程,如考察水源,建设厕所等事,均关紧要。自应如该医士之请,延致卫生工程师一员,以资改良,一俟此项工程布置完毕后,即可撤销,为期甚暂。至设立卫生部,意在善后,以竟全功,常年经费亦属无多,似亦应行照准,庶前费多金,不致虚掷。理合据情奉达,如蒙贵会核准,当即物色相当人才前往办理,以祛恶疾而重卫生。专此。

祗颂

公绥

总经理　夏偕复

夏偕复、盛恩颐致公司董事会函

民国八年二月十日(1919.2.10)

董事会公鉴:

　　案查六年十一月间,万国卫生部派来医士颜福庆,请在萍矿扑灭勾虫,请予赞助,当经陈请议准。旋据该医士到矿预算改良卫生,约需洋二万元,经李矿长筹商,在该矿学捐项下拨用,复经提请贵会通过。上年四月间,据该医士函请,尚有卫生工程亟待兴修,并须延聘卫生工程师到矿接替等情,又经照转奉复物色相当人员前往试办等因各在案。

　　兹据李矿长函称:据金正矿师函称,昨据卫生处蓝医生面称,本年二月间,即须离矿赴冶调查虫病情形,此间酌留二人照常办事两月,请于四月以前预定接替之人,以便交代,并面呈八、九两年卫生经费预算单一纸,此单内载系从本年二月起,以后聘用卫生工程师及全处薪水杂用、药料器具等项,计八年二月起扣至九年二月止,共须经费洋七千三百余元。九年二月起扣至十年二月止,器具生财已经上年购置,费用稍减,共须洋七千零六十余元。凡关于卫生一切建筑之费,概不在内。前由总公司核定经费洋二万元,自去年开办以来,截至本年二月共用五千四百余元,紫家冲尚须建一厕屋,约费三千一百余元,是于二万元内业已开支六千五百余元矣。所余之数仅供八、九两年除建筑外支用之需。至于万国卫生部贴费一层,近据来信,似已无着,并拟于离矿后,即回宁波,便道沪江,或可一谒经理等语。敝处细阅该医生呈核预算单内注载分明,八九两年共需经费一万四千余元,而前定经费二万元为数有限,卫生事业,关系公益,正在进行,未便中辍。除自开办以来支用经费外,余款虽能勉支两年,而建筑之费均未列入,且建筑费用可大可小,视聘用工程师之计画为转移,此时殊难预定。将来支过二万元之外,常年经费何以为继,似宜早为筹及,庶可持久,俾卫生前途方有成效，尊意谅亦为然。除由敝处面允蓝医生酌留二人在矿办事先行赴冶外，相应据情函达，并将该医生所呈预算单一纸奉核，即希台察，转报经理核示遵行。刻下该处应用药料器具购备不及，已与蓝医生商定显微镜三副，由矿照原价九成收买，该医生另向外洋自购，由矿贴给运沪运费。二、三、四、五等月份应用药料器具，均暂行借用，候本矿购到，一律照还。本年应用药料等件，自应请示经理购办。惟蓝医生去矿在即，此间急于待用，已一面商请蓝医生先行代办，以图便捷。用将购料原单送呈，祈鉴核后，一并寄沪存查，并望将上述情由迅达公司，俾蓝医生过沪谒经理时有所接洽等语。查上年十一月奉五十四号函复，本矿卫生处即照所拟暂用一副手医生，以资撙节等因，本应照办，后据颜福庆医士之代表格蓝德医士称，颜医士仍商尊处须用卫生工程师，又该医士等可展至本年二月间离矿，故从缓议。查上年六十九号函拟卫生经费只就薪水工食最节省之数约计，药料等项本未计及。兹阅金正矿师转交格蓝德医生预算单内八、九两年共需经费一万四千余元，薪水伸缩只有用工程师与用副手医生之别，其余药料等项即节省亦有限，照此预算前承董事会核准，在学捐项下拨用之卫生经费洋二万元，除已用外，此款仅能勉支两年，而卫生建筑费尚不在内。本矿既专设卫生处，势必继续进行，将来款项如何筹备，应用工程师抑用副手医生即须定夺，用将原单寄请核夺等语前来。

　　查勾虫为病实由居处不洁酝酿而成，前据颜医士查报，此病流行萍矿为甚，窿内工人十染其九，既经贵会议定治疗，复经万国卫生部医士颜、蓝等实心施治，现据蓝医士面告颇著成效，自应继续积极进行，以期永绝根株，有裨工作。现在万国卫生部所派医士将于本年四月间离矿，所拟常年费用预算约每年七千余元，经理等查核实为继续进行所必需，自应在萍矿经常经费项下拨用作正支销，贵会前定经费二万元，请作为关于卫生一切建筑之费，责成该矿长、正矿司及将来另延之工程师尽未经动用之款，编造预算，陈候核定，再行动支。似此虽常年经费多加七千余元，然虫病扑灭，人皆兴奋，工作倍常，于生产上实受无形之裨益。除将购用药料器具原单函交商务所接洽，并一面访聘卫生工程师另行具报外，合将现拟扑灭虫症继续进行，所增常年费用在萍矿经常经费项下作正支销缘由，陈请贵会核

议示复,即便转饬遵照。专此。祇颂

公绥

总经理　夏偕复

副经理　盛恩颐

公司董事会致夏偕复、盛恩颐函

民国八年二月十八日(1919.2.18)

总、副经理均鉴:

前接本年二月十日董字第十六号来函,以萍矿扑灭勾虫改良卫生,现拟继续进行,所增常年费用请在萍矿经常经费项下开支等因。兹于本年二月十五日常会提出,公议:事关矿工卫生,所请常年费用准在萍矿经常经费项下作正支销云云。相应函知,即希查照。顺颂

均绥

董事会启

公司董事会致夏偕复、盛恩颐函

民国九年五月二十四日(1920.5.24)

总、副经理均鉴:

昨接本年五月十一日第四十三号来函,以萍矿学堂办理腐败,拟托当地教会管理,商订条件,陈请议复等因。兹于本年五月二十二日第十次临时会提出,公议:萍矿学堂因办理不善,现拟改组宗旨,甚为赞成,惟条件内权限、课程必须详加研究,俟下次常会再行决议。相应函知,即希查照。此颂

均绥

董事会启

夏偕复、盛恩颐致公司董事会函

民国九年五月二十五日(1920.5.25)

董事会公鉴:

据会计所凌所长函称:萍矿办有两等小学及端本女学,每年经费向由

该矿开支,盛前会长为维持学务永久起见,创立基本金,即于该矿所出煤炭每吨提洋二分,又焦炭每吨提洋五分,作为的款,滚存不动,计截至民国八年止已存洋约十七万元,若以年息一分计,每年进款已有一万七千元,足供萍乡学费之用。善昭拟将此款提归总公司,自今年起所有萍邑地方中学捐(每年额定八千元)、萍矿学堂经费及地方圣公会捐,即由前述基本金之利息拨充,与萍矿成本无涉。惟查萍矿两等小学及端本女学办理腐败,去年一年共用一万七千七百余元,本年尚须略增,虚糜巨款,无裨教育。前拟嘱托本地教会办理校务,以期改良,往返磋商,拟定条件详陈钧座,嗣以条件尚有应修改之处,善昭此次往萍即顺便与班主教商议,重订条件如左:

一、学堂称为萍矿学校。

二、组织董事会,管理学堂,事务会员五人。

甲、萍矿矿长即为董事会会长。

乙、萍矿正矿师或他员充之由经理酌派。

丙、圣公会主教或其代表。

丁、湘潭教会代表一人即为该校校长兼会计。

戊、由上述四董事举一萍矿职员充之。

三、董事会每年应将上年份会计及学务情形报告汉冶萍公司。

四、学堂经费概由公司津贴,每月不得过八百元,学生所缴之学费在外。

五、本学堂应于合同期内逐渐升至中学程度。

六、学堂学生宗教自由不受强迫。

七、董事会可于适当时机举一女董理会,管理女学堂事务。

上列条件应于五年内继续有效,期满不愿继续,应于六个月内预先通知。

案上述条件,似属可行,董事会会长既由萍矿矿长兼充,主权仍无放弃。该教会于教育素有经验,并具热心,本公司请其办理校务,藉以整顿内容,程度升至中学,学生可招至六百人(现仅有二百余人),而经费不较本公司自办为多,现捐圣公会年费五百元亦可并入。转辗思维,实无流弊之足虑,是否有当,统候裁夺施行等语。并附萍矿八年份学务经费表一纸到处。

查萍矿学校开办有年,造就绝少,良以该矿长及正矿师职务羁身,不克兼顾,以致内容腐败,学款半属虚糜。教会之在国中办学者夙有声称,托其办理校务,整饬内容,而学费亦可撙节。迭嘱该所长与之拟订条款,于主权并无放弃,似属可行。理合据情陈请贵会核议示复,以便饬遵。祗颂

公安

附照录八年学费表一纸。

总经理　夏偕复

副经理　盛恩颐

[附件]

月份	矿校	端本女校	教育会及习艺所	补助王昌来学费	共计(单位:元)
正月	1 000	280			1 280
二月	200			160	360
三月	600	140	2 060		2 800
四月	900	140			1 040
五月	700	140			840
六月	500	420	2 060		2 980
七月	714.29				714.29
八月	305.71				305.71
九月	1 030	140	2 060	110	3 340
十月	620	140			760
十一月	600	140			740
十二月	207.14	140	2 060		2 407.14
	150　补助贫民校开办费				150
	7 527.14	1 680	8 240	270	17 717.14

季厚堃致夏偕复、盛恩颐函

民国九年七月五日（1920.7.5）

总、副经理钧鉴：

据采矿股长函称：同人子弟苦无就学之所，于去岁创办两等学校，以资造就，因无的款，特在九年度事务股预算案内请列学堂经费一千二百元。预算颁到，此项已奉核准，既经费有着，自当力求完备，除上学期已聘黄君瞻麓充主管教员，月支脩金三十元外，下学期再添聘助教一员，月支脩金二十元，分任教授，并由在职员司于办公余暇以义务帮任。所有开办两等学校缘由请转报备案等语，并附学校简章两件。除嘱该股长随时督率认真办理外，理合陈报，并附简章一份，伏祈垂察备案是幸。专肃。恭叩

钧安

季厚堃谨启

夏偕复致季厚堃函

民国九年七月十五日（1920.7.15）

专复者：

接五十一号函，以该矿创办两等小学，年需经费一千二百元，列入预算，已奉核准，自当力求完备，除上学期已聘黄瞻麓君充主管教员月支脩三十元外，下学期添聘助教一员，月支脩金二十元，并由在职员司办公余暇义务帮任，理合陈报等情，并附简章一份到处，均悉。查助教月脩不逾预算，应予照准。相应函复，即希查照办理可也。此复

冶矿季矿长

总经理

夏偕复、盛恩颐致季厚堃函

民国九年九月九日（1920.9.9）

径复者：

接六十七号函，据服务石堡同人呈请拟在石堡兴办高小两等学校，拟

具章程,预计除收学费外,每年不敷一千三百二十四元,恳由公司补助等情,并附公呈拟章到处。查冶矿向未设学,前为嘉惠后进,准于今年在铁山创立一校,并由本公司年助一千二百元,列入九年度预算在案。兹阅呈称,石堡距铁山辽远,而在石堡服务同人较多,及学子弟尤众,请在堡添设一校,以便就学,尚属实情。请由本公司补助,应准照铁山小学经费年支一千二百元,俟办十年度预算列入,以宏造就而免向隅。惟查阅拟章尚有未尽妥洽之处,兹分别签注附还,即希转知同人照签注各条修正后,另送备案为盼。此致

冶矿季矿长

总、副经理

夏偕复、盛恩颐致黄锡赓函

民国十年二月十二日(1921.2.12)

径复者:

接九号函,以据医院函称,厂外夜间请诊,所有医金应如何办理请示等语,经函准吴厂长照前定夜诊津贴例,提成酬给,余款归公,业经函饬照办,陈请备案等情。查所定办法,系将厂外夜间请诊医金,按医员本人薪额,分前半夜百分之一点五,后半夜百分之二点五提给,余悉归公,并饬按月列表,注明该项诊费应收应提及归公各数,送由尊处转交收支科代收代付,规定均尚周妥,应准备案。惟厂内夜诊,既据前次陈请改为月津冷医员洋二十五元,责成兼任,原定津贴办法取消,业经本处第十二号函复准照办。此次函内,仍称该项津贴月支不得超过百元,殊属前后不符,务希查照本处前函办理为要。此致

冶厂黄副厂长

总、副经理

吴健致夏偕复函

民国十年三月十五日(1921.3.15)

经理钧览：

　　谨陈者，据事务股报称：本厂设立男女两校，原为同人子女便利求学起见，惟开办洎今，高初两等合坐一堂，程度至六级之多，教授殊形困难。前经同人等请求分级，添聘教员，因于十年一月二十三日集会议决：分别教室，高初两等分班教授，两校一例办理，添聘教员二名，更换教员二名，已于三月一号开学。但改组以后经费超过本年预算，似难追加，只得暂行酌收学费，以资弥补，是否有当，伏候钧裁等语。并附单开高初两等小学校教员王得周、曾兆兰、张素吾月各脩洋二十五元；端化女学校教员王彭寿铭月脩洋三十元，刘尚志月脩洋二十五元。据此，查陈解组各节实因学级过多，势不能不分班教授。既经分班，自应添聘教员，现两校各添聘一员，殊不为冗。惟改组以后一切经费既超过本年度预算，未便追加，所称以酌收学费弥补尚属可行，除已饬知准照所拟办理外，理合据情陈请鉴核。虔请
崇安

厂长　吴健谨肃

夏偕复、盛恩颐致季厚塈函

民国十年三月三十日(1921.3.30)

专复者：

　　接十七号函：据采运两股函请将本矿医室扩充，另聘西医一人，专诊重要病症，免照冶厂医院定章，邀请至矿照非公司人员缴纳诊金及药费等情。窃思公司在冶既设医院，原利同人起见，拟请饬知吴、黄两厂长，凡冶矿员匠就院诊治，准照冶厂员匠例，均可免费，所需药费由矿预算医药费项下拨付。若邀请至矿，出诊金一律蠲免，各节具悉。查冶厂医院因有成本关系，故对于非冶厂员匠，必须酌收医费，以资贴补，设因免费之故，将该医院经费改由厂矿分任，则日久必生纠葛，冶矿另聘西医，糜费尤巨，兹特酌定办

法,凡冶矿员匠,前往就诊或住院,均由事务股发给请诊单一纸,冶厂医院即凭此单诊治,按月汇算,即向冶矿事务股收取,此项支出即在冶矿预算医药费项下开支,惟请医出院诊冶,无论厂矿员匠,均须患病者照付出诊金,以昭公允。似此则冶矿支出之诊费,冶厂仍得收入。于公司总帐亦无出入。除分函冶厂转饬医院遵办外,相应函复,即希饬属一体知照为荷。此复

冶矿季矿长

总、副经理

夏偕复致公司董事会函

民国十年八月九日(1921.8.9)

董事会公鉴:

案查上年五月间据会计所凌所长善昭函陈,萍矿附设两等小学及端本女校办理不甚完善,与该地教会班主教商订条件,合组董事会管理校务,以期改良,仍不失萍矿主权,转请核议等情,奉贵会议复照办,经函饬萍矿李矿长查照办理,于九年下学期实行在案。本年暑假届期,改组适届一岁,成绩是否优良,电饬具报去后,兹据李矿长复称:上年六月底奉函改组萍矿两等小学及端本女校,其时适值湘省军事,客军驻校,迨退军后,比即遵照函谕将前教职员一律辞退,一面组织学董会,将本矿两等小学及端本女学校概交圣公会李牧师北辰办理。该会接办后两月,即有江西省视学来矿调查,深以该两校课程表首列道学一门(即读教会经)为不然,近于强迫学生一律信奉,与矿办学校宗旨不合,并谓省视学历年调查来萍,贵校逐有进步,现改由圣公会办,教员反不整齐,教授法反逊于前,务仍收回自办各等语。细察省视学所指各节均系实在情形,当于九年下学期放假时开学董会,切嘱该校长不可偏重道学,教员不整齐者务须更换。迨本年上学期,教员虽略有更换,其首列道学一门及办法仍如故。五月间,即接萍乡劝学所转江西省教育厅令萍乡县公函,谆谆以改良见嘱。旋有江苏教育会干事沈亮棨君来矿调查,与江西省视学所见相同。沈君从前曾调查来矿,亦谓现

在办法大逊于前,糜款可惜,急应收回自办等语。旋接学生家属仇瑞龙等公函,恳请改良办法各等情。

查本矿两等小学,自民国二年春季复行开办,至九年上学期止,五易校长,力求进步,至八九年间成绩尤著,凡高等小学毕业生分赴各省中学投考者,无不获选,且多高列。惟该校从前缺点英文教员尚非优选,正拟另聘而未及也。至端本女校初由本矿同人捐廉私立,至民国五年始归矿办,经费均有限制。查两等小学及端本女学除收学费外,七年份共用经费九千一百六十一元零,八年份共用经费九千九百七十六元零,均有报册可稽,并无八年份用洋一万七千七百余元之事。上年奉谕改组,已经钧处与圣公会订有条约,自应遵照办理,以前各节无庸赘陈。现在该校办法既逊于前,亟应改良,叠与金正矿师、凌处长会商多次,既有五年继续之条约,似未便遽请取销,不得不迁就改良,已于前月与李北辰校长严约本年下学期将课程表首列道学一门除去,凡在校学生本在教会者于课程外准其另择时间读教会经,不在教会者不强;教员中之不整齐者辞退,分别更换,业经商定照行。又学董会系遵谕组织,矿长为董事会长,余即金正矿师、凌处长、李校长。另有安源圣公会牧师吴子昂,人不相宜,本拟另举,后经会员讽令自退,由李校长商班主教,拟举本校监学杨毓衡补充,情形较熟。此次改良大概如此。鄙见俟本年下学期开办后严重监视,看其如何再行请示办理。正在缮函报告,适奉箇电垂询,兹将李校长北辰报告中英文各一份又照抄萍乡劝学所公函及本矿学生家属公函各一份呈览,是否有当,即祈核夺示遵等语。并附各件前来。

查阅李校长报告,九年下学期及本年上学期男女生肄业人数均视前数年增多,不可谓非改良之效,其受人攻击大端,系各生无论在教与否,均必强读圣经,虽无流弊,究与信教自由之义不合。现经李矿长与校长严约下学期将课程中道学一门除去,并开学后严重监视,似此纠正当可改观。除将学生家属公函照译英文函致班主教切实整顿并复李矿长外,理合据情转报,并将附来各件照抄送请鉴核备案。肃颂

公绥

总经理　夏偕复

李寿铨致夏偕复、盛恩颐函

民国十二年六月九日(1923.6.9)

敬启者:

本矿两等小学校及女学校自民国九年下学期改由本地圣公会办理后,表面固有宗教之窒碍,内容实系教育之不良,因有五年继续之条件,年年迁就,期于改良,卒之不良如故。其故由于本地教会西牧师本非教育专门,谬居校长,而所聘教员多半就附近教会中人勉强迁就,以致学校成绩年逊一年,既慨巨款虚縻,尤恐误人子弟。每与金正矿师、凌处长商屡拟收回自办,而碍于前约,颇难立说。上月因萍乡各学校学生有抑制日货之举,矿校学生亦从而附和,检查火车来货,指为日货,硬行焚烧,英人孙校长劝阻,语稍过当,学生因之罢课。孙校长无法维持,愿离开矿校,俾校可开课,免误学生等语。其时铨与金正矿师尚未回矿,经孙校长商凌处长,已允照办。迨铨回矿,据孙校长称,业已整束行装,次日携眷离矿。当与凌处长商,暂派该校监学杨君毓衡维持现状,当即开课,维持至上学期放假止。孙校长离矿时,曾与凌处长切谈,谓教会承办校务,经费出自公司,其中殊多窒碍,若再勉强接办下去,于教会与矿校两无益处,不如由矿收回自办为妥,语极诚恳。叠与凌处长商,亦以就此收回自办为上。兹附上湖南永州圣公会司徒会长英文名单一纸,即请酌夺函致该会长,婉转辞退,即于本年下学期将本矿两等小学校及女学校收回自办。是否有当,仍乞钧示遵行,至为盼祷。
此上
总公司总经理夏、副经理盛

矿长　李寿铨

夏偕复、盛恩颐致李寿铨、舒修泰函

民国十二年六月十九日(1923.6.19)

径复者:

接二十一号函陈,本矿两等小学及女校,自改由本地圣公会办理后,成绩年逊一年,即英人孙校长亦力言窒碍殊多,两方均无益处,请自本年下学期收回自办等情,应如所请办理。兹将致司徒会长一信附去,希由尊处寄递并与交涉可也。此致

萍矿李矿长、舒副矿长

总、副经理

夏偕复致季厚堃、郭承恩函

民国十二年八月二十四日(1923.8.24)

径复者:

接七十九号函,以前请设冶厂学校案,催请核示等情。查核所陈该处地方要求捐资兴学之事,不一而足,拒之则难以措词,应之则不胜其扰,毋宁自办,既可惠及本厂员司工匠,而他处之请资助者即可藉此谢绝,洵属正当办法。且汉厂、萍矿已开先例,冶厂亦未可向隅。查核前函所开经费,按照办学通例尚属撙节,自可准行。惟是项经费既未指有的款,亦未列入本年预算,遽言兴办,等诸空谈。应由尊处拟具章程,并开办费、常年费,再行逐细核计确数,列入该厂明年预算,送候核定,俾尽年内筹备完全,俟明年春季开校庶可从容就理。即希查照办理为要。此致

冶厂季代厂长、郭代副厂长

总经理

季厚堃致夏偕复函

民国十四年十月九日(1925.10.9)

总经理钧鉴:

冶厂矿小学上年七月蒙批准开办,一年以来,成绩尚有可观。惟校址设在员司寄宿舍楼下,原系临时办法,诸多不便,加以名额日增,更无地可容,乃于员司住宅前面隙地建筑校舍一所,计课堂五间,休息室一间,茶炉一间,招工包造。除参用铁山拆下旧料外,计工料洋一千四百零三元八角八分,现已工竣。从此员司子弟求学有所,亦公司培植人才之意,而各同人

感荷优待,必当益加奋勉。所有建筑校舍缘由及用费,理合陈报,该款拟在收入售销售焦末项下开支,伏祈批准,以便知照会计处核销,是所盼祷。

恭叩

钧安

季厚堃谨启

盛恩颐致金岳祐等电

民国十五年二月二十四日(1926.2.24)

安源。金总工程师、凌处长、陈股长:铣电悉。男校照开,女校停办。盛。敬二。

潘灏芬致凌善永函

民国十五年八月十八日(1926.8.18)

径复者:

接八月六日来函,以萍两等小学教职员欠薪已巨,请速筹汇,并下学期是否继续办理,请即迅示等情具悉。论萍矿现时情形,艰困已极,但念小学为蒙养始基,似难令员役子弟有失学之虞,所有该矿两等小学,下学期姑仍继续办理。至教职员欠薪,俟筹款有着,即予汇还,希查照转知为要。此致

萍矿会计处凌处长

副经理

盛恩颐、潘灏芬致黄金涛函

民国十六年五月七日(1927.5.7)

径复者:

接二十一号函,陈复公学教员七人,不能减少,并请照前函拟加各教员月薪,核准支给等情。查厂设公学,固为嘉惠厂员子弟,但在停工时代,经济万分困难,不能不量力而行。应照来函所陈,初中一班停办,专办小学,

即就原支教薪额数支配,以资撙节。希即查照转遵。此致
汉厂黄兼代厂长

总、副经理

盛恩颐、潘灏芬致黄金涛函

民国十七年十一月二十三日(1928.11.23)

径复者:

接三十一号函,陈复汉厂地面辽阔,机厂林立,节经裁员,已觉不敷保管,缕陈碍难情形,实有不能再裁之势,请将厂办公学停办,或将许、戴二君休养金停支,藉资撙节等情。查核所陈不能再行裁汰情形,尚属实在。公学即如所拟截至腊底结束停办,至许、戴二君休养金,关系公司信用,及全体员司信仰,未便遽予停支。除陈复董事会外,复希查照。此致
汉厂黄代厂长

总、副经理

黄金涛致盛恩颐、赵兴昌函

民国十八年八月二十九日(1929.8.29)

总经理、襄理钧鉴:

厂办公学自去腊底停办后,近厂各处无有小学,同人等鉴于子弟荒废可虞,再四筹商,不得不设法另行自办。惟请暂假本厂候德里旧校址以及桌凳等应用,校名仍借本厂名义曰铁厂小学,以其在厂基地,且为员工子弟而设也,所有经费概归同人自理。金涛以厂校既停,同人子弟不能令其失学,借用校址、桌凳应予通融,且厂中各处军队驻扎,房屋器具损失不少。该校舍如不继续办学,势必驻军,似此既可免同人子弟失学之虞,复可免驻军之损坏。现值武汉各校开学在即,除一面准予暂假外,理合陈报,伏祈鉴核。虔请
钧安

代理厂长　黄金涛谨肃

盛恩颐致赵时骧函

民国二十四年八月三日(1935.8.3)

径启者:

接准第九十二号来函,备悉。石灰窑循遵会创办振德工业职业学校,既便于厂矿员工子弟之升学,复于厂矿招考艺徒得实际上之便利,且经校董会议决,常年经费由各厂矿公同担认,每年一千六百元,就中本厂矿担认年捐五百元。事关公益,应准自二十三年度起按年照额支给可也。此致

大冶厂矿赵厂矿长

总经理

盛恩颐致翁德銮①函

民国二十五年九月二十二日(1936.9.22)

径启者:

接准第一三零号来函,备悉。石灰窑厂矿小学第二部校舍卑狭,拟在原校址旁添造教室三间,每间长二十五尺,宽十五尺,加宽廊檐八尺,估计约需工料洋一千一百余元,仅及前函拟建校舍预算三分之一,陈请核准等情。查前据第四三号函陈,石灰窑厂矿小学校舍简陋不敷应用,决议建筑校舍,约估洋三千四百元等请,当以未据造送预算无从核办。兹拟在原校址旁添造教室三间,事属可行,惟估计工料需款一千一百余元,未免较巨,应再切实核减,至多以一千元为限,毋得逾额。何时开工,并望随时陈报。此致

大冶厂矿翁代厂矿长

总经理

---

① 翁德銮(1890—?):字耀民,广东顺德(今佛山)人。时任大冶铁厂、铁矿代厂矿长。

二、机构人事

（一）董事会

孙宝琦致正金银行函

民国五年八月二十四日（1916.8.24）

正金银行台鉴：

径启者，敝公司董事会盛副会长逝世后，所遗副会长一职，于本月二十一日董事常会，公推李伯行先生继任。此后公司关于提拨款项事，敝正会长不在沪时，得由李副会长签字。至前函请盛君重颐代表签字一节，应请取消。相应函达，即希查照为荷。此致。顺颂

日祉

汉冶萍公司董事会会长　孙宝琦

孙宝琦致公司董事会函

民国五年十月十日（1916.10.10）

董事会诸位先生均鉴：

顷奉大札并抄附董事王子展先生来函，拜诵之下，无任钦佩。自来公司营业之盛衰必以收支盈亏为标准，此千古定论，中外一理也。近年公司担负外债几达三千万元，凡属同人，均应筹划全局，以兴利除弊为前提。近年来，盛补老卧病，董会诸事皆赖子展先生鼎力主持，其不避怨嫌，不辞劳苦，为公司裁汰冗员，革除浮费，筹补亏折，谅必有成绩之可稽，为股东所佩感。宝琦忝为会长，远在朔方，实未深悉，尚祈诸公一一指示。宝琦虽不

敏,当寻后尘。惟子展先生函称宝琦自到会以来未见裁除一人,核减一款,而近来陆续添支薪费,每月已有二万余元等语。宝琦任事日浅,于公司事未能大有兴革,实深愧疚。至所指添支薪费每月已有二万余元,系属何项,系指何款,系在何年何月,是否皆宝琦所擅自批准,应请查帐员谢纶辉先生、杜炳卿先生暨稽核处顾咏荃先生确切查明,是否实有其事,务求明白宣布,以释群疑。宝琦谬承诸公推为会长,本系遥领,除遇有与政府接洽事项就近办理外,董会事宜均由诸君公决进行,子展先生均列席与闻。宝琦既未列席,不负责任。去夏在沪仅及半月,今夏补老逝世,虽承约到沪莅会二月,对于公司董会诸事无不恪遵定章,公同决议而行,又何敢独断独行糜费公款。记前在沪时,只因秘书包君及书记于君服务年久,办事得力,议加薪水,为董会所赞同。又有唐君世仁少年英隽,中西文均有根底,派在秘书练习。张君豫孝系盛府之戚,人甚驯谨,楷字工稳,贫无立锥,派在会计所练习。统计四人每月所增不过百余元。此外未派一人,增加一款,亦未见各厂矿有增减之请。即如子展先生保荐李屑清为大冶新厂事务所主任,宝琦以其新来公司,参照冶矿坐办徐增祚原薪,酌减批给二百元,因孙德全原系总稽查名义,月薪三百两,不能比照,此亦足为宝琦不肯滥支公款之证。

至总经理本为公司所有,自李一琴辞职后,事无专责,公司频年亏折,各厂矿渐有尾大不掉之势,董会徒拥监督之名,事权不属,无庸讳言。倘再无人提纲挈领,周巡整理,势必至破产而后已。年来宝琦力持添设总经理者,正为巡查各厂实力整顿之计。夏间到会与诸君提议总经理一席是否认为必要,子展先生议函询股东联合会征求意见。旋接复函,总经理认为必要,意仍请李一琴先生担任,以资熟手。当经宝琦迭次敦请,而李君托故力辞,仅允担任大冶新厂一部分。迨宝琦濒行末一次常会,复提议总经理一席必须聘定,有人荐举夏地山先生。因地山先生学贯中西,才望兼优,足以相副。仍恐于各厂矿稍形隔膜,故议以盛泽臣为副经理,系援昔年叶揆初之成案。盛君为大股东,对于公司休戚相关,兴革利弊,自必能破除情面,认真整顿,辅助总经理共图进行。泽臣虽系鄙人女婿,为事择人,固非滥举私亲者比,其薪费同日公同议定,日后自须酌用秘书数人,驻汉公所经费当由董会规定,格外从省,以资表率。至公司驻京办事公费,去岁经补老规定每月五百元,现因敝寓狭隘,另行赁屋,定名驻京事务所,一切费用自然增加,前经函致董会议决,月共给公费七百元,除王荩生原有公司秘书薪七十元外,每月实增加公费一百三十元。是否过于糜费,自有公论,无待赘陈。前承诸公美意,每月议加宝琦夫马三百元,当以不能在会办事,何敢遥领巨赀,业经具函辞谢,谅邀诸公青照。宝琦自维才识浅薄,于煤铁厂矿本乏经验,更愧无大魄力刷旧更新,但服官中外,从不敢滥糜公款,引用私人,尚堪自信。若照子展先生来函到会后陆续添支薪费每月二万余元,当此公司困难达于极点,乃竟如此瞻徇情面,虚糜巨款,诚为公司之罪人。宝琦权政羁身,遥领会长,本难兼顾,十月间开股东大会在即,子展先生来函暨宝琦此函务请列入议案,交会公评,究竟是否宝琦任用私人,糜费股本,俾可水落石出,不至淆乱是非。

宝琦承补老暨股东之委托,百无一补,招忌丛谤,夙夜彷徨,无以自解,倘得早卸仔肩,另举会长,为公司开利源,革积弊,除浮费,补亏折,则诚公司之幸,抑亦宝琦之幸。此函务请饬抄分送查帐员、稽核处,请其迅速查明见复,是所至祷。专此奉布。敬颂

台绥

鹄候惠复,不胜待命之至。

孙宝琦

再启者,前函因鄙人夏间赴沪川资旅费请诸君会议拨还一节,宝琦所以假定每日五十元者,例如在沪赁居外国旅馆应用卧房一间客房一间每日约须洋二十元,随带秘书、书记及仆从等住中国旅馆每日约须洋十元,下余二十元以作马车零星酬应之费,恐尚不敷,行日如火车票、火食、赏号等项之用每日尚不止五十元。琦夏间在沪募捐,求帮送屏,对打秋风者,无日无之,此固对于公司而来,非独个人交际也。假定此数本不甚宽,原所以示限制,应否如此开支,抑或另有办法,请诸君公决规定,即祈示复。以后遇有出巡事件即按规定之数开支,无论在沪在汉出巡各处不准另行供给一切,以免滥支公款。是否之处,尚祈诸君议定示复为盼。专渎。再颂

台绥

孙宝琦

股东联合会致公司董事会函
民国五年十一月十五日(1916.11.15)

汉冶萍公司董事会诸公均鉴:

敬复者,顷展函开:盛前会长逝世,公推泽臣先生权理董事,因其时尚未回国,曾请泮臣先生暂代。兹泽臣先生以改任副经理,函辞董席,所遗董席应如何办理,请核议示复等因,谨悉。查公司例,董事出缺,应以原选之次多数者推补。今盛前会长逝世,贵董事会因念系创办人且为巨数股东,公推其嗣权理董事遗席,于情法兼顾之中,寓有责任担负之意,凡我股东一致赞同。泽臣先生以办事、议事为两大机关,未便以副经理再兼董事,谦冲可佩。查本公司董事推选,以两年为期,现距选举之期不远,既已公推在前,敝会全体公议,应仍公举泽臣先生暂行兼任盛前董事遗席,俟来年股东会选举董事之时,再行照章另选,以免纷更而重责任。敝会联合股东已占七成以上,多数取决,例无不合。特此奉复,即请查照。并颂
公安

汉冶萍公司股东联合会谨启

李经方致公司董事会函
民国六年一月十七日(1917.1.17)

敬启者:

经方现拟移家赴皖,此后相去过远,势难随时到会,谨肃函辞退董事职任。伏维公鉴。顺颂
时绥

李经方顿首

李会长辞职,应开会挽留。孙会长函,俟开会后再寄。鄙意如是,请诸董事先生酌夺。

镛注 恩赞成。

孙宝琦致公司董事会电

民国六年一月二十二日(1917.1.22)

汉冶萍公司董事会诸君同鉴:接李会长函云,已正式辞职,殊出意表。李会长精神才力,百倍寻常,公司正赖董率进行,岂可洁身引退。务望诸君全体劝留,以维大局。想伯公顾念补老旧谊,亦必不忍舍去。专电候复。琦。艳①。

孙宝琦致公司董事会电

民国六年一月二十三日(1917.1.23)

汉冶萍公司董事会诸君鉴:养电悉。昨请董会全体挽留,傥仍不允,应由盛氏叔侄齐往,竭诚道歉恳留。傥伊等利其去,则琦亦决辞职。琦病仍未愈,且挂名朝籍,岂能来往自由,当催夏总经理赴沪,矿价、交额,必须与夏妥商。琦。漾。

公司董事会致李经方函

民国六年二月六日(1917.2.6)

伯行先生大鉴:

夏总经理传述尊意,具见关怀大局,俯赐维持,同人实深感佩。惟查公司近日诸务阻滞,险象环生,督率进行,非公莫属。本日特开临时会议,金以权限为办事之主宰,公司章程,本需修正,兹将第四章第三十二节所订权限,参照西法会同改订,俾事权专一,以利施行。谨拟具另纸,送请核夺,并委托地山先生竭诚奉迓,务祈顾全公益,克日就任,无任感祷。专泐。顺颂

钧绥

董事会公启

附　公司修正章程第四章第三十二节拟改正如左:

第三十二节　董事权限,按照新定公司条例,对外代表公司,对内督率

———————————

① 此系阴历十二月二十九日。

业务之进行。

选任及解任总、副经理及总稽核,但须取股东多数之同意。

议决预算、决算。

主持对于政府及外国交涉事宜。

审查经理及稽核之报告与业务处理之是否得宜。裁决经理与稽核之争执。

董事会中投票公推一人为会长(Chairman),一人为办事董事(Executive Director),遇会长缺席时,代表会长执行事务。办事董事之权限如左:

每日到会办事,执行以上所开董事之权限。

遇有紧要事宜,未及开董事会决议者,办事董事有先行决定之权。

公司董事会致盛升颐①等函

民国六年二月八日(1917.2.8)

蘋臣、泽承、艾臣、泮澄、绳祖先生同鉴:

径启者,夏总经理到会报告:日前奉贵会委托持函谆请李会长一事,昨日往晤面交,并代达贵会挽留盛意。李会长阅函后,即谓此系形式上手续,但尚有重要一事,请为转复。汉冶萍公司为盛补公所创办,今日继续其事,必须有补公第二出而担任,方能有济。盖补公之所以能成此大举者,一在才具,一在全权,其握有全权者,亦因具有大股东之资格。今盛氏昆仲,能为补公第二,继承先烈,是为策之最上;如果未能,则必须推举第三人,为补公第二,将盛氏大股东资格全权托付,而受托付者,自必负有全责,然后方能放手办事。偕当以董会为股东所选举,即为股东代表,今又全体公请会长为办事董事,即是付以全权,办事无虞掣肘。如虑或有窒滞,请于复任时表明意见,亦可有效。而李会长仍嘱回报董会,公同核议,并云此系大纲,如能办到,尚有条目云云。谨以报告,请核夺等语。相应专函奉达,即祈诸

———————————

① 盛升颐(1901—1964):字萍臣,盛宣怀七子。

位先生公同核议,迅赐见复,以便告由夏总经理转复为盼。此颂
均绥

董事会公启

盛同颐[①]等致公司董事会函
民国六年二月九日(1917.2.9)

董事会大鉴:

　　昨奉公函,敬承一是。伏念汉冶萍系商力组合而成,先严投资虽巨,其
所以能握有全权,亦系由股东全体之公举。大函所称先严第二及以大股东
资格,全权托付等语,同颐等虽不肖,所有股权,窃思竞竞保守,殊不敢擅行
托付。且敝处不过大股东中之一分子,究不足以代表全体,已将大函抄送
股东联合会,公同斟酌矣。专此奉复。伏祈
公鉴

盛制同颐　重颐　恩颐　昇颐　毓常同启

孙宝琦致李经方函
民国六年五月二十二日(1917.5.22)

伯行大哥姻世大人阁下:

　　迭次晤聆大教,恳请重莅董会,荷蒙俯允,仰见顾全大局,无任感佩。
昨在董会宣布,同人异常欢忭。查汉冶萍公司为吾华重大实业,盛补公苦
心经营,历二十余年,始有今日。弟与执事同受补公之委托,追念亡友,维
持公司,均属谊不容辞。弟被推会长,对于公司用人行政,本有实行监督之
责,徒以羁职京华,未能常川在沪,负疚良多。执事本系副会长,同负责任,
惟有奉恳统筹全局,主持会事,实行监督用人行政,总期有一人得一人之
用,费一钱获一钱之效。现行章程有嫌疏漏者,自应随时修正,以期周密。
总、副经理对于各厂矿如何计划进行,对于各员司如何考核功过,并责成悉

---

①　盛同颐(1868—1919):字艾臣,盛宣怀三子。有《盛宫保行述》一册。

心筹议,随时报告,分别办理;至于公司时有向政府请求之件,或关系外交,或须与各该省官绅疏通意见者,弟厕身政界,自当担任,尽力设法,随时与执事暨董会诸君接洽办理。弟现拟日内即行北上,敢请台端即日莅会任事,曷胜企祷。专此布臆。敬颂

台祺

孙宝琦

孙宝琦致公司董事会函

民国七年一月十九日(1918.1.19)

董事会诸位先生均鉴:

宝琦自任会长以来,瞬逾二载,羁职京曹,会中诸事全赖李会长主持,暨诸位董事协助,鄙人滥竽领袖未能赞画毫末,已极愧疚。现在对于请采新矿暨鄂省碴商条件,与夏总经理商酌月余,迄未得达目的,良由才识短浅,不克干济艰难,忝居政界,应付倍觉为难。日后对于中央及鄂绅恐须换一面目,鄙人断非所宜,顷提出辞职书,务祈诸位俯鉴愚忱,俟开大会时代为提出,请众股东另行选举继任,俾鄙人得免咎戾,公司幸甚,鄙人幸甚。所有月来与农商部、鄂代表商议情形,夏地山及笠原先后回沪,必能详述一切,无待赘陈,想诸君子通筹全局利害,定能计出万全。

宝琦抑有进言者。公司者,众股东之事业,非一二人之事业,苟于众股东之事业确有利益者,不得不牺牲之,以求达目的,亦有以对众股东。立宪国家尚须求智识于世界,以图集思广益,若假托立宪而惟少数人隐持政柄,以冀掩饰一时,其何能济。项城诚一世之雄,其所以致败之由,固不仅在称帝,国家如此,公司亦何独不然。补老昔当帝国专制时代,事权在握,无所掣肘。民国元二年间,时移势异,于是请归国有,鄂代表来商填股,亦即慨允。识时者为俊杰。宝琦年甫五十,蒲柳早衰,阅历政界,悲观已极。所望实业家具世界之眼光,谋前途之幸福,尚希诸君俯采刍言,共策进行,曷胜跂祷。书不尽意,临颖神驰。敬颂

均安

孙宝琦启

孙宝琦致公司董事会函

民国七年一月三十日（1918.1.30）

董事会诸君均鉴：

迭接惠电，聆悉壹是。诸位同膺推举，极一时之盛，深为公司得人贺。至鄙人本于实业一道茫然无知，煤铁厂矿又无经验，前届谬被推举，本不敢承，重之以补公之托，申之以项城之命，勉为担任。荏苒两年有余，遥领空衔，毫无补救，愧疚良多。即如象鼻山事，四年在鄂，业与当道商允，乃迄未能实行。鄂城事已奉内、商两部批准而久未呈图请照，以致今日如此纠葛。又如公司迁汉问题，延宕三年，迄未实行。此皆鄙人未能常川莅会，诸事疲缓之故。诸君固同担责任，鄙人亦不敢辞其咎也。

鄙人忝居政界兼领商界董事，按之各国法律，实无此例，殊为外人讪笑。如以在京可与各部接洽，有求必应，苟于事实有裨，亦可以自解，今对于商部请矿事，成效亦可睹矣。厕身政界，对于政府说话反多窒碍，且鄙人年来精神日逊，大隐金门，惟持消极主义。每日至税务处办例行公事外，萧然斗室，妻孥俱不能朝夕见，更罕与各部员往来。而为公司事时奉函电，嘱与各部商请之件日多，即如近星期内，一为向美国定机事须托外交部办理，一为萍煤轮驳挂旗须向法馆商办，一为抵押正金债票到期，须向财政部商办，几乎应接不暇。税务督办诚为不甚爱惜之官，然以会长名义为公司奔走于各部各馆之间，人其谓我何如，谓鄙人为众股东信仰，必欲推重。则对于鄂代表磋商之件，鄙人雅愿和平商订，且以民国二年补公曾与商订草约，此时全然翻悔，殊为不易。夏地山北来，董会诸君本无坚持不与商议之训条，但不愿填股而已。商部嘱向鄂人商议，俾得双方解决，乃磋议匝月，煞费苦心，而卒不得董会诸君之同意。今大会复完全反对，是与鄙人之宗旨大相径庭，其不为众股东之信仰可知。是以反复筹思，断难承认继任为董事。用特缕述衷曲，竭诚辞职，务祈诸君子俯察愚忱，准如所请，另就其次当选人补充，以重会务，是所至祷。至此后如有与各部及各机关接洽商议之事，应请董会分别函电，令王荩生经理担任，且有邢董事在部，更可得力。

鄙人有可为力之处,自当从旁主持,亦决不置身事外。专此奉布。敬颂
均安

孙宝琦启

公司董事会致孙宝琦函

民国七年三月七日(1918.3.7)

慕公会长阁下:

窃查本公司体大事繁,虽属商业性质,而与官场交涉甚多。我公自长会事以来,一切仰赖苤筹,同人钦感之至。惟是会长在京内与政府交接,外与地方联络,所需公费及交际费断非前订八百元所可敷用。因驻京事务所自开办以来,所寄经费统由会长分派各员应用,是会长历尽义务并无报酬,至深愧对。本年三月一日董事常会经李副会长提议,拟自三月份起改为每月致送会长公费洋一千二百元,另每年致送交际费一万元,其驻京事务所经费仍按月另支洋八百元。本会同人一致赞成,业经公同议决,嘱令会计所按月照汇。兹将是日议案录奉尊览,敬祈查照。顺颂
钧绥

董事会谨启

杨学沂致公司董事会函

民国七年十月三日(1918.10.3)

会长暨董会全体诸公台鉴:

兼任主稿一事,日前会长就议席提出后,业已谆切面辞,未蒙鉴许,仍以公函敦促,推许之殷,良用感荷。鄙意董会未经改组,不宜变更程式,刘君既无法挽留,即应公聘他贤,俾资赓续。至鄙人材力素短,近年于进行计划,鲜所赞助,此为在会同人所共知,只因稽查一席,系由补老委任,嗣砧选举,又负言责,遂不得不竽滥其间。前承台教并绎函意,似因一时未得其人,则为期不久,公谊私交,均无坚拒之理,只可暂副台命。每届会期,当仍邀约于醴泉君随同入席,除议案及各处应函应牍,由鄙人润饰妥贴外,其读

案检卷之劳,仍以于君任之,当为诸君子所赞同也。专肃布复。敬颂

公祺

杨学沂顿首

公司董事会致夏偕复、盛恩颐函

民国十年十月十一日(1921.10.11)

总、副经理均鉴:

本公司体大事繁,端赖博访周谘,以利进行,而事务所驻在上海,故与江苏实业厅交接之事甚多。兹特聘请江苏实业厅张厅长轶欧为本公司顾问,自十月份起每月致送夫马费一百五十元。除专函敦聘外,相应函达,即希转饬会计所查照。此颂

均绥

董事会启

公司董事会致夏偕复、盛恩颐函

民国十一年一月十七日(1922.1.17)

总、副经理均鉴:

民国十一年一月十四日第一次董事临时会公议:公司历年丰收,至本年财政骤形困难,不知内容者,似极骇怪,实则历届积余用于大冶袁家湖新厂及拨还从前旧债者居大多数。时局关系、铁价关系,明年制铁所销路能有几何,须在总经理赴东磋议以后,目前尚无把握,其为收入与支出不能相抵,已无疑义。整顿之法,除加增收入,减省支出外,实无别法,减省之法不得已从裁员减薪入手,而以本会为之倡,其经理部以下,责成经理破除情面,力任劳怨,汇开清单送会考查。自民国十一年一月份起,孙会长自请每月减支公费二百元,交际费八折支领;夏总经理自请八折减薪;盛副经理自请暂行停支薪水。

自民国十一年二月份起停送夫马单:孙慎钦君、陈安生君、卢鸿沧君、周金箴君、陶兰泉君、庄仲咸君、费云卿君、朱伯房君、陈介庵君。

自民国十一年二月份起夫马按八折减送单:李一琴君、王槐青君、夏爽夫君、傅苔生君、林大闾君、曹履平君、汪幼安君、张铁欧君、张云拮君。

相应专函达知,即希查照办理。此颂

均绥

董事会启

公司董事会致夏偕复、盛恩颐函

民国十二年五月十四日(1923.5.14)

总、副经理均鉴:

接奉孙会长函开:鄙人现在因公即须北上,董会日行事件关系重要,不可一日无人主持,现以会长全权委托李伯行先生代表办理董会一切事务,以后凡遇开会之时,即请伯行先生代表列席。除专函委托,并函知股东联合会外,抄稿函会查照等因。相应抄函布达,即希查照,并转饬各厂矿一体知照为荷。此颂

均绥

董事会启

公司董事会致夏偕复、盛恩颐函

民国十二年五月十五日(1923.5.15)

总、副经理均鉴:

本公司刻值整顿之际,事务较繁,所有原任顾问、调查各员,自应分别裁换,以赴事功。顾问曹履平、张云拮、傅苔生三君,应自五月份起停止夫马,改聘张绍希先生为顾问,月支夫马一百六十元。又,调查员汪幼安君应即改聘为顾问,月支夫马二百元。均自五月份起支。其林剑秋、王槐青、夏爽夫三顾问,虽曾函辞,并未议准,所有夫马仍应照旧支送。除分函知照外,相应函达,即希查照,并转饬会计所知照为荷。此颂

均绥

董事会启

公司董事会致盛重颐①函

民国十二年五月二十一日（1923.5.21）

泮澄先生大鉴：

　　窃自上年先生函辞董席，曾专函挽留，迄尚未荷莅会。董事在沪人少，每届开会时患不足法定人数，议件久搁，殊有关碍。现在股东大会展期，本会同人公议，未开股会以前旧董事当仍负责。务祈先生俯念公司刻值艰难之会，会务关系重要，务请准于每届开会之时莅临会议，并请先行赐复，不胜盼切之至。专此。敬颂

台绥

董事会启

公司董事会致股东联合会函

民国十二年五月二十九日（1923.5.29）

股东联合会公鉴：

　　本会副会长李伯老自民国十年六月辞职后，复于十一年春间登报声明，已将各处董事一概辞退，并近于贵会茶话会时亲自陈明于辞退本会董事后，将个人所有公司股份全行让渡与人。现在孙会长因事入京，托李伯老暂行代表到会议事。兹复一再声称，其董事兼副会长一职辞退业已两年，务请照章以次多数推补，庶足法定人数。本会同人一再讨论，以董事辞退业经两年，久应推补，况非股东则董事根本之资格无存，何从挽留。惟董事乃股东所选，其去留本会未便议决。相应备函奉询贵会，请即核复，以便酌行。此颂

公绥

汉冶萍公司董事会启

---

　　①　盛重颐（1893—1960）：字泮臣，盛宣怀五子。

公司董事会致杨学沂函

民国十二年五月二十九日(1923.5.29)

绥卿先生大鉴:

接奉惠复,敬悉一切。现在股东大会展期,不得不维持现状,诸事胥待整理,较前益为繁难。兹经开会公议,金谓先生任职有年,于公司情形最为熟悉,本会深资倚赖,极盼先生再行复职,勉任艰巨,力顾大局,于公司对内对外均有裨益,同人一致仍前挽留。务祈惠然肯来,不我遐弃,是所盼祷。专此。敬请

台安

惟亮照不备。

董事会公启

公司股东联合会致董事会函

民国十二年五月三十日(1923.5.30)

径复者:

顷奉来函,李伯老坚辞董事及副会长一职,商请核复等因。当即特开会议,金谓以伯老齿德俱尊,对于公司素多擘画,现当艰巨之秋,既经担任代表会长,股东仰望尤殷,董事一职未便任其谦退。且两年以来,在伯老固一再辞职,在董会及股东亦一再挽留,此意想伯老亦当鉴及也。必不得已,或请辞副长,而仍任董事,须使股东稍纾轸念,公司大局幸甚。此复

汉冶萍公司董事会

汉冶萍公司股东联合会启

李经方致公司董事会函

民国十二年六月一日(1923.6.1)

诸公均鉴:

顷奉五月三十日公函,知鄙人辞退董事已久,贵会至今尚未推补,复经

鄙人陈请贵会,则以董事为股东所选,去留当决之股东,函请股东联合会议决。当经复函称,公司现当艰巨之秋,鄙人既经担任代表孙会长,必不得已,或请辞去副会长而仍留董事等因。闻命之下,惶悚莫名。窃念鄙人昔在董会多年,识浅才疏,素餐久愧,嗣以衰庸日甚,益知艰巨难胜,陈情请去。至再至三迭荷挽留,弥深感愧。计离董会倏已两年,兹以公司大局阽危,孙会长京职重要,未克久留,再四恳商,不得已以私人之友谊代表于一时,若语以为谋当忠自责无旁贷,若强以仍复旧职,实非所敢承。况昔为董事,今非股东,曾在联合会自行陈明。今若以局外之人强任以董事之职,于情理似不合,亦法律所不容。他公司未闻有此专条,本公司似不必开此先例。抑鄙人更有进者,用人在事实不在名称,任事在精神不在形式,若但假以董事之名称不问其事实,徒使具董事之形式不必有精神,诸公与众股东又何必取乎此而复一再强之鄙人耶?务请收回成命,使鄙人得专心以尽代表之义务。实深感盼。专复。顺颂

公绥

李经方启

公司董事会致夏偕复、盛恩颐函

民国十二年六月十三日(1923.6.13)

总、副经理均鉴:

　接第四十四号来函,以董事、监察暨顾问夫马、公费,有支送未收者,历登于暂记项下,截至本年五月底止,共计三万五千六百余元,应如何办理,开单函请核示等因。查此项未领夫马、公费久登暂记,殊非正办,凡去职之董事,夫马公费应于本月份一律停止,其已支未领之存款,即分函转告各人,领否听其自酌可也。为此函复,即希查照办理。此颂

均绥

董事会启

夏偕复致公司董事会函

民国十二年十二月二十九日(1923.12.29)

董事会大鉴:

接萍矿李前矿长等函称:民国十年三月十三日,寿铨曾具十二号函,以萍矿同人追念盛前会长开创之功,请将旧总局改作祠宇,设龛像祀,并由同人醵资铸像立碑,以垂久远等情,陈请钧座转请董事会议复遵行。旋奉是年四月七日萍字二十号钧函,业经提请董事会会议,兹奉复开:此案于民国十年四月一日第五次常会提出公议,萍乡煤矿为盛前会长所创办,经营缔造,备极艰难。该矿同人追念前勋,议为建祠铸像,立碑祭祀,具见崇德报功,公道未泯。所请以旧总局楼房改建祠宇,极合体制,应准立案,冀速照行,函复查照饬遵等因,相应复请查照等因。奉此,当即遵行,适值军事发生,连年苦兵,继以工潮,又值公司困难,对内对外,刻无宁晷,因之稽延,殊深歉疚。本年九月间,湘事稍定,即饬赶紧开工,至上月底改建祠宇,铸像设龛,业已促成,寿铨、修泰谨率本矿同人工人,于本月十六日全体公祭如仪,庶稍酬盛前会长开创之功,亦聊尽合矿全体追念之微忱也。惟匆促,碑文未制,容俟后日刊石。至此项用款全系同人工人醵资,合并声明,即请转陈董会备案等语。理合据情转报,恳请鉴核备案。至为感祷。肃颂
公绥

总经理　夏偕复

公司董事会致傅宗耀函

民国十三年十二月六日(1924.12.6)

筱庵副会长大鉴:

奉到示函,力辞副会长之职,昨开临时会议复聆临席面辞,一再谦让,具征冲德虚怀,同为佩仰。惟公议以先生长才干练,硕画精详,在公司宣力有年,熟悉情形,一切正资筹布,此届推举副会长,洵为公允,且业经报部立案,亦未便更易,况今公司正值艰难,尤赖远谟宏济。兹仍公恳俯允,勉为

担任,实庆得人。用特具函申请台端实行任职,公司幸甚,同人幸甚。专此奉复。敬颂

台祺

　　即希荃照。

董事会公启

孙宝琦致公司董事会函

民国十四年六月十四日(1925.6.14)

董事会诸位先生均鉴:

　　顷晤高木陆郎,据云:在沪时李伯老曾托其代公司妥筹补救良策,兹条陈改革公司草案,所举致病之由七端,语均中肯。拟以谋减轻或免除利息及官利为理财主要宗旨;其次则督催冶厂竣工,巩固基础;增加铣铁及煤焦产额,以减轻成本;裁汰冗员,取消伦敦及东京事务所,以节省糜费;将总经理处移驻汉口,便于监督各厂矿;重用顾问,俾充分发挥能力等,以为整理内部之急务。所见甚为周密,倘能次第施行,未始非挽救公司良策,舍此似别无维持方法。相应将原条陈随函寄请查核,采纳实行,以冀补救于万一。公司现在情状,实属千钧一发之时,非切实改革整顿,不能图存,幸勿畏难苟安,是为盼祷。高木已离公司,今所计画,具见忠于为谋,诚可嘉尚。弟已函谢之,似宜由董会再致一函,毋拂其意是幸。专此。即颂

日祺

孙宝琦启

[附件]　高木条陈公司改革案

　　兹就公司改革案陈述卑见如左:

　　凡事业之衰微不振,其所由来常必有自,犹如人之病也。其因匪自朝夕,盖必远种于未病之前。近年公司事业日形萧涩,考其原因不一而足,虽世界潮流不无关系,而公司于健全时代,每多滥费血本,实为致病之源。以视荡子,沉湎安逸,戕害寿命于不自觉,及精神日敝,终罹重疾,不克自振,

有深同慨者矣。

是故治之之道,端赖名医之施救得宜,与病者之调摄有方也。且幸公司环境空气尚佳,倘能遵守名医之言,善自调摄,则前途浩荡正无涯矣。夫犹少壮丈夫,筋力本足,不须臾,吾信其必能恢复精气,而为国家有用之才也。

吾辈岂敢自命为名医,惟当公司呱呱之声,坠于摇篮时代,已知其体质之为如何者,是以吾辈观察所及,或足以资疗冶参考。凡名医之治病也,要以不变其体之原状为主旨,但遇如癌或结核性之症候时,又必常注精会神,疗其患处,至不得已,或施宰割,以绝病根,及病去之后,再徐加滋养,以图复其元气。

虽然病者若无受宰割之勇敢与决断,则无论如何名医,亦将束手,无由施其策矣。势必至病日益剧,终成不治,置有用之材于死地,良足惜也。

兹将最近四年间,该公司决算表所列损失之额,摘录如左:

民国九年度损失 1 279 588.44 元。

民国十年度损失 511 835.03 元。

民国十一年度损失 3 666 876.36 元。

民国十二年度损失 2 952 609.86 元。

合计 8 410 909.69 元。

由是观之,四年间之损失,竟达八百四十一万余元之多。吾辈对于决算内容之如何,虽未之识,但如不动产及存货价格之低落,若加以缜密计算,则损失之额或在前列数目以上,亦未可知也。

夫一千七百五十余万元之资本,损失八百四十一万余元,为数不可谓不巨。循此以往,不几年则资本全部必至于荡尽无遗。根本破坏,将何以立? 今日公司之状态,大似严冬大寒,百病并发,宜研究根源,早图医治,及一阳来复,尚可望其转机,否则,因循自误,必至于不可救药。所谓一失足成千古恨,悔将莫及矣。

今公司致病之由,极其复杂,兹特举其荦荦大者七项如左:

一、革命之后,战乱频仍,交通阻梗,公司营业,痛受打击。

二、民国三年谋设大冶熔矿炉,借款从事建筑,今垂十年,未见完成,此中损失不赀,且失欧战之绝好机会。

三、借款利息及官利之担负太重。

四、事多冗员,人多冗费,众心驰怠。

五、萍乡煤矿之经营不得其宜。

六、工场经营失宜,制品成本太重,市场竞争难得胜利。

七、产出矿石原价太昂,且不善贩卖,得利至微。

前列各项,其第一原因之频年动乱,可云为不可抗力之事,诚属堪恨。幸贵国政情,将次安定,纷扰之态,渐趋平静,今后想不至再有因此而受损失之事也。

第二原因大冶熔矿炉工程迟缓,致失欧战绝好机会,实为可惜。但时至今日,除有督促其早日完成,别无可说。而第六、第七之制品及产矿原价太昂之故,亦由一、二、三、四、五各种原因所致。公司今日之病源,即归因于此数项,无不可也。吾人今要穷其病源,而求所以补救改良之策。

人之病也,初必重其本,勿使稍亏,静心医治,及病根去净,再加补养,谋复元气。今公司受病方深,不宜即施补养,若强行之,亦只徒有虚靡,无益也。故鄙意,以改革整顿内部为当务之急,俟一切弊病净除,再出积极方针,以图发展,最为计之得。

兹本消极方针拟定一案如左:

一、利息

最近四年间公司支出之利息如左:

单位:元

年度	长期借款利息	短期借款利息	小计
民国九年度	1 103 520.86	585 290.52	1 688 811.38
民国十年度	1 840 834.19	526 074.18	2 366 908.37
民国十一年度	2 006 748.75	705 408.05	2 712 156.80
民国十二年度	1 609 105.09	564 715.44	2 173 820.53
合　计	6 560 208.98	2 381 488.19	8 941 697.08
一年平均	1 640 052.22	595 372.05	2 235 424.27

　　按前表长期借款利息,因对日汇兑关系,每年支出额虽有不同,但平均计算之,则一年支出利息实达一百六十四万余元,又短期借款利息,一年平均为五十九万五千余元,若加最近成立之八百五十万圆借款利息而计算之时,则今后公司每年应付之息,只长期借款即需二百万元左右,再加短期借款,统计约达二百六七十万元,以公司一千七百五十余万元之资本而比例之,约合一成六分之谱。循此以往,不事整顿,则只付利息亦必将公司资本举而空之,所负不亦过重乎? 加之公司资本,有支付年息八厘官利之规定,并借款利息亦统归各制产品担负,据十二年度决算报告,各厂负担之重实属可惊。兹特录如次:

利息负担额:

汉阳厂　　　1 515 203.90 元;

大冶厂　　　887 079.67 元;

大冶矿山　　699 499.69 元;

萍乡煤矿　　874 433.64 元;

运输课　　　244 745.83 元;

石灰山　　　256.16 元;

合　计　　　4 220 168.84 元。

上列利息负担额,悉课之于公司制产品,兹计其每吨应负之数如左:

单位:元

厂名	品名	出产额(吨)	原价(元)	每吨平均价格(元)	负担利息额(元)	每吨利息负担额(元)	对于原价之利息比例
汉阳厂	铣铁	73 725	4 861 096.85	57.01	1 514 203.30	20.53	36%
大冶厂	铣铁	86 144	3 997 307.79	46.40	887 079.69	10.30	22%
大冶铁矿	铁矿	486 641	1 597 304.96	3.28	699 499.69	1.44	44%
萍乡煤矿	煤	666 739	3 753 743.38	5.63			
	土法黑煤	86 419	1 372 336.00	15.88	874 433.64	1.01	
	新式黑煤	112 871	1 795 783.59	15.91			

按前表,汉厂铣铁每吨负担率,计合百分之三十六(36％),以比冶厂之百分之二十二(22％),尤足以见其所负之重,此虽因现在停工中之汉阳制钢厂应付之官利,亦划归汉厂铣铁担负之故,但大冶矿石之原价负担率,竟为百分之四十四(44％)。总而言之,公司负息过重,已无可讳,以视敝国制铁所利息负担率,轻者百分之三(3％),重者百分之十三(13％),相差奚啻天壤哉。于此情势之下,而欲与人争胜于商场,其可得乎?

(近闻官利低减至二厘,此诚可喜之事,是前列数字亦要更改,惟只此尚未足以救公司于危急也。)

公司所以陷于今日之穷境者,虽有种种原因,而金利之累,尤为其致病之由也。是以救之之道,在于讲求减轻负担之方法。借人之款,而付利息,固为当然义务。但公司与今日之日本借款,其间含有深邃之关系,非普通借款所可同年而语也。

现公司之于日本借款,其关系之密接,有如车之于轮,盖不可须臾离;又如夫妇,一方有病,他方绝不能安然坐视而不救,且必不辞劳瘁,不惜牺牲,以求恢复病者之健康。今公司困穷极矣,若对日借款求轻利率,亦事理之当然也。

窃思公司出资者之股东,与日本借款,为将来事业发展计,则今日能将权利义务平均分担,合而共作,乃为至当。明治四十五年盛宫保与正金银行所订结之日支合办草约,果能于今日实现之,在公司固为得策,无如公然声明合办,而今尚非其时。故为便宜计,先就内部谋事实上合办之实行,可也。即将借款视作公司资本,其利率亦照官利规定,如官利年息二厘,则借款利率亦为年息二厘也。

又若官利废除,则借款利息亦应废除。惟废除利息之事,日本方面似难首肯,但公司日后如得相当纯利之时,能允将其纯利分割几成以为报酬,或以为铣铁及矿石价款之回扣,交付日本,又能实行重用现在所雇聘之顾问,则今日利率之减半或免除,而日本方面未始不可通融。此中曲折,端视当局者之努力如何,至其实现亦非至难之事。

如斯则长期利率减半,一年约可省一百万元,若免除,则一年所省必当不下二百万元也。

　　然而日本方面对于利息之减半或免除,觉有为难不能应允之时,则将上述利益分配之条件,要求制铁所增加所交付铣铁及矿石之价格,亦一法也。假定铣铁每吨加价三元,矿石每吨一元,则公司一年所得增收之数如左:

　　铣铁一年交付额二十万吨,每吨加价三元,六十万元。

　　矿石一年交付额三十五万吨,每吨加价一元,三十五万元。

　　合计九十五万元。

　　是九十五万元之增收,约得补将来应付长期借款利息之半额,若再增加起价之分数,视所增若干,公司即得若干之增收也。此项要求虽非必不可能之事,惟在制铁所一举而加价至于如此之多,难免有影响及于他种购买品之价格之虑,于达到目的之前,必有种种障碍,不难想见。鄙意无如先以要求减轻利率为前提,亦实救济公司之捷径也。

　　夫对资金征收官利,虽为贵国之风习,但必于事业发达、财政富裕之时为之,穷苦如今日,若必强其为此,是愈使事业沦于困境,永无振起之望,果于此时能举官利而废除之,则岂惟公司之福,且足以垂范后人,所裨益于贵国者,宁浅鲜哉。

　　贵国人经营之事业,比外国人经营之事业,每形逊色者,分配官利之风习,其一因也。贵国事业之成败,虽云在于官利之撤废与否,亦无不可。至官利撤废,将来事业日益发达之时,对于所有物品,能并筹折旧准备,则其所存终为股东资产,是于股东利益既丝毫无损,而事业前途复可藉以转危为安,其为拥护股东之利益,至属昭明而显著,固勿庸仆之喋喋为也。

　　长期借款利息及官利,果得减轻或免除时,则虽萧条如今日,犹获维持,俟将来冶厂改良工程完竣,则公司基础,不久必臻巩固,即措前途于泰山之安,想亦不难也。

　　若对短期借款债权者,亦得以上述同一之条件,要求其免除或减轻时,则公司之恢复,必尤见其速矣,愿熟虑之。

二、节减经费

战后冗员虽经淘汰，但今尚有裁减之余地，若加切实调查，想可省之冗费，亦必不少。兹宜排情感，以人才为本位，其能者留之，其不能者去之，振起社员办事之精神，改善公司内部之风气，是固不仅得减轻经费而已，且办事能率亦必增大，无形之中裨益于公司者，必匪鲜也。

又为谋经费节省、办事敏捷起见，有将东京及伦敦之派出所裁撤，及将本店移设汉口之必要。

今上海本店与工场及矿山相隔数百里，甚至千余里，其间既无汽车，又无长途电话，往返之间，近者三日，远者每需十余日，交通间阻，不惟耗时，亦且糜费。

再从公司统治上观之，亦有鞭长莫及之慨，其不便为何如也，且制造公司罕有设本店于如此远隔之地者，宜即速移设汉口。盖本店移设汉口，不特使用人、邮费、旅费得以裁省，即近工场，监督周到，亦足以振起办事精神，增大能率，有形无形两受其益，利莫大焉。

上海只设商务科，兼管金融之机关，惟现在董事多数皆住上海，则董事会仍可不动，其每次开会总经理由汉口来沪可耳。

东京及伦敦派出所撤废之后，约可省经费五万元，又移设本店于汉口，至少亦可省十万元，共计可省经费约十五万元。

三、萍乡煤矿

萍乡煤矿以内乱、劳动问题等之关系，致出产运输均受影响，预定收益亦难如愿以偿，诚可恨也。劳动问题事至复杂，内容如何，久无注意，兹更不事批评。惟当局若能优为爱抚，使干练者统率得宜，则此问题不久必能解决。欧战平定后，欧美及日本各国劳资争议之风甚盛，而今已将次平息，是中国劳资之纠纷，其自然的解决之时期亦当匪远也。

十二年前，萍乡每日平均可采二千四百吨，一年约八十七万吨，以比资额，终嫌太少，今宜聘用才识卓越之技师，谋增产额，倘能比现所采掘者，多增三成，则每日平均可采三千二百吨，一年为一百二十万吨，每吨利益平均假定一元，则为一百二十万元，若一切经常费，皆能节省，则以萍乡一千一百万元之资本比较计算之,年欲得一成以上之利益,固非难事也。

注:日本煤矿,其在山原价约合日金八圆,萍乡煤矿则只合五元三角三仙,决不得谓为高价,以售市场,约当可获二元之利益,兹因估其最少限度,故只以一元计算之。

四、出产品原价及贩卖

兹因制品成本太重,贩卖未得其法之故,致所有收益,皆不得如愿以偿,是不能不为公司惜也。

如前"一"项所述,十二年度公司铣铁之原价:

厂名	铣铁平均每吨原价	铣铁每吨负担利息	实在原价
汉厂	57.01 元	20.53 元	36.48 元
冶厂	46.40 元	10.30 元	36.10 元

其交付八幡制铁所者,铣铁每吨计洋三十二元(本年交付八幡每吨计日金四十圆,汇兑行市假定八〇,计合银三十二元),以此与实在原价相比,每吨计尚亏四元,若比平均原价,则所损尤不堪问矣。今为公司计,则莫如讲求善策,谋增铣铁产额,使其原价能低至三十元以下也。

现冶厂改良工程正在进行中,其落成之日,制品原价能低至于理想之程度,既无疑义,则宜督励当局,促其早日报竣。至铣铁原价,每吨若能低至三十元,则对贵国国内五万吨之贩卖量,每吨以十五元计,当可得七十五万元以上之收益。不止此也,且可进而将极东印度铣铁之贩路取而代之,为彼此两国计,均至有裨益,固不待言。

十二年度大冶铁矿之采掘原价:

每吨平均价格三.二八元,利息一.四〇元,实在原价一.八八元。

本年交付八幡制铁所之价格每吨计洋三元零四仙(每吨日金三圆八十钱,汇兑行市八〇,计合洋三元零四仙),以此相比,每吨亏损二十四仙,但利息负担若得减轻,则不难收获相当利益,故如"一"项所述之谋减轻利息担负之事,诚为当务之急者也。

铣铁及矿石贩卖之方法,在公司现行制度,虽无不满之处,惟与最大需要地之敝国需要家暨最高干部之联络,尚多隔阂。征之过去,事实昭彰,故将来对于此点,不可不稍为留意,向使选任得人,则今后成绩必有可观。

要之,本案以谋减轻或免除利息与官利为主要宗旨;其次则在于开发增加铣铁及煤炭之产额,以轻成本;其次汰冗员,重用人才,以振刷社员办事之精神,是也。夫增加铣铁及煤炭之产额,以减轻成本,已有专门家为当其冲,细微之点,固无须我辈详述。惟兹有一言,不能不为当局告者,即彼等顾问,将来应加重用,关于技术及内部之整理,俾得充分发挥其能力,此节实为今之急务焉。

按本案计画,其贩卖利益与经费负担,所可望以增进节省者,兹特综合统算之如左:

(一)利息及官利之减轻或全部免除之数

2 000 000 元乃至 4 000 000 元

(二)经常费节减额 150 000 元

(三)萍乡石炭利益 1 200 000 元

(四)铣铁国内贩卖利益 750 000 元

铣铁矿石国外贩卖利益 1 000 000 元

合计 5 100 000 元乃至 7 100 000 元

按上列计实可腾出 5 100 000 元乃至 7 100 000 元,以与十二年度之收支决算对照,计该年度损失 2 950 000 元,约可得 4 150 000 元乃至 2 150 000元之利益。今资本总额约为 55 000 000 元,则是年可得三分九毫乃至七分五毫之红利。际兹铁业界景况萧条达于极点之今日,而此三厘九毫乃至七厘五毫之红利分配率,不为鲜少也。

一切情形如上所述,倘能再从而讲究节减各项支出之方策计画,增加出产之数量,则公司积年之大患可去,而基础亦必日臻巩固矣。此事端赖董事诸贤之英断,俾得实行有日,于仆有厚望焉。

一、积极案

前案可称为消极案,因公司必先实行消极案,俾内部整顿完善之后,再行筹施积极案,方为稳妥。所谓积极案者:

(一)设焦炭制造所于汉口或汉阳,将副产物完全收取,又利用散放于空中之煤汽(瓦斯)设大发电所,供电于武汉,以减轻焦炭成本之负担。

(二)熔矿炉以最新式之设备,由炉直接制钢,设置辗转机(Rolling machine)减轻钢制品之成本,防遏外国进口货,俟事业大定,可更进而谋输出之发展也。

上述两项之外,应积极改良之点尚多,惟先将前案实行之后,再与技术家共图积极的改良具体办法,犹未晚也。

若此改良案果实有充分收益之希望,且由可靠之人物而经营之时,则对于其所要资金之筹措,不虞无办法也。

公司董事会致孙宝琦函

民国十四年七月十七日(1925.7.17)

慕公会长阁下:

两奉京字第六十二、六十四号来函,一是祗悉。

高木条陈改革公司草案,同人详加阅核,确有可采之处,其所陈整顿各节内,有本公司业已如法办过者,有正在筹备进行者,有早拟筹办,而因无款一时尚难见诸事实者,有早经提议,而因格于事势未能实行者。兹分晰为我会长详陈之。

查伦敦事务所,早于民国十二年底即经裁撤。东京事务所亦于本年四月议准归并于大阪出张所,裁人减薪,正与高木所见不谋而合。冶厂工程,自借款定议,即已筹备进行,惟因焦煤不能充分接济,所以出铁尚难加增。萍矿腐败已极,早思整顿,而发清欠饷需款甚巨,急切难筹,加以路运难恃,只得暂时稍缓办理。经理处移汉一节,民国四五年间,即已提议数次,股东联合会鉴于从前集权于汉,百弊丛生,甚不赞成;且本公司调度银钱、出售货料,一切既须在沪办理,而厂矿地点又多在鄂境,时有与鄂省官绅交涉之事,厂矿处于势力范围之下,已感困难,若经理处再移驻汉口,遇事更无回旋之余地,所以屡次提议,未能实行。现在时事日非,更难递议及此。此外,如商减债息,重用顾问各节,关系重大,必须我方特派专员前去商议,断非一纸函电所能成功。再四筹议,拟请会长转嘱高木于出京路过上海之时,到公司与诸董事一谈,俾可详切面询,从长计议,再行斟酌办理。

除遵嘱先行专函复谢高木并将条陈转行经理处外,合肃奉复,敬祈鉴察。此颂

勋绥

董事会谨启

公司董事会致孙宝琦函

民国十四年十月十五日(1925.10.15)

慕公会长阁下:

昨奉尊函,以现在被任为苏联大使,函辞会长之职等因。当经本会于十月十三日特开临时会议,佥以自民国四年以来,公司一切重大事件均仗会长毅力主持,始能宏此远谟。兹当公司事情紧要,尤赖名贤硕画,策励进行。同人当场一致挽留,仍前遥领,由李伯老代表列席,股东联合会亦来函谆切挽留。虽蒙会长面允担任名义,仍辞夫马公费。复经公同核议,本公司嗣后一切重大事件仍须秉承会长主持,所有夫马公费仍照旧例支送。除函经理转知会计所照办外,合抄是日议案及股东联合会来函奉复,敬祈会长俯允公议,弗再执谦,并请于大驾临行前仍函请李伯老照旧代表为盼。专此。复颂

勋安

董事会谨启

季厚垫致夏偕复、盛恩颐函

民国十五年五月二十日(1926.5.20)

总、副经理钧鉴:

案查民国十三年请将冶矿废铁售价八千余元为盛前会长创办实业建造纪念碑,并设立专祠以隆享祀等情,业奉钧函批准转陈董会备案等因在案。所建专祠,系将铁山矿局地址拆卸重造,上年秋间尚未完工,钧座莅冶,先行开幕,一切装修至阴历年底方始告竣。兹查建造纪念碑用款洋二

千四百五十元零六角六分,建造祠堂用款洋一万一千一百零六元零三分,又钱八十一千文,除支用奉准之冶矿废铁价本利洋九千八百十元零六角九分外,尚不敷洋三千七百四十六元,钱八十一千文,已在冶矿续售废铁价内开支,并未动用公司正款,除造具册报送请稽核会计处存查外,理合陈报,伏祈迅赐核准,以便祗遵,厚堃亦得了此心愿,是所至祷,并拟由地方绅民呈请县署转详省长。

盛前会长功德在民,礼隆崇报,饬行立案,以垂不朽。至祠堂岁修及春秋祭祀奉祀人员祀役辛工等费,拟由冶矿经费项下每年提钱二千串文为盛前会长祠堂经费,作正开支,永为定例。是否有当,伏求俯赐裁夺,批示遵行,并祈据情转陈董会备案,实为公便。专肃。恭叩
钧安

季厚堃谨启

孙宝琦致公司董事会快邮代电
民国十八年三月十八日(1929.3.18)

上海四川路汉冶萍公司董事会诸君均鉴:忆自民国四年宝琦被选为董事,互推为董事长,迭次改选均邀留任,受众股东之付托,时深悚惕。十余年来,公司始而计画大冶新厂,暨改良一切工程,缔造经营,不遗余力。冶厂告成,满望出铁日多,公司得以发展,不意五六年来萍矿为共党所把持,兼以受军事影响,化铁炉因而停工,大受损失。去年统一告成,方幸逐渐恢复工作,而目下又有战事发生,一切又将停顿。公司备尝艰险,竭力维持,内无以对股东之付托,又无以解局外之讥评,辗转筹思,焦忧无措。宝琦年逾六旬,精力日衰,本非实业之才,更乏回天之力。日前因事回里,卧病居乡,智虑日短,不耐烦劳,断不足与诸君赞画良谟,惟有陈请辞去董事长、董事之职,以免愆尤,自本年四月一日起不负责任。所望诸君协力同心,共支危局,总经理躬膺重任,尤应振刷精神,负责进行,曷胜跂祷。专此电陈,诸希鉴察。孙宝琦。啸。

公司董事会致盛恩颐、潘澜芬函

民国十八年九月五日(1929.9.5)

总、副经理均鉴：

　　李一琴先生现已作古，其生前对于公司创造改良，备尝艰苦，颇著功劳，本会同人追念前功，允宜从优致赙。昨经会商，应由本公司致送赙仪一千元，并备具祭幛祭席，于其开吊之日同往公祭，以表崇敬。除俟下次董事开会补行通过外，合先函知，即希转饬会计所先行照数支付为荷。此颂
均绥

董事会启

公司董事会致盛恩颐、潘澜芬函

民国十九年二月十四日(1930.2.14)

总、副经理均鉴：

　　民国十九年二月十二日，第二次董事临时会，会长提议，现在公司经济困难，自应实行减政，鄙人夫马费滥支多年，殊深惭疚，自本年三月份起停止，稍资节省，请公决。当经公议，会长谦德，自当曲从，应即函请经理转饬会计所暂时停送云云，相应录案奉达，即请查照转饬会计所遵照为荷。
顺颂
均绥

董事会启

盛恩颐致黄金涛、赵时骧电

民国二十年二月六日(1931.2.6)

　　汉阳铁厂黄代厂长、大冶厂矿赵厂矿长：董会孙会长于三日仙逝，六日大殓。特闻。转运处希转知。恩。微。

井上致盛恩颐函

昭和六年二月十日(1931.2.10)

汉冶萍公司总经理盛恩颐先生台鉴:

　　顷闻贵公司董事会会长孙宝琦先生遽归道山,不胜哀悼之至。回忆孙公于民国二年出任外交总长,旋又历任国务总理、财政总长,尽瘁国家,勋猷懋著。自民四就任贵公司董事会会长以来,对贵公司经营又莫不擘画周详,他若关于贵公司借款,其得孙公臂助之处,尤不可枚举,功绩昭卓,中外同钦。今忽噩耗传来,痛惜曷胜,谨修寸素,恭致吊忱。顺候

筹安

　　余惟荃照不宣。

大藏大臣　井上准之助

公司董事会致盛恩颐、潘灏芬函

民国二十年六月十九日(1931.6.19)

总、副经理均鉴:

　　民国二十年六月十五日第四次董事常会公议,孙会长自民国四年就任本会会长以来,总持全局,擘画周详,公司至今得以维持于不敝者,皆会长宏济之力。方深倚赖,遽尔仙游,同人等痛悼之余,佥以会长对于公司劳苦功高,本公司应谨致赙洋五万元,治丧费洋一万元,并附祀盛公祠,以昭崇德报功之意,即函致经理照办云云。相应录案奉达,至希查照办理为荷。

顺颂

均绥

董事会启

（二）总稽核处

公司董事会致顾润章[①]函

民国五年二月二十九日（1916.2.29）

咏铨总稽核执事：

启者，汉冶萍公司两厂两矿为四大机关，各收支均归会计所所辖，各稽核无所归束，每年结帐，但凭月总，而预算决算均不可靠。上年陇海轨价交货在先而收款在后，致生交涉；萍乡添人无数，毫无稽考，皆因综理无人，多形失败。现在亟需设立总稽核处，派员专管，以一事权。执事历办各公司事务，任劳任怨，堪以试办。特以专函委任，即请在于上海总事务所设立总稽核处，每日到局，会督诸人，认真办理，并遴选赵步郊为正帐席，顾仙舟为副帐席，此外应用司事人等，均由执事遴选试用，切勿徇情。董事杨绶卿君，商务王阁臣君，会计金矧蕃君，秘书包子如君，皆当随时会商办理，以免隔阂。翻译赵炳生君，书记于醴泉君、金子实君，每日须该处帮同办事。各处报单皆须细心斟酌，修改妥当，矿石、煤焦、钢铁价值成本，须求实在，各处用人员额、薪额均须厂长矿长开单，请由董事会核定，以后增减，临时商酌。该处自本年一月起，按月造送月报，暂时可照招商局帐目变通试办，将来再改洋式，免再压搁。开办伊始，头绪纷繁，均由执事随时拟办，务期精益求精，蒸蒸日上，是所厚望。此颂

筹祉

汉冶萍公司董事会谨启

---

① 顾润章(1871—?)：字咏铨，江苏武进（今常州）人。盛宣怀外甥。时任公司总稽核处总稽核。

公司董事会致吴健等函

民国五年五月六日(1916.5.6)

任之仁兄厂长,介甫、华燕仁兄先生,镜澄、绍三仁兄先生鉴:

径启者,本公司厂矿运道跨连三省,事务殷繁,出入动关巨款,自应综核有人,庶免散漫隔阂之敝。业经本会议决,就上海总事务所设总稽核处,委任顾咏铨君主任其事,已于三月五日成立,厂矿关于款目报告、本公司表册,请从本年一月份起,各多备一份,径寄总稽核处,以凭查核。至现用表册,如有应行增减期于完密者,亦由尊处径函接洽,俾可互相研究而利进行。用特通告,即希查照为盼。此致。即颂

台祺

董事会启

公司董事会致赵兴昌函

民国七年八月十七日(1918.8.17)

炳生先生大鉴:

本公司总稽核处顾咏铨君现在病故,所遗总稽核一席关系重要,未便虚悬,应即委任执事暂行兼代,自本月份起每月支送兼代总稽核薪水一百元。至执事原兼会计所长一席,应即开去,即由金荄蕃君一人代理,以专责成。除分致外,相应专函委托,即希查照,妥为办理。顺颂

台祺

董事会启

公司董事会致夏偕复、盛恩颐函

民国七年十月二日(1918.10.2)

总、副经理均鉴:

本公司总稽核处兼代总稽核赵炳生君现在调任会计所副所长,所遗总稽核一席,昨经本会公议,应即以副稽核盛莱苏君升补,其递遗之副稽核,

查有庞仲雅君堪以委任。自本年十月份起每月支给盛君薪水二百八十元，庞君薪水二百元。除分函委任外，相应函知，即希查照。顺颂

公绥

董事会启

盛善怀①、庞钟璘致夏偕复函

民国九年四月二十日（1920.4.20）

经理钧鉴：

奉第十三号函开：查总稽核处之设，原为监督财政用途，举凡营业收入以及各项支出款目，无论巨细，必先经该处审核，并赋予准驳之权，盖所以慎重度支，亦即以预防流弊。乃查该处自成立以来，仅于各厂矿钢铁煤焦统计列表，转于应行职务有所抛弃，殊乖本旨，亟应改良。应自四月起该处实行稽核，所有本总事务所收支各款均应先具凭单送经该处稽核盖章后方能收付，如有疑点，准由该处声明理由驳复，以昭严密。其该处现办之统计各表一概划归会计所统计股办理，俾分权限而副名实。除函商务、会计两所查照外，相应函达，其应如何改组及与商务、会计两所应有手续，希即会商该两所悉心厘定，会同具复，以凭核定饬遵等因。

溯查敝处成立在民国五年三月，其时会计所虽有统计名目，并无统计成绩，所有各厂矿钢铁煤焦石及银钱出入漫无稽考，奉盛前会长函谕，汉冶萍公司两厂两矿为四大机关，各收支均归会计所所辖，每年结帐但凭月总，而预算决算均不可靠，陇海轨价交货在先而收款在后，致生交涉，萍矿添人无算，皆因综核无人，多形失败，亟需设立总稽核处，派员专管，以一事权，所有各处报单皆须细心斟酌，矿石、钢铁、煤焦价值成本须求实在，按月造报等因。此敝处办理各表之原始也。

迨六年十二月董会颁行钧处核准之稽核处试行章程，亦仅对于各厂矿而言，于敝处职务并无规定，其时会计所正在筹备改良簿记，头绪纷繁，亦

---

① 盛善怀（1889—1925）：字莱苏，盛宣怀之弟。时任公司总稽核处总稽核。

不暇及此。善怀等接办以来,率由旧章未敢妄事变更,钧示谓于稽核职务反有抛弃,训责周至,惭悚莫名。兹奉明示,自四月起本总事务所收支各款均应先具凭单送经敝处稽核盖章后方能收付,如有疑点,准即声明理由驳复,其现办之各表一概划归会计所统计股办理,仰见钧处循名复实慎重财政之至意,曷胜钦服。谨拟具章程二十一条,收款支款凭单格式各一纸陈请钧览,是否有当,伏候核示祗遵。至现办各表,除薪水总表奉谕仍归敝处接续造报外,其移归统计股各表及截止年月另单录陈,统祈鉴核。除陈明董事会外,敬请

勋安

总稽核　盛善怀

副稽核　庞钟璘

公司董事会致总稽核处函

民国九年五月三十日(1920.5.30)

总、副稽核均鉴:

前据总、副经理函请将总稽核处改组,实行稽核银钱收支,当经本会于本年四月一日第七次常会议准。兹叠接来函,拟具章程二十一条,请自六月一日为实行之期。并据总、副经理以先行厘订章程,定期试办,如无窒碍,再行陈候董会通过各等语,函由本会秘书处转陈前来。应即准如所请,自六月一日起先行试办,为此函复,即希查照,认真办理为要。此颂

台祺

董事会启

[附件]　总稽核处试行章程

一、总稽核处秉承董事会暨经理,所有公司全部出纳款项、采办物料、售销货品,均有稽察之权。

一、总稽核处审核各处动支,须根据核定预算,如有超过定额或不正当之动支,均有驳还之权。

一、总事务所各机关除董事会外，凡有支款必须开具凭单，详注用途，送由总稽核处核准后方得向会计所支付，会计所自己支款亦同。

一、商务所采办各项物料如有定单合同，均须备一副张送总稽核处查核。

一、商务所动支购物款项，必须将商号发票粘附于支款凭单，由总稽核处查明实在，方可将凭单核发。

一、商务所售销货品，每日须将所销之货名及价值开列清表，送总稽核处查核。

一、沪栈堆存及收发之货，每日须填列清表，送总稽核处查核。

一、沪栈栈租扛力，须将租户租期上下转货每月填列清表送总稽核处查核。

一、转运处代客运货，每次所运货名及应收水脚须填列清表，送总稽核处查核。

一、转运处经运本公司之货品材料，每次所运货名及应收应付水脚，均须填列清表，送总稽核处查核。

一、各机关进退员司，奉经理核准后应由文牍课填写知照单，知照总稽核处。

一、会计所本日收款清单、本日付款清单、逐日银钱流水报告单，应按日照填一份送总稽核处查核。

一、会计所按月致送夫马费及发给薪水，须先一日填列夫马薪水单，送由总稽核处核准盖章后再行分别致送。

一、会计所兑换金银洋元，每次须填列清表送总稽核处查核。

一、会计所按月初旬应将上月决算帐略送交总稽核处查核，加盖印章。

一、各机关应用物品，须填购物单，送由总稽核处核准盖章后再送商务所照购。

一、经理处应用物品及开支交际等费，均归庶务处填具凭单，送由总稽核处加盖印章，再行领取。

一、总稽核处对于核准盖章之凭单，应负完全责任。

一、总稽核处应按月将经办事务陈报董事会暨经理查阅。

一、本章程自　年　月　日实行。

一、本章程如有未尽合宜之处,得由总稽核处陈请修正之。

盛恩颐致黄锡赓、舒修泰函

民国十三年一月二十四日(1924.1.24)

径启者:

查稽核之设,对于收支部分,处于对恃地位,原为监督用途,以防冒滥。前以各厂矿支款,多不遵照定章,擅自支付,业于上年三月间通函告诫在案,各厂矿均已遵行无误,独萍矿一处犹阳奉阴违,合再专函申儆。同人服务有年,对于公司应有休戚与共之观念,当此盘错之时,筹款艰难,众所深悉,则用途自应节慎,力戒虚糜。嗣后会计处支款,无论巨细,务须遵章出具正式凭单,先由稽核处核准盖章,方准照付,稽核处亦应详慎审查,破除瞻徇,以符互相钤制之义。如再有手续不完,擅自支付者,一经查出,无论所用是否正当,均责成会计处长赔偿。矿长亦不得辞失察之咎,以杜流弊而儆效尤。即希查照,分行稽核会计两处遵照办理,仍将函到日期并遵办情形具复备核是盼。此致

萍矿黄矿长、舒副矿长

兼代总经理

(三) 经理处

孙宝琦致公司董事会函

民国五年五月十四日(1916.5.14)

敬启者:

补公逝世,亲旧同悲。公司事断续存亡,惟诸君子是赖。宝琦素罕经验,愧难裨补,矧以职务羁身,未克远来视事,尤为歉疚。前奉惠电促行,当

即面呈主座,请假未允,然琦久已敝屣冠冕,必当达其目的,冀得早日南来,与诸君商榷一是,共图进行。迭接汉阳、安源函电,咸盼李一琴先生再出任事。一琴诚矸轮老手,且对付东邻较易接洽,免致掣肘。去夏补公病中曾有此议,展老当尚记忆。事关大局,但求于公司有益,我辈岂敢稍存意见。用特将函电三件抄呈,请诸君开会议决,并祈预与泮臣世兄接洽,嘱其密达补公夫人,先得同意,庶可周妥。专此奉布。敬颂

均安

孙宝琦启

[附件一]　吴健致孙宝琦函

会长钧鉴:

窃本公司自补公厌世后,所有各重要事件,迄今尚无人赓续主持。万一日人以债权所在,藉此出而干涉,不得谓非我特予以有可乘之机也。杞忧曷极,因思当今负资望而才猷足以对外服内媲美补公者,厥惟我公,惜邸下服官兼领公司职务,致未克分身常川任事,倘承垂念我国重大实业,仅此汉冶萍厂矿,今补公已去,责无旁贷,毅然上书辞职,敝屣财政总长之尊荣,专谋煤铁事业,公司得以维持不敝,俾觇国者返报谓我中华固自有人物也,岂不幸甚? 健因关怀公司大局之切,贡此狂瞽之言,惟冀采纳。如以时局日急,我公未便遽尔洁身引退,则似急行责任总经理,庶有以对付日人,而各厂矿事亦有所归宿。惟此席实至难其人,就健心目中所见及,似惟有李一琴先生为当选。盖李公声望颇为日人所信仰,为公司事与补公相从最久,故各厂矿情形一切熟悉,其公正廉洁,尤为诸同人所钦佩。光复后任公司总经理,嗣以病求去,同人咸深叹惜。近病虽愈,仍不思再出问事,时经营钢铁实业,亦其素志,若公义环迫,更重以尊命,想当不惜再为冯妇也。未审尊意以为何如。专肃敬叩

崇安

伏惟垂鉴。

汉冶钢铁厂厂长　吴健谨肃

[附件二] 黄锡赓致孙宝琦电

盛会长仙逝,公司诸事均赖鼎力指示,厂矿各处外务不可无经验之人相助经理。目前扩充工程交涉繁难,更须有资格声望者,方可对付,稍一失着,不易收拾。窃此任非一琴先生莫属者,请电邀复任艰巨,公司幸甚。当否乞钧裁。赓。叩。青。

[附件三] 李寿铨致公司董事会电

盛公仙逝,公司全局悉仰钧裁,际兹工程推广,中外具瞻,必得熟悉三处情形而又资望最深者,统筹全局,督率进行,乃克有济。李一翁久于公司实力实心,内外信服,倘能复任,驾轻就熟,必能竟其人未竟之志愿,以收全功。谨参末议,俯乞钧夺。矿务维持尚称安静,并慰厪系。铨。文。

夏偕复、盛恩颐致公司董事会函
民国五年十一月一日(1916.11.1)

董事会公鉴:

偕复、恩颐奉贵会委任总、副经理就职以来,业经一月,远稽旧牍,迩察近情,兼以偕复上月前赴汉冶实地调查厂矿,远在鄂赣,管理操之沪所,距离过远,势散情暌,不惟考核难周,亦且董率不及。案查经理移汉问题,早有建议,审时度势,非此殊不足以利进行,而资整理。特题请贵会公议,如蒙决定,再将移汉事宜详陈候核。专泐。祗颂
公安

总经理　夏偕复
副经理　盛恩颐

公司董事会致高木函
民国五年十一月八日(1916.11.8)

高木先生台鉴:

本公司自订用执事充驻东京代表以来,凡关于借款及商务交涉各事,

均承助力,两方悉能满意,成绩甚彰。前者来函辞薪,固佩让德,而本公司用人办事,断无因其谦辞遂任其自尽义务之理。兹经公议,执事既辞薪不受,未便重违尊意,因念代表职务于各方必有交际,兹定为每年支交际费日金五千元,因公旅行时日给日金二十元,以资办公。其起支日期即自停薪之日为始。用特函请查照。顺颂

日祉

汉冶萍公司董事会启

公司董事会致夏偕复、盛恩颐函

民国六年六月十三日(1917.6.13)

总、副经理均鉴:

本公司总事务所移汉问题,曾于上年十二月间议定,请由总、副经理先将改组章程拟稿送核在案。兹于日昨常会复经会长提议,公司总事务所移汉计划,为改良办法督率进行起见,业经公众赞成。惟改组章程未定,应即函致总、副经理将如何就近管理,同条共贯,考察功过,担负责成,逐条拟议,油刷多份,分送在会诸君,各抒意见,逐条签注,再于会场通过,以凭遵守等语,业经公同议决,一致赞成。相应专函布达,希即查照办理。顺颂

均祺

董事会启

汉冶萍公司职员薪水总册

民国六年七月(1917.7)

单位:元

机关	人员		月支薪水数		华、洋员薪水共数
	华员	洋员	华员	洋员	
总公司、沪栈、汉平船	97	12	银 4 160.5 两,洋 5 624 元	日金 3 583.32 元,洋 940 元	日金 3 853.32 元,银 4 485.5 两,洋 6 564 元

续表

机关	人员		月支薪水数		华、洋员薪水共数
	华员	洋员	华员	洋员	
汉阳铁厂	267	5	银 4 950 两,洋 6 884 元	银 325 两,英金 145 镑,洋 550 元,美金 200 元	银 4 950 两,洋 7 434 元,英金 145 镑,美金 200 元
运输所	56	1	银 50 两,洋 2 764 元	洋 480 元	银 50 两,洋 3 244 元
大冶铁矿	187		银 855 两,洋 5 246 元		银 855 两,洋 5 246 元
萍乡煤矿	483	5	银 4 099 两,洋 14 130 元	英金 180 镑,洋 350 元	英金 180 镑,银 4 099 两,洋 14 480 元
株州转运局	56		银 40 两,洋 1 183 元		银 40 两,洋 1 183 元
豹子岭分运局	31		洋 654 元		洋 654 元
长沙分销局	14		银 154 两,洋 141 元		银 154 两,洋 141 元
常耒锰矿局	55		银 140 两,洋 852 元,钱 12 千文		银 140 两,洋 852 元,钱 12 千文
阳新锰矿局	27		银 120 两,钱 264 千文		银 120 两,钱 264 千文
武昌铁矿局	10		银 60 两,洋 24 元,钱 106 千文		银 60 两,洋 24 元,钱 106 千文
岳州转运局	33		洋 827 元		洋 827 元
大冶钢铁厂	58	17	银 920 两,洋 1 762 元	日金 1 725 元,洋 433 元	日金 1 725 元,银 920 两,洋 2 195 元

续表

机关	人员		月支薪水数		华、洋员薪水共数
	华员	洋员	华员	洋员	
总计	1374	40	银 15 548.5 两，洋 40 091 元，钱 482 千文	银 325 两，日金 5 308.32 元，洋 2 753 元，英金 325 镑，美金 200 元	银 15 873.5 两，洋 42 844 元，日金 5 308.32 元，钱 482 千文，英金 325 镑，美金 200 元

公司董事会致夏偕复、盛恩颐函

民国六年十二月八日（1917.12.8）

总、副经理均鉴：

前接六年十二月四日第一百十一号来函，并各厂矿稽核、统计、收支暂行章程三份，当由本会于本月七日常会议决，各厂矿稽核、统计、收支暂行章程三份，均甚妥善，照此试行云云。特以奉闻，请查照为荷。顺颂
日祉

董事会启

[附件] 汉冶萍公司厂矿稽核、收支、统计处试行章程

（一）各厂矿稽核处试行章程

稽核处设处长一人，司事若干人，秉承总、副经理及总稽核，就地稽察查核一切事务，其职权如左：

一、稽核处对于厂矿为敌体机关，惟厂矿中一切章程，稽核处长及司事等均应一律遵守。

一、稽核处长及司事等如有违犯厂矿章程及有不正当之行为，厂矿长有报告总、副经理撤换之责。

一、厂矿采购物料，如招商投标者，开标时必须稽核处长监视签字，如不开标者，其价值须先开送稽核处长查审符合后方能订购。

一、厂矿内部领用材料,应由各主管处开具领单详注用途,送由稽核处长核符盖章后,管材料者方能发给。

一、厂矿应收款项,由主管处知会收支处照收,并报告稽核处查核。

一、厂矿应支款项,应由各主管处开具凭单,送由稽核处长核符盖章后,再由收支处认明领款本人,方能发给。

一、厂矿发给工人工食,应由各主管处开具清册,送由稽核处长核符后,再由收支处会同稽核处按名发给。

一、厂矿出货及修理,应由各主管处逐日开列报单,送交稽核处存查。

一、厂矿出货多寡及修理工程迟速,稽核处长可随时查询,各主管处应负详细答复之责。

一、厂矿各项磅秤,稽核处长有随时查察及监磅之责。

一、厂矿各项簿记,稽核处长有随时查核之责。

一、厂矿所有货物、材料、银钱,稽核处长有随时查点之责。

一、稽核处长应将一切稽核事务负按月陈报总、副理及总稽核之责。

一、厂矿员司如有违犯公司章程及有不正当之行为,稽核处长应负报告总、副经理之责。

一、稽核处长对于核符盖章之凭单应负完全责任。

一、稽核处除处长由总、副经理报由董事会核准委任外,其处内员司之进叙应由各该处长具报总稽核转报总、副经理核准;惟处内司事如有不遵处长指挥或违章等事,各该处长有随时撤退之权,并得先行派人代理,一面具报总稽核转报总、副经理核夺。

一、厂矿遇有特别支款,其在五百元以下者,稽核处长得察看当时情形分别准驳,惟在五百元以上者,非经总、副经理批准不得照核。

一、此项章程如有未尽合宜之处,仍由各该处长查察事实,详具理由,陈请修改。

中华民国六年十二月七日董事会核准,十二月十日经理处颁行。

(二)各厂矿收支处试行章程

收支处设处长一人,司事若干人,受总、副经理及会计所长之指挥,并

厂矿长之监督,综司出纳银钱、保管款项、经理汇兑、买卖银钱及储蓄事宜,其职权如左:

一、厂矿一切出纳款项,均由收支处长按照正式凭单负收付之责。

一、厂矿所存款项,收支处长负完全保管之责。

一、厂矿应收款项,收支处长负如期收清之责。

一、厂矿应需款项,收支处长负预先筹妥之责。

一、厂矿应发款项,由主管处开具凭单经厂矿长及稽核处长盖章后,收支处长负当日发给并取回领款本人收据之责。

一、厂矿发给薪水,由主管处开具凭单,经厂矿长及稽核处长盖章后,由收支处分别致送,仍应取回本人收据备查。

一、厂矿发给工食警饷,由主管处开具凭单并清册,经厂矿长及稽核处长盖章后,由收支处长会同稽核处长按名发给。

一、厂矿储蓄处及矿票处,收支处长负保固信用并筹推广之责。

一、厂矿汇兑汇费及买卖银钱,收支处长负按照市面价值有减无增之责。

一、当地汇兑汇水及买卖银钱市价并市面借贷息率,收支处长负逐日报告会计所长之责。

一、收支处长按月初旬应将上月出纳款项造具四柱总册,送由稽核处长核符盖章后陈报总、副经理及会计所长查核。

一、收支处长应将收付款项逐款登记流水帐永远保存,惟稽核处长查询时应随时检出交阅。

一、收支处长所存款项,如稽核处长查询时,收支处长即应如数检出,交其盘点。

一、此项章程如有未尽合宜之处,仍由各该处长查察事实,详具理由,陈请修改。

一、收支处除处长由总、副经理报由董事会核准委任外,其处内员司之进叙应由各该处长责令各觅殷保,并将保户之名姓数目先期录送会计所查核,由会计所长转报总、副经理核准。惟处内司事如有不遵处长指挥或违章等事,各该处长有随时撤退之权,并得先行派人代理,一面具报会计所长转报总、副经理核夺。

中华民国六年十二月七日董事会核准,十二月十日经理处颁行。

(三)各厂矿统计处试行章程

统计处设处长一人,司事若干人,受总、副经理及会计所长之指挥,并厂矿长之监督,综司全厂矿簿计、编造预算决算及编订表册事宜,其职权如左:

一、厂矿出纳款项,由各主管处填写五联凭单,一联由主管处存根,一联由厂矿长存查,一联由稽核处存查,一联由收支处存查,一联由统计处长查照登帐后转送会计所查核。

一、厂矿收进材料,由材料处填写三联凭单,一联存根,一联送稽核处存核,一联送统计处登帐。

一、厂矿发出材料,由各主管处填写四联领料单,一联存根,一联由材料处粘附发料单存根,二联由厂矿长、稽核处存查。其发料单亦用四联,一联存根,一联领料处存查,一联由领料处盖章后交还发料处存查,一联送统计处查照登帐。

一、厂矿出货,由主管处逐日填写报单送交统计处登帐。

一、厂矿内部领用原料或甲处与乙处往来货物工程,均由各主管处填写报单,送交统计处登帐。

一、统计处长应将全厂矿各处用款负按月编造详细清表及报册陈报总副经理、会计所长及厂矿长之责。

一、统计处应将全厂矿各处出货及修理工程负按月编造表册陈报总副经理、会计所长及厂矿长之责。

一、统计处长负有编造按年或按月摊交出货及摊还借款本利清表之责。

一、统计处长负有编订全厂矿簿记报单表册之责。

一、统计处长负有按月编造出货成本大略清表之责。

一、统计处长负有编造常年或临时各项预算表册之责。

一、此项章程如有未尽合宜之处，仍由各该处长查察事实，详具理由，陈请修改。

一、统计处除处长由总、副经理报由董事会核准委任外，其处内员司之进叙应由各该处长具报会计所长转报总、副经理核准，惟处内司事如有不遵处长指挥或违章等事，各该处长有随时撤退之权，并得先行派人代理，一面具报会计所长转报总、副经理核夺。

中华民国六年十二月七日董事会核准，十二月十日经理处颁行。

公司通告

民国七年五月二十三日（1918.5.23）

查本公司营业方针以及种种事务，关系重要。凡在本公司供职人员，责任所在，应如何严守秘密，虽公司并不欲各员宣告信誓，然固深盼各员皆能恪遵天职，信守毋违者也。乃查近来公司关于营业要旨，时有泄漏，实于公司营业前途影响甚巨。为兹明白告诫，嗣后各员中如有上项情事，即属有意抗违，公司惟有严重办理，或立予辞退，以示惩戒。即希各所长严行查察，谆告所属一体遵守。是所厚望。

夏偕复、盛恩颐致公司董事会函

民国七年十二月三十一日（1918.12.31）

董事会公鉴：

查本公司组织之初，以各厂矿为主体，其后始设有总公司，名居提挈之地而苦于遥制，内容进行仍虑隔膜。值此营业范围日益恢张，灵乡、泾县，当涂诸矿山，以次举办，欧战告终，商业上之竞争益烈。凡调查商务、扩充工程，无一不在积极进行之中，总公司为集中之点，自非分课办事，使厂矿内外息息相关，实无以资因应，而免丛脞。复前游日本，见其各大公司，皆设有考功、调查、技术诸课，直隶于经理，法良意美，深可仿行。此次在京与夏总经理筹商再三，并斟酌情形，就经理处下分设文牍、技术、调查、考功四课。以现在之经理秘书处改为文牍课；勘矿处改为技术课；以调查课调查中外商务之状况,考察各厂矿所之进行,编译各种东西文件;以考功课考察员司之勤惰及一切抚恤、请假事宜。似此四课并设,总公司对内对外既无情形枘凿之虞,而整顿扩充,必更收鞭辟入里之效,实于公司前途裨益非浅。至各课课长、课员,拟皆由公司原有人员抽调,不再添人,以节经费。所有经理处添设分课办事情由,理合呈候公议核复。祗颂

台绥

总经理
副经理

盛恩颐致公司董事会函

民国八年一月三日(1919.1.3)

董事会公鉴:

前以经理处事务殷繁,拟请分设文牍、技术、调查、考功四课,以资佐理,以原有之经理秘书处改为文牍课,勘矿处改为技术课,并添设调查、考功两课,及各课课长、课员皆由本公司原有人员抽调等情,提经贵会公议,办法甚是,一致赞成等因。兹以原充经理秘书长包希颜改委为文牍课课长,月支原薪三百元;以杨华燕代理技术课课长,杨君本委技术课技正,月支原薪洋五百八十元,代理课长,不支兼薪;以现在商务所学习办事员宋子文,委调查课课长,月支薪洋一百六十元;以冶厂稽核李景昌,委考功课课长,月支原薪一百六十元。除分别委任,并将商务所学习办事一席裁撤及冶厂稽核遴员接替,另行陈报外,合将委任四课课长员名,报请贵会查核备案。祗颂

公安

副经理　盛

夏偕复、盛恩颐致公司董事会函

民国九年一月二十二日(1920.1.22)

董事会公鉴:

案查本处前设文牍、调查、技术、考功四课,分派课长、课员,均经陈报

在案。兹查调查一课，自设立以来，并无成绩可观，应即裁撤。所有原充课长之宋子文改任为本处西文总秘书，副课长周成改任为本处法律顾问，课员吴文洲改任为本处西文书记，均仍支原薪；其余课员一并裁去，以符公司近日减政主义。除委任并分知外，理合报请鉴核备案。祗颂
公安

总、副经理

盛恩颐致公司董事会函

民国九年十一月二十五日（1920.11.25）

董事会公鉴：

　　窃维本公司体大事繁，地连三省，职员因公出差，事所恒有。惟旅费川资向无规定，每于就道以前预领资斧，事后报销，奢俭因人而异，用费即丰啬各殊，是必订有画一之程规，俾示率由之准则。长江流域，轮轨四通，本极便利，嗣后出差职员拟于舟车票价外并计日酌给旅费，不准再有开支。其舟车之舱座，日费之数目，各就现服之职务而定其等差，要皆合于生活程度及个人经济，使往来行李不致有困乏之虞。其在旅费外而别有因公支出者，必须声明理由，陈候核复，方准开报。至于于役国外，情事特殊，应于临时另行酌定。兹拟具职员出差旅费表，并附简章十一条，录于另纸，陈请贵会核议，如蒙通过，即作定案，通行各厂矿所一体遵照，实为公便。祗颂
公绥

副经理

［附件］　职员因公出差规定旅费表

职别	轮船	火车	每日旅费
经理	大菜间	头等	二十元
厂长	大菜间	头等	十元
所长	大菜间	头等	十元

续表

职别	轮船	火车	每日旅费
矿长	大菜间	头等	十元
正工程师	大菜间	头等	十元
处长	官舱	二等	七元
课长	官舱	二等	七元
股长	官舱	二等	七元
副工程师	官舱	二等	七元
一等员司	官舱	二等	五元
二等员司	房舱	三等	三元
三等员司	房舱	三等	二元

注要：

一、遇有要公必须亲自或派员前往者，准予开支旅费，惟须陈报经理备案。

二、职员因公出差开支旅费，除经理外，必须将出差事由、所办职务摘要注明于领款凭单。

三、职员支领旅费，其出差日期，所领款目是否核实，应由该管主任与稽核处负责审核。

四、职员出差除轮船票火车票按规定等次开支外，其余一切费用均包括在旅费内，不得再行开支。

五、职员如往轮船火车不通之处，所用车马帆船之费，准其按照实用另行开支。

六、职员所到处如有接待者，或该处有本公司分事务所可以住宿者，或该处系家属所在者，均不适用以上规定之旅费，应按照实用之数支领。

七、职员出差如有因公特别支出，必须预先陈请经理核准，事后方可支领。

八、凡副厂、矿、所长出差旅费，照厂、矿、所长例；副股、处、课长，照股、处、课长例。

九、职员因公如往国外或所到之处须滞留数月之久者,其旅费均随时由经理或曲该管主任另行酌定。

十、凡练习生及初级司事因公出差,其旅费由该管主任随时另行酌定,均不得适用以上规定之旅费。

十一、董事会除董、监事外,亦应适用此项规定。

夏偕复、盛恩颐致公司董事会函

民国十年九月二十七日(1921.9.27)

董事会大鉴:

九州制钢公司建筑将次工竣,亟须筹备开炼事宜,此项工程人员,先经议定,中日两国并用。查技术课课员李裕,于上年派赴日本若松制铁所钢厂实习,颇有心得,堪以派充该公司工程职员,业由经理委任,并经与之订明,每月薪水日金二百五十圆,归九州制钢公司发给。如须缴所得税时,由本公司认偿。每月津贴、住屋、纸张、邮费等用日金五十圆,由本公司发给。惟此项津贴,每年须在总数内提出二百圆作请客及酬应费。往来川资旅费,归九州制钢公司发给。因公所发电报,其报费归本公司照付。非常危险之保险费,如该公司定章所无,亦由本公司照付。理合陈祈察核备案,并恳贵会转函九州制钢公司接洽为祷。肃颂

公祺

总、副经理

夏偕复、盛恩颐致宋子文[①]函

民国十年十一月十二日(1921.11.12)

径复者:

接展洋文来函,请予解除西文总秘书职务,具悉一是。执事才识并茂,

---

① 宋子文(1894—1971):广东文昌(今属海南)人。时任公司西文总秘书。

对于欧西文字,尤所擅长,自就本处西文总秘书任务以来,深获臂助之益,良殷欣佩。此次以有他就,函请辞职,情辞诚恳,势难强留。惟本处西文事件此后尚有借重之处,兹改任执事为本经理处谘议,月支夫马洋五十元,相应函达,即希慨允就职,毋任企盼。此致

宋君子文

总、副经理

夏偕复、盛恩颐致凌善昭等函

民国十一年一月二十日(1922.1.20)

径启者:

本公司现以铁市疲滞,经济困难,际兹盘错之交,端赖切磋之益,兹特改聘执事为名誉谘议,尚祈时摅谠论,俾策进行,用具聘函,诸惟鉴察。此致

凌潜夫先生、周泽青先生、邹聿文先生、宋子文先生、李朴诚先生

总、副经理

汉冶萍公司职员薪水总册

民国十一年三月(1922.3)

单位:元

机关	人员		月支薪水数		华、洋员
	华员	洋员	华员	洋员	薪水共数
董事会	29	2	洋 5 105 元	洋 1 779.16	洋 6 884.16 元
总稽核处	7		洋 890 元		洋 890 元
经理处	28		洋 4 108 元		洋 4 108 元
会计所	26		洋 2 453 元		洋 2 453 元
商务所	13		洋 1 477 元		洋 1 477 元
汉阳分销处	裁				
沪栈	17		洋 468		洋 468 元

续表

机关	人员		月支薪水数		华、洋员薪水共数
	华员	洋员	华员	洋员	
长沙分销局	13		洋 421 元		洋 421 元
运输所	60		洋 3 059 元		洋 3 059 元
株州转运局	31		洋 782 元		洋 782 元
豹子岭分运局	裁				
虞公庙堆栈	裁				
岳州转运局	31		洋 878 元		洋 878 元
上海转运局	4		洋 405 元		洋 405 元
汉平轮船	6	1	洋 700 元	洋 440 元	洋 1 140 元
驻京事务所	8		洋 635 元		洋 635 元
汉阳钢铁厂	208	1	洋 12 667.80 元	洋 583 元	洋 13 250.80 元
大冶钢铁厂	97		洋 6 307 元		洋 6 307 元
大冶铁矿	119		洋 4 731 元		洋 4 731 元
萍乡煤矿	234		洋 15 379 元		洋 15 379 元
常耒锰矿	45		洋 1 012 元		洋 1 012 元
阳新锰矿	裁				
武昌铁矿	1		洋 86 元		洋 86 元
当涂铁矿	26		洋 846 元		洋 846 元
永和煤矿	26		洋 1 297 元		洋 1 297 元
东京事务所	3	1	洋 315 元 日金 410 元	日金 180 元	洋 315 元 日金 590 元
总计	1 032	5	洋 6 421.80 日金 410 元	洋 2 802.16 元 日金 180 元	洋 66 823.96 元 日金 590 元

盛恩颐致公司董事会函①

民国十一年十月二十五日(1922.10.25)

董事会公鉴:

　　本公司内困于财力之枯竭,外迫于环境之艰虞,危殆情形,不可终日。因就总事务所设一特别委员会,派汉厂吴厂长健、冶厂黄副厂长锡赓、冶矿季矿长厚堃、萍矿舒副矿长修泰、运输所潘所长国英、商务所倪所长锡纯、会计所赵副所长兴昌、金副所长忠讚、技术课周课长厚坤、汉厂会计处李处长赐求、萍矿稽核处龚处长炳慈为委员,联席会议,共筹救济之方,以为改良之计。刻已分函委派,并饬各厂矿长等克日会齐来沪。除俟到齐开议,另行具报外,合将组设特别委员会及选派职名先行函陈,即祈鉴核。专肃。

祗颂

公绥

副经理

公司董事会致夏偕复、盛恩颐函

民国十一年十月二十五日(1922.10.25)

总、副经理均鉴:

　　据汉厂吴厂长函,请将公司全体改组,缩小范围,并请示应付罢工方针等语。兹于民国十一年十月二十日第八次临时会提出,公议:查核吴厂长所陈全体改组缩小范围办法,正合本公司目前局势,已由经理处召集各厂矿所长及高级员司组织特别委员会讨论改革各事,以备股东大会采择施行。至罢工风潮,已成趋势,只得相机因应,总以预为设法制止,不受损失为上策,即请经理转饬遵照云云。相应抄函布达,即希查照饬遵。此颂

均绥

董事会启

---

　　①　此函同时致孙宝琦、夏偕复。

夏偕复致公司董事会函

民国十二年十月十九日(1923.10.19)

董事会公鉴:

窃查本总事务所现租之屋,系属旧式,各部分列屋而居,分布于于楼上下三层,形势暌隔,呼应不灵。每办一事,谘询查复,动稽时候,受形式之拘牵,致事实之捍隔。而房屋装修,多系木质,尤虞火患,设有不慎,危险实多。久欲迁居,苦无相当之屋。兹有本所对面盛府新造大厦一区,行将落成,见其构造,纯用钢骨水泥,宽敞空明,完全新式,饬会计所勘视,甚为合用。现拟分租二层全楼及三楼六间,为本总事务所。二楼面积甚宽,为一大敞间,可作经理所属全部分人员办公之用。三楼上六间,以一间为贵董事办事室,一间为会议室,一间为董会秘书室,一间为会客室,尚余二间,为两顾问室。月租磋商至再,需银八百两。论者谓财力困难,新屋视旧所月昂三百金,似无迁移之必要,然系皮相之论,按其实在,殊不尽然。盖合全部分在一处办事,凡事皆可接洽面商取决,俄顷立就,向之迁延窒碍,无自发生。而一堂临对,各员之勤惰劳逸,亦无遁饰,不惟事实上有如许之便利,即精神上亦必观摩兴奋,裨益于公司者实多,此皆无形之利益。至论有形之搏节,该屋冬装热水管,不另取费,可省烧煤千余金。电灯因地方缩小,用处不多,可较现费为省。惟现在四楼旧存各件,无处堆置,只可清厘整束,移存沪栈。似此办理,既可适于办公,而因之所得利益,以之抵补房租,当亦不致不足。理合陈明,敬祈贵会鉴核,一俟该屋完工,即择吉兴迁。专肃。祗颂

公安

总经理

盛恩颐致各厂矿所函

民国十三年六月二十七日(1924.6.27)

径启者:

查各厂矿所函陈事件,关于称谓员司之处,多有称号不称名者,亦有时

而称名,时而称号者,每致误会为两人,殊非画一之道。嗣后凡请派用员司,一律书写姓名,及陈报事件涉及员司,亦须称名,不得称号。合行通告,即希查照。此致

汉厂赵署厂长、严副厂长

冶厂矿季厂矿长

萍矿黄监理兼矿长、舒副矿长

运输所潘所长

商务所倪所长

会计所赵所长、金副所长

总稽核处盛处长、曾副处长

副经理

夏偕复致公司董事会函

民国十三年十一月八日(1924.11.8)

会长、董事诸公公鉴:

敬启者,本月五日刘董事传述会长钧谕谓,借款合同能邀股东会通过与否以偕之去留为断,如偕能辞职,合同可以通过等语。当经趋谒会长,仰荷谕同前因。

窃维欧战停后,世界钢铁事业一落千丈,我公司不能独居例外,金融遂见杜塞,于是贵会命偕赴日本磋商续借款项。奉命以来,再更岁籥,四度扶桑,因大款一时难成,迭与银行商借小款,为数先后至六七百万之多,用能维持公司至于今日。至对于续借大款,彼方研诘至深,敷陈理由之书计算出入之表累寸盈尺,彼方终以公司煤铁矿量所存无多,迟疑瞻顾,不能即决,重以震灾之后,经济困迫,其士夫亦多持任公司破产之论者,几于议不能成。忧愤彷徨,午夜汗下,幸赖贵会指示机宜,两顾问及同僚同心协赞,勉得签订草约。其间颇多裨益公司之处,而仍不免可受批评之点,迭经苦口力争,而终不能挽回。鳃鳃窃以股东会不能谅解不获通过为虑,盖不通过,公司即无生存希望。今使偕一去职而症结尽解,公司可以转危为安,股

东千百万之血本可以保全,十数万人之生计可以维持,盛宫保所经营之中国唯一实业可以不坠。此耿耿愚忱,所日夜馨香祷祝以求之者,而以一去得之,无愧私衷,有裨大局,其为庆幸,曷可言宣。用是谨遵辞职,肃函奉陈。敬请

公安

惟祈均鉴。

辞职总经理　夏偕复

公司董事会致夏偕复函

民国十三年十一月十三日(1924.11.13)

地山总经理台鉴:

前接来书,陈请辞职,当经议由会长谆切挽留,并将原书当面璧还。兹又接十一月十日来函,仍以去职为宜,并将辞职书仍行附来。复经本会于本月十二日特开临时会,公同核议,佥以执事在职多年,任劳任怨,克著辛勤,应即仍前一致挽留。兹将议案附抄奉览,务祈体念公司情形紧要,共济艰难。且股东大会召集在即,事务殷繁,急须筹备,俯允仍前逐日到公司督率办理,以维大局,是所盼祷。专此速驾。顺颂

台祺

诸惟亮照,不一。

董事会启

夏偕复致公司董事会函

民国十三年十一月十六日(1924.11.16)

会长、董事诸公公鉴:

敬复者,窃偕奉书辞职,荷蒙大札温语慰留,捧读之余,感惶何极。伏念偕仰叼信任,于今八载,值兹运会屯邅之际,尤殷驰驱感激之忱,果使绵薄所呈公司受益,摩顶放踵,亦所不辞。唯体察情形,夙昔所筹节省经费减轻成本诸计画,将来能否有著手施行之处,殊难预必,贸然复出,既素愿之

不偿,亦大局之何裨? 至于日行事件及股东会筹备事宜,业蒙责成盛经理办理,偕亦无复职之必要。用再肃函恳辞,唯祈鉴原,是为至幸。祗颂
公绥
　　诸唯亮察。

夏偕复谨启

公司董事会致盛恩颐函
民国十三年十二月五日(1924.12.5)

经理台鉴:

　　前者夏总经理来函辞职,情词坚决,一再挽留,迄未获允。现夏总经理当选议董,在会赞助一切,同人固所欢迎,惟总经理一席职务重要,未便日久虚悬。昨经本会公同议决,即请执事兼代总经理职务,所有公司日行事件及一切应兴应革事宜,务请执事统筹全局,精勤擘画,竭力整顿,俾公司事业逐渐扩充,蒸蒸日上,曷胜厚望。除议案另纸录送外,特此函达。即希查照,认真办理为要。顺颂
台祺

董事会启

公司董事会致潘灏芬函
民国十三年十二月三十一日(1924.12.31)

径启者:

　　本公司煤铁兼营,工商并治,经理职务本属任重事繁;况现值经济困难,诸待整理之际,事务尤关紧要,自非一手一足之力所能支拄。兹据兼代总经理陈请添设襄理一职,位置在厂矿所长之上,对外行公文无须签字,对于经理负襄助整理之责,庶事无不举等语。自应照准,藉收指臂之助。查执事精通法学,淹贯中西,堪以委充襄理一席。自民国十四年一月份起,每月送薪水洋四百元,以资办公。除函复经理外,相应专函委任,即希查照任职,相助为理,以副厚望。此致

潘君灏芬

汉冶萍公司董事会启

盛恩颐致陈洪①函

民国十四年五月二十七日(1925.5.27)

径启者:

　　查本公司西文秘书处隶属本经理处,执掌翻译东西文函件,责任重要。现有名目颇似独立,应即改名为翻译课,以归一律。兹改派执事署理翻译课课长,史川济为一等课员,盛玉昆为学习课员,均各仍支原薪,并添委金家锡为一等课员,月支薪水洋一百二十元,自到差之日起支。除分别知照外,合行委任,即希查照。此致

陈君洪

兼代总经理　盛

盛恩颐致公司董事会函

民国十四年八月十五日(1925.8.15)

董事会公鉴:

　　前奉函示议案,鄂省砂捐事关系重要,应请总经理与吴任之君会同前往,妥商办理。又奉函催销假,速赴萍矿各等因。伏查萍矿一坏于李寿铨之挟众自重,再坏于黄锡赓之谄媚军阀,三坏于舒修泰之敷衍工党。数年以来结党愈坚,工潮愈炽,已陷于不可救药之境。近日工人藉口岁荒米缺,工作益形停滞,损失尤属可虞。恩颐此次前往虽带有莶款,究能整饬至如何程度,未敢预计。惟以职责所在,不得不力为其难。尚祈贵会诸公随时指授机宜,藉图挽救于万一。兹定于本月十九日启行,先到大冶,次赴萍矿、汉口等处,以次进行。所有离沪之日起,经理处公事仍请潘襄理代拆代行,遇有重大事件,由该襄理随时就近陈请贵会核夺办理。理合将因公出

---

　　①　陈洪(1893—?):字叔耘,浙江平湖(今嘉兴)人。时任公司经理处西文总秘书。

差起程日期备函陈报,即祈贵会鉴核备案。肃颂

公安

兼代总经理　盛恩颐

公司董事会致股东联合会函①

民国十四年十月十五日(1925.10.15)

股东联合会公鉴:

　　本会于民国十四年十月十三日开第十五次临时会公议,盛代总经理此次亲赴汉冶萍各厂矿查办事件,悉协机宜,其间整顿萍矿解决工潮,为公司每年节省经费在百万以上,尤属克膺艰巨,劳苦功高。为该矿廓除积患即为公司巩固根基,苾画壮猷,同深倾佩。所有此次远役因公费用均准在公司开支,并敦请实任总经理,取销代职。嗣后一切薪水、公费照总经理支给,并自代理之日起所领薪费均照总经理例补支足数,并由会通告各厂矿一体知照,以重职守,仍函知股东联合会查照等语。除分函知照外,相应备函布达,即希查照。此颂

公绥

汉冶萍公司董事会公启

公司董事会致盛恩颐函

民国十四年十月三十日(1925.10.30)

总经理台鉴:

　　顷接第四十七号来函,请以襄理潘君灏芬为副经理等因。查核所请洵属知人善任,用尽其长,应即照准,由会备函委任潘君为副经理。除俟下次常会补行通过,并通函各厂矿所一体知照外,相应函复,即希查照。此颂

台祺

董事会启

---

① 此函并致盛恩颐。

盛恩颐、潘灏芬致李裕函

民国十四年十二月四日（1925.12.4）

径启者：

接十一月三十日来函，陈述回国后候事情形，并以脱离九州钢厂时，退职补助金仅领日金二千圆。又因公司调回，该厂应有一年待命之薪金亦未给予，受兹莫大损失，等情具悉。查本年六月间，执事函报九钢将收归国有情形，当复以公司正议与解约，不日实行，执事位置能否蝉联，望面询安川见告。嗣接复称，安川无意相留，遂函复结束清楚，回国另候位置等语，盖亦知公司既与九钢解约，荐去之员，势难留用。然公司不径询安川，而嘱由执事面询者，以个人职业问题，或于解职时，前途有相当之谅解，正以为执事计耳。今来函谓因公司调回，而受兹损失云云，安川处从未去函，一询执事去留，则所谓损失，何能牵涉及此？如谓有之，要亦执事自失机宜，无论何时，本公司固不能负此责任也。兹拟仍令执事回任技术课课员原职，仍支原薪二百元，从到差之日起支，以符回国位置之言。如执事以为可就，则希即日到课就职具报，如执事另有其他高就，则不勉强也。此致
李君裕

总、副经理

公司董事会致盛恩颐函

民国十五年一月二十九日（1926.1.29）

总经理台鉴：

接第六号来函，请委任会计所长赵君兴昌升充襄理等因。兹经本会于民国十五年一月二十七日第二次临时会公议照准。除专函委任赵君兴昌升任襄理外，为此函复，即希查照。此颂
台祺

董事会启

农商部致汉冶萍公司函

民国十五年六月二十三日(1926.6.23)

径启者:

据本部矿政司转呈贵公司总经理盛恩颐函陈,前往汉冶萍煤矿消弭工潮,整顿厂务各节,并声明随员等奔走防护,异常出力,请部给予奖章等情前来。查该总经理不辞劳怨,督率有方,深堪嘉慰,除候本部呈请奖予匾额外,所有盛渤颐一员应准给予本部一等奖章;蒋服、盛铭二员给予本部二等奖章;刘廷震、沈开运、郑鸿云三员给予本部三等奖章;其李景昌一员并准晋给本部一等奖章。希即转行知照。此致

汉冶萍公司

汉冶萍公司职员请假规则

民国十五年十一月一日(1926.11.1)

第一条　职员请假分例假、病假、婚丧假三种。

第二条　公司规定休息日期外,职员每年得请例假二十一天,就职不足一年者,按月摊算。如因籍隶他省,在请准例假时期内回籍者,其往来路程日期,由本管机关高级主任查明,另行酌给,但每年只准给予一次。

第三条　凡请假回籍另给路程日期者,其假期内之休息日,不得再行扣除。

第四条　各职员凡在应得例假时期请假者,应先商准本管主任,开具请假单,送请本管高级主任核准,取回准假单,方得离公。

第五条　各职员如一年内未请例假,或请例假不足二十一天者,得并归第二年计算,但至多以四十二天为限,再有多余,不得并计。

第六条　如职员值公务殷繁时,或本机关内人手不敷,已有他员请假在先者,不得再行请假。

第七条　职员临时短假,均作例假计算;逾二十一日者,按日扣薪,并于每届发薪时即行扣除,不得俟年终核计。

第八条　凡请假回籍假满续假,无论因事因病,统作事假论。

第九条　职员遇有疾病不能到公,应叙明病状及所拟假期,函陈本管主任,由该管主任按照病由,开具请假单,送请本管高级主任核准,取回准假单交本人收执。

第十条　请病假至三日尚未痊愈,准予函请续假,惟须将医生证书或医方,送请本管主任核验,始准续假,仍由本管主任开具续假单,送请本管高级主任核准,取回准假单交由本人收执。

第十一条　职员请病假在一个月内,仍支原薪;逾一个月尚未销假,应将薪水减支半数;逾二个月不销假者,停给薪水。

第十二条　职员请病假,无论一日半日,均须积归病假期内汇算。

第十三条　职员因公受伤,为同人所公认者,应由医生出具证书,准予给假,仍由本管主任开具请假单,送请本管厂矿所长核准,给予准假单,交由本人收执。其假期之长短,及薪水之支给,应由本管厂矿所长酌量情形,呈报经理核定。

第十四条　职员因本身婚娶,准给假二十天,父母大丧准给假一个月,妻子丧准给假十天。

第十五条　职员销假到公,应将准假单缴由本管主任填写销假单,送请本管最高级主任查核,转发登记。

第十六条　凡请临时短假不满一日者,得由本管主任核准,即在签到簿或钟牌上注明,再送登记;如请一日以上者,必须取回准假单,方得离公。

第十七条　职员并未请假及请假未准与假期已满并不回职销假,擅自旷职者,应即停薪另补。凡因他事请假冒称病假者,一经查出,即行开除。

第十八条　职员擅自旷职及久假不销,应责成该管主任随时查察,陈明各该处本管高级主任核办。倘隐匿不报,一经发觉,除职员照本规则第十七条办理外,各该管主任亦应予以相当处分。

第十九条　在规定休息日或非办公时间,如有要务特别到公,应准按到公时刻另行登记,详注到离时刻,所办何事,按月终送请本管最高级主任核准,转发登记,每八小时作一天,年终汇算,抵销例假,如抵销外,尚有多余,不得并入次年计算。

第二十条　各股长请假,除自行开具假单,叙明事由,径向本管最高级主任商准外,一切规则及手续,均按本规则办理。

第二十一条　各办公处应各置签到簿一本,同人每日上午下午到公,必须亲自签名于上;凡到公已逾规定时刻半小时者,即须注明迟到时刻,由所在地最高级主任负责查验,迟到至十次者,应除去例假一天。

第二十二条　各处如向用打钟名牌者,仍用此片,不必再用签到簿,如有特别到公者,另置特别到公簿一本。

第二十三条　积算短假,在公事房办公者,每八小时作一天,如按照工匠时刻到离者,每十二小时作一天。

第二十四条　请假单、销假单、签到簿三项,总事务所归考功课,各厂矿所归稽核处,无稽核处者归收支处登记,按月由登记处列表,呈送经理查阅。

第二十五条　本规则经董事会十五年八月第四次临时会议核准,于十五年十一月实行,自颁行之日起,所有以前所行之规则,一律无效。

第二十六条　本规则颁行一年后,如有窒碍必须修改之处,得由本管厂矿所长详具理由,呈请经理酌核修正。

附则:

查萍矿窿工、洗煤、电机三处,与其他机关情形不同,另定附则三条,以示变通,而资遵守。

一、窿工值班员司请事假在三日以内者(至多以三日为限,其请假仅一二日内,即可次日补单),由各主任暂行登记,于三日后补具正式假单,送由矿长填给准假知照单送登。

二、洗煤、电机两处,值班员司如有临时请假,于次日即补请假单。

三、此系专指值班员司请假在三日以内者而言,如请事假、病假在三日以上,或虽未及三日而请假离矿者,仍照本规则第三条办理。

潘灏芬致公司董事会函

民国十六年四月三十日(1927.4.30)

敬启者:

灏芬自在贵公司服务以来,倏逾两载,颇思有以自效。只以体质薄弱,内力不充,时形竭蹶,近来又受外感,遂致不能到公,不得已只有辞去副经理职务,以免旷误。除陈明总经理外,特此函陈,敬乞俯允是幸。此上
汉冶萍公司董事会

潘灏芬敬启

公司董事会致盛恩颐、潘灏芬函

民国十六年十二月六日(1927.12.6)

总、副经理均鉴:

本公司于民国七年八月间曾函聘高木陆郎为驻日商务调查员,现在本公司于日本方面,除制铁所外,毫无商务,而公司经济又复困难已极,所有调查员一席,应即取消。除函高木外,相应函知,即希转饬会计所一体查照。此颂
均绥

董事会启

公司董事会致盛恩颐函

民国十七年一月二十一日(1928.1.21)

泽承总经理台鉴:

顷接来函,陈请辞职,阅悉之下,至深怅惘。查本公司近因时局多故,款项支绌,诸事难以进行,执事艰难支拄,本非容易。惟值兹盘错之时,总经理一席关系全局,至为重要,岂容遽易生手。谨竭诚挽留,务祈勉为其难,共济时艰,大局幸甚。除电会长外,专复。顺颂
台祺

董事会启

盛恩颐致公司董事会函

民国十七年三月二十五日(1928.3.25)

董事会公鉴:

　　查本年一月间,曾以体弱多病,重任难胜,具函陈请辞职,猥承复谕,谆切慰留,重以推许之殷,勉作驰驱之报。数月以来,黾勉从公,气体愈形孱弱,精神益觉不支。值此时会艰难,百端待理,断非孱躯所能胜任,思维再四,惟有重申前请,开去职务,免误要公。务恳贵会俯赐照准,另委贤能接替,不胜悚迫待命之至。专函。祗颂

公安

总经理

盛恩颐、潘灏芬致公司董事会函

民国十七年四月十一日(1928.4.11)

董事会公鉴:

　　本公司在大冶设置工务所,所长即由新聘工程顾问村田君兼任,于四月成立,业经具报,并将该所规章送请鉴核备案在案。兹由经理与日本顾问等整委会议决,工务所既经成立,所有关于工务之技术、材料等事,俱应归并该所办理。至本总所所设技术、材料两课,形同骈枝,应即裁撤,课长课员亦一并取销,薪水截至四月底止,各送裁薪三个月等因。除分函饬遵外,理合报明贵会备案。肃颂

公安

总、副经理

盛恩颐致费相善^①函

民国十九年七月三十日(1930.7.30)

径启者：

据总所各所课长等会函，以金贵银贱以来，百物腾贵，恳将全体员司酌予加给津贴，以为临时补助之需等情。查近年物价本已高昂，复受金贵影响，视昔增至倍蓰，尚属实在情形。请于各员司本薪外酌加津贴，补助之中仍有伸缩余地，应予照准。兹经核定：总所全体员司金贴，本薪在五十元以内者，月给三成；五十一元至一百元者，月给二成五；一百零一元至一百五十元者，月给二成；一百五十一元至二百元者，月给一成五；二百零一元至三百元者，月给一成；三百元以上之数不再照给。均从七月份起按月支给，以资调剂而励勤能。合行函知，即希查照办理。此致

会计所费代所长

总经理

盛恩颐致公司董事会函

民国十九年十月二十二日(1930.10.22)

董事会公鉴：

窃查本公司各职员月支薪水，向无等级规定，其有服务勤劳著有成绩者，固应优予奖励，而循分供职者，则苦于无级可升。至各主管机关，为其员司陈请加薪，既无历资之程序，又无加薪之标准，殊无以昭公允，而示激劝也。兹由经理等参考海关及铁路等处章程，先将事务方面职员月薪核定等级，计分甲、乙、丙、丁、戊为五等，等凡五级，其每等月薪各定以某级为最高限度。甲乙两等，三年一考；丙丁二等，两年一考；戊等一年一考。每于年终考绩，有功者超升；有过者停升；功过相抵者，按等平升。庶以励其勤能，亦藉以杜其躁兢。拟列一表，请贵会核定示复，即便通饬遵照先行试

① 费相善(1888—?)：字楚珍，浙江慈溪人。时任公司会计所代所长。

办;如查有窒碍,再行修改。至工程方面职员,应略予优待,容俟另行拟订,再请核示施行。专肃。祗颂

公安

总经理

[附件] 事务方面职员薪水等级表

等级	一	二	三	四	五
甲	1200	1000	800	700	600
乙	500	450	400	350	300
丙	275	250	225	200	175
丁	150	130	110	90	70
戊	60	45—50	35—40	25—30	20

共分五等二十五级。甲乙二等,三年一考;丙丁二等,两年一考;戊等一年一考。每年于年终考绩有功者超升,有过者停升;功过相抵者按等平升。

凡书记、练习生以戊等一级为最高限度;二、三等助理员以丁等一级为最高限度;一等助理员以丙等一级为最高限度;各科长、股长、课长等以乙等三级为最高限度;襄理及各所长、处长、厂矿长,以甲等三级为最高限度。此表系为公司事务方面各职员而定,于工程人员及有合同者不在此例。

公司董事会致盛恩颐、潘灏芬函

民国十九年十二月三十日(1930.12.30)

总、副经理均鉴:

接第十二号来函并附拟事务职员薪水等级表一纸,具悉。兹于民国十九年十二月十一日第五次临时会提出,公议:本公司职员众多,本应规定薪水等级,俾员司知有等级可升,各自勤奋图功,而公司遇有加薪亦可有所标准,查核所拟事务职员薪水等级表,尚属妥善,应准先行试办,自二十年一

月一日起云云。相应函复,即希查照通饬遵行。此颂
均绥

董事会启

赵兴昌致赵时骧函

民国二十年一月二十三日(1931.1.23)

径启者:

本公司规定职员薪水等级表,业经发表,于一月十九日具第一号函寄达在案。嗣查该表内,科长一项,列入股长一列,实系错误,兹特更正,列入一等助理员及各主任之内,以丙等一级为最高限度,以符等级。另列一表①备函寄上,即希查照叙等,以此表为准。所有前次寄去之表,请即注销缴还为要。此致
冶厂矿赵厂矿长

襄理

公司董事会致盛恩颐、赵兴昌函

民国二十四年一月十八日(1935.1.18)

总经理、襄理均鉴:

接第五号来函,以本公司现行事务职员考绩章程应加修正,列表陈请核示等因。兹于民国二十四年一月十五日第一次董事常会提出,公议:查核修改本公司事务职员考绩加薪章程增五等为六等考核,年限除己等外,各照旧章延长一年。当此公司财政困窘之时,于鼓励职员撙节度支,双方兼顾,洵为因时制宜之举,自属可行,仍请经理察酌办理可也云云。相应函达,请烦查照办理为荷。顺颂
均祺

董事会启

---

① 此表即在原表基础上对科长一项予以更正,其余均无变动,故未再录。

[附件] 事务方面职员薪水等级表

等级	甲	乙	丙	丁	戊	己
一	1 200	500	275	150	60	35
二	1 000	450	250	130	55	30
三	800	400	225	110	50	25
四	700	350	200	90	45	20
五	600	300	175	70	40	15

共分六等三十级,甲乙二等四年一考,丙丁二等三年一考,戊等二年一考,己等一年一考。每年于年终考绩,有功者超升,有过者停升,功过相抵者按等平升。凡书记生、练习生以戊等一级为最高限度;二、三等助理员及司领以丁等一级为最高限度;一等助理员及主任科长以丙等一级为最高限度;各股长、课长等以乙等三级为最高限度;襄理及各所长、处长、厂矿长以甲等三级为最高限度。此表系为公司事务方面各职员而定,于工程人员及有合同者不在此例。

汉冶萍公司职员休养金规则

民国二十四年七月(1935.7)

第一条　凡本公司职员,不论等级,均得享受本规则之待遇。

第二条　职员应得之休养金按其最后五年之薪额平均合计之。

第三条　凡职员年事在六旬以上,服务满十五年,有因体弱不堪任职者,公司为慎重职务起见,得由该管机关领袖呈明经理,令其退休,或本人自行呈请该管机关领袖,转恳退职,一经核准给证,即为公司休养员。

第四条　凡休养员应由公司给予休养金领证一纸,按照服务年数及原薪最后五年之平均数,凡服务满十五年,在第十六年退休者,得给平均数之原薪四分之一,服务每多一年,得加给六十分之一。例如平均数原薪月洋六十圆,休养时如服务满十六年,应得平均数原薪四分之一,即十五圆,又六十分之一即一圆,计共应得十六圆,其余以此类推,年资满三十年以上者,亦均照三十年计。

第五条　凡职员因公受伤残及肢体经公司验明实系终身不能操作者,不计年龄及服务年限,亦得认为休养员,准适用本规则之规定,但已由公司为之保伤险者不在此例。

第六条　凡休养员应得之休养金得由本人或其家属按月向本公司最近之机关凭证支领,至本人身故为止,惟不得有预领及将证单向他处抵押情事。

第七条　休养员身故时,公司按照所领休养金额给予二年作为赙金一次发给,以资丧葬。

第八条　休养员如得公司同意,得改任公司他项职务,惟应减给其休养金额之半,若薪水所得倍于休养金额,则休养金全数停给,所任职务如有停顿,公司仍接续照给其应得之休养金。

第九条　凡职员自行告退,或经公司辞退,其有复进公司任事者,休养年资须自复进之月起算。

第十条　凡休养员不得另就与公司具有同等性质之业务及经营与公司直接或间接有损害之营业,如有发生此项情事,经公司查出,即将休养金取销。

第十一条　凡职员服务虽在十五年以上而年龄未逾六旬告退者,不得有休养员资格,其年龄已逾六旬因故经公司辞退者,其休养员资格亦即因以取销。

第十二条　凡职员与公司订有年限合同者,不得享受此项规则之待遇。

第十三条　休养员不得同时享受恤金规则之待遇。

第十四条　休养金领证设有遗失情事,应由本人随向公司声明,并须请得现任公司职员二人以上之证明书,准予补给,遗证作废。其有休养员资格已由公司取销者,此项领证随时亦作为无效。

第十五条　本规则经颁布实行后,所有各机关以前规定关于休养金各章程一律无效。

第十六条　本规则经董事会第七次议案核准,自民国二十四年七月实行。

汉冶萍公司职员出差旅费规则

民国二十四年七月(1935.7)

第一条　遇有要公必须亲自或派员前往者,准予开支旅费,惟须陈报经理备案。

第二条　职员因公出差开支旅费,除经理外,必须将出差事由、所办职务,摘要注明于领款凭单。

第三条　职员支领旅费,其出差日期所领款目是否核实,应由该管主任与稽核处负责审核。

第四条　职员出差,除轮船票、火车票按照规定等次开支外,其余一切费用均包括在旅费内,不得再行开支。

第五条　职员如往轮船、火车不通之处,所用车马帆船之费,准其按照实用另行开支。

第六条　职员所到处如有接待者,或该处有本公司分事务所可以住宿者,或该处系家属所在者,均不适用以上规定之旅费,应按照实用之数支领。

第七条　职员出差如有因公特别支出,必须预先陈请经理核准,事后方可支领。

第八条　凡副厂矿所长出差,旅费照厂矿所长例,副股处课长照股处课长例。

第九条　职员因公如往国外,或所到之处须滞留数月之久者,其旅费均随时由经理或由该管主任另行酌定。

第十条　职员到差及调动时,所乘火车、轮船等次,均适用下列表式。

第十一条　凡练习生及书记因公出差,其旅费由该管主任随时另行酌定,均不得适用以上规定之旅费。

第十二条　董事会除董监外,亦应适用此项规定。

第十三条　本规则经董事会第七次议案核准,自民国二十四年七月实行。

［附件］　职员出差规定旅费表

职别	轮船	火车	每日旅费
经理	大菜间	头等	三十元
副经理 襄理	大菜间	头等	二十元
厂长 所长 矿长 正工程师	大菜间	头等	十五元
处长 课长 股长 副工程师	官舱	二等	十元
一等助理员	官舱	三等	七元
二等助理员	房舱	三等	五元
三等助理员	房舱	三等	四元

汉冶萍公司职员恤金规则

民国二十四年七月(1935.7)

第一条　凡公司职员,不论等级均得享受本规则之待遇。

第二条　职员应得之恤金以其最后之薪额为标准。

第三条　职员因公受伤残及肢体,经本公司验明属实,而本人不愿再任公司职务者,均照原薪给与恤金,一年一次发给;其有他种伤残,经本公司验明属实,亦得酌给恤金,惟至多不得过一年。

第四条　职员因公受伤残及肢体,经公司验明属实,惟尚堪改任公司他项职务者,应按照第三条规定恤金对折给领,伤愈后改派职务,薪水另定。

第五条 职员因公受伤残及肢体,致终身不能操作,经公司验明属实,而服务已满十五年者,除照原薪六个月给予一次恤金外,应取得休养员资格,其应得休养金,另由休养金规则规定之。

第六条 职员因公受伤,立时致命或受重创医治无效,在一月内身故者,无论服务久暂,均照原薪给予二年,一次给领。

第七条 职员在公病故,凡薪额在一百元以内者,给予治丧费洋一百元,薪额在一百元以外者,给予治丧费洋二百元。

第八条 职员在公病故,除给予治丧费外,照服务年数给予恤金,在公满一年以上照给一个月,按年加增,至十二年给十二个月,其十二年以上者,概照十二个月给恤。

第九条 凡职员公司为之保险或订有合同者,概不得适用本规则之规定。

第十条 本规则自颁行日起,所有各机关以前规定关于职员恤金章程一律无效。

第十一条 本规则经董事会第七次议案核准,自民国二十四年七月实行。

盛恩颐致公司董事会函

民国二十五年三月三日(1936.3.3)

董事会公鉴:

敬陈者,查本处设置四科,前经陈报在案。兹拟将文牍课改为文书课,考功课改为考绩课,以副名实。至员额及办事权限,一循旧章,并无变更。理合具函陈报,即祈鉴核备案为荷。敬颂

公祺

总经理

盛恩颐致公司董事会函

民国二十五年五月二十三日(1936.5.23)

董事会公鉴:

　　窃查强制储蓄为职员福利所系,本市各公司、各银行,大都举行,潮流所趋,本公司未便独后。兹经经理参酌各公司以往成例,拟订本公司职员储蓄章程十条,似与公司职员双方均有便利。理合具函并附抄章程陈请贵会核议施行。再,倘奉核准,拟自本年六月一日实行,合并声明,敬颂

公祺

总经理　盛恩颐

[附件] 公司职员储蓄章程

　　一、本公司为谋职员福利,并勉其节俭起见,特办职员强制储蓄。

　　二、本公司职员月薪二百元以上者,按月提储百分之十;未满二百元者,按月提储百分之五。但夫马公费等,不在此例。

　　三、本公司职员储金,应于每月发薪之日扣除,存入指定妥实银行生息。

　　四、本公司职员储金,不给存折,由总经理督饬会计人员,将各储蓄人姓名、职务、薪额、按月提储数目及其应得利息等,分别逐项登记,每届年终,即照帐分别开单,送交各该储蓄人存查,并汇造清册呈报总经理核阅。

　　五、本公司职员储金,平时一概不得提取,亦不得中途停储或减额,并不得以之抵借或作担保。

　　六、本公司职员脱离公司时,除查有亏短公款或损失公物情事,应行扣抵或令照赔外,所有该员储金本息,一概发还。

　　七、本公司职员,查有营私舞弊或危害公司情事者,即将该员所有储金本息一并没收,以充本储蓄之公积金。

　　八、本公司如遇有扣薪、停薪、罚薪等情事,或其他特殊收益时,即将其款之一部或全部,呈经总经理核夺,拨存职员储蓄金内,以充本储蓄之公

积金。

九、第七条、第八条公积金,每遇职员脱离公司发还储金本息时,即依当时公积金存数之半比例,摊算该职员应得之份,呈经总经理核准派给之。

十、本章程自经董事会核准之日起施行。

汉冶萍公司技术人员薪水等级表

民国二十六年四月十六日(1937.4.16)

等 级	一	二	三	四
一	800.00	400.00	200.00	105.00
二	700.00	350.00	175.00	90.00
三	600.00	300.00	150.00	75.00
四	500.00	250.00	125.00	60.00

一、本表共分四等十六级,凡技术人员服务本公司者,其薪水均依本表叙给。

二、凡本公司正技师、技师、助理技师、技术员均为技术人员,初叙薪水等级时,正技师应自一等四级起叙,技师应自二等四级起叙,但公司得依其学识经验按等酌叙较高级薪。

三、技术人员进等或进级,一二两等每届三年,年终举行;三四两等每届二年,年终举行。成绩优异或记功者超升;成绩良好无过失者及功过相抵者平升;记过者停升。

四、技术员薪水以升至三等三级为最高限度;助理技师以升至二等三级为最高限度;技师以升至一等四级为最高限度。

五、技师兼任正技师或其他技师职务时,不领兼薪,但公司得酌给津贴。

六、此表惟技术人员适用之,凡〈非〉技术人员及订立合同者不适引用。

公司董事会致盛恩颐函

民国二十六年五月三日（1937.5.3）

总经理台鉴：

昨接第七号来函，请添设襄理一人，并举李君光启充任，陈请核示等因。兹于民国二十六年四月二十九日第五次董事常会提出，经众议决照准。除专函委任李君外，相应函复，即希查照。顺颂

台祺

董事会启

（四）会计所

金忠讚、赵兴昌致夏偕复、盛恩颐函

民国七年三月二十九日（1918.3.29）

总、副经理钧鉴：

敬启者，前奉钧函内开：案查会计所原名收支所，设立之初区为三股，一曰款项，一曰稽核，一曰文书。二年间，于君仲庚接任所长，始改所名为会计，于三股之外，添一统计股，未派股长，即由于君兼任。又以股票处于各股不相附丽，另设一股票处，专司换填股票及发息事宜。上年五月，本经理因本公司产业地连三省，陈明董会派员，设一专股，经管其事，是会计一所，共计五股、一处。兹经详加考察，该所分设各股，有今昔异势，繁简失宜者，亟应量予变通，酌加改组。如稽核一项，本总事务所已设有总稽核处，该股近于骈枝；文书一项，事务简单，无设专股之必要。应将稽核、文书两股撤裁。款项股专司出纳，并直辖各厂矿收支，应将款项股改名为收支股，以副名实，而一统系。统计股综核本公司全局出入营业盈亏暨编制预算决算，今以未设专员，邻于虚设，亟应注重，请以原办款项股股长金君菊蓄，改任收支股股长。以原办稽核股股长赵君炳生，改任统计股股长，仍各支原

薪,并各兼代会计所所长职务。其统计股应用员司,即就现裁之稽核股人员量为支配。所有函牍即由该兼代所长就原办文书股员酌派承充,附于各该股内,勿庸另立名目。至产业股,负有清理保管之责,应与股票处同仍旧贯。似此一变通间,仅存三股一处,人不加多,事有专责,而对于各厂矿收支、统计,亦有统属,不相牵混。业将以上事由,备函提请董事会核议,接奉复开,此案于本月五日常会议决,即照所议改组,函请查照等因,除分致外,合亟具函,改任执事等为收支股、统计股股长,仍支原薪,并兼代会计所所长职务,并希查照函内事理,改组具报等因。

查会计所所长一缺,忠赞等奉委暂代,业已三载有余,所有职务通力合作,所用职员屡加裁汰,名为款项、稽核、文书、统计四股,文书由忠赞兼理,统计并洋文函牍由兴昌兼理,实是只有两股。其股员原隶款项股者,仅有宓松筠管流水,孙紫钦管清帐,徐蕴辉管现款,三人。现以宓松筠、徐蕴辉改隶收支股,而以管清帐之孙紫钦改隶统计股。原隶稽核股者,仅有吴子康一人,管理洋文帐单,现改隶统计股。其原有文书股股员王谓选起稿兼管卷,张建侯抄写兼收发,现改为会计所书记。稽核、文书两股裁撤,产业股、股票处仍旧,业于二月一日实行改组。忠赞等窃维统计一股,于仲庚任内,曾选举专员,锐意整顿,初派段澄甫,继任李震东,并用股员多人,历时至久,卒无成效,以致盈亏总帐,不能核结,不得已仍用旧法,由各厂矿自行结帐,将统计股员司全行辞退,相沿至今,未谋改革。今公司意在改良簿记,已聘请精于簿记之学凌潜夫君,专任其事,正在着手进行。钧意注重统计,调派沈翊青君为股副,循名责实,统计职务须将各厂矿每月帐册核结总帐,事务较繁,恐非原有人员量为支配所可胜任,且各处帐册不能统一,若仍旧贯,不为改良,即使按月汇结总帐,不知营业盈亏,虽有统计,亦无效果。本拟与改良簿记专员凌君商酌办法,再将改组情形呈报,迟迟未复,职是之故。今奉函催,速将改组后员司如何支配,分别详报。捧诵之余,莫名惶悚,而凌君复以调查商务所及栈房事甚亟,无暇及此,只得将改组后员司职务、姓名,先行开单呈请鉴核。至于各处帐册如何改良,以期统一,统计股如何办法,以归至当,俟与凌君详细讨论,斟酌尽善,再行专函具报。稽核一股，业已裁撤，所有会计所每日收付各款凭单以及填出股票、息单存根，息股凭单存根，并各种单据，原由稽核股签字者，仍归兴昌暂兼，本属权宜之举，以后是否送至总稽核处签字，付款凭单是否须经总稽核处复核签字后，再由收支股照付，统祈训示遵行，并函知总稽核处查照，实为公便。专肃。敬叩

公绥

金忠讚　赵兴昌谨启

夏偕复、盛恩颐致公司董事会函

民国七年九月十七日（1918.9.17）

董事会公鉴：

窃惟会计所为本公司全部财政之机关，亦即具体簿记之总汇，事极殷繁，职复重要。前以该所沿用旧式簿记，办法简单，虽月计岁会册籍灿陈，而于资产之实数，制货之成本，款项材料之统记，尚未能精确明白。新式簿记之可以开卷即得，固由官商递嬗情形之特殊，要亦简陋，因仍组织之未善。因即陈请贵会，先从簿记改良入手，以为整理会计之计。当蒙议准，延聘凌潜夫君主任其事，并添雇佐理员，设处筹备。

数月以来，经凌君偕同各员，一再赴厂矿实地调查，逐项考询，并与各厂矿长暨收支、统计、稽核各员，将应行改良事宜反复研究，缮具调查报告及簿记格式，归来复与会计顾问讨论，偕、恩详加考核，觉凌君所拟计画，系就历史之习惯，参照簿记之原理，折衷而定一是。倘能由此循序渐进，自可期达目的。现拟以八年一月一日为本公司实行新式簿记之期，事关除旧布新，是否能推行尽利，必须先行试办，方有把握，拟以本年十月一日为本总事务所试行新簿记之期，各厂矿则期以十一月一日试行。

惟是筹备已完，进行开始，自应将改良簿记专处名义取消，将此一部分人员并入会计所，重行组织，以收通力合作之效，而昭整齐划一之规。兹拟将会计所改设五股，一曰审核，二曰簿记，三曰收支，四曰统计，五曰产业。每股设股长一人，分司职掌，特置所长一人总其成，置副所长一人或二人，

以辅助所长执行职务。所长及副所长职务较重,遴员陈请贵会委任,各股长则由经理等酌派,股长以下,应用股员、学生,就原有人员分别支配。似此有审核以监视用途,有收支以慎重出纳,有统计以综核盈亏,有产业以责成保管,而殿以精密完备之簿记,庶纲举而目张,斯分条而共贯,于以尽会计之能事,收改良之效果,冀可仰副贵会整饬内部,力求发达之至意。兹拟具组织会计所员额、职务章程及系统表,备函送请贵会核议示复,以便遵行,附呈凌君报告、图表,并希鉴察。至各厂矿会计组织,容稍缓再行拟具核议。专此。祗颂

公绥

总、副经理

附:章程、系统表及凌君报告、图表①

[附件] 会计所组织及职务章程

组织 会计所分五股,曰审核,曰簿记,曰收支,曰统计,曰产业。详见附表。

员额 会计所设所长一人,副所长一人或二人,由董事会委任之。各股设股长一人,凡事务较繁之股,各设副股长一人,由经理委任之。每股设股员、学生若干人,由所长荐举,经理委任。

职务 会计所统管全公司会计事宜,所长秉承经理主管本所事务,及监督各厂矿会计处执行职务,并筹备会计上一切应有事宜,以备经理之咨询;副所长协助所长掌管本所事宜,及所长他出时,代理所长职务。各股长秉承所长执行本股职务,分别如左:

审核股 审查各厂、矿、所报告表册,稽核总公司费用,厘订用度,划分科目,比较各厂、矿、所费用之出入,并随时质问费用增减之理由,及编造本公司各厂矿全年之预算。

簿记股 掌管总公司收支往来簿籍,分门登载种种营业之结果,整理

---

① 凌善昭报告及图表,已归入改良簿记专题。

宕欠,结束月帐等事。

收支股　掌管银钱出入,银行往来,厂矿汇划及股票红息等事。银钱收支及银行支票,均由所长及股长双方签字为凭。

统计股　掌管订定表册,编造成本、出产财务种种之图说表式等事。

产业股　保管总公司及各厂、矿、所地亩、房屋等契据图样,并登记现在凡有价值之不动产业,及将来扩充工程上加进之一切资本。

此外,一切办事章程,均遵照本公司现行通例。

夏偕复、盛恩颐致公司董事会函

民国七年九月十七日(1918.9.17)

董事会公鉴:

前以改良簿记处筹备竣事,开始进行,拟将该处名义取消,并入会计所,重加组织,拟具员额、职务章程及统系表,备函陈请核议在案。查拟具会计所职务章程内载,会计所设所长一人,副所长一人或二人,由董事会委任之;各股设股长一人,凡事务较繁之股,各设副股长一人,由经理委任之等语。兹当改组之际,亟应将所长、副所长等,先行请由贵会委派,以便部署。查有凌君善昭,原充改良簿记处主任,呈膺会计所所长之选;赵君兴昌、金君忠讃,前均代理该所所长及任股长有年,呈膺会计所副所长之选。可否俯照所拟委任之处,敬候核议示遵。至该所各股股长,业经经理等遴派,以卞君肇新任审核股股长,月支薪洋二百五十元;以陈君文涛任簿记股股长,月支薪洋二百元;以金君忠讃兼任收支股股长,不支兼薪;以沈君庆坼任统计股股长,月支薪洋一百五十元;以孙君宝琛任产业股股长,月支薪洋二百元。合并报明,即祈鉴察。祗颂

公绥

总、副经理

盛恩颐致公司董事会函

民国七年十二月十四日(1918.12.14)

董事会公鉴:

前以改良簿记处筹备竣事,将所设专处撤销,并入会计所,重加组织,拟具所长、副所长各员名,陈请委任并将派委各股股长员名报明,奉复议准,当经转行该所,于本年十月一日分别就任,并饬将各厂矿所会计事宜筹备组织,以便分派,按期成立各等情在案。兹据该所所长、副所长函称:所有各厂矿所会计一部分,应行改组手续,现已筹备就绪,拟具各项条例、表式单件一份,函请核夺前来。理合将职务简章、职员名额两单,提请贵会核议。如蒙通过,即由敝处执行遵照。祇颂

公安

副经理

[附件] 厂矿所会计处组织职务简章

厂矿所设立会计处,直辖于会计所,统管厂矿所全机关会计事宜,凡出纳银钱、登记帐目、编订表册诸事皆属之。其组织职务如左:

组织　会计处设三科,曰收支,曰簿记,曰统计。

员额　会计处设处长一人,于必要时添设副处长一人,由董事会核准,经理委任之。各科设科长一人,由所长推荐,经理委任之。各科科长以下设科员、学生若干人,由处长推荐,所长委任之。

职务　处长禀承经理、所长,协商厂矿长统掌本处事宜,指率各科长执行职务,负会计上完全责任,凡厂矿所各机关之会计员司及关于会计上种种之经营手续,处长得便宜调度规定之。

副处长帮同处长,办理会计事宜,于处长假出时,执行处长职务。

收支科司存储、出纳、收付、该欠,接洽钱市往来,惟应付各款,除指定另用外,必凭处长之签字为准,收入各款,由收支科长书单送呈处长,处长签字后,由簿记科入帐。

簿记科分两课,曰总帐簿记,曰成本簿记。总帐课司登记银料往来,整理悬宕,审核单据,划分帐目,结束月帐,及其他簿记事宜;成本课司各处出产帐目,登载每种出品之工料及机器时间之消耗,编制各种出品成本表。

统计科司订定各种表册、报告、统计图说及编制预算等事。

会计细则另行订定。

盛恩颐致各厂矿所函

民国七年十二月十七日(1918.12.17)

专启者:

前以改良簿记处筹备竣事,将所设专处撤销,并入会计所,重加组织,拟具所长、副所长员名,陈经董事会核准委任,并由本处遴派各股股长,于本年十月一日成立,改用新式簿记,并饬将各厂矿所改组会计处事宜,妥速筹备,以便分派,于八年一月一日实行,业经通告在案。兹据会计所函报:所有各厂矿所会计处应行改组手续,现已筹备就绪,拟具画一成本条款、职务简章、表式等件,陈请核夺前来,复加查核,尚属妥协,提经董事会议通过。汉阳铁厂会计处委任顾君宗林为处长,许君恒为副处长兼收支科长,陈君吉昌、杨君铨为簿记科科长、帮科长,黄君日新为统计科长。大冶铁矿会计处,委任孙君天孙为处长,孙君河环为簿记科长,马君湛恩为收支科长,刘君琢为统计科长。萍乡煤矿会计处,委任李君赐求为处长,屠君鹤清为副处长兼收支科长,凌君子贞为簿记科长,屠君浚为统计科长。运输所会计处,委任汉厂会计处长顾君宗林兼充处长,林君天吉为副处长,樊君维新试署簿记科长,金君忠谅为收支科长,朱君达辞为统计科长。所有各处收支、簿记、统计三科,均隶属于各该会计处,以期统一,而资联贯。除分函委任外,合亟通告,并将画一成本条款、职务简章,另纸抄送,即希查照。此致

总稽处、商务所、运输所、汉阳铁厂、大冶铁厂、大冶铁矿、萍乡煤矿

副经理

[附件] 改组会计所画一成本办法条款

本公司改组会计所,画一成本办法条款二十二条:

一、由八年一月一日起,各厂矿所不再摊负总公司费用,惟总公司代购材料,酌抽佣金二厘五。

二、厂矿所固定资产之原值作为总公司之投资。

三、汉厂历年盈余帐拨归总公司。

四、萍矿历年亏损帐拨归总公司。

五、厂矿所之股票、借票、一切有价证券及其他无形资产,悉归总公司经管。

六、各厂矿所所有债务、股本及应负之债息、股息,悉由总公司担任负责。

七、各厂矿所所有废铁、废钢、牧蓄、种菜、教育等款,悉宜拨登厂矿所正帐。

八、由八年一月一日起,各厂矿所一切固定资产,均以长年息八厘,按月转总公司帐。

九、汉厂旧有之沪栈码头及该码头之小轮渡,应归总公司直接经管。

十、长沙、汉口、汉阳分销各局,由商务所经管。

十一、各厂矿应收未收各帐,悉由总公司负责。

十二、堆存于各分销局之煤焦,应由商务所经管。

十三、汉厂之汉平轮船及轮驳,拨归运输所经管,轮驳价值照原造价及李厂长估单为标准。

十四、萍矿旧有轮驳拨归运输所,其价值照该矿轮驳基本帐。

十五、株洲、杨梅洲、豹子岭、虞公庙、城陵矶、汉阳、汉口、武昌,一切地亩、房产、堆栈、驳岸、趸船、家具、生财等,悉拨归运输所经管。

十六、汉厂拨入冶矿洋例五百万两为该矿资金资产。

十七、保险:

轮船按月三厘(汉平外保);

驳船按月二厘(由汉运沪之钢铁外保);

煤焦自保　　由株运汉，值千抽二；

　　　　　　由岳运汉，值千抽一；

　　　　　　民运，值百抽一。

矿石　　石灰窑至汉，值千抽一。

十八、折旧利率：

大冶、萍乡之矿区，折旧以存矿之多少为准，折中估计萍乡积煤约可三千万吨，冶矿约可二千五百万吨，两矿折旧便以此数为准。

地亩，无折旧。

机器、房厂、住宅，以五厘折旧。

码头、栈房，以二厘五折旧。

轮驳，以五厘折旧。

家具、零星什器，概不折旧（价在一百五十元以上者不在此例），新添配换之件，当由用度帐列销。

十九、由八年一月一日起，总公司、各厂矿所帐目，一律改银圆为本位。

二十、萍矿两等小学教育捐，于本年底取消，其历年提存之款作为该校基本金，全数拨归总公司，或存银行，所得利息作为该小学长年经费。

二十一、汉阳之钢铁，萍乡之煤焦，大冶之矿石、哆啰石及白石等产品，均当以该产品之成本直入商务所帐，所有售出，悉由商务所经管，即厂矿产品之互售，亦须由商务所转帐。

二十二、厂矿产品由厂矿运抵码头，便属商务所经管，其由厂矿码头运至承销地点之运费，应由运输所与商务所清算，与厂矿无涉。

以上各条均自民国八年一月一日实行。

七年十二月十四日董事会核准。

又，十六日经理处颁行。

夏偕复、盛恩颐致公司董事会函

民国八年四月十八日（1919.4.18）

董事会公鉴：

查上年改组厂矿会计所，已经贵会核准在案。惟大冶铁厂因值建筑时代,诸从简略,尚未实行,现查冶厂工程进步甚速,观成有期,一切帐项,逐渐加繁,自应查照成案,组设会计处,以资划一。拟将该厂原有之统计处、收支处,均改为科,并添设簿记一科。现办统计处长潘伯华,另有差委,查有朱起蛰,在美国工商等大学毕业,并在纽约美字行实习一年,拟委任为统计科科长,兼簿记科科长,月支薪水一百七十五元,自到厂日起支,即就统计处原有员司支配,不另添人,以资撙节。收支科科长,即以原充收支处处长费相善改任,仍支原薪。至会计处长一缺,容俟遴选相当人材,另行报委外,所有冶厂组立会计处,将统计、收支改处为科,并添设簿记,遴委科长各缘由,理合陈请贵会备案,以便分委遵照为荷。祗颂
公安

总、副经理

赵兴昌、金忠瓒致夏偕复、盛恩颐函

民国十二年九月一日(1923.9.1)

总、副经理钧鉴:

查敝所改组之后,关于帐务司理其事者,分设三部:曰审核股,审核各厂矿所报告、表册,稽核总公司费用及本公司全年预算等事;曰统计股,编造各项财务、出产成本表册等事。旋因总稽核处实行稽核总公司费用,敝所之审核股有类骈枝,遂行撤销,所司之预算一部归并于统计股兼管。此项预算虽每年编制,然平时用款,除经常费用外,并不事事根据预算范围,在昔财源充裕,应付因不觉困难,及今款项支绌,所有用款均须先事筹备,稍不经意,即形竭蹶,爰拟嗣后对于平时核定用款,及未来出纳,均应另立簿册,根据预算缜密审查,毋使逾越,庶于筹措分配款项,亦有所凭藉,不致临时贻误。故敝所目前要图,似应别立一部专行监管预算,惟此一部拟不再另设专股,盖预算、统计与簿记,均有联带关系,似应一气呵成。倘另立一股,难泯轸域之见,且各股办事,互有繁简之时,界限既分,即难期相助为理,现拟设立预算专部,而统计股股长缺尚虚悬,拟即趁此归并,将簿记、统计、预算三股合并一股,定名曰综核股,或他相当名称,设股长一人,而于簿

记、统计、预算三项，各设主任一人，各股员应司职务，随时由股长指派，庶通力合作，收效自易。兹拟以簿记股长陈希濂改任综核股股长，兼簿记主任；预算拟以费敏士为主任；统计拟以唐世仁为主任。所拟是否有当，伏乞钧裁核夺施行。专肃。恭叩

公绥

赵兴昌　金忠讚谨启

［附件］　改组大纲

谨拟会计所簿记、统计两股合并改组大纲：

一、会计所管辖之簿记股所司一切登记簿籍，结算帐目事务；统计股所司一切编造各处经费，各项生产品成本表册报告事务以及编制预算，比较决算事务。今拟统行归并一股办理，更名曰综核股。

一、该股设股长一人，秉承所长掌管全股事务，并指派各股员应司职务。

一、该股股长之下，分设主任三人。一总司一切关于簿记职务，曰簿记主任；一总司一切关于预算职务，曰预算主任；一总司一切关于统计职务，曰统计主任。

一、该股员司人数以适敷应办各项事务为限，各股员应司职务均听受该股股长随时指派办理。

公司董事会致盛恩颐函

民国二十三年六月四日（1934.6.4）

总经理台鉴：

接第三号来函，查报故收支万庆兰亏欠款项数目，对于该故员家属应如何办理，请核夺等因。兹于民国二十三年六月一日第十次董事常会提出，公议：故收支万庆兰身后亏欠竟至十余万之巨，实属出人意料之外，公司款项即股东之资金所在，关系綦重，应责成总经理及会计所正副所长迅即通知该故员保人履行保单。此事总经理及会计所正副所长均属失察，而

公司平日财政出纳,会计顾问亦有调查之责。应请总经理商诸顾问拟具报告复会核夺云云。相应函达,希烦查照办理为荷。顺颂

台绥

董事会启

(五) 商务所

公司商务所分股办事细章

民国七年三月八日(1918.3.8)

一、总纲

本细章系遵照董事会颁行之商务所办事章程以为总纲,而分别各股之办事细章如左。

二、办事细章

甲、各股之共同细章

(一) 按章程股员秉承于股长,股长秉承于所长或副所长,毋得凌越。

(二) 如股员办事不妥,或对于该管股长有不服从命令情事,该股长得告知所长或副所长,加以应得之惩戒,若情节重大,立予开除。

(三) 如股长办事不妥,或对于所长、副所长有不服从命令情事,由所长呈明经理核办。

(四) 各股员对于本股应办之事,须先商明该股长,不得越商所长或副所长。

(五) 各股长对于本股应办之事,须商明所长或副所长,不得越商所长以上之高级机关。

(六) 副所长于所长在位时,帮同办理本所重大事宜,并帮同督率各股。如于所长出差或出缺时,得代行所长一切职权。

(七) 各股所管之事,除细章声明须分别按日或按事报告经理或各他所之外,如有认为与其他机关有关系者,应函电或填写通告单,相与接洽,

而免隔膜。

（八）各股之事，如所长认为特别重大者，须呈明经理核办，其有对外之重要函件、合同，须请经理签字者，由该管股长拟稿，转呈所长或副所长呈请经理签发。

（九）各股长、股员于规定办事时刻（九点至十二点，两点至六点）到所办事。每日到所时，于考勤簿上亲自填写签到。该簿于每早九时半，由所长缴阅，如有迟到之员，须详明理由，如不充足，则认为迟惰，由所长随时登记，每半年详加考语，陈报经理核办。

（十）每半年之考语，股员由股长拟稿，由所长核定，惟股长则径由所长自定考语。

（十一）无论所长、副所长、股长、股员，如有事或因病请假，除遵照本章程分别请假外，仍须按照总稽核处原订加奖扣薪章程办理。

（十二）各股逐日所办之事，按日结束后，由股长亲自摘要填写于核定格式之上，各自盖章或签字，由所长加盖图章或签字，汇呈经理查阅。

（十三）各股之一切契据案卷，即责成该股长妥为保管。

（十四）一切各员对于公司之事，须一律保守秘密。

（十五）一切各员如未得公司特许者，不得兼管公司以外之职务。

（十六）各股对于公司其他各机关及对外之函件，不论华文、洋文，统由股长主稿，由所长或副所长核定签发。仍由该管股长于存案底稿上副署，以昭慎重。

（十七）各股长、股员，无论买卖于磋商渐将就绪之前，须商明所长或副所长，方得订实，不得擅自订定。

（十八）如有特别要事，未经办竣，虽已届离公时刻，或例假期内，所长或副所长得指派该管之某股于离公时刻后或假期内，赶为办竣，由所长陈报经理准该员等另行给假，作为补假。

乙、各股之特别细章

售销股

（一）本公司之出品，均归该股售销。

（二）该股对于本公司出品之出额，除各厂矿自用之外，应可出售若干，每年拟定预算（须根据于各厂矿之出货预算），随时按照市价觅销，如有大宗抛售者，由股长商准所长，报明经理方得订定，并通告会计所，以定收入之预算。

（三）该股须随时探听汉、沪、美国及日本铁价及日本煤市，以酌定我出品之售价，如须随市增减，由股长随时商明所长，按市核定。

（四）本公司出品，以日本为最大销场，惟若非绝对必要时，宜认定在汉、沪交货，售银价勿售金价之宗旨。

（五）该股售货，固宜推广，但须求得比较的善价，尤不可贪做多抛，以免有交货不及，反成交涉之虑。如系钢料，沪无现货者，必须电询汉厂，如有现货或可接造，方宜订定。

（六）每售货交货，仍照旧分别填写报单，分别报告。

（七）凡买客定购期货，除大铁号、大洋行等，不须付定银外，其余买客，均宜酌收定银一成至三成，由股长酌看情形与客商定。

（八）本国、外国煤铁市面情形，每月一次，由该股协助所长或副所长，详细调查，汇报经理，及调查本国、外国钢铁销行品及数目，详细列表，一同汇报。

（九）如将来于他埠设有商务分所时，各分所之售销报告函件，均由该股核办。

采买股

（一）本公司各厂矿之购用品，均由该股采买。

（二）该股对于各厂矿之购用物料，除随时按厂矿购料单，分别从廉采买，从速接济之外，应每年一次，向厂矿征求用料之预算，预备向外洋厂家整数订购，照每月之需额情形，订明分批交货。如系特别大宗，须随时商明所长，报告经理，方可订定。

（三）该股须协助所长，随时探听中外物料价格之有关于本公司需用者，按月列表报告经理，并分寄各厂矿。

（四）如所购之品，系应由驻英代理代购者，所有与该代理往来之函件,抄录一分寄与有关之厂矿,使之接洽。

（五）所购之品,务宜酌量盈虚,不可使厂矿缺乏,亦不宜一时太过多购,以耗利息。

（六）每月购料情形,按月造表报告经理。

（七）如定购之大宗物料,订明交价期限者,须预先与会计所接洽,预备照付。

（八）如将来于他埠设有商务分所时,所有各分所之采买报告函件,均由该股核办。

船务股

（一）本股虽系暂定机关,其未改隶之前,仍归商务所管辖。

（二）各股应有转运之货载及报关事务,均由该股妥办。

（三）该股所经管之船务,务须加赶船期,从速起卸。

（四）汉平船往汉,如须兜揽外货,务须认真兜揽,以推广该船之水脚。

（五）代各股所转运之货载,如于转运前,查有破坏及短少,须会商各专股,妥为理处。

（六）如有大宗外货,或须汉平船全载或分次装完者,须商明所长,报告经理,方得揽定。

（七）该股所收付之款,须设一详细总册,登记每项收付之详细及收票或支票之号数,以便存查。

事务及帐务股

（一）所有本所不论何股应收应付之帐单,均由该股复核注册。

（二）所有售品及其他应收之款,由该股催收。收到时,开具收票,详叙细节,交所长签字,送会计所核收。

（三）本所不论何股应付之款,于接到发票时,先行核算注册,按订定时期核付,由该股连同原发票,开具支票,由所长签字,送会计所照付。

（四）如有应付之付款,银数太巨者,应预先告知会计所,以便预备。

（五）凡系本所事务不属专股者,由该股秉承所长办理。

夏偕复、盛恩颐致公司董事会函

民国八年八月十九日(1919.8.19)

董事会公鉴:

　　窃维商务所为本公司唯一之营业机关,举凡国内国外售销货品均属该所职掌范围。六年二月间,陈准裁撤武汉萍矿运销局改设运输所以来,运务虽就统一,而销售煤焦现由裁局之卢君鸿沧设所批发,销售钢铁仍由汉厂商务股管理,事权不一,统系亦淆,管理上已失统一之方,即营业上不免有偏畸之外,殊非所以专责成而重商务。上年改组商务所后,即与该所长筹设驻汉分销处,直隶于商务所,将武汉销售钢铁煤焦事务归并该处,商承所长办理,并饬物色相当人材,以备出张之需要。嗣据倪所长保荐辛君耀庠,堪胜此任,先令在所随同练习数月,近偕该所长赴汉,逐细调查商情,相度设处地点,并与汉厂运输所各长及卢君鸿沧接洽一切。兹据倪所长拟具分销处办事章程,附员额薪费清单陈请委任前来,当将章程详细审核,大致尚妥,并据函称分销处地点以汉口歆生路一带为适中,业经租定房屋,以备开办等语。兹将章程清单另纸录送,即请贵会核议见复,即便委任辛君前往开办,并将应行裁并机关函知裁并,所有应设驻汉分销处遴员筹备情形及拟具办事章程送候核定各缘由,理合函请议复饬遵。祗颂

公绥

　　附章程清单

总、副经理

[附件一]　商务所驻汉分销处办事章程

第一条　驻汉分销处应归商务所管理,承办左开业务:

一、专管武汉三处售销钢铁煤焦事宜;

一、调查报告市面情形;

一、商务所特别委任事项;

一、各厂矿委托采购物料。

（说明）萍矿、冶矿及冶厂时有零星各项物件在汉口购办，萍矿系托运输所代办，冶矿则采办员自行赴汉，冶厂且有驻汉采办处专司其事，现公司既在汉口特设机关，此后各厂矿有须在汉购办物料，自应责成经办，以免纷歧，而资撙节，惟物品之优劣及价值之贵贱，仍应由各厂矿核定，庶免专擅冒滥诸弊。

第二条　分销处设处长一人，处员四人。

处员由处长陈请商务所长报明总、副经理任用之，但遇必要时，处长得以雇用临时雇员，至多不得过二人。

第三条　处长听商务所长之指挥，承办分销处一切业务，负其责任。

处员听处长指挥办事。

第四条　分销处经管售销事宜，依照左开办法：

一、处长对于零星销售有按照市价便宜行事之权，惟每次钢铁交易价额如超过三千两，煤焦交易价额如超过一千两，须请示所长核准，方能定夺。

以上价额限制，仅指一客一次交易而言，倘一客于一星期内连买数次，价额总数竟超出限定银数，则处长须预先注意随时报告所长核行。

二、购户定货，须印发合同六份，除分处暨购户各执一份外，其余四份，一交商务所，一交会计处，一交汉厂，一交运输所。

三、凡售出货款应由分销处长负完全责任。

四、购户应付价银凭分销处开出之发票，径交会计处签收，分销处即凭会计处已经签收之发票随时登记。

五、所有钢铁、煤焦限售与厂家，以及实在自用之户，凡做空盘之客，一概拒绝。

第五条　处长须于每星期将分销处售销数目及当地市面情形，详细报告商务所长。

第六条　分销处员司可由处长察看情形分派职务，倘有不称职及非法行为，处长有随时更换撤退之权，并得先行派人代理，一面具报商务所长转陈总、副经理核夺。

第七条　处长可于分销处预算经费范围以内随时察酌挹注。

预算不敷或预算以外所用之经费,须预先报告商务所长核定。

第八条　分销处每年应需经费预算,应由处长于九月以前提出于商务所,听候核夺。

[附件二]　商务所驻汉分销处员额薪费清单

处长一人,月支洋三百元。

分销处房租、电灯、煤水、仆人工资(仆人三名,厨役一名)以及因公宴会均准开支。

所员四人,薪水由商务所长核定。

开办经费,如处内因公应用器具及装修费,均由处长购置,核实开支。

倪锡纯^①致夏偕复函

民国十年九月十日(1921.9.10)

经理钧鉴:

顷奉发交总稽核处及考功课拟复敝所转据沪栈拟陈投标包工广告及工头承揽书、承包小工头简章等件,并蒙批谕:照考功课所拟办理,如有未尽之处,仍准建议等因。

查考功课所拟第一节,以栈员可以随时查察工头帐目一节,似乎吾栈中出入记帐全由工头为之,而自己反无帐略等语,不知工头帐目与沪栈帐略,本系截然两事,栈员所以要求随时查察者,不过欲知其内容,预杜流弊起见,完全为监督性质,与沪栈帐略原无关系,故此条已照拟删除。

又,该课所拟第二节,以我公司帐略,均用中文,何以扛力帐必须译成洋文等语。查扛力帐,由中译英,系沪栈因便于敝所登载帐册起见,故有此项规定,然此事系敝所与沪栈手续问题,本可毋庸订入,故此条亦照议删除。

①　倪锡纯(1879—1933):字燮臣,上海川沙(今浦东)人。时任公司商务所长。

又，第三节，客家寄存煤炭，须津贴煤客之回佣，如能革绝，则最简易，设或不能，亦只能由公司支给，万无由客家与工头直接之理等语。查回佣一层，从前因煤船无多，不得已设此招徕之法，今则情形大异，客家只恐有栈不予借堆，此项回佣实际早已革除，故此条亦已照删。

又，第四节延误船期，乃栈房与小工头最重要之责任，而章程中并不规定罚金等语。此层所议甚是。惟轮驳吨位各有不同，即过期罚金，因之互异，似难规定一定之数目，兹拟按照轮驳与客家所订过期银两作为标准，照数罚赔，已于承包小工头简章第五条照议加入矣。

再，总稽核处所拟扛力月结，由承包人开单，经栈长核准，加造正式帐单签字后，转呈商务所核发给领下，应添该栈长并将清单多备一份，径送存查一节。查加送清单，系属敝所对于总稽核处之事，似不必将此节加入承包简章之中。惟总稽核处为便于核签凭单及查对帐目起见，函请加送，敝所自应照办，以备查考。除以原包小工承揽届期为日无多，已登报招雇并将议定简章等件印发沪栈查照办理外，所有奉谕建议各节，理合详细缕陈，并将投标包工广告及工头承揽书、承包小工简章等件，另纸修正录呈鉴核备案。是否有当，仍候裁示祗遵，奉发原件随函附缴。专肃。敬颂
钧绥

商务所所长　倪锡纯谨启

[附件一]　承包小工头简章

第一条　本公司沪栈地点在浦东南码头。

第二条　愿充此项工头者，必须确有经验及有妥实商号担保者，方准承包。

第三条　承包人须遵守本栈所订小工规则及栈长命令，并须服从员司之指挥。

第四条　所包小工，专为搬运钢铁、煤焦、机器等件，由码头扛至本栈范围之内经栈员指定地点堆放，或由栈内堆放之处扛至码头或记号驳船之舱面，不论远近，扛费一律。

第五条　承包人自接办后,应时常备足小工,无论天气风雨寒暑,均须扛运。如因小工不足,延误船期,应按该轮驳与该客家所订过期银两,照数罚赔。

第六条　设有延误船期之事实,因起舱小工不敷所致,或有别项事故,实非承包人权力所能及者,承包人应预先报告栈长,由栈长查明核办之。

第七条　所有各项扛力,一经订定,在承包期限内,不得要求加增。

第八条　承包人在承包期限内,如有要挟罢工及不正当之行为,致本栈有所损失,均由保证人负责赔偿。

第九条　各项扛力按一月一结,每届月底,由承包人开具正副清单两份,呈交栈长核对无误,即由栈长加造正副帐单各一份,送请本公司商务所核明发价。

第十条　承包人于规定包价以外,不得私向客家需索分文。

第十一条　承包人应负约束所属夥友及小工人等,在本栈范围之内,不得滋生事端,及吵闹斗殴情事,违者议罚。

第十二条　本栈设有公共厕所,承包人须传知各小工,不得随意大小便,以重卫生,违者议罚。

第十三条　本栈起存钢料,名目繁多,空舱后应多备小工,听候管理员指挥拣选,分别堆放,承包人不得藉口小工缺少,致有延误。

第十四条　所有应用灯火、煤铲,由本栈供给,惟放工时不得携带出外,如有缺少,归承包人赔偿。

第十五条　所有应用绳索、罗扛及天雨时小工所着综衣,统归承包人自备。

第十六条　本栈扛运时间,日工计十小时,上午六点半至十一点半,下午半点至五点半。又,夜工上半夜六点半至十一点半,下半夜半点至五点半。其时间或有变更,由栈长随时布告知照。星期日及封关日,停止扛运,但遇船期迫促,仍一律照常扛运,不得推诿。

第十七条　本章程如有未尽事宜,本公司得随时修改之。

[附件二] 沪栈小工规则

第一条 凡承包人所雇夥友及小工等,均须遵守本码头规章、命令,服从员司之指挥。

第二条 每日开工、停工,均以钟点为准,不得先后。

第三条 放工时,如有特别事故,得由巡更巡警搜检之。

第四条 小工遇有疾病或因公受伤,得由领工向工头报告后,方得外出,或送医院诊治,或回家听便。

第五条 如有小工盗窃本码头货物等件,立即送交警局究办,一面责令承包人如数赔偿。

第六条 如有小工盗窃本码头货物,而由他小工报告巡更或巡警因而查获者,得与相当之奖赏。

第七条 凡小工在工作日间,不准有一切不正当之行为。

第八条 本栈扛运时间,日工计十小时,上午六点半至十一点半,下午半点至五点半。又,夜工上半夜六点半至十一点半,下半夜半点至五点半。其时间或有变更,由栈长随时布告知照。星期日及封关日,停止扛运,但遇船期迫促,仍一律照常扛运,不得贻误。

倪锡纯致夏偕复、盛恩颐函

民国十年十一月十六日(1921.11.16)

总、副经理钧鉴:

沪栈招雇工头开标,前经钧座择定二标杨宝记承充在案。该工头业于十月一日遵照规定各章程,前往码头接手,办理月余,尚无贻误。除已饬该工头补具承包书一份、保证书两份,存所保管,以资正式外,理合将该项工头接办日期呈报备案,并将承揽书、保证书等照录一份,附呈钧察。肃颂
勋绥

　　　　　　　　　　　　　　　倪锡纯谨启　沈庆圻代

附:承揽书印底一份、保证书印底两份

[附件]

(一) 承揽书

具承揽书杨仲甫,年四十五岁,上海县人,现住新闸大通路新康里一千零四十八号,曾充太古怡和、海洋社等小工头念余年,今愿承充贵公司沪栈小工工头,所有规定章程,均愿一律遵守。兹将各项货件扛力,开列于后,特具承揽书并保证书为证。此上汉冶萍公司查核。

具承揽书人　杨宝记(印)

具承揽书人　杨仲甫(印)

保证人　万丰永记(书柬)

恒兴祥(书柬)

中华民国十年九月十五日

计开:

一、生铁、钢料、煤炭上下扛力,每吨铜元四十五枚。

一、焦炭上下扛力,每吨铜元五十五枚。

一、转栈煤炭,每吨铜元十二枚。

一、转栈及拣选钢料,大件按条每条铜元八枚,小件按吨每吨铜元十四枚。

一、夜工费,不论钢铁、煤炭,每吨另加铜元七枚。

一、大件机器、笨重箱件,其重量在一吨以上者,扛力随时另议。

以上规定各项扛力及承揽书,均以一年为期,期满继续与否,均于一个月前知照另订。

(二) 保证书

具保证书恒兴祥,今因杨仲甫承充贵公司沪栈小工工头,自接办后,在承包期限内,如有违背承揽书及贵公司章程等事,因此致有损失,均由保证者愿负如数赔偿之责。特具保证书存照。此上汉冶萍公司查核。

中华民国十年十月一日

具保证书　恒兴祥(书柬)

保证人履历如下：职业钟表

商号职业住址：法大马路天主堂街

号东或经理人姓名、住址：

具保证书万丰永，今因杨仲甫承充贵公司沪栈小工工头，自接办后，在承包期限内，如有违背承揽书及贵公司章程等事，因此致有损失，均由保证者愿负如数赔偿之责。特具保证书存照。此上汉冶萍公司查核。

中华民国十年十月一日

具保证书　万丰永、万丰记（书柬）

保证人履历如下：

商号职业、住址：法大马路西自来火街。职业茶叶。

号东或经理人姓名、住址：

（六）运输所

夏偕复致公司董事会函

民国六年二月二十八日（1917.2.28）

董事会大鉴：

敬启者，去冬偕、恩周巡厂矿，实地调查，知各部组织，均非大加整顿不足以收发展之效果。运输一事，尤为现在亟待改组，不容少缓者。查本公司轮驳一项，投资甚巨，而管理调度不得其宜，以致运输疲靡，害及出产。汉厂、萍矿各有轮驳，畛域太分，酌剂甚难。汉厂轮驳专运矿石，而有不足之虑，萍矿轮驳专运煤焦，而多半朽坏，且司其事者积习尤深，运务不得其宜。于是汉厂今日呼矿，明日呼煤，卒致有现在停炉待料之现象。虽曰天时与有力焉，然亦人谋之不臧有以致此。且平日铁厂厂长之精力大半消磨于运务纠葛之中，而于工程进行反不能专心一志，甚非所以重工务也。兹拟嗣后一切运输事宜，由总事务所直接管理，另设专司，定名曰运输所。凡铁厂所需矿石、煤焦，均由该所专司供应；售出钢铁、煤焦，亦归该所司理运送;所有各处堆栈均归该所节制,以专责成,而一事权。惟轮驳一项,虽应在运输所范围之内,而事体繁重,势不得不另设机关,以资佐理。兹拟于运输所之下另设一轮驳处,专司航行事业,事事秉承运输所办理。凡转运煤焦、矿石,均照市计算水脚,另结盈亏,以资比较,而策整顿。似此运输既有专所,轮驳复设专处,事分而权不分,责专而效自见,煤焦、矿石无供求不济之虞,厂长有肆力工程之地。为整顿运输计,实所以为趱赶出货计,目前要著,莫逾于此。兹将运输所及附属之轮驳处应行职务及员司额数,分别拟呈。祇候公决。即颂

均绥

[附件] 运输所职务与员司数额

运输所职务

一、铁厂所需各种矿石、煤焦,均由厂长于每年终将明年应需之数详列清表,并每月终将存厂若干、下月应需若干,再列一表,报知总事务所,由运输所查照此项通告,筹划供应方法,务使不致稍有缺乏。

一、商务所售出各种钢铁、煤焦,订明何时交货,先期知会运输所,由运输所预为妥筹,按期运交买主,不得延误。

一、运输所查照铁厂及商务所通告后,先将自己轮驳力量估计能运若干,其多余之数再另雇商轮或民船转运。

一、运输所专负转运之责,至于码头装卸,仍由厂矿负责。如船到码头,厂矿不能如期装卸,厂矿应负完全责任。惟煤焦上游装载仍由运输所负责。

一、运输所查照铁厂通告后,应即陈明经理,函知各矿长接洽妥当。如矿上不能如期交货,应即陈明经理严催。

一、运输所应将所有各轮驳装载吨位之多寡,先与厂矿订定每次装卸须若干时间,如有不能按照订定时间装卸,运输所可向各处计算损失罚金。

一、运输所自己轮驳载运货物,亦应比照商轮水脚,酌中订定,所用煤焦亦照市酌定价值。

一、水陆两路运道如有改动之处,应由运输所预先计划,陈明经理核定。

一、轮驳如有损坏,运输所应负保持及修理之责。

一、公司所有轮驳之资本利息,应划归运输所之轮驳处计算,每年另结盈亏。

一、运输所应将各轮驳开行次数、装载吨数,按月造具表册,报告经理查阅。

一、各轮驳应行修理时,由运输所先期估计修理费用,报告经理核定后,再招商投标承修。

运输所员司

所长一人:专司供应厂用原料,筹划改良运道,节省运费及轮驳处一切运输事业,并督率所属,经管各务。

稽查一人:常川往来长沙、岳州一带,督理转运,并助理所长筹划改良运道及堆栈码头。

船务司领一人,司事二人:管理民船到埠挂号及核算水脚。

交货司领一人,司事十人:管理各处交货及过磅。

洋文书记二人:管理报关及抄写洋文、打字。

华文书记二人:管理抄写华文函牍并造表册。

直辖轮驳处各项员司

主任一人:专司航行事业,支配轮驳装载及开行日期,督率各轮驳大副、水手等掌理职务。

轮机技师一人:管理各轮机器及节制各轮机匠。

督修一人:管理各驳船修理事项。

材料司领一人,司事二人:管理收发材料及核发各轮用煤。

书记二人:管理来往函牍及抄写造册。

庶务一人:管理一切杂务。

公司董事会常会议案

民国六年三月一日(1917.3.1)

　　公议:综阅三函并所拟职务员额条款,将矿石、煤焦运务专设一运输所暂理其事,并以厂矿轮驳并设一处,隶属运输所之下,归其节制;销售煤焦事务则归并于商务所管理。事有统分则责有专归,办法洵属至当,深表赞同。所请以潘君毓初委任运输所所长,亦即照准。惟所拟职务条款,事关改组,不厌求详,应请总、副经理再与商务所长及新设之运输所长悉心商酌、务祈完密,以利施行。现设武汉萍矿运销局,一俟运输所成立,即行裁撤;所有岳、长、株、豹转运各机关,统归运输所管辖,切实整理,并通告各厂矿一体知照。至卢君鸿沧,服务多年,资劳久著,应聘为本公司高等交际员,仍支原薪,以示优异。即请总、副经理分别查照办理,并于此事改组完全,汇报备查。

潘国英致夏偕复函

民国六年三月十一日(1917.3.11)

经理钧鉴:

　　接奉三月五日公函,以现于公司总事务所下设立运输所,管理运输事宜,所有萍矿运务事宜及汉厂轮驳事宜并公司商务所所管运输事宜,均归管理。委任国英为运输所长,月支薪洋四百五十元,订定职务员额一单,饬查照办理,于交受清楚日具报备案,附来单一件。又奉六日公函,饬照所订职务,分别前往接收萍运局及汉厂轮驳,即暂在汉阳地方将运输所成立,所中应设员司,除稽查一职已委任李君慕青外,其余应即遴选贤能,拟定薪数,呈候核用。武汉萍运接收后,其名目即行取销,旧有员司一律解散。如有勤能诚信者,自可酌留,万勿从滥。其株、岳、长、豹等局,亟应归并裁汰,切实办理萍汉运务。办有端绪后,再行接管公司商务所运务,以一事权而专责成各等因。奉此,查运输事繁责重,猥以菲材,辱蒙委任,深惧不胜,加以辛亥以后公司轮驳多数损坏不敷,故前次奉召来沪,即经辞谢,以避贤路。今既不获命,自当遵照,就汉阳设立运输所,先行接收萍运及汉厂轮驳事宜。所幸公司总事务所不久移汉,得以就近请示遵循,差免陨越。惟奉颁发订定职务员额,实不敷派用,谨另拟一单,附酌定薪水数目,呈祈核准。至收支一部分,随在须款应付,为刻不容缓之机关,是否悉仍萍运之旧,乞赐明示。吴厂长于前星期六赴冶,命由国英兼代职务,应俟吴厂长回日,于汉厂商务股事务交卸后,即行设立运输所,以便接收萍运及汉厂轮驳事宜,并以附及。专复。祗颂

公绥

潘国英谨肃

[附件] 运输所员司及月薪

谨拟运输所人数及拟给月薪,呈请鉴核。

所长一人

稽查一人

洋文书记一人:管理洋文函件并打字,拟给月薪洋七十元。

(说明)运输所开始成立,对外之洋文函牍,想不甚多,故洋文书记暂用一人。

华文书记二人:管理华文函牍,并造表册。一拟给月薪洋六十元,一拟给洋四十元。

报关兼庶务一人:拟给月薪洋三十元。

轮驳处司领一人、司事一人:管理轮驳到开、缮写工食凭单等事。司领拟给月薪洋五十元,司事拟给洋三十元。

(说明)厂矿两处拖轮共二十一艘、驳船百数十号,若只一人,实不敷办公。

轮驳处报关一人:拟给月薪洋二十五元。

(说明)株、长、岳所来煤焦,系报南关,且须验关,事务繁多,运输所之报关司事实不能兼顾。

轮驳处驻汉厂东码头、武昌鲇鱼套、大冶石灰窑司事各一人:驻东码头

司事拟给月薪洋三十元,驻鲇鱼套司事拟给洋三十元,驻石灰窑司事拟给洋二十元。

(说明)汉厂轮驳处向在汉阳东码头及大冶石灰窑各设司事一人,指挥轮驳装卸,稽查搭客等事,萍局向亦有司事驻武昌鲇鱼套分管船务。

轮机技师一人、副技师一人、司事一人:管理各轮机器及核发船用物料。轮机技师,照合同给月薪洋四百元,房租洋八十元,副技师拟给洋五十元,司事拟给洋二十五元。

(说明)汉厂轮驳向雇用洋工师名亚是梯劳,管理各轮机器及核发船用物料,今拟请其兼管萍矿各轮机器及核发物料等事,惟船只繁多,一人不能兼顾。查萍局本有一总大车管理修理事宜,今拟即派其为洋工师之副,既可助其管理机器,并可为其通译,缘船上司机多不通晓英语也。至司事一人,系管理缮写领料凭单及登册备考等事。

督修二人:管理轮驳木工修理事项。一拟给月薪洋五十五元,一拟给洋三十元。

(说明)汉厂轮驳向有总木匠一人,月薪洋五十元,管理修理轮驳及趸船,并助洋工师核发船用物料,今拟请其兼管萍矿轮驳修理。惟船只繁多,每日船到须至船上察看,且遇有修理时,逐日须往监督,一人实难兼顾,故拟多用一人。

民船处司领一人、司事二人:管理民船到埠挂号及核算水脚等事。司领拟给月薪洋五十元,司事一拟给洋三十元。一拟给洋二十五元。

帐务处司事五人:二人各拟给月薪洋四十元,又三人各拟给洋二十五元。

(说明)轮驳帐目繁多,且须核计盈亏,造表比较,故须设立一帐务处。

材料处司领一人、司事二人:管理收发材料。司领拟给月薪洋五十元,司事各拟给洋二十元。

交货处司领一人、司事十人:司领拟给月薪洋三十元,司事各拟给洋二十元。

合共三十九人,较来单计多十人,为办公利便起见,似不能再减。惟目下外销不多,交货司事似暂可不必用至十人之多。

潘国英谨具

吴健致夏偕复函

民国六年三月十七日(1917.3.17)

经理钧鉴:

奉三月五日第八号公函,行知现公司总事务所特设运输所,委任潘君毓初为所长,所有汉厂、萍矿之轮驳均归运输所附属之轮驳处管理,饬将此间轮驳即划归该所长接收;公司总事务所未移汉以前,现所遗商务股长职务应派员暂代等因。奉此,业经遵照将轮驳划归潘君接收,并派洋文书记许君志澄暂行兼管商务股事务。惟关于装船及报关等事,暂托仍由潘君主管,已与潘君面洽矣。谨具缄报告。祗颂

公绥

厂长　吴健谨肃

潘国英致夏偕复函

民国六年四月十二日(1917.4.12)

经理钧鉴:

敬肃者,国英自奉钧函,饬于汉阳地方组织运输所,曾拟具办事员司名额及月支薪水单寄呈,并蒙核准在案。兹运输所已布置就绪,所用办事人员亦已拟定,亟应开具名单,呈报钧座。兹谨将前萍运局及铁厂轮驳与新组织之运输所办事员司名额及月薪,缮具比较表,呈请钧核。查前拟定办事人三十九人,兹先拟用三十六人;再前单未将武汉各栈房人员编入,现并各栈主任及司磅等共计四十四人。又规定各员司薪水亦较前拟单间有增加,缘蝉联各人事务较前增多,既仍令继续接办,以资熟手,月薪似觉无可再减,尚乞俯赐核准为叩。至于收支处于运输部分仅须发给水脚、工食等项,事较简单,惟目下尚须经收外销煤焦帐款,且该处向系独立归总公司会

计所管辖,其能否减少人员,乞知照会计所酌定。专肃。敬请
钧安

潘国英谨肃

[附件] 公司运输机构改组前后人员及薪水比较表

	办事员司		差役	
	人数	月薪	人数	工食
前萍运局及铁厂轮驳处	66	洋 3 118 元 钱 10 千文	72	洋 372 元 钱 12 千文
新组织之运输所	44	洋 2 402 元	31	洋 232 元 钱 22 千文
收支所	5	洋例银 50 两 洋 130 元		

公司董事会致夏偕复、盛恩颐函

民国六年七月十二日(1917.7.12)

总、副经理均鉴:

前接六年七月九日第六十一号来书,称湘督借船,卢鸿沧自由允借,暂代运输所长钱铭树听其所为,并将办理情形、附抄卢信及来去电,陈请鉴核一节。兹于七月十一日常会提出,公议:谭督军电借轮驳,装运军马由汉赴湘。卢鸿沧接电后应电总、副经理,陈请本会核议遵行,乃径与代理运输所长私商,殊属非是。钱铭树竟贸然允借,专擅越权,尤为荒谬。本应撤退,姑念其自铁厂调来时日未久,于公司规则尚未深悉,从宽罚薪一月,以示薄惩,并将本会议案抄交总、副经理转送各机关阅看,应请查照为荷。顺颂
日祉

董事会谨复

公司通告

民国六年七月十三日（1917.7.13）

专启者：

运输所潘所长于上月秒因公来沪，派其同事钱铭树暂代该所长事务。适卢君鸿沧接长沙督军电，借轮驳装运军马，仅与钱铭树接洽后径即复电允借。钱铭树得卢君报告，并不商阻，电沪请示，仅于事后函报潘所长转告前来。查本年三月间组设运输所后，厂矿轮驳统隶该所管辖，卢君仅代销煤一部分之事，湘督借船，自由应允；钱铭树亦不电沪候复，听其越俎，均属不合。当即转陈董会，并函饬该所，以后无论本省外省借用轮驳，均应先电公司，听候核复在案。前奉董会议复（云云照录）等因，除函该所遵照，并分致外，合行通告，即希查照，分行各机关一体知悉。此致

汉阳铁厂、大冶铁厂、大冶铁矿、萍乡煤矿、卢鸿沧

总、副经理

潘国英致夏偕复函

民国七年四月五日（1918.4.5）

经理钧鉴：

敬肃者，奉第二十五号钧函，敬悉。洋工师亚是梯尔前因病辞职，后以身体略健，请取消辞职，改为请假六个月，换地疗养，假满仍回汉阳供职，假期内托倪耳顺暂代各节，仰蒙照准，已转知该洋员，同深感戴。该洋员已于本月二号晚搭宁绍轮船离汉矣。倪耳顺处国英已与订妥，所有拖轮机器随时由郭灿查验，如需修理，即报由倪耳顺复验，开列修单呈所，并代为监修，其酬劳亦已订明自四月份起每月送银一百两。至修理处之木工修理，仍由陈月泉查验监修，其核发船用物料一职，则由陈月泉与郭灿两人代理，由国英总其成。似此该处事无废弛，而月可省洋三百余元，惟陈月泉与郭灿两人责任较前重大。查陈月泉每月支工薪洋六十元，郭灿支工食洋五十五元（原系汉兴大车，故支工食），兹请每人月加给洋十元。查司理监修之人最

重操守,今陈、郭二人操守尚觉可信,然亦宜优其俸给,以养其廉,且该员等平日办事亦极勤奋,如蒙俯允,必益自策励也。再,修理处尚有一李乐卿,为洋工师通译及缮写轮驳领料凭单,兹因其办公不甚得力,已将其辞退。现洋工师既已请假,通译暂可不用,其缮写轮驳领料凭单一职,刻调交货处司事陈小石暂时代理,俟物色有人,再行呈请录用。谨此陈报,是否有当,当统乞察核示遵。专肃。恭请

钧安

潘国英谨肃

夏偕复、盛恩颐致倪锡纯函

民国七年五月二十四日(1918.5.24)

燮臣代所长鉴:

案查上年二月间,因旧有武汉萍矿运销局,运销兼管,流弊滋多,特设运输所,由总事务所直接管理,凡铁厂所需矿石、煤焦及售出矿石、煤焦、钢铁,统归该所专司运送,所有各处堆栈亦归该所节制,销煤之事即归商务所经理,报经董事会议准。委任潘君毓初为运输所所长,函饬于上游运输事宜办有端绪,即来沪接收上海商务所所管运输事务等情各在案。

兹查商务所所辖船务股及浦东码头栈房,均属运输一部分之事,现在潘所长来沪,应饬接收,以符原案。相应函知,即希执事将船务股及浦东码头栈房一切职务,克日移交潘所长接收管理,船务股即更名为运输所上海转运处,以副名实,仍希将移交日期报明备查。此致。即颂

台祺

总、副经理

潘国英致夏偕复函

民国七年五月二十八日(1918.5.28)

经理钧鉴:

敬肃者,窃奉钧谕接收商务所之船务股及沪栈等因。国英遵于本月二

十七日将该股改组，名为运输所上海转运处，所有在职员司，暂照拟订章程，分别支配，督同到处，即日开办。并准商务所将关于船务股文件陆续移交前来，除俟接收清楚，再行禀报外，理合先将上海转运处成立日期，禀请备案，并将所拟该处暂行章程及各员司姓名暨拟给薪水数目，开具清单呈送鉴核。是否可行，伏乞训示祗遵。肃此。恭请

钧安

潘国英谨肃

计呈清单二纸

［附件］　运输所上海转运处暂行章程

谨将所拟运输所上海转运处暂行章程，呈请鉴核。

一、名称

商务所前船务股拟改名为运输所上海转运处。

二、职务

甲、厂矿制出货物，由汉运抵沪时，转运处与商务所接洽后，代向江海关报进口或报转船往外埠。

乙、采买股代厂矿选购国内外物料运汉时，转运处代为觅船运往，并代管理报关、提驳装船等事。

丙、售销股售出生铁、钢料，转运处代为觅船，由汉运沪交与买户，惟现值欧洲战争，轮船载位异常缺乏，售销股售货时，宜先与转运处接洽，庶彼此可从长筹画，收通力合作之效。

丁、管理汉平轮船事务，揽接由沪至汉货载，该轮如须修理，招各船厂投标，呈候总、副经理核准。又，每年六月、十二月，将下半年及次年上半年该轮须用物料，招各五金号投标，呈候总、副经理将价值核定照购。

戊、浦东栈房归转运处直辖，转运处有监察该栈各种进支款项之责。

己、转运处系归运输所统辖，所有一切事宜，随时商承运输所所长办理，如有临时要事发生，可就近陈候总、副经理核示。

三、员额

主任一人，华文书记一人，报关司事二人，管理货物进口司事一人，管理提驳司事一人，司帐一人。

如有未尽事宜，由转运处体察情形，商承运输所，得随时增修，呈候总、副经理核准施行。

荣永铭[①]致夏偕复、盛恩颐函

民国七年七月五日（1918.7.5）

总、副经理钧鉴：

敬肃者，前奉钧谕，以本公司沪栈职务重要，正买办钟达威措置乖方，命铭前往接收，以资整理等因。奉命之下，感悚莫名，自顾驽下，益以孱躯，不堪繁剧，仰荷垂青，不敢自外。遂于上月十九日到栈，晤钟前买办，告其所有栈务及一切帐目，均截至二十日为止。后遂由钟前买办将经手各事移交与铭，其存栈生铁数目，此系铭在商务所经手之事，平日时往对帐，尚无错误；钢料亦甫经盘过，数目亦无出入。惟商务所之帐，所有转载存栈等货，当时但图便利，以致根底上不能条分而缕晰，现铭正与前日来沪之汉厂总收支赵步郊君及总稽核处商量办法，俾可澈底了然。至栈中所存客煤，现因市面供过于求，堆积至无隙地，共有三万余吨之多，但每船分堆，帐册亦甚明白，各煤号亦不时到栈提货察看，亦不至有何弊窦。惟于栈租一项，截至六月二十日止，钟前买办应欠本公司银三千一百三十两零六钱五分，除内有租单已开出银尚未收到二项计银七十两零一钱三分外，钟应实欠公司银三千零六十两零五钱二分。但据该前买办云，内有银一千零九十九两八钱五分，系被收租人胡仁伯亏空，以是暂时不能交足，只交银一千九百六十两零六钱七分。此款即由铭交呈本总公司收支所外，其亏空之款，刻已责成该前买办限期清偿。此系彼经手期内之事，不容诿卸者。至以后整理各事，当酌量情形，随时陈报钧裁施行。

---

① 荣永铭（1870—?）：字若湖，江苏无锡人。时任公司沪栈正栈长。

又，栈中本有大写一缺，月薪四十元，为钟前买办兼职，现钟已去职，兹查有陆启龄，英文清通，字体整秀，栈务亦颇熟谙，堪以补充，月薪洋四十元，务祈赐准，俾资襄助，不胜盼祷。抑铭更有陈者，溯自铭任职于本公司，迄今已二十有三年，曩日事虽简，而各务皆备，均铭一身兼任，至近年来，专管本埠售销生铁之事，平日清勤，自矢屏绝私利，未尝敢以自累者而累公司。诚以本公司饱经危难，前会长备尝艰辛撑持之若，此铭所饫闻，若欲以私利自图，是诚何心。故于生铁之出入，系铭专管，十余年来，未尝稍有松懈。当沪栈未成立时，租借浦东老摆地十余亩，堆放生铁，铭不时渡浦查看，三四年间，曾溢出生铁近二百吨，未尝有丝毫之亏短。至售销生铁，虽沪上亲故布满，苟无殷实担保，未尝予以赊欠，故十余年来，亦无分文坏帐。而上年一年之间，所有出栈生铁等事，所中当事之人，每每欲图便捷，越过铭处，直接与沪栈交接，以致帐中日期前后颠倒，日商之帐付款日期益复错综互间，不能一气贯串，甚至有漏开发票等事。前后经铭查出数条，但综核细数终觉不符，而查核沪栈之帐毫无错误，致铭将民国二年以来之帐逐条核对，日继以夜，神形俱悴，终乃查出三井帐内，上年四月十七日所付之头号生铁一百吨，漏开发票，但三井不肯承认。缘当时系王前商务长径电话沪栈交货，而嘱铭径送栈单至沪栈者，所有交三井之货，均是如此办法，以是栈单后面未经三井盖印，我无充分之证据足以折服三井也。随后遂向日本邮船公司及与三井交易之家查得证据，由倪所长前去与之交涉，三井遂无所循饬。然将前后之帐反复查对，统盘计算，已近两月，神形交疲，继以咯血，近更以暑热，食量顿减，每饭不足半盂，精力更觉衰颓，以是务恳赏假两星期，俾资调养，不胜感祷。至沪栈之事，所有帐目等项，尚属根底清晰，副栈长刁君承祖到栈已及三月，栈务颇多谙练，可否即请钧处派刁君代理栈务之处，即祈钧裁。专肃。敬请

钧祺

沪栈正栈长　荣永铭谨上

盛恩颐批：勤劳嘉勉。正在整顿吃紧之际，请假一节，可毋庸议。

夏偕复、盛恩颐致钟集成①函

民国七年七月五日（1918.7.5）

本月三日来函，备悉。沪栈各事移交荣栈长收讫无误。惟栈租一项，历年被胡仁伯顶用亏空，计银一千九十九两八钱五分，未能即交各节，查胡某挪用公款如此之巨，该买办何不于去年接手时声明存案，及至交卸之际，一以事出张胡买办任内为推诿，殊属非是。所有胡某积欠均应责成限期交清，否则惟有依法办理，断不容置身事外，脱然无累也。此复
卸事沪栈买办钟

总、副经理

李维格致夏偕复、盛恩颐函

民国七年八月七日（1918.8.7）

地山、泽承先生阁下：

浦东码头收帐司事胡仁伯亏空银一千零九十余两，事关公款，本不应代为渎恳。惟念该司事在码头十一年，初仅薪水十二元，后加至十四元，出外收帐，往往赔贴车资饭食，现家中母老妻病，情形殊可悯恻。可否俯念穷途，施恩法外，追偿之款量予核减，俾一家无性命之忧，实出鸿施，特此奉恳。祗颂
台安

鹄候回玉。

弟李维格谨启

---

① 钟集成（1884—?）：字达威，广东人。时任公司沪栈买办。

夏偕复、盛恩颐致王文柏①函

民国七年八月九日(1918.8.9)

专启者:

沪栈栈长荣永铭自调派后,对于栈务未能悉心整顿,且未能常川驻栈,察其原因,系兼办商务所造报一事,以致势难兼顾,殊非慎重栈务之道。兹将造报一缺,即行裁并,帐务股归现办该股之沈庆圻办理,荣永铭应将造报经手事项,即日移交,嗣后专办栈务,俾得一意整理,以期日有起色。用特函布,即希查照转知遵办并具报备查为荷。此致
驻沪转运处王主任

总、副经理

夏偕复致李维格函

民国七年八月十二日(1918.8.12)

一琴先生阁下:

接展手函,祗悉。浦栈胡司事亏空一事,本应依法办理,以儆将来,惟迭承尊嘱,自当通融核减,以副雅怀。该款一千零九十余两,准以本公司股票抵偿,则表面仍属全还,实则只有七折。即祈转饬遵限照办,俾早了结为荷。除乃饬知外,专此奉复。祗颂
台安

夏偕复

盛恩颐注:另函钟前买办,予限一星期了结,迟则控追。

---

① 王文柏(1879—?):字铁香,江苏昆山人。时任公司上海转运处主任,兼办西文秘书。

潘国英致夏偕复函

民国八年一月七日(1919.1.7)

经理钧鉴:

敬肃者,接长沙运销局谢局长基璠函称:窃基璠去岁迭次函请辞职,均荷慰留,并承示值此时艰,宜共患难,当时基璠欲坚申前请,似有意规避,只得暂遵公司之命,勉为其难,滥竽此间,又经一载矣。现时局暂定,情形不同。基璠本籍隶江西,即拟全眷回籍,特再函请辞职,务恳转陈,速派贤能接替,俾基璠得遂归里之情,无任感荷等情。查上年一月间,迭据该局长来函辞职,其时湘省尚系南军占领,战事未定,经国英再三函留,责以大义,并于一月二十五日第七号函转陈钧听,奉钧示,以该局长辞职未便照准,嘱转致公司信任之意,谆切慰留,又经录函转知,旋接该局长来函感荷钧意,允暂留任在案。

兹据前情,该局长并到汉面陈,决意回籍,情词甚坚,无可换留。伏查前奉颁发改组会计所划一成本办法条款二十二条内,第十条载:长沙、汉口、汉阳分销各局由商务所经管等语,除武汉运销本早经划分,现无问题外,其长沙一局,本系兼办运销,凡运输方面,如煤焦由株运汉之轮民各船报关出口,及矿用机料由汉运株之报理进口,水道绵长,中途稽查盗卖,并轮民船遇险失事救护打捞,与航行之中途一切意外交涉等事,均关重要,必须随时与本所直接商洽;又近年湘鄂军事扰攘,军队掳用轮驳及中途强取煤斤,尤宜消息灵通,应付适宜。今该条款规定长沙分销局须由商务所经管,虽只言分销,未言及运事,然关于运输事宜,是否另立机关,抑仍由该局兼办,其权限如何划分,均须请示核定。惟谢局长辞职意坚,据面云,现拟阴历正月半间,携眷回里,长局事只允担任至阴历年底止。查谢局长本系收支兼任局长,今既辞职,则该局局长、收支,均须另行遴员接替,阴历年底期近,拟恳钧座暂先遴员接任,以专责成。如一时无相当之员,则该局有帮收支刘泰生,人亦稳练,或饬其暂代收支兼代局长,俾谢君先行交代,伏乞钧裁。

抑国英尚有陈者，萍乡煤矿本为铁厂而设，所运煤焦自应先顾厂用，必厂用有余，方能外销。近年军事阻运，武汉栈存空虚，炉用时起恐慌，国英谨遵电饬现系专力赶运焦炭，以顾厂需，以致武汉方面前订合同之外销各户欠交之煤尚未交清，而长沙方面除造币、官矿等局厂数家照常供给外，其余亦均经停售。刻下铁厂正筹备四炉齐开，则今年需焦更巨，尤虑难以运济，夫外销与运输虽属两事，实有连带关系，盖外销销数宜多宜寡，交货之宜缓宜急，全须视运道之畅滞，厂用之盈绌，以为转移。长沙地居上游，煤焦运厂该处为必由之路，该局必须受本所节制，方于运事呼应灵通。否则，管理销务人员自以多销为能事，万一将来销售过多，将厂用煤焦强留移交外销，则厂用前途恐生危险。此不能不预为虑及者也。本年厂用较多，预计长沙外销尚难扩充，销事必尚清闲。可否将长沙一局仍由本所管辖，其关于外销之事，照旧归该局兼管，划出一部分受成于商务所。如蒙俯允，祈饬下商务、会计两所查照。此举不特有裨运输，且免添设机关及多派员司之繁费。是否有当，伏乞裁夺施行。恭请

钧安

潘国英谨肃

潘国英致夏偕复函

民国八年二月十二日（1919.2.12）

经理钧鉴：

敬肃者，接修理处洋工师亚是梯尔函称：在公八年，自民国三年十月合同满后，继续任事，迄今未蒙加薪，目下百物昂贵，恳求自八年一月起加给薪水，以资办公等情。查该工师于宣统三年八月到公，未几，武汉事起，南北交锋，当时西人多已离汉，伊独留不去，保存轮驳，厥功甚巨。其初系订三年合同，头一年每月薪水三百五十元，第二年每月三百七十五元，第三年每月四百元。当时原议将武昌堆栈洋房给彼夫妻居住，乃搬进未久，即因武汉兵事，恐其生命危险，惹起交涉，即着其移居汉口租界，由公司津贴旅馆费，每月洋八十元。事后本拟仍令搬回武栈，因该洋房有数处为兵毁坏，

且时局未定,风鹤频惊,武昌从未解严,只得令其长居汉口。其合同扣至民国三年十月期满,当时令其照常任事,并未续订合同,亦未加薪,迄今又四年有余。查该工师办公勤慎,不辞劳瘁,前两年夏间染有痢疾,仍复力疾办事,实为洋员中不可多得者;目下汉口百物昂贵,其所得津贴八十元不敷房租亦是实情。查汉平轮船大车请求加薪已蒙准加十分之一,今该洋工师在公日久,办事勤慎,较汉平大车有过之无不及,可否酌加薪资,以示鼓励,出自钧裁。缘据函求,理合转陈,伏乞鉴核训示。恭请

钧安

潘国英谨肃

夏偕复批:照汉平大车例。

潘国英致夏偕复函

民国八年三月二十五日(1919.3.25)

经理钧鉴:

敬肃者,窃本公司各拖轮大副及各驳船舵工向无补缺章程,以致一有缺出,荐书纷至,众相干求,从违极难,势非妥定推升章程不足以拒悻进而昭公允。爰将拖轮驳船各区三等,如有缺出,以次推升,拟订章程六条,惟事关立法,理合抄呈钧鉴,伏乞核准立案,训示祗遵。恭请

钧安

潘国英谨肃

计呈章程一份

谨将所拟拖轮大副、大车及驳船舵工推升章程缮呈钧鉴。

计开

一、各拖轮区分为三等,如左:

甲等拖轮　楚强、楚富、汉顺、汉兴、汉通、萍丰、萍达、萍福、萍寿、萍通。

乙等拖轮　萍富、萍强、萍贞、萍利、萍顺、萍安、萍发、汉发。

丙等拖轮　萍元、萍亨、萍兴、汉利。

二、如甲等拖轮大副缺出,于乙等拖轮大副中择尤升补;乙等拖轮大副缺出,即于丙等拖轮大副中择尤升补;丙等拖轮大副缺出,则于各小轮大副或拖轮领港中择尤升补。

三、拖轮大车如遇缺出,其递补之法与大副同。

四、各驳船亦区为三等,如左:

甲等驳船　　钢驳载重二百吨之平底木驳。

乙等驳船　　载重一百五十吨之尖头木驳。

丙等驳船　　载重一百吨之茶驳与不及一百吨之小驳。

五、各驳船如遇舵工缺出,其递补之法亦与拖轮大副同。

六、升缺资格以在公年久兼有劳绩者为合格,其拖轮大副尤须以熟谙航线为主。

王文柏致盛恩颐函

民国十五年一月十五日(1926.1.15)

经理钧鉴:

敬肃者,接萍矿函开:据湘赣运务总稽查沈开运君来函,以车运煤焦沿途时有明取暗窃之事,损失甚巨,拟改组由安至岳运护队,伊可专负责任;至由岳至武则划归郑稽查管理,并附来服务及用项编制两表,恳为转陈等情。惟押运各费非合原支用数,全盘筹画,不足以资比较,敝矿除已函株局将由安至株押运用费开单交来,连同沈总稽查函表一并寄陈总公司核示外,所有由株至武现支押运各项用费,希饬克日开单径寄公司,俾便参考等因到所。查株洲至武昌一段共有押运六人,又稽查员郑鸿云一人,每月共需薪工洋一百四十六元,年计一千七百五十二元,又每年约需服装费洋四百元。除函复萍矿外,特此函陈,伏乞钧察。再,沈总稽查所组运护队,系专保护安源至岳州一段之煤焦,其由岳州至武昌一段损失最巨,是否由郑稽查编队接护,抑另行派员办理,即乞核夺施行。恭请

钧安

王文柏谨肃

(七) 北京事务所

公司董事会致王晋孙①函

民国五年九月二十六日(1916.9.26)

菉生仁兄先生台鉴:

　　径启者,本公司采煤冶铁炼钢制轨,虽属商业性质,而与官场交接之事甚多,兹奉孙会长函,在京设立事务所,遴员经理,以便遇事与部、省各机关接洽商办,嘱由本会加函委任,俾专责成等因。查执事本系总公司秘书驻京办事员,应即改任为汉冶萍公司驻京事务所经理,所有秘书名目,即行取消,其原支秘书薪水七十元,应即改为经理津贴、交际等费,并连在京原支薪水一百五十元,共洋二百二十元,自十月份起,统在会长公费内,就近由京开支,以资办公。相应专函委任,希即查照。顺颂

台祺

董事会启

孙宝琦致公司董事会函

民国五年十一月五日(1916.11.5)

董事会诸位先生均鉴:

　　查前因敝寓狭隘,另行赁屋设立驻京事务所,已于十月一日报告成立,并经董会议定月给办公经费洋七百元各在案。除派王晋孙充经理外,另派秘书四人,佐理文牍、书记二人,专司缮写,所有各员衔名、月支薪水、事务所每月额支各款分别开单,函请诸公查照,即希备案可也。此颂

日祺

孙宝琦启

---

①　王晋孙(1887—1927):字菉生,浙江杭州人。时任公司驻京事务所经理。

附清单一纸

兹将驻京事务所各员衔名、月支薪水及每月额支各款列于后：

经理　王晋孙　月薪津贴　二百二十元

秘书　沈　卫　月薪　　　一百元

　　　项景升　月薪　　　七十元

　　　诸以仁　月薪　　　六十元

　　　蒯恩荣　月薪　　　三十元

书记　柏　年　月薪　　　三十元

　　　白　镒　月薪　　　二十元

房租　六十元

电灯　十元

电话　七元

煤火　七元

自来水　三元

仆役（三名工食）　二十一元

笔墨纸张邮费　十四元

以上共计额支六百五十二元，余洋四十八元，以备临时活支。

夏偕复致李经方函

民国七年二月七日（1918.2.7）

伯行会长台鉴：

接奉孙会长一月三十日、二月三日两函所论鄂事及辞董会会长职务，并改组驻京事务所各办法，嘱为转陈，兹照来函分条摘录，另纸缮呈，即祈查核或提交会议，并希见复，以凭转达为荷。专泐。祗颂

台安

总经理　夏偕复

［附件］

兹将孙会长来函分条摘录，送请查核。

一、重被推举,殊为感悚,不能继任原因顷已详函,向董会辞职务望向李会长力言,俾获如愿。又云,琦之辞职实以在政界而兼商业,名实不符,精力又短,不足应付各方面,不独对于鄂代表之请求也。泽承来电挽留已阅悉,琦辞职后遇事无不从旁赞助,前函具在,何能食言,留此崇衔,无加毫末,并希转告,不另具复。

一、昨闻鄂代表等赴部要求批准灵乡矿权,焕老仍坚持不批,候与公司磋商解决。闻黄陂亦有劝鄂人主张和平解决,但如何解决,必须董会主持定见,举代表来京(须有全权),与部接洽办理。船津私意,双方坚持,终难解决,可否由日馆作调人。本说俟林使归再商,今林使回华无期,此说恐难实行。前闻武内有愿作调人之说,似较日馆为宜。武内作调人,以日馆为后盾,更为得劲,统望告李会长核夺。又云邢勉之来言,田君雅愿调停和平解决,今大会如此否决,田君亦不免失望。欲凭商会一电即批准归公司开采,亦断做不到。鄂人方面如汤、张诸君虽称稳健亦恐趋入激烈,现在部对鄂人方面只能敷衍,且听董会详函宗旨如何等语。

一、邢被推董事,似甚满意。昨嘱爽夫来言此席原应属之王槐清,槐清推让,总长遂开列三人。今伊被举,无以对槐清,甚望公司另有以待槐清,如顾问之类,与董事一律待遇等语,嘱转达,乞与李会长商酌。邢举董事,若仅送五十金,似嫌太菲,并希妥酌。

一、盛莱荪为补老庶弟,正在壮年,急须历练,屡接来函,曾函询泽承,迄未得复。鄙见补公亲弟于公司占一席,亦所宜然,可否以孙慎卿总稽查一席畀之。希先商之李会长,如以为可,再由经理致函董会,必可通过。

一、驻京事务所内而与各部接洽,外而与各路局联络,应责成经理认真做去。菉生精明强干,足以胜任。固不仅为会长之机关,琦今辞职,事务所不可废,但敝处亲友在事务所者原系应酬品,今宜分别办理。事务所责成王经理缩小范围,酌留秘书、书记各一人,外加房租各杂费、交际费,月限五百元(其电费或有特别事发生另行实支实销)。其敝处闲散亲友一时诚难遣去,若承公司体谅,畀鄙人以顾问名目,酌致月薪,月有三百元,俾可分给诸人,两项仍以原支公费之数为断。统希与董会诸君妥商,琦已辞职,不便再向董会琐陈。

一、前面谈岁暮酌寄隶生交际费,能做到否?

公司董事会致夏偕复、盛恩颐函

民国八年五月三日(1919.5.3)

总、副经理均鉴:

本年五月一日第八次董事常会由孙会长提议,驻京事务所经理与上海总事务所经理名目相同,似嫌抵触,可否将驻京事务所经理名目改为所长,请公决等因。当经公议:即照会长所议,将王蓂生君改为驻京事务所所长,以副名实云云。用特函知,即希查照,转致各厂矿、各机关一体知照。此颂均绥

董事会启

盛恩颐致北京事务所、东京事务所、驻汉分销处函

民国八年十一月七日(1919.11.7)

径启者:

北京事务所成立有年,东京事务所、驻汉分销处现经成立,应置图记,备钤函牍册籍,以资信守。兹刊就角质图记一颗,文曰"汉冶萍煤铁厂矿有限公司北京事务所"、"汉冶萍煤铁厂矿有限公司东京事务所"、"汉冶萍煤铁厂矿有限公司驻汉分销处",寄请查收,仍将收到启用日期具报备查。此致
北京事务所王所长
东京事务所孙所长
驻汉分销处辛处长

副经理

公司驻京事务所致盛恩颐、潘灏芬函

民国十六年五月十三日(1927.5.13)

总、副经理钧鉴:

自王所长故后,蒙王养之先生接办,历经敝所函电陈述情形,并将所中开支各报册截至王前所长身故之月止,呈报各在案。迄今多日,未蒙示复,而新任王所长尚未接手,现已赴津未回,所中无人管理,加以京所房租,除前所长垫付外,现又积欠至七月之多,税务处屡次催索,同人均不知如何应付,昨又来所催讨,大有不付不行之势。同人等情急势迫,万难再延。拟即日将京所全部迁移至灵境宫屋内,好在该处房屋空闲,正好作为退步,暂将所中案卷及一切器具、茶役等,均移至该处,以待结束。除呈报会长外,谨此函禀,敬候示复。并请
钧安

驻京事务所谨启

王颐孙致盛恩颐函

民国十六年八月三日(1927.8.3)

总经理钧鉴:

七月二十二日奉到七月九日京字第三号赐函内开:查驻京事务所事务本属简章,现值简政时期,自应力求撙节,应将该事务所截至本年七月底止,全体裁撤。所有各职员欠薪补发亦均截至七月底止,一律解散,各加发一个月裁薪,以示体恤。至文卷、器具,仍须妥为保存,遇便寄沪,即希查照办理具复。王所长之欠薪及其垫款,已经汇交其家属,其余各员之欠薪并裁撤各费,仰即日造具清册送核为要等因。奉此,颐孙遵将钧谕宣示京所职员知悉,并于即日将所租西堂子胡同二十三号房屋一所退租,电灯、电话亦均即日停止,所有文卷、器具,业经检点清楚,日内拟即觅处妥为保存,将来遇便仍当设法运沪;原雇茶役二名,拟俟木器迁移,房屋交还房主税务处之后,加给工食一个月,即行遣散。至京所原用图记一方,亦拟即行寄沪,

缴呈钧处注销。

兹谨将职员等积欠薪水暨蒙加发一个月裁薪,并四、五、六、七四个月京所支出经常费,又此次办理结束杂费,各项数目,分别造具清册,敬陈钧鉴,并乞赐饬会计所即日核发,至为德便。所有驻京事务所奉谕裁撤,现在办理结束情形,除另函就近陈报孙会长外,理合具呈陈报钧处,伏候鉴核训示祗遵。谨呈

总经理

王颐孙谨上

(八) 东京事务所

夏偕复致孙天孙函

民国八年三月二十六日(1919.3.26)

谔高先生台鉴:

本公司岁销日本钢铁为数甚巨,前之东方代理业经取消,亟应在日组设出张所,俾商情市况,消息时通,得资应付。夙谂执事洞悉商情,精于会计,借重长才,担任是席。请于交卸冶矿会计后即赴汉厂,详细考查货色种类名称,及汉厂出货情形及其能力,并一切出张所所应深悉之事,考查毕后来沪接洽,再行正式委任,所有交卸会计后,在考查时期仍支原薪,即希查照。除函汉厂接洽外,此致。顺颂

时祺

总经理

夏偕复致公司董事会函

民国八年六月十九日(1919.6.19)

董事会公鉴:

窃维本公司岁销日本钢铁为数至巨,购用各项原料亦岁需巨款,东方

代理既经取销,亟应在东组设机关,派员经理其事,既可照料一切,且于该地商情市况,消息时通,俾资应付。上年偕复赴东时,曾以此意商得正金总行同意,允为协助。复于高木退货案,委王君文柏赴东交涉时,饬其顺便调查,以备筹设等情,业于上年一百十三号函陈明在案。

兹经经理等悉心筹划,拟定在日本东京地方设立事务所,额设所长一人,所员四人。其所长一职为一部分之领袖,负在外营业之责任,至关重要,查有委办冶矿会计处处长孙君天孙,本在日本高等商校毕业,对于商务原则具有研究,自服务公司以来,察其办事稳练精详,堪以委任为该所所长。业将冶矿会计处长一席委任该处簿记科长孙河环试署。饬令先赴汉厂考查出货情形,以资出张之预备,每月薪水请照原薪月支国币二百七十五元,另加公费日金二百元。事务所并所长、所员住房各房租、电灯、煤水、仆人工资、汽车费、因公宴会等费,均准核实开支。所员四人内准用日本一人,因用当地之人,于该地情形不致捍隔,至如何支配及月薪数目,均由该所长遴拟,呈候核定。再,于到东后,另请嘱托医生一人,薪水准开支,所长以下诸员,有病均可就诊,但药费自给。至开办之初,所内因公应置器具等,亦饬由该所长酌量购备,核实开报。

所有组设驻东京事务所情形,拟具办事章程及员额、薪费清单,理合备函陈请贵会核议示复,以便遵行。祗颂

公绥

总经理　夏偕复

附章程、清单

[附件一]　公司驻东京事务所办事章程

第一条　东京事务所归总公司管理,承办左开业务:

一、售卖本公司出产货物;

二、购买本公司应用之原料;

三、转运货物原料;

四、保管存栈货物、原料以及出入一切事宜;

五、调查报告市面情形；

六、总事务所特别委任事项。

第二条　事务所设所长一人,所员四人。所长由商务所长陈请总、副经理委任之。所员由所长陈请商务所长报明总、副经理任用之,但遇必要时所长得以雇用临时雇员,至多不得过三人。

第三条　所长听总事务所之指挥,承办东京事务所一切业务,负其责任;所员听所长指挥办事。

第四条　事务所内分设二科:一、营业科;二、会计兼庶务科。

第五条　营业科管理左开业务:

一、售卖货物；

二、购买原料；

三、转运物料；

四、保管存栈出入物料；

五、调查报告市面情形；

第六条　会计兼庶务科管理左开事务:

一、收取货价,支付料价；

二、经费预算、决算；

三、现金与证券出入及保管；

四、租用房屋及栈场事宜；

五、事务所应用一切器具、什物等项之保管、收发事宜；

六、收发保管函电、合同等件；

七、管理签到簿；

八、雇用并监督各项夫役事宜；

九、严紧门户防备火警等事；

十、不属营业科一切事宜；

第七条　各科应用人员可由所长随时察看情形,斟酌调用,仍报由商务所长陈候总、副经理核准。

第八条　凡订定买卖物料及转运并其他各项合同,由所长先行报告商务所长,听候核准方能签字。

第九条　事务所每年应需经费预算,应由所长于九月以前提出于总事务所,听候核定。

第十条　所长可于事务所预算经费范围以内,随时察酌挹注。预算不敷或预算以外所用之经费,须预先报告总事务所核定。

第十一条　所长须于每月五日以前,将事务所上月营业情形及收支款项数目,报告于总事务所。

［附件二］　公司驻东京事务所员额薪费清单

所长一人,月支薪水国币二百七十五元,公费日金二百元。事务所房租、所长所员(华人)住房房租、电灯、煤水、仆人工资(二人为限)、汽车费、因公宴会,均准开支。

所员四人(内准用日员一人),薪水由所长酌拟,报候核定。

事务所请嘱托医生一人,薪水酌定,准其开支,所长以下诸员有病时,均可就诊,但药费自给。

开办经费,如所内因公应用器具及汽车一辆,均由所长购置,核实开支。

公司董事会致夏偕复、盛恩颐函

民国八年七月三日(1919.7.3)

总、副经理均鉴:

前接本年六月十九日第七十一号来函,以驻东京事务所亟须组设,拟具办事章程及员额薪费清单,请核议示复等因。兹于本年七月一日第十次常会提出,公议:驻东事务所为本公司售销货物、购办原料之枢纽,自当设立,所拟办事章程、员额薪费清单,尚属周妥,请委孙君天孙为所长,及所员四人内雇用日人一名各节,均准照行云云。用特函知,即希查照办理。此颂
均绥

董事会启

孙天孙致夏偕复、盛恩颐函

民国八年八月九日（1919.8.9）

总、副经理钧鉴：

敬肃者，天孙自到东京后，当即物色适当地点，现由正金银行介绍寻得东京赤坂区冰川町四十五番地方有住宿房屋一所，全系东式，略为修改，以便适用，其室内陈设一概自行备置，按月计房租日金二百圆，并预缴押租日金六百圆，业经于八月七日率同所员迁入，且权作临时事务所，亦可便宜从事。事务所一层，仍托正金银行从中周旋，想不远亦可定夺。此后所有函电，均请寄东京赤坂区冰川町四十五番。又本公司上海各种生铁钢料行市表及存货单亦请按时邮寄，以便备查。以上一切，理合据情呈报备案。专肃。敬请
钧祺

东京事务所所长　孙天孙谨上

倪锡纯致夏偕复、盛恩颐函

民国八年九月三十日（1919.9.30）

总、副经理钧鉴：

敬肃者，接东京事务所孙所长函送该所办事细则一份，并派稻村笃太郎为营业兼会计员，王正茹为营业兼庶务员，吴季敏为营业兼收支员，孙佐琳为文书兼管卷员，陈请转报等情，理合照转，并将该细则一份送请鉴核备案。专肃。祗颂
钧绥

商务所长　倪锡纯谨启

［附件］　东京事务所办事细则

第一条　本所依公司规定设所长一人，事务员四人。

第二条　所长听总公司之指挥办理事务所一切事务，事务员辅理所

长,帮理所内一切事务。

第三条　所内分营业及会计兼庶务二科,如遇必要时得随时添设之。

第四条　营业科营业左开事务:

一、售销货物;

二、购买原料;

三、转运物料;

四、保管存栈出入物料;

五、调查报告市面情形。

第五条　会计兼庶务科管理左开事务:

一、收取货价,支付料价;

二、预算决算;

三、现金与证券出入及保管;

四、租用房屋及栈场事宜;

五、事务所应用一切器具什物等项之保管收发事宜;

六、收发保管函电、合同等件;

七、管理签到簿;

八、雇用并监督各项夫役事宜;

九、严紧门户,防备火警等事。

十、不属营业科一切事宜。

第六条　所中事务员得由所长依据前项各科酌量分配之。

第七条　关于营业上一切事宜,所内员司均应严守秘密,倘有违犯者,予以相当处分。

第八条　本所进出款项,须经所长认可签字盖印,始能发生效力。

第九条　本所每年应须经费预算,须于每年九月以前报告一次。

第十条　本所须于每月五日以前将上月营业情形及收支款项造报一次。

第十一条　本所除例假外,每日上午九时至下午四时为办公时间。

第十二条　事务员在办公时间内遇有紧要事情必须告假者,须经所长许可。

第十三条　事务员每日到事务所后,须于签到簿签到。

第十四条　本所事务员从事在一年以上得给假一月。

第十五条　以上各条,如有不适实用时,得由所长呈请经理随时更改。

第十六条　以上各条从九月一日起实行之。

夏偕复致叶绪耕①函

民国九年五月二十日(1920.5.20)

专启者:

本公司所出钢铁各品行销日本为大宗,兹于去年七月间陈奉董事会核准,在东京地方设立事务所,派有所长、所员,并规定办事章程,俾资遵守各在案。兹因该所所员相继辞职,先后回国,前所长亦复辞职甚坚,业经调派商务所采买股股长吴君焕荣署该所所长,以便赴东接替。并据商务所倪所长函称,执事为东京帝国大学冶金科专科毕业,学问具有根底,情形亦尚熟习,堪以派充该所所员等情,应即照准。兹特委任执事为东京事务所所员,月支薪水国币二百元,公费日金一百圆,均于启程之日起支,另给治装费洋一百五十元,以资首途。即希随同吴署所长前赴东京,悉心办理,是所厚望。除分知外,合行委任。此致

叶君绪耕

汉冶萍公司总经理

吴焕荣②致夏偕复、盛恩颐函

民国九年六月十二日(1920.6.12)

总、副经理钧鉴:

敬肃者,查照东京事务所办事章程委派所员各事,兹派叶绪耕、稻村笃

---

① 叶绪耕(1884—1945):浙江慈溪人。时任公司驻东京事务所所员。

② 吴焕荣(1862—1925):字维清,江苏武进(今常州)人。时任公司驻东京事务所所长。

太郎管理营业科全部事宜,及会计兼庶务科之第一项收取货价、支付料价、第四项租用房屋及栈场事宜,第八项雇用并监督各项夫役事宜,并兼理日文;书记冯骧、潘荷生管理会计兼庶务科之第二项经费预算决算、第三项现金与证券出入及保管、第五项事务所应用一切器具什物等项之保管收发事宜,第六项收发保管函电合同等件,第七项管理签到簿,第九项严紧门户防备火警等事,第十项不属营业科一切事宜。除饬各员勤慎从事外,理合呈报备案。专肃。敬请

钧绥

东京事务所所长　吴焕荣谨上

夏偕复致公司董事会函

民国十二年七月十四日(1923.7.14)

董事会公鉴:

案查东方代理自经取消后,于八年八月间派员赴东组设东京事务所,原以公司销铁本以东邻为竞卖之市场,设所出张,藉以推广销路。开办之初,系委孙天孙为所长,在东一年,辞职他往,即以该所所员叶绪耕升署。接任以来,锐意整理,日起有功,第一年营业尚只十五万元,上年即增至一百余万,本年更形推广,约至年底售价当在三百万元。本年财政愈艰,所恃以支持者惟在与正金商做押汇,而此事发起及其成议亦惟该所长之力居多,该所在东营业发展,与制铁所、正金银行时有接洽之事,地位信用均因人为之增重,非偶然也。该所长本在东瀛大学卒业,中西具有根底,于商务尤有研究,而办事明敏,操守廉洁,洵属不可多得之才,惟现支月薪二百元,公费日金二百五十元,实属过少,不惟无以养廉,即论计功授禄之义,亦有未安,服部顾问亦云,照该所长毕业班次及现时程度月薪当在三百五十元至四百元,公费一项询之正金三井等行,在国外服务者其公费每较月薪多至二三倍不等。该所长既为公司著有劳勚,自应优予待遇,所请将该所长自一月份起月薪加支为中币三百五十元,公费为日金三百五十元,以示优异而奖勤劳。理合陈请贵会核准示复,以便饬遵是荷。

专肃。祗颂

公安

总经理

盛恩颐致公司董事会函

民国十四年三月十四日(1925.3.14)

董事会公鉴：

　　前以公司经济困难，通告各机关裁人减费，以资整理。兹东京事务所叶所长绪耕因公来沪，面商裁减事宜。据称：查东所成立之初，本系一通信机关，与营业方面无甚关系。自民国十年，运日生铁销数日渐增多，业务扩张，所事殷繁。而日本工厂多在大阪，故销铁亦以大阪为最多，东所距离甚远，鞭长莫及，故临时设出张所于大阪，专司交货收款事宜，曾呈报钧座在案。然自大阪分所成立以来，东所几形同骈枝，比时绪耕曾建议将东所迁移大阪，于营业经济方面两有裨益，当以借款交涉关系，至今迄未实行。目下公司经济困难，裁减经费实为至要，现拟将东所迁移大阪，所有大阪出张所即行裁撤，并裁撤东所所员二名，递遗职务即由大阪所员承补。似此一转移间，年省经费日金七千余元。况大阪地居日本中心，凡遇有与东京及八幡制铁所接洽事件，往返亦极便利，于事务方面决无妨碍。兹拟裁撤东所所员稻村笃太郎及周学震君二名，惟周学震君家甚贫寒，曾蒙经理面允调派总公司任事，以示体恤，曷胜纫感。东所裁撤所员二人，以大阪所员递补，其薪数相抵，年省日金一千六百余元，其余事务费等再减三千元，总共每年约减日金一万余元。兹将应裁费用列后：

　　大阪在张所全年经费，日金七千四百四十元。

　　裁撤东所所员二人与大阪所员薪数之差，日金一千六百四十元（细数详另表）。

　　公务费，日金三千元。

　　共约日金一万二千零八十元。

　　以上所陈节减费用，是否有当，尚祈裁夺核准为祷。惟本年内东所迁移费约需日金三千元,但此款系特别支出,非经常费可比也。特并陈明等语。

查日本东京本非工商业汇萃之区,设所之初,营业尚未发展,仅为通信机关,后因借款交涉事多,该所设在彼都,一切进行较为便利,遂因仍未改。兹借款事既经告成,应就营业一方,力谋展拓,自以移设大阪为宜。该所长请撤大阪分所,即以东京一所移驻其间,并裁退所员两名,年可节省日金一万二千余元,洵于营业、经济两有所裨,理合陈请贵会议决示复,俾便饬遵。肃颂

公安

兼代总经理　盛恩颐

夏偕复批注:

叶所长所陈裁减办法极是。但如所拟则东所用日员之数超于中员之数(原设所时只拟用日员一、二人),计有新堂、大岛、冈外、甲裴四人,又打字者二人,而中员仅叶、潘、戚三人,颇有喧宾夺主之象。鄙见宜酌减日员一、二人,仍留用中员一人,俾免旁落而资造就。是否,应请公裁。

偕复谨注

公司董事会致盛恩颐函
民国十四年四月二日(1925.4.2)

兼代总经理台鉴:

接第十五号来函,拟将东京事务所迁移大阪,即将大阪出张所裁撤,并开送裁减薪费数目表,请议复等因。兹于民国十四年四月一日第七次董事常会提出,公议:叶所长拟请将东京事务所迁移大阪,所有大阪出张所即行裁撤,系为整理营业、节省经费起见,应准照行。惟所拟留用日员较之华员为多,应照夏董事所议再行酌减日员一两人,仍留用华员一人,俾免事权旁落,即函复经理与叶所长妥商办理云云。相应函复,即希查照办理。此颂

台祺

董事会启

叶绪耕致盛恩颐函

民国十四年七月十四日(1925.7.14)

总经理钧鉴:

敬肃者,前奉函谕,撤并骈枝机关及裁遣冗员,以节经费等因。时值绪耕病假期中,未克速行筹办,疾愈之后,即于一月二十六日电请准予回国面陈应行事宜,欣蒙照准,当于二月二十四日从吉川顾问抵沪,缕陈一切。旋于三月十六日奉东字第二号钧函开:本公司厂矿兼营,事繁体大,兼有借款关系,与制铁所、正金银行时有交涉之事,绪耕驻东营业,应悉厂矿内容,庶对外一方因应有资,易于融洽,委派绪耕前往汉冶萍各厂矿及运输所实地调查,凡关于工程出货输运及一切事项,考查记载,以资接洽而利进行,即希查照等因。除即遵行后于四月二十七日回沪报告外,奉东五号钧函,嘱照四月一日第七次董事常会议决为整理营业节省经费起见,将东京事务所迁移大阪,所有大阪出张所即行裁撤,并酌减日员留用华员。奉此,于五月四日归任后遵即著手进行,于六月二十日竣事,除业由上月东、哿两电陈报各节外,复接奉东字第十二号大札开示:本所定名为大阪事务所,所长权限一仍其旧,并嘱调查注册手续,及注册后年应缴营业税数目,属于国税抑系地方,以备考虑各等因祗悉。现除注册一节正在分头调查,一俟汇齐即拟另函陈复外,兹将上项移撤裁遣各件详细情形,分条列举于左,至请鉴照。

一、东京事务所 自五月二十日起整理文件,从事迁移,所有东京丸之内仲十五号馆内之办公处于五月三十日退租出屋。五月二十日以后东所应行事务暂于东京宿舍办理。

一、大阪事务所 地址择定大阪市北区中之岛二丁目十五番地,系久原矿业株式会社大阪支店内木造二层楼西北角一室,长广一百三十六平方尺半,房租每月日金一百八十二元,于六月一日起租,地处商业中枢,交通邮递均极便利,与正金及兴业分行相隔不远,且房主仍旧,交谊甚笃。

一、大阪出张所 于五月二十九日撤裁,所有大阪市西区北堀江三番町五十二番地办公处房屋即日退租,将文件什器一并移交中之岛新事务所。

一、东京宿舍　东京市赤阪区水川町四十五番地宿舍，于六月十日出屋退租，所有什器一并装运大阪。

一、大阪宿舍　大阪市内人烟稠密，屋税甚昂，而华同事国籍既异，人虑殊俗，尤不愿租与差，幸大阪郊外电车四达，乃觅得大阪府丰能郡箕面村大字新稻七百六十四番地（简称大阪府丰能郡箕面村樱井樱丘）第五及第八号木造小洋房两所，东西庇连，每月房租共计日金二百圆正，一仍东京宿舍旧价，即于六月一日起租，修葺赁居，电车出入距事务所一钟程。

一、裁员　查公司裁员定例，无论在职久暂，裁遣时各给三个月份恩饷，惟日本情形非同本国，颇难实行。因征求制铁所及正金银行意见，并商询三井、三菱洋行及久原矿业会社，咸谓照日本官办与商办。会社定章，解职酬劳之费系按职高下论功计数，逐年公积，于解职时照给，故于一年岁计出入无大影响。今公司情形不同，自难照办。要使被裁人员得暂维持生计，不致骤然失所，顿难糊口，所以然者，将以酬谢前人而奖掖后进，为目前计，允公办法，至少照现支薪津工食按在职年数每年发给恩饷一个月份。绪以事属创举，未敢擅行，因于五月十三日由元电陈请示遵，幸蒙效日电开，姑念国外情形各殊，准照所请办理，仰见鸿筹远人，无不诚服。另表裁员六名，共领恩饷日金二千三百六十五圆正，就中以所员稻村笃太郎君自东所创立到所，供职迄已七年，为东所在事最久之人员，按照月薪日金二百圆计算，共支恩饷日金一千四百圆正，余有差。至于所员稻村君递遗职务即由大阪出张所雇员大岛菊之介君承补，仍支原薪，每月日金一百四十圆正，敬请嘱会计所发给知照单为祷。另表东所迁移前后薪津工食比较表，计每月减少日金四百六十八圆，岁计减少日金五千六百一十六圆正。右开各条，敬请钧察。

现在大阪出张所既撤，而本所经常费用亦复甚省，已将本年度预算寄请商务所转呈钧处察核，仍拟力求搏节，不涉浮糜。肃此。敬颂
公绥

大阪事务所所长　叶绪耕敬肃

［附件］ 东京事务所裁遣人员职名恩饷数目表

人名	职务	在职年数	支领恩饷款数（日金圆）
稻村笃太郎	所员	七年	一四〇〇
甲斐彻	雇员	七年	四五五
松尾贞子	打字员	四年	二五〇
柳濑富美子	打字员	二年	一三〇
上条良夫	听差	二年	五〇
冈外一郎	雇员	二年	八〇

共计日金二千三百六十五圆正。

潘灏芬致公司董事会函

民国十五年八月十九日（1926.8.19）

董事会公鉴：

案查十四年三月间议将大阪出张所裁撤，即以东京事务所移驻大阪，并裁减员司等情，陈奉贵会复准饬遵在案。其东所移驻大阪，固为节省开支，实以大阪系工商巨埠，俾利推销钢铁起见。讵自上年秋后，萍矿因株萍路缺车滞运，致停大工，冶厂亦相继停炉，汉厂更开工有待，既无产货运销，则该所直同虚设，月支即属虚糜。本拟亟筹结束，适该所长叶绪耕因病迭电请假，回国就医，当即照允，派会计所簿记股长费敏士前往暂代，即办收束事宜。据先后函电称，东所原存东京钢货，已开具清册商托制铁所贩卖部收管，随时觅售，一面裁遣员役，并将事务所寄宿舍各房屋退租，即于八月十七日将该所裁撤竣事等语。理合陈报，即祈贵会鉴核备案。肃颂

公安

副经理　潘灏芬

(九) 伦敦事务所

公司董事会致农商部函
民国五年八月十四日(1916.8.14)

敬启者：

本公司前以厂矿岁需洋料为数至巨，特在英国伦敦地方设立采办机关，雇用英人阿哈辣为代理人，驻英专司其事，历有年所，深资得力。近英政府定章取缔，凡各国公司在英设有营业机关者，须将其公司章程由原注册官署证明呈报，始准在英国营业。查本公司于前清光绪三十四年二月，具呈前农工商部注册，奉发执照收执在案。兹英政府既须以注册凭证为凭，谨将本公司所刊历史内摘出呈请注册全案并章程，汇钉一册，寄呈大部，请在册后批明：本部核与在部注册原案一致相符，足为该公司注册之证明等语。并恳加钤印信发还，以便寄交该代理人阿哈辣，持报英政府存案。实为公便。谨致
农商部

汉冶萍公司董事会　孙等谨启

王勋致夏偕复、盛恩颐函
民国六年十二月二十三日(1917.12.23)

总、副经理台鉴：

前蒙交阅孙会长二月十八日来函，论及我公司驻英之机关在英京注册一事，当与丁榕律师商议手续如何办理，嗣以本公司章程译文照伦敦来信须英领事核对作证无讹，费用甚巨。查商务印书馆前因在新嘉波设立机关，亦须注册，由其办理手续较为单简，只须我公司向农商部呈请一注册部照，此项部照由其译成英文，连同公司英文章程，呈请英领事盖印后，邮寄英京便可注册。兹将商务印书馆所领部照样子附呈台察，祈将所应声明各

款函请孙会长代领注册部照,早日寄下,以便交丁榕律师办理为荷。孙会长原函奉缴。此请

台安

商务所长　王勋

陈荫明[①]致夏偕复、盛恩颐函

民国七年二月二十七日(1918.2.27)

总、副经理台鉴:

　　敬启者,去年十二月念三日曾函呈尊处,本公司驻英机关,须在英注册,但先须将本公司章程译出英文,方能注册,惟译费甚巨,拟援引商务印书馆新嘉波设立机关时办法,只须由公司向农商部呈一注册部照,此项部照由其译成英文,连同公司英文章程呈请英领事盖印后,邮寄英京便可注册,手续较为单简各节,当荷核办。兹又接伦敦来函,英政府现又催其注册,望速将详细情形告知,俾英政府长官再来追问时有所答复等语。谨以奉闻,所有此事现在进行情形,敬请详示,俾得转知本公司驻英代理人遵照可也。此请

台安

兼代商务长　陈荫明

夏偕复、盛恩颐致公司董事会函

民国十三年四月三十日(1924.4.30)

董事会公鉴:

　　窃本公司向设英京事务所,派英人彭脱君办理,经历有年。查该所设立之由,缘于前清光绪三十年间,前汉厂总办李一琴君奉盛前会长委派出洋,考查改良冶炼事宜。适英人彭脱君任上海制造局炼钢工程师,约满回国,李君邀与同往考查,遂定添炉改炼马丁之计。迨李君考查竣事,订机回

---

① 　陈荫明(1873—?):字芷澜,广东新会(今江门)人。时任公司商务所副所长。

华,其所订机件,验收起运不可无人照料,因派彭脱君在英京设所,经理其事。其后汉厂虽改建事毕,而大冶新厂继起,需用外洋材料都由彭脱君购运,因之沿设至今。此英京设所缘起及经过之大概情形也。

近年冶厂渐次完成,所需材料不多,该事务所正无多事可办,故节约计画中,定将该所裁撤,以节经费。上年迭与彭脱君函商裁撤办法,将雇用人员酌予津贴,一概裁去,于上年年底完全撤销。惟彭脱君服务历二十年,其初任务为考察冶炼及订购厂机,每闻李君述其前劳,盛相称许,至代办材料亦复认真选拣,洗手奉公,年来为冶厂打风机制造不甚合适,迭由彭脱君与厂家交涉,为公司节省不少,洵属忠勤不懈。兹该所已经取消,该员亦齿暮,不能再谋职务,似应照赖伦之例,酌予休养金,以示体恤。该员初薪为年支英金六百镑,民国元年起,改支半薪三百镑,后该员以年老,另雇一人代理职务,自请居于监督地位,陈请减薪,五年以迭次递减,至九年一月起,只支年薪一百五十镑。合将支薪数目及历减情形,附陈鄙见,彭脱君薪数屡自请减让,为数甚廉,似宜仍照现支薪数年予休养金一百五十镑,以示故旧不遗之意。是否有当,即祈贵会核定,示复遵行。专肃。祗颂
公安

总、副经理

公司董事会致夏偕复、盛恩颐函

民国十三年五月二日(1924.5.2)

总、副经理均鉴:

接第十七号来函,以英京事务所裁撤,拟照原薪年给彭脱休养金一百五十镑,可否,请核复等因。兹于民国十三年五月一日第四次董事常会提出,公议:彭脱在公司服务年久,著有劳绩,现在伦敦事务所既撤,所请照现支薪数每年给予休养金一百五十镑,应即照准,以示体恤云云。相应函复,即希查照。此致
均绥

董事会启